Wolfgang Templin
Revolutionär und Staatsgründer

Wolfgang Templin

# REVOLUTIONÄR UND STAATSGRÜNDER

## Józef Piłsudski – eine Biografie

Ch.Links VERLAG

FUNDACJA WSPÓŁPRACY
POLSKO-NIEMIECKIEJ
STIFTUNG
FÜR DEUTSCH-POLNISCHE
ZUSAMMENARBEIT

Wydano z finansowym wsparciem Fundacji
Współpracy Polsko-Niemieckiej
Herausgegeben mit freundlicher Unterstützung der Stiftung
für deutsch-polnische Zusammenarbeit

Dieses Buch entstand in Zusammenarbeit mit der Heinrich-Böll-Stiftung
(www.boell.de).

Auch als ebook erhältlich

Die Deutsche Nationalbibliothek verzeichnet diese Publikation
in der Deutschen Nationalbibliografie; detaillierte bibliografische
Angaben sind im Internet über www.dnb.de abrufbar.

Ch. Links Verlag ist eine Marke
der Aufbau Verlage GmbH & Co. KG


www.christoph-links-verlag.de
Prinzenstraße 85, 10969 Berlin, Tel.: (030) 44 02 32-0
Umschlaggestaltung: zero-media.net, München,
unter Verwendung eines Fotos aus der Bibliothèque nationale de France
Satz: Nadja Caspar, Ch. Links Verlag
Lektorat: Dr. Ludger Ikas, Berlin
Druck und Bindung: Druckerei F. Pustet, Regensburg
Gedruckt auf säurefreiem, chlorfrei gebleichtem Papier

ISBN 978-3-96289-152-7

# INHALT

# VORWORT

Als Heinrich Böll im Oktober 1983 die Festrede zur Verleihung des Übersetzerpreises der Robert-Bosch-Stiftung an Teresa Rządkowska-Jętkiewicz (1905–1983) hielt, konnte die Preisträgerin wegen des Kriegsrechts nicht anwesend sein. Böll aber hob anlässlich der Ehrung seiner Übersetzerin die Bedeutung Polens für die europäische Kultur hervor und würdigte Schriftsteller und Übersetzer, mit denen er vertraut war. Vor allem angesichts der preußischen Geschichte der letzten 150 Jahre, so Böll, brauche Polen keine Belehrung von außen. Gleichzeitig aber gebe es eine Verantwortung gegenüber dem Zeitgeschehen, die über diplomatische Höflichkeit hinausgehe. Und deshalb erinnerte er an die politischen Gefangenen und namhaften Dissidenten – u. a. Jacek Kuroń und Adam Michnik – und die Prozesse gegen diese.

Nicht belehren, aber die Werte der Demokratie verteidigen! Nichts könnte aktueller sein für die Heinrich-Böll-Stiftung, die seit 2002 auch ein Büro in Warschau unterhält. Polen als gleichberechtigten Teil der europäischen Geschichte zu verstehen, hat sich im Grunde erst im Europa nach 1989 durchgesetzt – und davon gilt es, keine Abstriche zu machen. Es waren immer wieder gerade Polinnen und Polen, die für die Freiheit unseres Kontinents eingetreten sind, nicht zuletzt die Freiheitskämpferinnen und -kämpfer des 20. Jahrhunderts während des Zweiten Weltkriegs und der sowjetischen Besatzung nach 1945. Gerade Letztere plädierten immer wieder für eine »Rückkehr nach Europa« und damit zu den Errungenschaften von Demokratie und Rechtsstaatlichkeit.

Das deutsch-polnische Verhältnis befindet sich gerade in einer schwierigen politischen Phase. Von der aktuellen Regierung geförderte Entwicklungen wie Rechtsstaatsabbau, Diskriminierung von Menschen, Migrationsfeindlichkeit, geschürte Ablehnung der EU und Missachtung ihrer Institutionen sind nicht hinnehmbar. Dennoch unterstützt die Heinrich-Böll-Stiftung alle publizistischen Bemühungen, die dazu beitragen, das Wissen über Polen, seine Geschichte, seine Menschen und seine politischen Erfahrungen zu erweitern. In diesem Sinne war Wolfgang Templin von 2010 bis 2013 unser Büroleiter in Warschau. Sein Leben ist geprägt vom bedingungslosen Einsatz für Demokratie und Menschenrechte. Enge Verbindungen nach Polen knüpfte er schon in den 1980er-Jahren in der DDR.

Auf dieser Basis aufbauend ist es kein Zufall, dass er nun ein Buch vorgelegt hat, das das Leben desjenigen betrachtet, den die Polen für ihren bedeutendsten Staatsmann halten: Józef Piłsudski. Erstaunlicherweise handelt es sich um die erste wissenschaftlichen Ansprüchen genügende Piłsudski-Biografie in deutscher Sprache. Es kann selbstverständlich nicht darum gehen, den Marschall zu einem »lupenreinen Demokraten« zu stilisieren. Die dunklen Seiten seiner Biografie werden hinreichend deutlich. Aber Piłsudski war der Vater der polnischen Unabhängigkeit und Verfechter eines multikulturellen Polens, in dem die Rechte der nationalen Minderheiten zu einem gewissen Grade geachtet wurden. Damit war er vielen seiner Zeitgenossen voraus.

Der Rückgriff auf die Geschichte ist gerade dann sinnvoll und wichtig, wenn uns die Gegenwart vor schwer lösbare Konflikte stellt. Wir können aus ihr lernen, dass jede Generation immer aufs Neue um vermeintlich Erreichtes kämpfen muss. Die Biografie Józef Piłsudskis von Wolfgang Templin ist ein bedeutender Beitrag, die Hintergründe der Entwicklungen im heutigen Polen besser verstehen zu können und in den deutsch-polnischen Beziehungen einen langen Atem zu bewahren.

Berlin, im Januar 2022 — Dr. Ellen Ueberschär
Vorstand der Heinrich-Böll-Stiftung

# ANNÄHERUNGEN

In Polen kennt ihn jedes Kind. Józef Piłsudski, der aus einem litauischen Adelsgeschlecht stammende langjährige Führer der polnischen Sozialisten, Kämpfer für die polnische Unabhängigkeit und Staatsgründer der Zweiten Polnischen Republik, gilt zu Recht als Vater der polnischen Nation.

Nach ihm sind Straßen in nahezu jeder polnischen Stadt benannt, zahlreiche Denkmäler existieren, seine Schriften, Briefe, Erinnerungen, Arbeiten zu seiner Person, die Biografien polnischer Autor*innen füllen Regalmeter in Bibliotheken und Buchhandlungen. Das Bild des schnauzbärtigen »Kommandanten«, wie er liebevoll genannt wird, ziert Briefmarken, er wird in zahlreichen Liedern besungen, an jedem 11. November, dem Jahrestag der Gründung der Zweiten Republik 1918, wird seiner gedacht. Fragt man nach den bedeutendsten Pol*innen des 20. Jahrhunderts, dann wird neben dem polnischen Papst Johannes Paul II. und dem Arbeiterführer Lech Wałęsa mit einiger Sicherheit sein Name genannt.

So groß die Zahl von Piłsudskis Verehrer*innen auch ist, weder die postkommunistische Linke noch große Teile der Rechten in Polen schließen sich einem solchen positiven Bild an. Für viele Linke ist er ein Politiker, der seine frühen sozialistischen Ideale verriet und der Zweiten Polnischen Republik eine autoritäre Staatsform aufzwang. Nationalistische und klerikale Kräfte in Polen können mit dem religiös indifferenten Freigeist, der sich den Werten der Aufklärung verbunden fühlte und dem modernen Europa vorbehaltlos öffnete, mit dem Kosmopoliten und Judenfreund, nichts anfangen. So hat ein »wahrer Pole« in ihren Augen nicht zu sein.

Von der innerpolnischen Auseinandersetzung um Piłsudski bekommt man in Deutschland und in anderen europäischen Ländern kaum etwas mit. Ebenso wenig ist man sich in diesen Ländern der Bedeutung Piłsudskis über Polen hinaus bewusst. Sollen bedeutende europäische Politiker*innen genannt werden, die sich in den 1920er- und 1930er-Jahren den mit Hitler und Stalin verbundenen Totalitarismen und der drohenden Kriegsgefahr entgegenstemmten, fallen die Namen von Winston Churchill und Charles de Gaulle, kaum jedoch der des polnischen Patrioten und Kämpfers für eine gemeinsame europäische Perspektive.

Der Plan zu einer Biografie Józef Piłsudskis entwickelte sich nicht am Schreibtisch oder in akademischen Debatten. Meine ersten direkten Erfahrungen mit Polen setzten im Spätsommer 1976 ein, als das Komitee zur Verteidigung der Arbeiter (KOR) seine Arbeit aufnahm und ich ein einjähriges Zusatzstudium der Philosophie in Krakau und Warschau absolvierte. Später konnte ich das Entstehen und den Erfolgsweg der Solidarność-Bewegung mitverfolgen, ab 1989 dann die stürmische, wechselvolle Geschichte der ersten Jahrzehnte der Dritten Polnischen Republik. Als anfänglich politischer Beobachter wurde ich selbst zum oppositionellen Akteur. Bei zahlreichen Begegnungen und auf Reisen, die meine Frau Christiane Schubert und mich nach der Jahrtausendwende in die östlichen Nachbarländer Polens führten, tauchte immer wieder der Name des polnischen Staatsgründers auf, wurden die Kontroversen und Legenden, die sich um seine Person rankten, verständlicher.

Den Begegnungen und Reisen folgte von 2010 bis 2014 meine Arbeit als Leiter des Warschauer Büros der Heinrich-Böll-Stiftung. Der intensive Kontakt zu polnischen Intellektuellen und Historiker*innen in dieser Zeit bestärkte mich in dem Bemühen zu einer vertieften Auseinandersetzung mit der Geschichte unseres Nachbarlandes. Vorangegangenen Büchern zur Geschichte der Ukraine folgte zunächst ein Buch zur Entstehung und zum Schicksal der Zweiten Polnischen Republik. Schließlich reifte die Entscheidung, eine Biografie Józef Piłsudskis zu schreiben.

Die Liste der Menschen, die den Weg bis zur Fertigstellung des Buches begleitet haben, ist lang. An erster Stelle ist hier meine Frau Christiane Schubert zu nennen, die zur ersten kritischen Leserin aller Stufen des Manuskriptes wurde.

Ohne die kundige Unterstützung zahlreicher polnischer Historiker*innen und Publizist*innen hätte ich mich nie an dieses Unternehmen gewagt. Die großen polnischen Biografen Piłsudskis, allen voran Władysław Pobóg-Malinowski, aber auch Andrzej Garlicki, Bohdan Urbankowski oder Włodzimierz Suleja, wurden mir unverzichtbar. Ihr Zugang zu den Quellen und Nachlässen, den Erinnerungen und Arbeiten von Zeitgenossen und Nachgeborenen half mir bei der eigenen Suche und Orientierung. Die gesammelten Werke Piłsudskis gelangten ebenso in meine Regale wie zahlreiche Artikel und Bücher der letzten Jahre, die seiner Person gewidmet sind. Dokumente, Fotomaterial und Audiodokumente kamen dazu.

Eine Reihe von Historiker*innen leistete mir im persönlichen Kontakt unschätzbare Hilfe, stellten mir ihre Arbeiten und ihre Erfahrung zur Verfügung, halfen beim Zugang zu Quellen und Archiven. Hier möchte ich an erster Stelle Andrzej Friszke nennen, dessen Professionalität und Integrität ich bewundere. Er öffnete mir vor Jahrzehnten die Augen über die Wurzeln und die Geschichte des polnischen Sozialismus, die Bedeutung von Personen wie Lidia Ciołkoszowa, Adam Ciołkosz, Leon Wasilewski oder Bolesław Limanowski, aber auch für die klar unterschiedenen Traditionslinien und Ziele polnischer Sozialist*innen und Kommunist*innen.

Grzegorz Nowik, den ich später kennenlernte, ermutigte mich, am Plan der Biografie festzuhalten, und ließ mich als wissenschaftlicher Direktor des Museumskomplexes in Sulejówek an seinen neuesten Arbeiten teilhaben. Er stellte mir seine eigenen Arbeiten zur Verfügung, machte mich mit vielen Spezialstudien vertraut. Auf seine Einladung hin konnte ich im August 2020 an einer Konferenz in Sulejówek teilnehmen und dort unvergessliche Momente erleben. Mehrfache Begegnungen mit dem Architekten und Enkel des Kommandanten, Krzysztof Jaraczewski, wurden sehr wichtig.

Wie bei vorangegangenen Arbeiten konnte ich auf die Unterstützung und Förderung der Stiftung für deutsch-polnische Zusammenarbeit zählen. Cornelius Ochmann half mir in vielen Fragen. Sein Kollege Krzysztof Rak stellte mir zahlreiche Manuskripte und eigene Arbeiten zur Verfügung. Seinen Büchern zur komplizierten Geschichte der polnisch-deutschen Beziehungen in den 1930er-Jahren verdanke ich sehr viel. An einer im April 2020 veranstalteten Begegnung von Piłsudski-Expert*innen konnte ich mit großem Gewinn teilnehmen. Dort erreichte uns auch die Nachricht vom überraschenden Tod Janusz Ciseks, der trotz seiner schweren Erkrankung noch an der Begegnung hatte teilnehmen wollen. Seine Arbeiten wurden für mich besonders wichtig und behalten einen besonderen Platz in der eigenen Bibliothek.

Zu meinem großen Glück stieß ich auf Biografinnen, die eine Reihe von Personen porträtierten, die im Leben Józef Piłsudskis eine wichtige Rolle spielten. Zu ihnen zählen Sylvia Frołow, Elżbieta Jodko-Kula und Joanna Kuciel-Frydryszak, die Biografien über Feliks Dzierżyński, Maria Koplewska und Kazimierza Iłłakowiczówna geschrieben haben.

Tomasz Szybisty und Jan Rydel von der Pädagogischen Universität in Krakau wurden zu wichtigen Beratern und Unterstützern. Ihnen gebührt ein besonderer Dank.

Den Kolleg*innen des Jan-Nowak-Jeziorański-Kollegiums in Wrocław, wo ich Vorstufen meines Manuskriptes vorstellen konnte, verdanke ich viel. Mein langjähriger Gesprächspartner Adam Krzemiński gab mir immer wieder wertvolle Ratschläge für den Umgang mit polnischer Geschichte. Das Gleiche gilt für meinen Freund Józef Pinior, der selbst zum Akteur der jüngeren Geschichte der PPS geworden ist.

Seit meiner Tätigkeit für die Heinrich-Böll-Stiftung bin ich mit der Arbeit des Warschauer Verlages und der Redaktion *Krytyka Polityczna* eng verbunden. Das Engagement der dortigen Kolleg*innen für die Demokratie in Polen sehe ich absolut als Hoffnungszeichen. Michał Sutowski, einer der Pfeiler der Verlags- und Redaktionsarbeit, stand mir in den ganzen letzten Jahren immer wieder mit Rat und Tat zur Seite.

Zahlreiche Begegnungen und Gespräche mit unseren Warschauer Freund*innen Agata Bielik-Robson und Cezary Michalski halfen uns beim Zurechtfinden im Irrgarten der neueren polnischen Geschichte. Agatas mahnende Worte, an mein Biografieprojekt gerichtet – »Wolfgang, behandle ihn bloß nicht zu gut. Er konnte furchtbar autoritär sein« –, begleiteten mich. Auch unseren Warschauer Freund*innen Gerhard Gnauck und Anna Smółka verdanke ich viel. Gerhard unterstützte in mannigfacher Weise das Projekt und verschaffte mir gastlichen Zugang zum Salon von Professor Lipiński, einem Museum eigener Art. Anna vertiefte meinen Zugang zum besonderen Charakter Litauens. Ihre Arbeiten zur polnisch-litauischen Nachbarschaftsgeschichte wurden sehr wichtig für mich.

Unterstützung wuchs mir auch von deutscher Seite zu. Der Berliner Kultursenator Klaus Lederer erkannte die Relevanz des Projektes und stand der Arbeit am Manuskript mit einer Förderung zur Seite. Ein Dank an ihn und seine Kolleginnen.

Mit der Heinrich-Böll-Stiftung als Kooperationspartnerin für das Buch sehe ich mich im besten Sinne in der Fortsetzung meiner alten Arbeit und danke allen Mitarbeiter*innen. Das gilt auch für den Ch. Links Verlag, den engagierten Programmleiter Christof Blome und meinen Lektor Ludger Ikas. Einen besseren Begleiter für die letzten Wochen der Arbeit am Manuskript hätte ich nicht finden können.

Allen anderen Begleiter*innen aus den deutsch-polnischen Gesellschaften und Freundeskreisen, die ich nicht mehr namentlich aufführen kann, ein Extradank.

Berlin, im Januar 2022

# 1 DIE VERWUNSCHENE PROVINZ

## Verlust der Freiheit

Was für die Deutschen Goethes *Faust* ist, bedeutet den Polinnen und Polen *Pan Tadeusz* (Herr Tadeusz) von Adam Mickiewicz. Es ist das polnische Nationalepos schlechthin, Schulstoff über Generationen hinweg, und entstand um 1832, als sich der Dichter bereits in der Pariser Emigration befand. Im *Pan Tadeusz* wird die Heimatliebe beschworen, genauer gesagt, die Trauer um den Verlust der Heimat und der Wille, sie wiederzugewinnen. So gut wie jede Polin, jeder Pole kann die ersten Zeilen des Epos aus dem Kopf rezitieren. Wenn dort Mickiewicz von Litauen als seiner Heimat spricht, geht es um seine »kleine Heimat«, um deren enge Verbindung mit der großen Heimat, dem geliebten Polen. Um die Geschichte Polens und den Verlust der einstigen Größe.

Als die kleine Heimat, in der er aufwuchs, schildert Mickiewicz den Zauber, die Schönheit einer Region im heutigen Litauen und Belarus, durchzogen von einem Fluss, dem eine Vielzahl von Namen zu eigen ist. Als belarusischer Njoman, litauischer Nemunas, polnischer Njemen und deutsche Memel spiegelt er die einzigartige Geschichte dieser Landschaft wider. Ein Fluss, der für Polen, Litauer, Belarusen* und Deutsche eine nahezu magische Bedeutung besitzt. Eine Region, die über Jahrhunderte zum litauischen Teil der polnisch-litauischen Adelsrepublik

* Da die Wurzel des Namens Belarus auf die historische Rus zurückgeht, verwendet dieses Buch die Schreibweise mit einem s, also auch »Belarusen« und »belarusisch«.

gehörte. In ihr hatten sich im 16. Jahrhundert das westslawische Königreich Polen und das litauische Großfürstentum dynastisch zusammengeschlossen und ein gemeinsames christliches Großreich geschaffen. Es diente der Abwehr des Deutschen Ritterordens im Westen und des immer expansiveren großrussischen Nachbarn im Osten. Die Adelsrepublik stellte einen besonderen Fall europäischer Staatenbildung dar und sollte über mehrere Jahrhunderte die Entwicklung und Identität aller in ihr vereinigten Territorien prägen. Anders als absolutistische Staatsgebilde kannte sie nur einen gewählten Monarchen, außerdem gab es föderalistische und parlamentarische Ansätze einer Gewaltenteilung, Elemente also, wie sie absolutistischen Monarchien im Westen und den unter dem Zepter der Zaren zusammengeschlossenen russischen Territorien fremd waren, die einer byzantinisch-orthodoxen Tradition folgten.

Die Verfasstheit der polnisch-litauischen Adelsrepublik erlaubte nationale Vielfalt und konfessionelle Toleranz, bedeutete aber auch entscheidende Schwächen gegenüber den absolutistischen Nachbarn. Der polnische und litauische Groß- und Kleinadel als entscheidende Schicht der Union wachte eifersüchtig über partikularistische Privilegien und war häufig zerstritten. Immer wieder ließen sich zudem Einzelne seiner Vertreter oder ganze Adelsfamilien auf die Seite der konkurrierenden Großmächte ziehen. Um die Mitte des 18. Jahrhunderts waren sich Katharina die Große als Herrscherin Russlands, Friedrich der Große, der für das aufstrebende Preußen stand, und Habsburg unter Maria Theresia bei aller Konkurrenz einig: Die ungeliebte, immer wieder mit Anarchie in Verbindung gebrachte und von inneren Kämpfen geschwächte Adelsrepublik sollte zur gemeinsamen Beute werden. Russland war daraufhin die treibende Kraft bei den drei polnischen Teilungen zwischen 1772 und 1792 und konnte sich weit über die Hälfte der polnisch-litauischen Territorien sichern. Der nordwestliche Teil der gewonnenen Gebiete, die litauischen Territorien, wurde dem Russischen Reich einverleibt. Hier, so die Rechtfertigung, ginge es um urrussische Erde, die vor Jahrhunderten von Polen und Litauern geraubt worden sei. Ein anderer Teil polnischer Territorien, mit der Hauptstadt Warschau, erhielt als »Weichselland« eine Scheinautonomie. Die Französische Revolution von 1789 und der Aufstieg Napoleon Bonapartes in ihrem Gefolge erschütterten dann allerdings schon bald die Herrschaftsarchitektur der europäischen Großmächte und stellten die polnischen Teilungen infrage. Nicht, um die Polen als souveränen Staat wiederauferstehen zu lassen, sondern aus Machtkalkül setzte Bonaparte auf die Karte polnischer Unabhängigkeit.

Die Handlung des *Pan Tadeusz* spielt 1811/12 auf einem Gutshof in der Nähe von Wilna. Der bevorstehende Einmarsch der Truppen Napoleons facht die Hoffnungen, die Begeisterung der jungen Landadligen an. Aus ihrer Sicht stand Napoleon für den Kampf gegen die Macht des Zaren, für das Wiederentstehen eines souveränen Polen. Dafür traten sie in sein Heer ein, folgten ihm in die Tiefen Russlands. Die Verklärung Napoleons in Polen wie auch in der polnischen Emigration überdauerte seine Niederlage, seine Verbannung und seinen Tod. Im Dezember 1840 kehrte Napoleons sterbliche Hülle von der Insel Sankt Helena zurück nach Frankreich, um im Pariser Invalidendom die letzte Ruhestätte zu finden. Veteranen der alten Garde begrüßten ihren einstigen Kaiser, darunter Polen in Uniformen aus den Schlachten an seiner Seite. Viele von ihnen hatten den Russlandfeldzug miterlebt, hörten es aber nicht gern, wenn man sie die »Gespenster von Moskau« nannte. Polnische Lanzenreiter waren Napoleon schon auf seine Verbannungsinsel Elba gefolgt, von der er im März 1815 noch einmal zurückkehrte. Während der dramatischen Hundert Tage sollte er Europa erneut in Angst und Schrecken versetzen, bevor sein Stern bei Waterloo endgültig unterging. Auf dem Wiener Kongress von 1814/15 wurde mit der »Heiligen Allianz« der Teilungsmächte die Ordnung vor der Französischen Revolution wieder eingesetzt. Eine Ordnung, gegen die sich die ehemals unabhängigen Polen verzweifelt wehrten.

In allen darauffolgenden Aufständen war die Provinz das Herz des aufrührerischen Polens. Angehörige des polnischen und litauischen Kleinadels führten jeweils die Erhebungen gegen die Fremdherrschaft an. Am letzten Aufstand der Jahre 1863/64 waren Angehörige aller Schichten beteiligt. Die Bauern waren zwar in ihrer Mehrzahl aufseiten der Aufständischen, konnten aber oft nicht zu viel riskieren, um ihre Existenz nicht zu gefährden.

Der Aufstand von 1863 löste auf der russischen Seite große Panik aus. Angesichts einer möglichen Intervention europäischer Großmächte war Zar Alexander II. zunächst bereit, das Weichselland aufzugeben. An die nordwestlichen Provinzen seines Reiches klammerte er sich hingegen mit aller Macht. Wenig später konnte er sich der Unterstützung Preußens und Bismarcks sicher sein, und so verlor das Weichselland die letzten Reste seiner Autonomie. In den nordwestlichen Provinzen Wilna, Grodno und Kowno wurde ein Schreckensregime errichtet, für das der Name von Michail Murawjow stand. Als Sonderbevollmächtigter des Zaren erhielt Murawjow alle Vollmachten, die letzten Funken des Aufstands um jeden Preis zu ersticken. Als junger Adliger hatte er Jahrzehnte zuvor, 1825, selbst am militärischen Aufstand der Dekabristen gegen den Zaren teilgenommen und war damals der Verbannung nach Sibirien nur knapp entkommen. Er war ein Beispiel dafür, dass aus ehemaligen Rebellen die eifrigsten Diener ihrer Herren werden konnten.

In den großen Städten Wilna, Grodno und Kowno, nach denen auch die Provinzen benannt waren, füllten sich die Gefängnisse. Überall im Land wurden Galgen errichtet, Hunderte Todesurteile vollstreckt. Murawjow war, wann immer er konnte, bei den Hinrichtungen dabei und erhielt darum den Beinamen »Galgenmann«. Wenn in anderen europäischen Ländern die Märchen von schlimmen Riesen und vom bösen Wolf, von Hexen und Trollen erzählt wurden, trieb man in Litauen die Kinder mit dem Schreckensbild des Henkers Murawjow ins Bett. Aufständische, die in Gefangenschaft gerieten und der Todesstrafe entkamen, wurden mit ihren Familien nach Sibirien deportiert. Dort erwartete sie langjährige Zwangsarbeit in den Bergwerken oder die Ansiedlung in entlegenen Regionen. Ein solches Schicksal konnte auch Familien treffen, die Verwundete aufnahmen und pflegten.

Auch die katholische Kirche sollte die äußere Grundlage ihrer Existenz verlieren. Kirchen und Klöster wurden geschlossen oder in orthodoxe Kirchen und Klöster umgewandelt. Die Sorge um Sterbende nach katholischem Ritus wurde verboten. Alles Polnische sollte verschwinden. Der Gebrauch der polnischen Sprache im gesamten öffentlichen Leben war untersagt. Zuwiderhandlungen waren mit drakonischen Strafen belegt. Güter und Besitztümer des polnischen Adels wurden konfisziert oder ihre Eigentümer langfristig in den Ruin getrieben. Den polnischen und litauischen Einwohnern, ob Kleinadlige, Händler oder Handwerker, blieb nur der Ausweg, die russische Sprache und Kultur anzunehmen und zum orthodoxen Glauben überzutreten. Dann stand ihnen der Weg in den Staatsdienst oder sogar eine Militärkarriere offen. So gut wie unmöglich war dies für die jüdische Bevölkerung. Es gab durchaus Polen und Litauer, die diese Möglichkeiten nutzten. In zahlreichen anderen Familien lebte jedoch der Geist des Widerstands, der Geist der Aufstände und die Verklärung der Vergangenheit fort. Zu ihnen zählte die Familie, in die der künftige Führer der polnischen Sozialisten hineingeboren wurde.

## Die Sterne von Zułów

Für die russische Besatzungsmacht gehörte die Region um Wilna zum gefährlichsten Teil der rebellischen litauischen Provinzen. Murawjow und seinen Leuten saß die Angst vor versteckten Nestern der Aufständischen im Nacken. Eine Kette von Beobachtungsposten zog sich über die Landschaft, Spione waren unterwegs. Auffällige Ansammlungen und Bewegungen sollten Tag und Nacht kontrolliert und gemeldet werden.

Die Nacht vom 4. auf den 5. Dezember 1867 war dunkel und stürmisch. Im Gutshaus von Zułów, ganz in der Nähe des gleichnamigen Dorfes, brannte das Licht heller als gewöhnlich, mehrere Fuhrwerke kamen an, und alles war in Bewegung. Eine berittene russische Polizeipatrouille versuchte herauszufinden, was dort vor sich ging. Wie sich herausstellte, handelte es sich nicht um ein Treffen von Verschwörern, sondern um die bevorstehende Geburt eines Kindes. Am nächsten Morgen kam ein Junge auf die Welt, das vierte Kind von Maria Piłsudska, geborene Billewiczówna, und Józef Wincenty Piłsudski, den Besitzern des Gutes und der umliegenden Ländereien. Der Sohn erhielt den Namen Józef Klemens. Am 5. Dezember war der Tag des heiligen Klemens, daher der zweite Vorname des Neuankömmlings. Eltern, Verwandte und Freunde der Familie sollten ihn lange Zeit nur bei seinem Kosenamen nennen: Ziuk (die Verkleinerungen des Namens gehen von Józef zu Józek, zu Ziuk und Ziuczek).

Am 15. Dezember wurde der Junge in der nahe gelegenen Dorfkirche von Podbrodzie getauft. Sein Taufpate schenkte ihm ein Miniaturbild der Matka Boska Ostrobramska, der »Mutter Gottes vom Tor der Morgenröte« in Wilna. Sie wurde zur Schutzheiligen des kleinen Ziuk und sollte in seinem Leben eine ganz besondere Rolle spielen.

Józef Piłsudskis Eltern lebten zu der Zeit sehr zurückgezogen auf ihrem Gutshof in der Nähe von Wilna. Das hatte sehr viel mit dem oben erwähnten Aufstand von 1863/64 zu tun. Die größten Besitztümer und Güter der Familien des Ehepaares lagen nämlich im Nordosten des Landes, in Niederlitauen. Dort hatten auch Maria und ihr Mann bis zu ihrer dramatischen Flucht in den Wirren der Kämpfe gelebt.

Beide Familien, die Billewiczóws und die Piłsudskis, führten ihre Stammbäume auf alte litauische Adels- und Fürstengeschlechter zurück, deren Angehörige sich im Laufe der Zeit polonisiert hatten. Ihre Vorfahren hatten wichtige Positionen in der Gerichtsbarkeit und der Verwaltung des litauischen Teils der Adelsrepublik innegehabt. Die Familien von Maria und Józef Wincenty Piłsudski waren mit den niederdrückenden Folgen der Teilung konfrontiert gewesen und hatten sich an den verschiedenen Aufständen beteiligt. Traditionsbewusst und stolz auf ihre litauischen Vorfahren, verstanden sie sich als Teil einer großen gemeinsamen Geschichte.

Maria und Wincenty kannten sich von Kindesbeinen an. Ihre Familien pflegten enge Kontakte untereinander, und beide waren sogar

Józefs Mutter: Maria Piłsudska, ca. 1870

Józefs Vater: Wincenty Piłsudski, ca. 1870

entfernt miteinander verwandt. Um heiraten zu dürfen, benötigte das Paar deshalb im Frühjahr 1863 eine spezielle kirchliche Erlaubnis. Maria wurde im Jahre 1842 geboren und war neun Jahre jünger als Wincenty. Die Tage und Wochen vor der Hochzeit und die Hochzeit selbst fielen in die Zeit der Vorbereitung des Aufstands. Maria erlebte alles aus nächster Nähe. In ihrem Elternhaus trafen sich Freunde und Nachbarn, Uniformen wurden geschneidert, Waffen beschafft und Kampftrupps aufgestellt. Auch sie selbst unterstützte den Aufstand und brannte für den Erfolg der Erhebung. Nachdem die Aufständischen anfangs erfolgreich ganze Landstriche Litauens unter ihre Kontrolle bringen konnten, führte die russische Seite Linientruppen und Eliteeinheiten in immer größerer Zahl heran. Dagegen half kein Mut der schlechter bewaffneten und zumeist mangelhaft ausgebildeten Milizen der Aufständischen. Ihr militärisches Dilettantentum, die ausbleibende Unterstützung aus anderen Provinzen, Zerstrittenheit und Desorganisation brachten ihnen am Ende eine blutige Niederlage ein.

In seinem niederlitauischen Distrikt war Wincenty Piłsudski einer der zivilen Kommissare der kurzzeitigen Nationalregierung der Aufständischen gewesen und musste aufgrund der Niederlage mit Verhaftung und Schlimmerem rechnen. In dieser Situation bewies er Realitätssinn, und das Glück kam ihm zu Hilfe. Es gelang ihm, über jüdische Vermittler einen russischen Militärbeamten mit einer Summe von mehreren Tausend Rubeln zu bestechen. Der löschte Wincenty Piłsudskis Namen aus der Liste der steckbrieflich gesuchten Personen und trug ihn als »verschollen« ein. Damit ließ sich auch die tatsächliche Rolle verschleiern, die er während des Aufstands gespielt hatte. Hätte der russische Administrator seine Pflicht erfüllt und Wincenty Piłsudski ausgeliefert, wären alle Besitztümer der Familie an die russische Krone gefallen.

Damit Verschwinden und Rettung glückten, musste das junge Ehepaar in aller Eile die heimatliche Provinz verlassen. Sie rafften das Nötigste zusammen und flohen in das über zweihundert Kilometer entfernte Wilna. Nach kurzem Aufenthalt dort zogen sie rund fünfzig Kilometer weiter nordöstlich in das Dorf Zułow. Von dort aus ging es zu dem gleichnamigen Gut. Die nächstgelegene Bahnstation war fünfzehn Kilometer entfernt.

Zum Familienbesitz der Billewiczóws, den Maria als Einzelkind erbte, gehörten große Ländereien in Niederlitauen. Dazu kamen das kleinere Gut Zułów und weitere Besitztümer in der dortigen Region. Insgesamt umfassten die verstreuten Besitztümer einige Tausend Hektar Felder, Waldflächen und Wiesen. Die Erbschaft Marias ermöglichte der schnell wachsenden jungen Familie ein relativ sicheres Auskommen.

Nach seinem erzwungenen Rückzug in die entlegene Provinz hatte Wincenty Piłsudski ehrgeizige Pläne. Eigentlich war er eher künstlerisch veranlagt. Er zeichnete, komponierte und dichtete. Obwohl ihm

Gutshof der Familie Piłsudski in Zułów, 1931

der Zeigefinger der rechten Hand fehlte – der Hufschlag eines Pferdes hatte ihn in seiner Jugend verletzt –, spielte er ganz passabel Klavier. Das angestrebte Ingenieursstudium war ihm aufgrund der Einschränkung ebenso verwehrt gewesen wie eine Laufbahn beim Militär. Stattdessen hatte er ein Studium der Agronomie absolviert. Nun, im neuen Domizil in Zułów, hegte er zahlreiche Pläne für neue Anbautechniken. Eine große Mühle, eine Brauerei und eine Ziegelei wurden errichtet. Der Gutsherr versuchte sich unter anderem an der Herstellung von Spirituosen, Terpentin, Hefe und Wurst. Auf Reisen zu Landwirtschaftsmessen in Deutschland, der Schweiz und Großbritannien lernte er moderne Technologien kennen. Für seine verschiedenen Unternehmungen stellte er ausländische Fachleute ein. In den ersten Jahren schien ihm der Erfolg recht zu geben.

Dem wachsenden Gutsbetrieb entsprach die schnell wachsende Anzahl der Familienangehörigen, Freunde und Angestellten, die auf dem Gutshof lebten. Zu ihnen gehörten Ziuks Großmutter väterlicherseits,

Teodora Butlerowna, und zwei Schwestern des Vaters. Alle drei Frauen hatten an den Aufständen teilgenommen und Gefängnishaft verbüßt. Ihre dramatischen Erinnerungen daran waren alltäglicher Gesprächsstoff auf dem Gutshof. Ähnliche Erinnerungen brachten auch Freunde der Familie mit, die für kürzere oder längere Zeit zu Besuch kamen. Die größte Autorität besaß die Großmutter Teodora. Im Januaraufstand 1863 hatte sie eine bedeutende Rolle als Kundschafterin gespielt. Wohl auch deshalb wurde sie in der Familie respektvoll »General« genannt.

Um die Betreuung und die frühe Ausbildung der Kinder kümmerten sich Kindermädchen und Gouvernanten, zu denen auch eine Französin und eine Deutsche gehörten. In der Abgeschiedenheit des Gutes konnten die Mädchen und Jungen Privatunterricht genießen und blieben so von dem Drill des russischen Schulsystems verschont.

Maria Piłsudska war der Mittelpunkt, die Seele der Familie. Bei all ihrer patriotischen Begeisterung wird sie nicht als fanatische Eiferin geschildert, sondern als eine zutiefst ausgleichende und liebevolle Natur. Nur wenn es sein musste, konnte sie dennoch Grenzen setzen. Die ganzen Jahre über machte sie sich Sorgen, dass die hochschießenden Projekte ihres Mannes scheitern könnten, Befürchtungen, die sich später als nur zu begründet erwiesen.

Ging es um die Kinder, war ihr der Zusammenhalt der Geschwister, ihre gegenseitige Unterstützung am wichtigsten. Eifersucht aufeinander, Neid und Hader waren ihr zuwider. Sie hielt die Kinder an, zum Dienstpersonal respektvoll und höflich zu sein. Ihre besseren Lebensumstände seien nicht ihr Verdienst und gäben ihnen kein Recht, auf Untergebene herabzusehen. Die Angehörigen des Personals wussten, dass sie ungehörigen Forderungen der Kinder nicht zu folgen brauchten.

Jeden Abend versammelte Maria die älteren Kinder um sich. Helena war 1864 geboren worden, Zofia 1865, Bronisław 1866 und Józef 1867. In der Öffentlichkeit waren Bücher in polnischer Sprache wie überhaupt polnische Literatur verboten. In Familien wie den Piłsudskis wurden Bücher und Manuskripte jedoch gehütet und versteckt. Abends holte Maria die Bücherschätze aus einem Versteck hervor.

Neben Gedichten und Poemen Adam Mickiewiczs gehörten die Werke von Juliusz Słowacki und Zygmunt Krasiński dazu. Beide waren Zeitgenossen von Mickiewicz und bildeten mit ihm das Dreigestirn der polnischen Romantiker. Krasińskis Biografie zeigt in dramatischer Weise, wie zerrissen die Situation polnischer Familien in dieser Zeit sein konnte. Sein Vater hatte in Bonapartes Russlandfeldzug als General gedient und war nach der Niederlage Napoleons zum loyalen russischen Staatsdiener geworden, zum General in der Armee des Zaren. Er tat alles dafür, dem Sohn die patriotischen polnischen Gefühle auszutreiben, strich ihm das Geld, verweigerte ihm die Liebesheirat – vergeblich. Todunglücklich verlegte sich Zygmunt Krasiński auf das Schreiben und schuf Werke, die den Kanon polnischer Literatur enorm bereicherten.

Die abendlichen Zusammenkünfte mit den Kindern beschloss Maria Piłsudska regelmäßig mit einem Psalm Krasińskis: »Polen wird kommen, im Namen des Herrn.« Sie sollten immer daran denken und darauf warten. Es werde der Tag kommen, an dem Polen frei sein werde.

Auf die Kinder übten diese Worte, übten diese Abende eine magische Wirkung aus. Ziuk war der lebhafteste und vorwitzigste unter den Geschwistern. Immer wieder fragte er die Mutter, wann das denn sei, wann Polen wiederkomme? »Wenn wir bereit sein werden, dafür zu kämpfen«, entgegnete sie ihm. In solchen Momenten kam es ihm vor, als sähe seine Mutter die Zukunft klar vor Augen. Ihre Worte, ihre Haltung und Willensstärke sollten ihm später über Momente der Schwäche, schlimme Anfeindungen und Anfechtungen hinweghelfen. Den Sinn für Gerechtigkeit und die Willensstärke bekam er von der Mutter mit, ihre Geduld eher nicht.

Maria betete auch mit den Kindern, hatte aber ihren eigenen Zugang zum Glauben, der sich nicht unbedingt an die äußere Fassade und den Ritus der katholischen Kirche hielt. Gelegentlich beklagte sich der Priester der nahe gelegenen Gemeinde darüber, dass Ziuk nicht häufig genug zur Beichte kam und dass er ungehörige Fragen stellte. Fragen nach dem ewigen Leben und der Allmacht Gottes. Maria versuchte dann, den Geistlichen zu beschwichtigen, dachte aber nicht daran, ihrem Sohn Vorhaltungen zu machen.

Die Wissbegierde des heranwachsenden Ziuk war unersättlich. Er besaß eine schnelle Auffassungsgabe, lernte spielend lesen und verschlang alle Bücher, die er bekommen konnte. Darunter war nicht nur die Lieblingslektüre der Mutter. Sein Vater bevorzugte im Unterschied zu ihr, die das Französische schätzte, die deutsche Sprache und Kultur. Er bewunderte die Deutschen als praktische Nation, ihr Erfindergeist und ihre technologischen Fortschritte imponierten ihm. Von seinen Reisen brachte er immer wieder Bücher in deutscher Sprache mit, viele davon waren für die Kinder bestimmt und bereicherten den weihnachtlichen Gabentisch. Werke über die Heldentaten der Griechen und Römer in der Antike waren ebenso darunter wie aktuelle Reisebeschreibungen, alle Arten von historischer Literatur und Berichte über Erfindungen und Entdeckungen.

Auf diese Weise drang das moderne Europa in die abgelegene Einöde. Außer von den Römern und Griechen war Ziuk besonders von den populären Romanen Jules Vernes angetan. Alle dort geschilderten Abenteuer zur Luft, auf dem Wasser, in den Tiefen der See oder der Erde fesselten ihn. Einzig bei Jules Vernes *Reise auf den Mond* stieß seine Fantasie an ihre Grenzen. Einer der Lieblingshelden des Jungen war natürlich Napoleon. Neben allen im Familienkreis kursierenden Erzählungen über den großen Korsen und neben den Büchern, die er dazu verschlang, hatte das auch mit einem besonderen Ort zu tun.

In Wilna und Umgebung hatten sich im Juni und Juli 1812 bedeutende Kontingente von Napoleons Großer Armee gesammelt und auf den weiteren Vormarsch in die Tiefen Russlands vorbereitet. Wichtige Wege und die Heerstraße, auf der sie unterwegs waren, führten sie an Zułów vorbei. In Wilna angekommen, hatte Napoleon den Vormarsch beaufsichtigt, Vorausabteilungen inspiziert und dabei einen Hügel unweit des Gutes erreicht. Von dessen höchster Stelle hatte er den Blick über die zauberhafte Landschaft schweifen lassen. Dutzende Erzählungen kreisten seither um diese Episode und um diesen Ort. Man sprach vom Geist Napoleons, der hier immer noch über allem schwebe. All das beflügelte auch die Fantasie der Kinder und ließ sie für ihre Ausflüge und Spiele oft diese Anhöhe wählen.

Bei all seiner Leidenschaft für das Schmökern war Ziuk alles andere als ein Stubenhocker. Er dachte sich eigene Geschichten und Spiele aus, bei denen er regelmäßig der Anführer war. Inspiriert von den Erzählungen über die Taten der Aufständischen, gab es Spiele, bei denen es darauf ankam, die Moskowiter aus dem Land zu treiben. Die polnischen Aufstandshelden standen dabei sogar noch über Napoleon, so viel Nimbus dessen Person auch besaß.

Für Ausflüge und andere Unternehmungen hielt die Natur rund um Zułów viele Gelegenheiten bereit. Ein kleines Flüsschen, die Mera, schlängelte sich um den Gutshof. Dort wie auch in nahe gelegenen Teichen und im See Piorun konnte man Fische und Krebse fangen. Im Winter lockten Schlittenfahrten und die zugefrorenen Gewässer. Reiten gehörte zu den Lieblingsbeschäftigungen der Kinder. Als Erwachsener sollte Józef Piłsudski die Landschaft und die Jahre seiner Kindheit immer wieder als ein wahres Paradies beschreiben. An keinem anderen Ort gab es für ihn einen so wunderschönen Sternenhimmel.

Der Junge wuchs mit einer polnischen Sprache auf, welche von der weichen singenden Intonation der Wilnaer Region geprägt war. Eine Sprachmelodie, die ihn sein ganzes Leben begleiten sollte. Den Dialekt des Belarusischen, der von der Dorfbevölkerung gesprochen wurde, beherrschte er von Kindesbeinen an. Zu dieser Zeit erlebte auch die litauische Sprache ihre Renaissance als Teil einer stärker werdenden, eigenständigen litauischen Nationalbewegung. Mit dem Litauischen war Józef Piłsudski zeitlebens nur sehr wenig vertraut. Französisch lernte er von den Gouvernanten, und auch auf Deutsch konnte er sich später verständlich machen. Auf dem Gymnasium kam dann die russische Sprache dazu.

Bei allen Ausflügen und Unternehmungen war Ziuks älterer Bruder Bronisław sein engster Gefährte. Bronisław fehlten die schnelle Auffassungsgabe, die Leichtigkeit und das Temperament des jüngeren Bru-

Józef und Bronisław Piłsudski,
Reproduktion einer Aufnahme von 1873

ders. Meistens wurde darum Ziuk als Anstifter aller Streiche und allen Unsinns angesehen, selbst wenn er es ausnahmsweise einmal nicht gewesen war. Wie die anderen Mitglieder der Familie erkannte der Ältere die Talente des Jüngeren an, überließ ihm die Führungsrolle und vergötterte ihn nahezu.

Zugleich haderte er damit, wie egoistisch sein Bruder sein konnte und wie er es verstand, sich in den Mittelpunkt zu stellen. Über Jahre führte Bronisław Tagebuch und hielt darin penibel fest, wie sich der Bruder immer nach vorne schob, ob beim Spielen oder wenn es darum ging, sich das größte Stück Kuchen zu schnappen und die beste Scheibe Schinken zu ergattern. Mit allen seinen Streichen und Unarten blieb Ziuk dennoch stets der Liebling der Erwachsenen. Schullektionen, das Verfassen von Erzählungen oder das Tanzen – alles, womit sich Bronisław oft vergeblich herumquälte, flog ihm förmlich zu.

Im Umgang mit Fähigkeiten und Begabungen zeigten sich aber auch Ziuks Grenzen. Wenn eine Aufgabe mühsames, geduldiges Durcharbeiten und Üben verlangte, kam es immer wieder vor, dass er zu schnell resignierte und alles hinwarf. So hatte der Vater für seine beiden ältesten Söhne eigens eine Klavierlehrerin engagiert. Ziuk umschmeichelte sie, kletterte auf ihre Knie, die Lehrerin war von ihm sehr angetan. Während Bronisław hartnäckig übte, sich durch alle Schwierigkeiten mühte und später passabel Klavier spielte, langweilte sich sein Bruder schnell und kapitulierte. Der Klavierlehrerin blieb am Ende nur, Ziuks Mutter das Scheitern ihrer Bemühungen einzugestehen.

Bronisław war häufig der schärfste Kritiker von Ziuks überzogener Eigenliebe. Sein Hader, in den sich natürlich Neid mischte, führte dennoch nicht dazu, dass die Brüder sich dauerhaft entzweiten. Wenn es darauf ankam, standen sie zusammen und halfen sich gegenseitig aus der Patsche. Das galt auch bei den Schicksalsschlägen, die das Ende der unbeschwerten Kindheit begleiteten. Der wohl härteste traf sie im Sommer 1874.

Wincenty und Maria Piłsudski hielten sich in Wilna auf, um verschiedene Angelegenheiten zu erledigen. In dieser Zeit war ein großer metallener Kessel für den Betrieb der neu errichteten Hefefabrik von der nächstgelegenen Bahnstation abzuholen. Alle Männer des Gutes wurden dafür zusammengeholt, da der Kessel auf dem Weg nach Zułow durch ein Flusstal transportiert werden musste. Zurück blieben die Frauen und die Kinder. Ausgerechnet dann löste wahrscheinlich eine unachtsam weggeworfene Zigarette ein Feuer aus, das durch den heißen, trockenen Südostwind schnell ein Gebäude nach dem anderen erfasste. Alle Männer, die einige Kilometer entfernt mit dem Kessel beschäftigt waren, fehlten zum Löschen. Unter Führung von Tante Celina gelang es den Frauen gerade noch, die Kinder zu retten und einige Habseligkeiten in Sicherheit zu bringen. Die nächsten Nachbarn hatten die gewaltige Rauchsäule zwar gesehen, kamen aber zu spät und konnten nichts mehr ausrichten.

In Wilna wurden die Piłsudskis telegrafisch alarmiert. Bei ihrer eiligen Rückkehr sahen sie sich mit dem ganzen Ausmaß der Katastrophe konfrontiert. Den Kindern war glücklicherweise nichts passiert. Dafür war das große Wohnhaus der Familie mit der gesamten Einrichtung in

Flammen aufgegangen. Viele Nebengebäude, die Hefefabrik, die Brauerei, die Wurstfabrik und die Mühle waren ebenfalls Opfer der Flammen geworden. Terpentin und andere brennbare Flüssigkeiten, die an verschiedenen Stellen gelagert waren, hatten die rasante Ausbreitung des Feuers befördert. In den Ställen waren Pferde, Schweine und andere Tiere verbrannt.

In den ersten Tagen konnte die Familie bei Nachbarn unterkommen. Dann richteten sie sich, so gut es ging, in einem kleinen, vom Feuer verschonten Gästehaus des Gutes ein. Eine dauerhafte Lösung konnte dies nicht sein. Der Wiederaufbau von Wohn- und Wirtschaftsgebäuden würde Zeit brauchen und riesige Summen verschlingen. So kam es zu der Entscheidung, erst einmal eine Wohnung in Wilna zu mieten.

Die Verluste durch das Feuer waren dramatisch, bedeuteten aber nicht den wirtschaftlichen Ruin der Familie. Der größte Teil von Marias Vermögen war noch vorhanden. Die landwirtschaftliche Produktion in Zułow warf weiter Erträge ab. Lebensmittel für den Verbrauch der Familie oder für den Verkauf gelangten nach Wilna. Ferien und Feiertage konnten die Kinder weiterhin in der geliebten Umgebung auf dem Land verbringen. Mit einer solideren Wirtschaftsführung und weniger waghalsigen Projekten war zwar nicht das alte Lebensniveau zu halten, aber vielleicht würde sich so der unaufhaltsame Abstieg verhindern lassen.

Doch alle Hoffnung trog am Ende. Der Vater stürzte sich weiter in unwägbare wirtschaftliche Experimente und wählte obendrein oft ungeeignete Mitarbeiter aus, sodass die finanziellen Reserven schmolzen. Marias Sorgen um die Existenz der Familie wuchsen, ohne dass sie das dramatische Ausmaß der Verschuldung auch nur ahnen konnte. Erst als ihr in Abwesenheit Wincentys Wechsel präsentiert wurden, von denen sie nichts wusste, die aber ihre Unterschrift als Eigentümerin trugen, sah sie den drohenden Ruin vor sich. Ihr Mann hatte ihr aus Scham oder falschem Stolz die wirkliche Situation verschwiegen. Er nahm neue Kredite auf, um die alten zu bedienen, immer mehr Gläubiger bedrängten ihn. Bei all dem war er mit einer russischen Steuer- und Finanzpolitik konfrontiert, die den Niedergang der noch verbliebenen litauisch-polnischen Gutsbesitzer gezielt beförderte. Deren Familien sollten verarmen, auswandern oder als Untertanen des Zaren an die Kette gelegt werden.

Die gescheiterten Projekte des Vaters, seine wirtschaftlichen Fehlgriffe konnten auch den heranwachsenden Söhnen nicht verborgen bleiben. Maria hoffte verzweifelt auf die Hilfe ihres ältesten Sohnes Bronisław. Seinem Tagebuch vertraute er an, wie sehr ihn das überforderte. Freunde der Familie versuchten zu helfen, konnten aber den Niedergang und endgültigen Ruin nur hinauszögern.

In der Wilnaer Zeit, von 1876 bis 1883, musste die Familie in immer kleinere Wohnungen umziehen. Sie konnten nicht mehr alle Verwandten aufnehmen und mussten sich von immer mehr Personal trennen. Dennoch wurden fünf weitere Kinder in dieser Zeit geboren. Die jüngsten, die Zwillinge Piotr und Teodora, starben mit anderthalb Jahren.

Im Jahr 1880 brachte der knapp dreizehnjährige Ziuk zusammen mit seinen Brüdern Bronisław und Adam eine geheime Zeitschrift heraus. Handschriftlich verfertigt, kursierte sie innerhalb der Familie und unter vertrauten Freunden. »Die Taube von Zułow« brachte es immerhin auf 46 Nummern und eine Reihe von Zusätzen. Texte verbotener Lieder aus dem Aufstand und die Lebensläufe nationaler Helden wechselten sich mit internationalen politischen Nachrichten ab, so über die revolutionäre Bewegung in Russland, die Kriege im entfernten Chile und Bolivien, oder mit selbstverfassten Erzählungen über die Kämpfe der Indianer in Nordamerika. Ziuk war der federführende Redakteur, und Napoleon als sein größtes Steckenpferd durfte nicht fehlen. In die von ihm verfassten Darstellungen der Schlachten bei Austerlitz und Marengo flossen Einzelheiten ein, die darauf hinwiesen, dass er dabei nicht bloß aus einem einzelnen Buch geschöpft hatte.

Napoleon war für Ziuk ein Militärstratege, der es verstand, zu kämpfen und zu siegen, während die tapferen Kämpfer der polnischen Aufstände vor allem Niederlagen erfuhren. Ein herber Schlag für seinen jugendlichen patriotischen Stolz. Der drängende Wunsch, dieses Schicksal umzukehren und aus den polnischen Aufständischen Sieger zu machen, sollte ihn immer stärker beschäftigen. Familienreisen in andere Regionen Litauens vertieften die Eindrücke von den Orten der Aufstände. Dort trafen sie auch Freunde der Verwandten, die an den Aufständen beteiligt gewesen waren.

Zugleich brachte das Stadtleben in Wilna jede Menge neuer Erfahrungen, Kontakte und Bekanntschaften mit sich. Darunter waren Altersgenossen und Erwachsene, die als Freigeister jeder Form von Religion und traditionellem Glauben abgeschworen hatten. Bronisław beschrieb sie in seinem Tagebuch als Häretiker und registrierte folglich verunsichert und sorgenvoll, dass sein Bruder diesen Leuten offener und unbefangener begegnete. Tatsächlich machte Ziuk so erste Bekanntschaften mit atheistischen Ideen, mit Gedanken des westeuropäischen Sozialismus und einem Skeptizismus, der naturwissenschaftlich beeinflusst war.

Womit Ziuk allerdings schwer zu kämpfen hatte, war das harte Schulregime im Wilnaer Gymnasium, das er von 1877 an acht Jahre lang besuchen musste.

## Das verhasste Gymnasium

Das ehrwürdige Gebäude, in dem sich früher die Wilnaer Universität befand, hatte Generationen von Studenten und Schülern gesehen. Auch Adam Mickiewicz und Juliusz Słowacki hatten hier studiert und den akademischen Geheimgesellschaften der Philareten und Philomanen angehört. Den Traditionen der Aufklärung und den Werten der Französischen Revolution folgend, hatten sich gegen Ende des 18. Jahrhunderts solche Gesellschaften in Westeuropa gebildet und ihren Einfluss immer weiter nach Osten ausgedehnt. In den polnischen Territorien sollten sich die ursprünglichen aufklärerischen Impulse dieser Vereinigungen mit dem Streben nach nationaler Unabhängigkeit verbinden. Mitglieder der Philareten und Philomanen spielten in allen polnischen Aufständen eine wichtige Rolle. Sie zahlten einen hohen Preis, wenn ihre Zirkel entdeckt wurden und die Aufstände scheiterten. Gelang ihnen die Flucht, führte sie ihr weiterer Weg meist in die Emigration. Wer gefasst wurde, endete entweder am Galgen oder er landete im Gefängnis beziehungsweise in den Eiswüsten Sibiriens. Viele von denen, die ursprünglich mit ihnen sympathisiert hatten, passten sich jedoch irgendwann an, wurden russische Staatsbeamte und machten zum Teil Karriere in St. Petersburg oder Moskau.

Mehr als ein Jahrzehnt nach dem sogenannten Januaraufstand von 1863/64 kam der führenden Wilnaer Bildungsstätte eine besondere Bedeutung zu. Die wichtigste polnisch-litauische Provinz sollte sich endgültig in ein russisches Gouvernement verwandeln. Es galt also, alle Spuren einer anderen Vergangenheit zu löschen. Begonnen wurde damit in den höheren Schulen. Der Gebrauch der polnischen Sprache war streng verboten, und das nicht nur im Unterricht, sondern auch während der Pausen und auf dem Schulhof. Wer Polnisch sprach oder Literatur in polnischer Sprache mit sich führte, riskierte mehrstündigen oder gar mehrtägigen Arrest. Entdeckte Literatur wurde konfisziert, wiederholte Zuwiderhandlungen konnten zum Ausschluss von der Schule führen. Den Schülern wurde eingebläut, polnische Sprache, Kultur und Geschichte seien etwas Minderwertiges und sogar Feindliches. Im Lehrplan nahm die russische Sprache den ersten Platz ein, gehörten Klassiker der russischen Literatur zum Kanon, wurde die russische Sicht auf die Geschichte vermittelt. Danach war Litauen schon seit Ewigkeiten ein Teil Russlands gewesen und ab dem 15. Jahrhundert von polnischen Eindringlingen eingenommen und niedergedrückt worden. Deren Adelskaste habe sich schließlich durch Misswirtschaft und fremde Einflüsse selbst zugrunde gerichtet.

Es bedurfte eines besonderen Typus von Lehrern und Schulaufsehern, um ein solches Schulsystem und alle damit verbundenen Schikanen und Strafen rigoros durchzusetzen. Das dafür nötige Personal wurde mit Zulagen und der Hoffnung auf Aufstieg aus der russischen Provinz nach Litauen gelockt. Manche der Pädagogen verwandelten sich in Sadisten, andere verbargen ihre Herkunft, wenn sie aus polnischen Familien stammten. In der Menge der brutalen und gefügigen

Staatsdiener gingen die wenigen Lehrer unter, die sich menschlich verhielten. Was die russischen Bajonette nicht geschafft hatten, sollte nun das russische Schulwesen vollenden.

Zahlreiche Szenen dieses Schulregimes hielt Bronisław in seinem Tagebuch fest. Wenn er fragte, warum sie im Unterricht nicht die Muttersprache gebrauchen dürften, schäumte der Lehrer vor Wut. Wer das russische Brot esse, alle Rechte eines Untertanen des Zaren in Anspruch nehme, solle gefälligst auch russisch sprechen. Als wenn ein Untertan des Zaren wirkliche Rechte besaß. Wenn Józef Piłsudski Jahrzehnte später von seinen Lebensabenteuern sprach, stellte sich heraus, dass es nicht die schlimmsten Erlebnisse in Sibirien waren, die seine Albträume beherrschten. Es war der eine oder andere seiner verhassten Wilnaer Lehrer, der ihn im Schlaf heimsuchte.

Stefan Żeromski, ein Altersgenosse Piłsudskis, besuchte das Gymnasium in der zentralpolnischen Stadt Kielce. Seine Erlebnisse dort, die ähnlicher Art waren, hielt er in dem Roman *Sisyphusarbeit* fest, der später weltberühmt wurde. Ob Wilna, Warschau oder kleinere Städte, in allen von Russland beherrschten Territorien Polens herrschte ein ähnliches Schulregime. Im Wissen darum rieten viele Eltern ihren Kindern zur Vorsicht. Sie sollten nicht »gegen den Strom schwimmen«, nicht »gegen den Wind spucken«. Solche Warnungen bekam Ziuk weder von seiner Mutter noch von seinem Vater zu hören. Dennoch waren beide besorgt, denn vom Abschluss des Gymnasiums hing die berufliche Zukunft des Sohnes ab.

Während der Gymnasialzeit der Brüder verschlechterte sich der Gesundheitszustand der Mutter zunehmend. Von eher zarter Konstitution, war sie seit ihrer Kindheit durch eine Knochentuberkulose des Hüftgelenks gehbehindert. Frühere Operationen im Ausland und wiederholte Kuraufenthalte hatten keine wirkliche Besserung gebracht. In den letzten Jahren konnte sie nur noch mit Mühe das Bett verlassen. Viel zu früh starb sie schließlich im September 1884. Ihre fortschreitende Krankheit und ihr Tod überschatteten die ohnehin schwierige Situation der Familie. Der Vater vermochte nicht so entschieden wie die

Mutter für den Zusammenhalt zwischen den Geschwistern zu sorgen. Er war in seine riskanten Unternehmungen und Geschäfte verstrickt, die meistens misslangen, war oft auf Reisen und daher wochenlang abwesend. Den Tanten und anderen Verwandten, welche die Familie und die Mutter unterstützten, wuchs unterdessen alles über den Kopf.

Bronisław und Józef waren nicht darauf vorbereitet, als älteste Brüder eine Art Vaterrolle für die Geschwister zu übernehmen. Die äußere Situation wurde immer bedrückender. Manchen Nachmittag brachten sie Produkte aus der eigenen Wirtschaft oder von Nachbarn auf den Markt und verkauften sie dort. Auch mit Holzhacken, Botengängen und anderen Arbeiten verdienten sie etwas für die Familie dazu. Erfinderisch, wie er war, nutzte Ziuk all diese Gelegenheiten, um sich dem ungeliebten Gymnasium zu entziehen. Bronisław murrte und protestierte gegenüber den schlimmsten Zumutungen des Schulalltags und musste erleben, wie sein Bruder ihn auch beim Erfinden von Ausreden übertrumpfte. Wenn Ziuk Lektionen schwänzte oder dem obligatorischen sonntäglichen Kirchenbesuch fernblieb, riskierte er natürlich Strafen. Mit Glück und Geschick kam er aber doch meist glimpflich davon. Zog er auf der Straße vor dem Generalgouverneur nicht die Mütze, behauptete er, den Herrn in Uniform nicht zu kennen. Seinen Schuldirektor hatte er angeblich nicht gesehen, wenn es darum ging, ihm den Gruß zu erweisen. Fehlte er in der Kirche, war ihm die letzte Hose kaputtgegangen, oder er musste auf seine Geschwister aufpassen. Mal kam er damit durch, ein andermal erntete er Tadel und Schularrest. Damit lernte er umzugehen. Was ihn in ohnmächtige Wut versetzte, waren andere Demütigungen. Etwa, als sie im Unterricht eine historische Arbeit durchnahmen, nach der die Heilige Mutter vom Hellen Tor, die Matka Boska Ostrobramska, orthodoxe Wurzeln habe. Religiöse Fragen und die Kirche überhaupt waren ihm sonst ziemlich gleichgültig. Seine Schutzheilige in den Händen der Moskauer, der Moskalen, zu sehen, kränkte ihn jedoch zutiefst. Er geriet mit seinem Lehrer hart aneinander und riskierte empfindliche Folgen. Mit seinen russischen Mitschülern prügelte er sich, wenn die wieder einmal gegen die Polen hetzten.

Das verschaffte ihm Respekt, ließ ihn aber immer wieder härtere Strafen oder sogar den Verweis von der Schule riskieren. Eine Konsequenz, vor der vor allem Bronisław Angst hatte.

Sein Bruder Ziuk schien einfach aber auch immer wieder Glück zu haben. Hatte der sich auf eine der zahlreichen Übungen an der Wandtafel nicht richtig vorbereitet, erlöste ihn im richtigen Moment die Pausenglocke. Häufig schwänzte er eine oder mehrere Schulstunden und spazierte in der Stadt herum. Hatte er dabei Gesellschaft, gab er selbst erfundene Geschichten zum Besten oder rezitierte aus Texten polnischer Literatur. Nicht selten war er in Begleitung junger Mädchen, die dann schwärmerisch an seinen Lippen hingen. Bronisław bekam das voller Neid mit. Es war immer das Gleiche, ob innerhalb und außerhalb der Schulmauern. Ihm fiel es viel schwerer, sich vorzubereiten, und dann konnte es geschehen, das Ziuk bei ihm abschrieb, das Vorbereitete besser präsentierte und dafür mehr Punkte einheimste. Bronisławs Hader legte sich letztlich wieder, wenn ihm Ziuk zu später Stunde von den Abenteuern in der Stadt erzählte, seine Schwächen eingestand und bei ihm gut Wetter machte. Dann siegte jedes Mal die Bruderliebe.

Den Aufmerksameren unter Ziuks Lehrern blieb nicht verborgen, was in dem Jungen steckte. Den Schulakten lag eine vertrauliche Charakteristik seiner Person bei. Die offenkundige Kluft zwischen seinen Fähigkeiten und seinen Leistungen sei ungewöhnlich, konnte man dort nachlesen. Was er in den einzelnen Fächern abliefere, sei meistens zufriedenstellend, zeuge aber nicht von großem Fleiß oder einer stetigen Arbeitsweise. Er habe besondere Fähigkeiten in der Mathematik und zeige großes Interesse für historische Themen. Dabei verweigere er sich jedoch der vorgeschriebenen russischen Sicht auf die neuere Geschichte und verwende viel Zeit auf die Lektüre polnischer Literatur. Der Schluss, dass sich dadurch mangelhafte Leistungen im mündlichen und schriftlichen Gebrauch der russischen Sprache erklären ließen, zeigte die Blindheit der Schuloberen. Ziuk beherrschte die russische Sprache weit besser, als er es die Verfasser der Berichte merken ließ, und hatte durchaus Interesse an der russischen Literatur. Allerdings nicht an den Autoren und Größen, die den offiziellen Literaturkanon bestimmten. Später sollten ihm Turgenjew und Tschechow viel näher sein als die großen Epen Tolstois und der von Dämonen besessene Dostojewski. Puschkin, der den Zaren in den Himmel hob und Polen verächtlich machte, kam für ihn schon gar nicht infrage. Ziuks Betragen im Unterricht ließ die Lehrer häufig aus der Haut fahren. Der Schüler zeige sich stolz und aufbrausend, mit einer großen Portion Eigenliebe, vermerkte die schon erwähnte Charakteristik. Alle Aufsichtspersonen bis hin zum Schulinspektor rätselten, warum sich seine Fähigkeiten nicht in bessere Leistungen lenken ließen. Dabei gab es eine einfache Antwort: Er war von einer anderen Leidenschaft besetzt. Die Energie und der Ehrgeiz des Jungen richteten sich auf andere Ziele als darauf, einer der besten Schüler zu werden.

## Spójnia – eine geheime Schülergemeinschaft

In ihren letzten Jahren am Gymnasium wurden Józef und Bronisław zu Mitbegründern einer geheimen Gemeinschaft von Schülern namens Spójnia. Sie folgten damit dem Beispiel der Philomanen und Philareten, deren Geschichte und deren Ende allen Beteiligten so bewusst war wie das Schicksal ihrer Mitglieder. Sie gehörten nun jedoch zu einer anderen Generation. Knapp zwanzig Jahre nach dem letzten großen Aufstand von 1863/64 wichen für einen Teil der Nachwachsenden Angst, Resignation und Anpassung der Bereitschaft zu einem neuen Aufbruch. Zwei Mitschüler riefen 1882 die Gruppe ins Leben, die ein knappes Jahr später bereits sechzehn Mitglieder zählte. Bronisław wurde deren zweiter Präsident, eine Position, in der ihm Ziuk später nachfolgte. In der Spójnia fanden sich Schüler verschiedener Jahrgangsstufen, die sich nach Auswahl und Prüfung mit einem Eid zu strenger Geheimhaltung verpflichten mussten. Sie alle wussten, dass der Schulverweis das Mindeste war, was ihnen bei Aufdeckung drohte.

In ihrer Gemeinschaft strebten sie eine Bildung an, die ihnen am

Gruppe der Spójnia, 3. von links Józef Piłsudski, 4. von links Bronisław Piłsudski, 1885

Gymnasium verweigert wurde. Sie organisierten Vorträge und Debatten zu historischen und literarischen Themen, für die sie sich selbst den Stoff erarbeiteten. Es ging um Klassiker der polnischen Literatur, Erinnerungen an die Aufstände, Berichte aus der Verbannung und Gefängnishaft in Sibirien. Aus Westeuropa gelangten Schriften moderner Denker wie Auguste Comte, Thomas Henry Huxley und Herbert Spencer in die Hände der Schüler. Nicht immer wurde die Disziplin des Studienprogramms eingehalten, oft uferten die Debatten aus oder mündeten in erbitterte Kontroversen. Einigkeit aber herrschte in der Gruppe, wenn es um die Fragen der Religion ging. Kirche und Glaubensdogmen waren ihrer Meinung nach etwas für einfältige Menschen, die diesen Halt im Leben brauchten. Aufgeklärte Menschen konnten darauf verzichten. Eine Position, die auch Ziuk teilte. Ausgenommen davon war seine Schutzheilige, die ihren besonderen Platz für ihn behielt. Zu ihr hatte er eine unmittelbare Beziehung, welche der Kirche nicht bedurfte.

Für alle Gruppenmitglieder waren die selbst gewählten Regeln und der innere Zusammenhalt entscheidend. Was sie dem Schulbetrieb an Energie und Interesse entzogen, widmeten sie der Arbeit in der Spójnia. Es galt die Konspiration aufrechtzuerhalten, sich vor Provokateuren und Spitzeln zu schützen. In der Schule kursierten Gerüchte über die Existenz einer derartigen Gruppe, welche die Mitglieder zu zerstreuen suchten. Sie trafen sich in der Regel vierzehntäglich oder während der Feiertage, gelegentlich auch zu gemeinsamen Ausflügen. Neben Selbststudium, Seminaren und Vorträgen im eigenen Kreis gab es durchaus zahlreiche Aktivitäten der Gruppe, die nach außen gerichtet waren. Sie hatten den Charakter von geselligen Abenden und Theateraufführungen oder waren als solche getarnt.

Sehr wichtig für die Arbeit der Spójnia wurde eine geheime Bibliothek. Deren Grundstock bildeten Bücher, die aus den Familienhaushalten der Schüler stammten. Die literarischen Schätze der Piłsudskis zählten dazu. Der Standort der Bibliothek wechselte. Zum späteren Sitz der Redaktion und der Druckerei ihrer hektografierten Zeitschrift wurde die Wohnung von Stefania (Stefka) Lipmanówna. Im Leben Ziuks spielte Stefania eine besondere Rolle. Sie war eine enge Verwandte der Mutter, um einige Jahre jünger als diese. Ein früherer Verlobter der alleinstehenden, lebenslustigen Frau war in den Jahren nach der Niederlage des letzten Aufstands verschollen. Über ihn gab es nur Gerüchte. Die attraktive Stefania verschloss sich jeder späteren Bindung und Heirat. Sie ging als Tante (Ciocia) Stefka in die Familiengeschichte ein. Ziuk hing sehr an ihr und umschmeichelte sie. Er war ihr kleiner Prinz und jugendlicher Vertrauter, dem sie nahezu alle Unarten verzieh. Zahlreiche spätere Briefe des jungen Piłsudski waren an Tante Stefka gerichtet. In der Zeit der Spójnia war sie die Beschützerin und ein guter Geist für die Gruppe.

Aufgrund seiner Zuverlässigkeit und Ordnungsliebe wurde Bronisław zum Bibliothekar der Spójnia. Er katalogisierte die vorhandenen Titel, kümmerte sich um Ausleihe und Rückgabe sowie um die Bestellung neuer Bücher. Das dafür nötige Geld beschafften die Mitglieder der Gruppe auf verschiedenen Wegen. Einige von ihnen gaben Nachhilfestunden und steuerten auf diese Weise etwas bei. Gute Einnahmen erbrachten außerdem gesellige Gesangsabende und Liebhaberaufführungen mit zumeist patriotischen Motiven und Stoffen. Dazu zählten auch Komödien. Ziuk, der leidenschaftlich gern Theater spielte, wirkte in einer Aufführung von Alexander Fredros *Mädchenschwüre* mit und glänzte dort in einer der weiblichen (!) Hauptrollen. Als die Sängerin Marcelina Sembrich-Kochańska, eine der berühmtesten Koloratursopranistinnen ihrer Zeit, ein Konzert in Wilna gab, suchte sie eine Delegation der Spójnia mit Ziuk an der Spitze auf. Sie stellten sich als junge Verteidiger der Sache Polens vor und baten die gefeierte Sängerin um ihre Unterstützung. Die Künstlerin war überrascht, aber zu einem zusätzlichen Auftritt in einer Privatwohnung bereit. Der Erlös, immerhin 2000 Rubel, ging an die Schüler. Die Bestände der Bibliothek wuchsen damit weiter.

Historisch-literarische Werke und Zeitschriften ließen sich über Buchhandlungen beziehen. Politische Literatur, vor allem sozialistische Schriften, gelangte auf anderen Wegen zur Gruppe. Kontakte zu Studenten, die aus der Region stammten und an den Universitäten in St. Petersburg, Dorpat oder Kiew immatrikuliert waren, spielten dabei eine wichtige Rolle. In diesen Städten gab es geheime Druckereien für die Broschüren und Flugblätter etwa der sozialrevolutionären russischen Bewegung der Narodniki (»Volkstümler«) oder der ebenfalls sozialrevolutionären Geheimgesellschaft Narodnaja Wolja (»Wille des Volkes«). Erstere träumten davon, friedlich »ins Volk zu gehen«, während sich Letztere bereits dem Terror verschrieben hatte.

Aus London, Paris, Brüssel oder Berlin stammten Schriften westeuropäischer Sozialisten. Sie wurden in die großen Städte im Osten Europas geschmuggelt und fanden von dort aus ihren Weg auch nach Wilna. Die Arbeiten von Wilhelm Liebknecht, Ferdinand Lassalle und August Bebel gehörten dazu. Karl Marx und Friedrich Engels setzten sich seit den 1860er-Jahren intensiver mit Russland und Polen auseinander, lernten Russisch und studierten die Texte der russischen Revolutionäre. Umgekehrt gab es *Das Kommunistische Manifest* und *Das Kapital* bereits in russischer und polnischer Übersetzung. Das Interesse von Marx und Engels für Russland und ihre Auseinandersetzung mit dem russischen Despotismus bestimmten auch ihren Blick auf Polen und die polnische Frage. Engels sah in den polnischen Befreiungskämpfen und in der Wiederherstellung Polens die entscheidende Möglichkeit, russischen imperialen Gelüsten und preußischen Großmachtambitionen entgegenzutreten. Russland und Preußen schienen ihm in ihrer negativen Politik in Bezug auf Polen wechselseitig aufeinander angewiesen zu sein.

Auf Karl Marx übte die Tapferkeit der polnischen Aufständischen von 1863 eine besondere Faszination aus. Einem Besucher zeigte er stolz eine Fotografie seiner Lieblingstochter Jenny, auf der sie ein kleines Kreuz um den Hals trug. Dies sei eine Erinnerung an die Kämpfer des Aufstands. Jenny, die später den französischen Sozialisten Paul Lafargue heiratete, ihr Vater und Friedrich Engels wussten, welche Rolle polnische Emigranten und Freiwillige in den italienischen Unabhängigkeitskriegen und während der Pariser Kommune 1871 spielten. Zahlreiche Offiziere und Kommandeure der Kommunarden waren Polen, eine Tatsache, die Bismarck in seiner Ansicht bestärkte, die Polen seien ein Volk von Aufrührern und Konspirateuren, die es mit aller Kraft zu bekämpfen gelte. Er hatte dem Zaren bereits zur Niederschlagung des Aufstands von 1863 gratuliert und dabei angemerkt, dass es schade um jeden Hieb sei, der danebengehe. Bei der Niederschlagung der Pariser Kommune durch Einheiten der Versailler Regierung, die von preußischen Belagerungstruppen unterstützt wurden, wurden zahlreiche Kommune-

Kämpfer und Zivilisten ermordet. Dabei genügte es oft schon, als Pole identifiziert zu werden, um vor das Exekutionskommando zu kommen. Ohne die Kommune zu überhöhen, konnte (und kann) man sie als eine der Geburtsstunden der europäischen Arbeiterbewegung ansehen.

Unter dem Einfluss von Marx und Engels hatte sich die ursprüngliche Losung des Bundes der Kommunisten, »Alle Menschen werden Brüder«, in die Forderung »Proletarier aller Länder vereinigt euch« verwandelt. Klassenkampf, internationale Revolution, Diktatur des Proletariats und eine künftige klassenlose Gesellschaft waren nun das Ziel. Folglich wurde eine nationalstaatliche Souveränität, wie sie die Polen hatten erkämpfen wollen, nur noch als Moment des Übergangs betrachtet. Davon war auch die Haltung ihrer dogmatischen Anhänger bestimmt, für die das Ziel nationaler Souveränität ein reaktionärer Anachronismus war.

Bücher und Druckerzeugnisse hatten für die Mitglieder der Spójnia eine weitere wichtige Bedeutung. Selbststudium und Selbstvervollkommnung sollten mit einer Wirkung nach außen verbunden werden. Freunde, Bekannte und Familienmitglieder, denen man trauen konnte, die aber nichts von der Existenz der Gruppe wissen durften, wurden als Teil einer organisierten Gemeinschaft von Lesern mit Literatur und Informationen versorgt. Auf diese Weise sollte der Boden für künftige Aktivitäten bereitet werden. Es gab nur ein Dilemma dabei: Konspiration sicherte das Überleben der Gruppe und ihrer Mitglieder, machte aber jede wirkliche Öffnung unmöglich.

Mit fieberhafter Aufmerksamkeit verfolgten die Schüler alle Entwicklungen im Russischen Reich. Nach dem Sieg über Napoleon 1814/15 und dem Wiener Kongress hatte sich Russland in einer starken europäischen Position gesehen. Der »Gendarm Europas« war in den Augen der europäischen Großmächte eine Ordnungsmacht und wurde dieser Rolle bei der Niederschlagung der Revolution von 1848/49 gerecht. Mit dem Anspruch einer europäischen Hegemonialmacht, eines Dritten Roms und dem Griff nach Konstantinopel hatte sich Russland jedoch übernommen. Als es um das Schicksal des Osmanischen Reiches und die Vorherrschaft im Nahen Osten ging, bildete sich im Krimkrieg (1854–1856) eine britisch-französische Koalition gegen Russland. Sie half Frankreich aus dem Schatten der Niederlage Napoleons heraus und fügte der russischen Seite in verlustreichen Kämpfen eine vernichtende Niederlage zu. Vor den Eroberungen Katharinas der Großen am Ende des 18. Jahrhunderts hatte die Krim nie zu Russland gehört. Jetzt wurde, trotz der Niederlage, der Hafen Sewastopol zur Heldenstadt, und die Krim wurde zur heiligen russischen Erde, die es wiederzugewinnen galt. Österreich und Preußen blieben in diesem Krieg offiziell neutral, verweigerten sich aber allen russischen Erwartungen auf Unterstützung. Die Ordnung des Wiener Kongresses war zerbrochen. Die Niederlage Russlands im Krimkrieg offenbarte das Ausmaß seiner Rückständigkeit auf zahlreichen Gebieten und ließ führende Vertreter des Zarenreiches für umfassende Reformen eintreten. Zar Nikolaus I. war kurz vor dem Friedensschluss von 1856 überraschend verstorben, und sein Nachfolger Alexander II. zeigte sich bereit für einschneidende Veränderungen.

Eine Reformpolitik, wie sie Alexander II. anstrebte und beförderte, glich jedoch einer Quadratur des Kreises. Die Aufhebung der Leibeigenschaft als wichtigstes Projekt, eine Reform des Verwaltungsapparats, der Ausbau des Eisenbahnnetzes, forcierte Industrialisierung und die Reorganisation des Heeres – all das erforderte einen modernen Staat und eine funktionierende Gewaltenteilung. In der Konsequenz hätte es den Übergang zur konstitutionellen Monarchie bedeutet. Mit einem Zaren, der weiterhin auf seiner autokratischen Stellung beharrte, einem Hofstaat und einer zum Teil korrupten Bürokratie, die sich allen Reformversuchen entgegenstellten, war derlei nicht zu machen. Enge Berater des Zaren, wie der Großfürst Konstantin, die sich der Reformpartei zurechneten, standen auf verlorenem Posten. Alle Versuche, die Leibeigenschaft zu überwinden, schufen neue Probleme. Wie sollten die Gutsbesitzer entschädigt werden, denen die Leibeigenen bisher als lebendiger Besitz gehörten? Nikolai Gogols berühmter Roman *Tote See-*

*len* zeichnet ein eindringliches Porträt des verrotteten sozialen Systems im nach-napoleonischen Russland.

In der russischen Realität wurden die Leibeigenen freigesetzt, mussten aber weiter Naturalleistungen erbringen und sich über lange Zeit verschulden. An primitive Formen der Kollektivwirtschaft gewöhnt, fiel es der großen Mehrzahl von ihnen mehr als schwer, mit den Bedingungen individueller Kleinlandwirtschaft zurechtzukommen. Zahlreiche ehemalige Leibeigene strömten in die Städte und vergrößerten dort das Heer der Tagelöhner. Die Veränderungen sahen somit zahlreiche Verlierer und nur wenige Gewinner.

Viele Polen hatten sich von den ersten Reformschritten Alexanders II. mehr Autonomie erhofft. Bei seinem Besuch in Warschau 1856 hatten sie ihm deshalb noch euphorisch zugejubelt. Die Worte des Zaren an eine polnische Adelsdelegation – »keine Träume meine Herren, keine Träume« – hätten sie bereits damals zum Aufwachen bringen sollen. Die nachfolgende tiefsitzende Enttäuschung wurde dann allerdings zu einem der Auslöser für den Aufstand von 1863/64.

Russische Adlige und Intellektuelle, die sich in der Nachfolge der revolutionären Dekabristen sahen, suchten auf sehr verschiedenen Wegen den Fortschritt zu befördern. Anhänger Tolstois träumten wie die Narodniki vom »Gang ins Volk«, setzten auf Aufklärung und Bildung. Sie wollten sich am bäuerlichen Leben beteiligen, errichteten Elementarschulen oder praktizierten als Landärzte. Andere ließ die Enttäuschung über das Scheitern der Reformen immer radikaler werden. Sie sahen schließlich in der Beseitigung des Zaren und weiterer Träger der Macht den entscheidenden Schlüssel. Der Zar als Symbol der Selbstherrschaft und des Despotismus sollte aus dem Weg geräumt werden. Mit einem solchen Schritt hofften die einen, den Weg zu liberalen Reformen freizumachen, während andere für die Umwandlung in eine konstitutionelle Monarchie eintraten und so das Russische Reich erneut an die Spitze der europäischen Staaten bringen wollten.

Russland wurde nicht zuletzt deshalb zum Epizentrum des Terrorismus im späten 19. Jahrhundert. Frauen aus Adelskreisen, wie Vera

Sassulitsch und Vera Figner, die sich an Attentaten beteiligten, stiegen zu Ikonen der sozialrevolutionären Bewegung auf. Mehrere Anschläge auf den Sonderzug des Zaren misslangen. Im Keller des Petersburger Winterpalais brachte ein dort tätiger Tischler, Mitglied der Narodnaja Wolja, eine Bombe unter dem Speisezimmer des Herrschers an. Der Detonation fielen zahlreiche Personen aus dem Gefolge zum Opfer, während der Zar unversehrt davonkam. Erst das siebte Attentat auf Alexander II. im April 1881 war erfolgreich. Sofia Perowskaja, eine junge Adlige, wurde durch Mut und Entschlusskraft zu einer Führungsperson der Narodnaja Wolja. Mit ihrem Mann Andrej Scheljabow teilte sie drei Gruppen von Attentätern ein, die den Zaren auf einer seiner möglichen Routen für die tägliche Ausfahrt in die Luft sprengen sollten. Dieses Mal fand eine der Bomben ihr Ziel. Ignacy Hrynkiewicz, ein polnisches Mitglied der Narodnaja Wolja, wurde durch die Detonation tödlich verletzt. Ein weiterer polnischer Märtyrer. Als Student am Petersburger Technologischen Institut hatte ihm eine Karriere im russischen Staatsdienst offengestanden. Er hatte sich jedoch den Terroristen angeschlossen. Mithilfe der russischen Brüder sollte auf den Ruinen des Despotismus ein freies Polen entstehen. Unmittelbar nach dem Attentat wurde die Führungsgruppe der Narodnaja Wolja verhaftet. Perowskaja, Scheljabow und drei weitere Mitverschworene erwartete der Galgen.

Die jungen Mitglieder der Spójnia und patriotische Polen jubelten, als die Nachrichten vom gelungenen Attentat eintrafen. In den Provinzen Russlands hingegen hielt die Friedhofsruhe an. Wo es dennoch zu Unruhen kam, richteten sich diese gegen Juden und arteten in Gewalttaten oder regelrechte Pogrome aus. Gerüchte, die sich wie ein Lauffeuer verbreiteten, machten jüdische Kreise für das Attentat verantwortlich.

Für den Nachfolger Alexander III. war der getötete Zar ein wankelmütiger Schwächling. Er nahm die geplante Verfassungsreform seines Vorgängers zurück und setzte auf einen Modernisierungskurs, der an den imperialen Ansprüchen Russlands festhielt. Auf dem Balkan verschärfte sich daraufhin die Konkurrenz zu Österreich-Ungarn. Unter dem Vorwand, die orthodoxen Glaubensbrüder schützen zu wollen, schürte Moskau dort die Spannungen und Konflikte. In Fernost schuf sich Russland nach der Eroberung Sibiriens ein weiteres Kolonialreich. Es beteiligte sich an der Schwächung und Zerstückelung des chinesischen Kaiserreiches, stieß gegenüber Japan jedoch an seine Grenzen. Das Inselreich, lange Zeit völlig isoliert, erlebte in der zweiten Hälfte des 19. Jahrhunderts einen beispiellosen Modernisierungsschub. Es sollte zum künftigen Hauptgegner Russlands werden. Wer Alexander III. den Beinamen »der Friedensstifter« verlieh, unterlag einer völligen Illusion. In den dreizehn Jahren seiner Regierungszeit tat der Monarch alles, um sein Land von Anarchisten und Revolutionären zu befreien. Dabei gelang es ihm, eine Reihe von Attentaten zu überleben. Eine seiner ersten Maßnahmen war die Schaffung einer schlagkräftigen politischen Geheimpolizei (Ochrana), deren Aktivitäten sich bis in den letzten Winkel des Riesenreiches erstreckten. Bereits nach dem Dekabristen-Aufstand von 1825 hatte man eine Staatspolizei geschaffen, die sogenannte Dritte Abteilung der Eigenen Kanzlei seiner Kaiserlichen Majestät, und diese Vorläufereinrichtung wurde jetzt umgestaltet und erweitert. Die Ochrana unterstand dem Innenministerium und gliederte sich in zahlreiche Abteilungen und Sektionen. Die Beobachtung und Erfassung aller abweichenden Bestrebungen mündete in eine Flut von Spitzelmeldungen und Berichten. Das war aber nur die unterste Stufe. Hinzu kamen Methoden und Techniken der Desinformation sowie die Anwerbung und Ausbildung von Agenten und Provokateuren. Es gab eine eigene Abteilung für die Herstellung gefälschter Dokumente und die Fabrikation kompromittierenden Materials, sogenannter Kompromate. Zirkel und Gruppen von Oppositionellen wurden unterwandert und gesteuert. Eine Reihe von Attentaten, denen russische Amtsträger zum Opfer fielen, gingen auf das Konto der Ochrana selbst. Ihre Struktur und ihre Arbeitsmethoden wurden über die Ära der Zaren hinaus zum Vorbild aller späteren russischen Geheimdienste. Abteilungen der Ochrana gab es in allen europäischen Botschaften Russlands.

Keine Exilgruppe der Oppositionellen, kein russischer Emigrant, keine Person, die im Ausland mit ihnen sympathisierte und sie unterstützte, sollte sich sicher fühlen.

Bezeichnend war auch, dass das Attentat von 1881 auf Alexander II. den Juden in die Schuhe geschoben wurde. Hier blieb offen, ob Gerüchte und Anschuldigungen von der neu geschaffenen Ochrana lanciert wurden oder von fanatischen Antisemiten stammten, die in Russland eine lange eigene Tradition hatten. Wie der Katholizismus räumte auch die Orthodoxie dem mosaischen Glauben keinen akzeptierten Platz ein. Juden sollten konvertieren, sich assimilieren oder aber verschwinden. Ab dem späten Mittelalter hatten die zunehmenden Verfolgungen Hunderttausende von Juden in die Gebiete der polnisch-litauischen Republik vertrieben. Dort herrschte Glaubensfreiheit, und ihre Ansiedlung wurde sogar gefördert. Zum Zeitpunkt der Annexion polnischer Territorien durch Katharina die Große lebte dort eine große Zahl von Juden als Gelehrte und Künstler, Handwerker, Gewerbetreibende oder auch bettelarme Tagelöhner. In anderen Provinzen des Russischen Reiches waren sie eine stets gefährdete Minderheit. Katharinas anfängliche Versuche einer Politik des Ausgleichs und der Integration wurden vom orthodoxen Klerus und großen Teilen des Hofadels hintertrieben, und so wählte sie einen anderen Weg. Ab dem späten 18. Jahrhundert wurden in den ehemals polnischen Provinzen sogenannte Ansiedlungsrayons geschaffen. In ihnen trafen orthodoxe Juden, die aus zentralrussischen Gebieten vertrieben worden waren oder hatten fliehen müssen und die Russisch oder Jiddisch sprachen, auf Glaubensbrüder und -schwestern, die einer liberalen Auslegung des Judentums anhingen. Letztere sprachen Polnisch, waren meist höher gebildet, im polnisch-litauischen Umfeld verwurzelt und Europa zugewandt. Eine Konfrontation, die kaum Nähe und Solidarität zustande kommen ließ, eher Fremdheit bedeutete und innerjüdische Konflikte provozierte. In den litauischen Territorien der polnischen Adelsrepublik war der jüdische Bevölkerungsanteil besonders hoch. Juden machten mehr als 30 Prozent der Bevölkerung aus. Wilna als Zentrum jüdischen Lebens galt als Jerusalem des Ostens.

## Abschluss des Gymnasiums

Die beiden letzten Jahre am Gymnasium bedeuteten für Ziuk eine immer stärkere Zerreißprobe. Die Spójnia, die Gemeinschaft der Gruppe, wurde ihm nun immer wichtiger. Hatte er sich in den ersten Jahren nur sporadisch eingebracht und dem Bruder die Führungsrolle überlassen, änderte sich das jetzt. Die Debatten der Schüler drehten sich regelmäßig um die mögliche Zukunft, um die Frage künftiger Freiheit für Polen. Ziuk wählte für seine Beiträge Themen der Geschichte aus, die ihm besonders nahe waren, etwa die Römische Republik oder die Helden der Französischen Revolution. Disziplin war auch jetzt nicht seine Stärke, nicht auf jeden Vortrag war er gründlich vorbereitet. Er wusste inzwischen jedoch, wo seine Stärken lagen. Wie schon bei den Theateraufführungen spürte er, dass er vielleicht kein begnadeter Redner war, mit seiner Art zu sprechen aber dennoch die anderen mitreißen konnte. Er trug keine Theorien vor, das langweilte ihn ohnehin bei den politischen Broschüren, die sie lasen. Seine Helden in ihrer jeweiligen Zeit, ihre Kämpfe, Entscheidungen und Schicksale, darum ging es ihm in seinen Vorträgen. Für Polen hieß das, zu kämpfen, um erfolgreich zu sein, nicht um weiter das Symbol tragischer Niederlagen abzugeben.

Bronisław kochte, weil er sich angesichts von Ziuks Erfolgen wieder zurückgesetzt sah. Und so zettelte er einen Streit über einen Punkt an, der ihm besonders wichtig schien. Für Ziuk und alle anderen Mitglieder der Gruppe war klar, dass sie für die polnische Sache eintraten. Bronisław erklärte sich hingegen zum Anhänger des »Litauertums« und begann, die litauische Sprache zu lernen. Hätte er es nur dabei bewenden lassen. Stattdessen versuchte er vergeblich, auch »Vertretern des litauischen Proletariats«, wie den Kutschern der Pferdedroschken des Vaters, Litauisch beizubringen. Diese verstanden sich aber als Polen und hatten keine Lust dazu. Der Dissens innerhalb der Spójnia endete mit einem Kompromiss, der die Position Ziuks stärkte, zugleich aber Bronisław das Gesicht wahren ließ. Die Mitglieder der Gruppe verstanden sich demnach als Polen, die in Litauen wirkten und den jüngeren Nationen der Litauer und Belarusen alle Unterstützung zuteilwerden ließen. Das Gleiche galt auch für die wesentlich größere Gruppe der Ruthenen-Ukrainer. Angehörige der liberalen und orthodoxen jüdischen Konfession, aber auch säkulare Juden wurden ebenfalls als gleichberechtigte Mitgestalter einer künftigen polnischen Republik gesehen.

Chonon Rappoport und Leo Jogiches waren zwei Mitglieder der Spójnia, die aus jüdischen Familien stammten und später auf unterschiedliche Weise zu historischer Wirkung gelangen sollten. Rappoport, dessen wohlhabende Eltern sich dem Druck der Verhältnisse anpassten und als loyale Untertanen des Zaren verhielten, wählte nach dem Gymnasium den Weg in die Emigration, studierte in Westeuropa, wurde französischer Staatsbürger und einer der Führer der Kommunistischen Partei Frankreichs. Auch Leo Jogiches' litauisch-jüdische Familie hatte sich weitgehend russisch assimiliert. Als Kaufleute und Besitzer von Mühlen hatten sie es zu beträchtlichem Vermögen gebracht. Der junge Jogiches stand nur für kurze Zeit im Bannkreis der Spójnia und suchte später Kontakt zu Nachfolgegruppen der Narodnaja Wolja.

Auf die Wellen neuer Verfolgungen und Pogrome in verschiedenen Teilen des Zarenreiches reagierten die Angehörige der jüdischen Gemeinden ganz verschieden. Die einen setzten auf eine noch stärkere Anpassung und Assimilation, andere schlossen sich dem Strom der Auswanderer nach Amerika und in liberalere europäische Länder an. Sozialer Protest führte manche, so auch Rappoport und Jogiches, in die Organisationen und Parteien der europäischen Arbeiterbewegung, wo die jüdischen Wurzeln keine Rolle mehr spielen sollten. Im »Bund«, einer sozialistischen Partei, die in allen von Russland besetzten polnischen Gebieten (Russisch-Polen) und Galizien wirkte, sammelten sich Arbeiter, Handwerker und Angehörige freier Berufe, für die Sozialismus und jüdische Emanzipation zusammengehörten. Mit polnischen und russischen Sozialisten arbeiteten sie zum Teil zusammen, zum Teil konkurrierten sie mit ihnen.

Unter den Juden in Russland gewann schließlich in der zweiten Hälfte 19. Jahrhunderts auch die uralte Idee der Rückkehr in ihr historisches Heimatland Palästina zahlreiche neue Anhänger. Die »Zionisten« – der Name leitet sich von Zion, dem jüdischen Tempelberg, ab – sahen in der Schaffung eines eigenständigen jüdischen Staates auf historischem Boden die einzige Chance auf dauerhafte Sicherheit.

Für Bronisław und Ziuk riss im Sommer 1884 die tagtägliche Verbindung ab. Ziuk stand ein Jahr vor der Abschlussprüfung des Gymnasiums, während Bronisław das Jahr wiederholen musste. Der Vater, den seine glücklosen Geschäfte immer häufiger nach St. Petersburg trieben, wollte, dass Bronisław den Schulabschluss dort machte, um dann am Petersburger Technologischen Institut Ingenieurswissenschaften oder Landwirtschaft zu studieren. Das Gleiche schwebte ihm für Ziuk vor.

Nach dem Tod der Mutter im September 1884 fiel die Familie endgültig auseinander. Die Brüder sahen sich noch regelmäßig, wenn Bronisław Wilna besuchte und Nachrichten von den Gruppen und Zirkeln in St. Petersburg mitbrachte. Die Frage der Studienwahl schob Ziuk vor sich her. Er wusste genau, auf welch wackligen Beinen die Familie in materieller Hinsicht stand, erst recht nach dem Tod der Mutter. Damit waren auch die Mittel für ein Studium begrenzt. Wie sollte er seine hochfliegenden patriotischen Fantasien mit einem Brotstudium verbinden? Von Ratlosigkeit und Zweifeln hin und her gerissen, bewältigte er die Abschlussprüfungen am Gymnasium ohne großen Ehrgeiz, aber mit Geschick. Sehr gute Noten erhielt er nur in Religion, Geschichte und Geographie. Da ihm in der Abschlussbeurteilung in Sachen Zuverlässigkeit und Allgemeinverhalten gerade mal ein »Ausreichend« bescheinigt wurde, standen die Chancen für die Aufnahme an einer guten Universität eher schlecht.

Dafür, dass Ziuk sich im Spätsommer 1885 für das Medizinstudium entschied und sich an der Universität in Charkow bewarb, gab es mehrere Gründe. Vor allem geschah es aus Trotz gegen den Vater und als Absage an eine berufliche Laufbahn, mit der ihn nichts verband. Das Leben auf dem Land hatte er genossen, aber er wollte sich nicht an die Landwirtschaft binden und glaubte nicht an die Chance, die Besitztümer der Familie zu erhalten. Mit der Medizin verband ihn zwar kaum etwas, aber mit ihr erhoffte er sich einen breiteren Horizont – und schlicht einen Zeitaufschub. Seine wirklichen Zukunftspläne waren ja noch denkbar unausgegoren. Der Vater hielt die Studienwahl für völlig verfehlt, doch Ziuk ließ sich nicht davon abbringen. Für Charkow wiederum sprach vor allem, dass es weit entfernt war, etwas Neues verhieß und zudem für relativ billige Studienbedingungen bekannt war. Er schickte also seine Bewerbungsunterlagen los und war selbst erstaunt, sehr schnell einen positiven Bescheid zu bekommen.

## Als Student in Charkow

Die Hauptstadt des gleichnamigen südrussischen Gouvernements Charkow war in den 1880er-Jahren dank der dortigen Förderung von Eisenerz und Kohle sowie des Ausbaus des landesweiten Verkehrsnetzes ein wichtiger Wirtschaftsstandort. Außerdem gab es dort eine recht große polnische Minderheit.

Für den jungen Piłsudski, der seine erste Reise im Herbst 1885 dorthin zu Pferde unternahm, schien Charkow ein elendes, heruntergekommenes Provinznest zu sein. Kein Vergleich mit seinem geliebten Wilna. Um ein Zentrum, zu dem Regierungsgebäude, Bürgerhäuser und die Universität gehörten, erstreckten sich Vorstädte aus zerfallenen Holzhütten und wackligen Buden. Es gab keine Kanalisation und dafür überall die Zeichen bitterster Armut. Dazu der Dreck und Schlamm, der nicht nur bis an die Knöchel, sondern je nach Jahreszeit sogar bis zu den Knien reichen konnte. Die Studenten hatten vorgeschriebene Uniformen zu tragen. Piłsudski ging dennoch lieber in Zivil, weil sich dann die Sachen leichter reinigen ließen. Als er auf der Straße von Universitätsinspektoren auf die fehlende Uniform angesprochen wurde, fragte er zurück, warum es denn in Charkow so unglaublichen Dreck gebe. Für diese Reaktion bekam er mehrtägigen Arrest.

Falls er auf eine lebendige polnische Studentengemeinde und ein reges eigenständiges Leben der polnischen Minderheit in der Stadt gehofft hatte, wurde er enttäuscht. Fast alle Polen, denen er begegnete, waren angepasst, weitgehend russifiziert und hüteten sich vor politischem Engagement. Die russischen Kommilitonen waren da von ganz anderem Format. Seit der Zerschlagung der Narodnaja Wolja waren schon einige Jahre vergangen. Deren Anführerinnen und Anführer waren für politisch aktive Studierende jedoch zu Heldenfiguren und Vorbildern geworden. Viele von ihnen, darunter Sofia Perowskaja und Andrej Scheljabow, hatten für ihren Mut mit dem Tod am Galgen bezahlt. Exemplarisch sind auch die Schicksale von Vera Figner und Vera Sassulitsch, von denen bereits kurz die Rede war.

Die 1852 geborene Vera Figner studierte mehrere Jahre Medizin in Zürich, kehrte nach St. Petersburg zurück, arbeitete als Landärztin und schloss sich später der Narodnaja Wolja an. Sie wurde als letztes Mitglied von deren Exekutivkomitee verhaftet, verraten durch einen Kampfgenossen, der als Doppelagent für die Ochrana tätig war. Der Zar wollte nicht erneut eine Frau als Märtyrerin sehen, sodass ihre Todesstrafe in zwanzig Jahre Haft in der berüchtigten Festung Schlüsselburg umgewandelt wurde.

Vera Sassulitsch, Jahrgang 1849, wählte einen anderen Weg. Sie stammte aus einer verarmten Adelsfamilie, schloss sich den revolutionären Studenten an und verübte als Einzeltäterin ein Revolverattentat auf den Petersburger Polizeikommandanten Trepow. Der hatte sich schon bei der Niederschlagung des polnischen Aufstands einen Namen gemacht und war für seine sadistischen Praktiken gegenüber Gefangenen bekannt. Trepow überlebte schwer verletzt. Sassulitsch gelang es, zu entkommen und in die Schweiz zu fliehen. Dort gründete sie mit Georgi Plechanow die Gruppe »Befreiung der Arbeit«, welche versuchte, die Tradition der Volkstümler mit dem Marxismus zu verbinden. Der Briefwechsel von Sassulitsch mit Karl Marx sollte Berühmtheit erlangen.

Von all diesen Geschichten und Hintergründen gelangten zwar nur Bruchstücke in die entlegene Provinzstadt Charkow, diese sollten aber auch dort den Streit um das wahre Erbe der Narodnaja Wolja befördern. Neben der terroristischen Option der radikalen Gruppen gab es weiterhin Zirkel, die auf das Zukunftspotenzial der russischen Dorfgemeinschaft (Mir) setzten. Józef Piłsudski, der polnische Neuankömmling, wurde in einen dieser Zirkel eingeladen und traf dort neben zwei weiteren Polen ausschließlich auf russische Teilnehmer. Ein etwas älterer, bärtiger Russe führte das Wort, stimmte geschwätzig und selbstgefällig ein Hohelied auf den Mir an. Die »historischen Briefe« Lawrows, eines Theoretikers der Narodnaja Wolja, die diesem Thema gewidmet waren, sollten Gegenstand der nächsten Runde sein. Piłsudski vertiefte sich daraufhin in diese Briefe und fand sie sterbenslangweilig. Was die Frage des Gemeineigentums betraf, gingen ihm Lawrows Ausführungen völlig an der Wirklichkeit vorbei. Seine eigenen Erfahrungen mit der litauisch-polnischen Dorfbevölkerung hatten ihn gelehrt, dass diese Bäuerinnen und Bauern in der Frage individuellen Eigentums sehr entschieden waren. Gegenseitige Unterstützung gab es natürlich, aber nicht auf der Grundlage einer primitiven Urgemeinschaft. Mit diesen Argumenten trat Piłsudski seinem russischen Kontrahenten auf der nächsten Sitzung entgegen. Der konnte es nicht fassen, dass ausgerechnet ein Pole, Sohn eines Gutsbesitzers, die Autorität von Lawrow infrage stellte. Der Streit eskalierte und endete damit, dass Piłsudski seinen Austritt aus der Runde erklärte.

Seine kritische Distanz zum Radikalismus der Terroristen und zu den Gemeinschaftsträumen der Volkstümler hinderte Piłsudski freilich nicht daran, sich an den einzigen wirklichen Unruhen zu beteiligen, die es in den Monaten seiner Studentenzeit in Charkow gab. Der Anlass war eigenwillig genug – eine friedliche Demonstration, die dem Andenken an Alexander II. galt.

Anfang März 1886 war ein Vierteljahrhundert seit der Aufhebung der Leibeigenschaft durch den Zaren verstrichen. Das Jubiläum nahmen zahlreiche Studenten zum Anlass, an diese Befreiungstat zu erinnern. Sie strömten auf den Friedhof und stimmten an den Gräbern regionaler Förderer der damaligen Reformen fromme Lieder an. Andere Hymnen waren ihnen nicht bekannt und nicht üblich. Spontane und ohne behördliche Erlaubnis organisierte Ansammlungen und Demonstrationen, gleich welchem Zweck sie dienten, waren jedoch verboten. Polizei und Kosaken trieben die Studenten daher schließlich gewaltsam auseinander. Von den vermeintlichen Anführern wurden einige zu mehrtägigem Arrest verurteilt.

In einem Brief an seine geliebte Tante Stefka berichtete Piłsudski von dieser Kundgebung, an der er sich aus Solidarität beteiligte und die ihm sechs Tage Arrest einbrachte. Es war nicht seine erste Strafe in Charkow. Er war schon mehrfach aufgefallen, und ihm wurde klargemacht, dass jedes weitere Fehlverhalten den Verweis von der Universität zur Folge hätte. In dem Brief versuchte er, die Tante zu beruhigen, auch was seinen Gesundheitszustand betraf. Als Folge des örtlichen Klimas oder aber seiner Lebensumstände – er musste häufig die Quartiere wechseln – plagten ihn ständige Erkältungen. Stefka wusste um seine schwache Konstitution, die ihm immer wieder zusetzte. Wie sollte es nun weitergehen? Charkow blieb ihm fremd, und auch mit dem Medizinstudium konnte und wollte sich Piłsudski nicht anfreunden, obwohl er eine Reihe von Veranstaltungen besuchte und sogar Prüfungen ablegte. Nach den Studentenunruhen war die Stadt in ihren Dämmerschlaf zurückgefallen. Zwar waren die Nachrichten, die er von zu Hause erhielt, nach wie vor nicht gut, aber dennoch wurde Sehnsucht nach dem geliebten, heimatlichen Wilna übermächtig. Es half aber nichts, erst musste er noch die Prüfungen überstehen. Das gelang ihm, und er bekam sogar eine leidliche fachliche Abschlussbeurteilung. Auf der waren allerdings auch seine Verfehlungen und Strafen vermerkt. Kein guter Ausweis für eine andere Universität.

Zur gleichen Zeit machte Bronisław in St. Petersburg sein Abitur und bereitete sich auf das Studium an der juristischen Fakultät der dortigen Universität vor. In Józef reifte ein anderer Plan. Er wollte versuchen, sein Studium an der Universität in Dorpat (Tartu) fortzusetzen. St. Petersburg war ihm zu nahe an den Zentren der Zarenmacht. Die Universität in der zweitgrößten Stadt Estlands wiederum hatte unter Polen einen guten Ruf. Als alte Hansestadt war sie ein historisches Bindeglied zwischen den Zentren der westlichen Hanse und den westrussischen

Handelszentren Pskow und Nowgorod. Im Jahr 1721 fiel sie zwar an das Russische Reich, doch sie konnte sich in Charakter und Ausstrahlung immer etwas Baltisch-Eigenständiges bewahren. Dort gab es eine sehr aktive polnische Gemeinde, und die Nähe zu Wilna war verlockend. Eine Fortsetzung des Medizinstudiums kam für Piłsudski allerdings nicht mehr infrage, er wollte aber auch nicht an die juristische Fakultät gehen, wie es sein Bruder anstrebte. Zum Staatsbediensteten, so viel war ihm klar, taugte er wirklich nicht. Und einer möglichen Karriere als Advokat oder Rechtsanwalt standen wohl auch seine bisherigen Einträge entgegen. Ohne genau zu wissen, wie es weitergehen würde, kehrte er im Frühsommer 1886 Charkow für immer den Rücken und brach in seine Heimatstadt auf. Auf dem Weg dorthin machte er für längere Zeit Station bei seinem Bruder Bronisław in St. Petersburg.

Der Kontrast zu Charkow konnte kaum größer sein. St. Petersburg war eine europäische Großstadt mit nahezu westlichem Flair, im krassen Gegensatz zum altrussisch geprägten Moskau. Der zaristische Staat und seine Einrichtungen waren allgegenwärtig, aber es herrschte auch ein reges gesellschaftliches Leben, und es gab eine große polnische Gemeinde mit aktiven Verbindungen von Studenten und Studentinnen, die an verschiedenen Instituten ihre Ausbildung erhielten. Dabei handelte es sich um offene Diskussionskreise oder Literaturzirkel, aber auch um politische Gruppen, die sich bereits ein Programm geben wollten. In diesen Gruppen waren auch Russen und Angehörige anderer Nationalitäten präsent. Zeitungen und Zeitschriften, Literatur aus Westeuropa waren in großer Menge verfügbar, darunter alle Spielarten sozialistischer Literatur.

Zurück in Wilna, überwog bei Piłsudski zunächst die Wiedersehensfreude angesichts des Zaubers der Stadt, aber auch wegen der Begegnungen mit der Familie, alten Bekannten und Freunden, darunter Mitgliedern der Spójnia, die in Wilna geblieben waren oder in den Ferien dorthin zurückkehrten. Er gab sich schließlich einen Ruck und schickte die Unterlagen für die Fortsetzung des Studiums an die Dorpater Universität. Bearbeitung und Antwort verzögerten sich, denn die Verantwortlichen der Universität versuchten, sich beim zuständigen Polizeidepartment zu vergewissern, was denn gegen den auffällig gewordenen Studenten vorliege. Solange die bürokratischen Mühlen mahlten, saß Piłsudski auf der Wartebank. Wieder beschlichen ihn Selbstzweifel, die sich zu Depressionen steigerten. Hatte er nicht Verantwortung für seine jüngeren Brüder und die anderen Familienangehörigen? Sollte er nicht lieber im vertrauten Wilna bleiben, um für ihrer aller Auskommen zu sorgen? Viele Jahre später vertraute er einem Freund an, wie er in dieser Zeit tagelang durch die Wälder seiner Kindheit lief, Lieblingsplätze aufsuchte und von dunklen Gedanken zerrissen wurde. Sein unklarer Drang nach Größe und die niederdrückende Realität, die ihn erwartete, klafften zu weit auseinander. Bei allen Bemühungen, den Besitz der Familie zusammenzuhalten, bei allen wirtschaftlichen Experimenten wäre er immer wieder dem Vater in die Quere gekommen, der weiterhin seine eigenen erfolglosen Versuche unternahm. Ob die Gedanken an Selbstmord, die Piłsudski später einräumte, eher ein Produkt seiner Fantasie waren oder der Wirklichkeit nahekamen, blieb offen, Phasen der psychischen Instabilität und der Depression sollten ihn aber ein Leben lang begleiten.

Letztlich entschied er sich, an dem Entschluss für Dorpat festzuhalten und den Ausgang seiner Bewerbung abzuwarten. Die nicht absehbare Zeit bis dahin füllte er mit der Lektüre neuer, vor allem sozialistischer Literatur aus, an die in Charkow kaum heranzukommen war. Die russischen Theoretiker waren ihm verleidet, umso begieriger griff er etwa nach der Übersetzung von Wilhelm Liebknechts *Zur Verteidigung der Wahrheit,* einer der bekanntesten sozialdemokratischen Programmschriften. Liebknecht war neben Ferdinand Lassalle und August Bebel Mitbegründer sozialdemokratischer Organisationen in Deutschland, die sich Ende der 1870er-Jahre zur Sozialdemokratischen Partei vereinigten. Mit Liebknecht gab es einen unverbrüchlichen Freund Polens, der sich in den 1890er-Jahren mit Piłsudski anfreunden und einen unauslöschlichen Eindruck auf diesen machen sollte.

In Wilna hörten Piłsudski und seine Freunde der Spójnia von der Gründung und dem Schicksal der ersten sozialistischen Arbeiterorganisation Polens, des sogenannten Ersten Proletariats. Diese sozialrevolutionäre Partei war im Jahre 1882 in Warschau entstanden. Bereits zwei Jahre später, nach der Verhaftung der Führungsgruppe, gründete sich das sogenannte Zweite Proletariat. Ihr wichtigster Mitbegründer, Ludwik Waryński, versuchte dabei erstmals sozialistische Inhalte mit der Situation des zerteilten Polens zu verbinden. Waryński hatte zu dem Zeitpunkt bereits ein bewegtes Leben hinter sich. Rund zehn Jahre älter als Piłsudski, war er wie dieser in einer polnischen Kleinadelsfamilie aufgewachsen. Sein Vater hatte die Aufständischen von 1863 unterstützt, war dafür inhaftiert worden und hatte den Sohn in diesem Sinne erzogen. Auf Waryńskis Studium am Technologischen Institut in St. Petersburg und seinen Universitätsausschluss wegen sozialistischer Umtriebe folgten Stationen der Emigration in Galizien und der Schweiz und schließlich die Rückkehr nach Warschau. In den Programmschriften von Erstem und Zweitem Proletariat mischten sich Elemente des marxistischen Internationalismus, des Anarchismus und des Terrorismus der Narodnaja Wolja. Das galt auch für die Praxis der Partei, die ökonomischen Kampf mit politischen Demonstrationen verband und Attentate ausdrücklich billigte. Bereits 1883 wurde ihre erste Führungsgruppe mit Waryński an der Spitze verhaftet und zu langjährigen Gefängnisstrafen verurteilt. Da sich die terroristischen Aktionen häuften und die Attentate zunahmen, erwartete Mitglieder der Führungsgruppe des Zweiten Proletariats 1885 nach ihrer Verhaftung die Todesstrafe. Waryński erlitt ein anderes Schicksal. Nach einem Aufenthalt in der Warschauer Zitadelle wurde er wie Vera Figner auf die Festung Schlüsselburg gebracht und dort in strenger Isolationshaft gehalten. Einige Jahre später verstarb er dort an Tuberkulose. Mitglieder der zweiten Führungsgruppe der Partei Proletariat wurden im X. Pavillon der Warschauer Zitadelle festgesetzt. Die zum Tode Verurteilten fanden ihr Ende an eigens dafür errichteten Galgen auf den Wällen der Warschauer Festung. Ihr Hinrichtungsort wurde später zur nationalen Pilgerstätte. Auf den Gründungs- und Opfermythos der Partei Proletariat sollten sich noch Jahrzehnte später polnische Marxisten, Kommunisten und Unabhängigkeitssozialisten beziehen, mochten ihre politischen Wege auch noch so weit auseinandergehen.

Für den jungen Piłsudski und seine Wilnaer Freunde warfen die Informationen und die Dokumente zur Partei Proletariat viele Fragen auf. Sie spiegelten immerhin die Situation in Warschau wider und waren von Polen verfasst, beschränkten sich andererseits aber auf das Ziel einer *internationalen* Befreiung. Wie ließen sich die dort formulierten sozialistischen Inhalte und Forderungen mit dem polnischen Streben nach Unabhängigkeit verbinden, dem fast alle von ihnen seit Kindesbeinen anhingen?

In der Sommer- und Herbstzeit erneuter heißer Debatten mit den Freunden und während er an ersten eigenen Manuskripten arbeitete, griff Piłsudski sogar nach dem Ersten Band von Karl Marx' ökonomischem Hauptwerk *Das Kapital,* den sie in russischer Übersetzung vorliegen hatten. Marx als historischer Publizist hatte ihn überzeugt, aber das Kreisen um Ware, Wert und Mehrwert, die nicht enden wollende Kette von Abstraktionen ließen ihn das Buch schnell wieder aus der Hand legen. Vielleicht fehlte ihm, Piłsudski, doch zu viel ökonomisches Wissen, oder sein Instinkt sagte ihm, dass es im Moment Wichtigeres gab. In jedem Fall war ihm klar, dass der Schlüssel zur Umgestaltung der Gesellschaft nicht allein in der Ökonomie liegen konnte. So viel hatte ihn seine Lebenserfahrung bereits gelehrt.

Stärker als zu Zeiten der Spójnia suchte er nun den Kontakt nach außen, unter anderem zu jungen Handwerkern in Wilna. Dort bot er mit anderen Mitgliedern der Gruppe Vorträge und Kurse zur Weiterbildung an. Derweil verstrich der Sommer, ohne dass eine abschließende Antwort von der Universität in Dorpat eintraf. Warum sollte er nicht ein Jahr aussetzen, um die Gruppenarbeit und die eigene Weiterbildung fortzusetzen, und dann einen erneuten Anlauf nehmen? Als im Herbst unerwartet doch noch ein positiver Bescheid von der Universität kam, hatte er sich bereits entschieden, in Wilna zu bleiben.

## Attentäter und Dilettanten

Über den weiteren Weg der Brüder sollte der Ausgang eines Abenteuers entscheiden, auf das sich Bronisław Piłsudski in St. Petersburg eingelassen hatte. Er kam dort über ältere Studenten in die Nähe einer Gruppe, die sich in der direkten Nachfolge der Narodnaja Wolja sah und als deren revolutionäre Fraktion bezeichnete. Zu der Gruppe, die noch nicht lange bestand, gehörten neben Russen auch einige Polen. Ihr Anführer war der Biologiestudent Alexander Uljanow. Im Gegensatz zu den verbalradikalen, geschwätzigen Lawrow-Anhängern, mit denen Józef Piłsudski es in Charkow zu tun gehabt hatte, war der liebenswürdige und allseits beliebte Uljanow die Präzision in Person. Sein Radikalismus war ein Radikalismus der Tat. Für eine Arbeit über das Verhalten von Würmern hatte er 1886 eine Goldmedaille seiner Fakultät erhalten. Er verpfändete die Medaille, um sich Geld für den Kauf von Dynamit zu verschaffen. Seine Familie lebte in Simbirsk an der mittleren Wolga. Der Vater, ursprünglich Lehrer, war im dortigen Gouvernement zum Inspektor für die Volksschulen ernannt worden. Er starb im Jahr 1886. Die Mutter entstammte einer reichen Fabrikantenfamilie, ihr Erbteil sollte später helfen, die Parteikasse russischer Revolutionäre zu füllen. Die Kinder der Uljanows genossen eine liberale Erziehung, obwohl sich der Vater als loyaler Untertan des Zaren verstand.

Alexander folgte seinem eigenen Stern und wurde im Verlauf des Studiums zusehends radikaler. Er stach aus der Gruppe heraus, wurde bewundert, war aber leider meist von schwachen Naturen und Dilettanten umgeben. Sie hielten Vereinbarungen nicht ein, trafen die falschen Verabredungen und stützten sich auf Leute, die nicht im Mindesten das Zeug für eine gefährliche Mission mitbrachten. Bronisław war nicht in die genauen Pläne der Führung der Gruppe eingeweiht und kannte nur deren allgemeine Ziele. In einem Manifest, welches das Licht der Außenwelt nie erblickte, ging es um den Sturz der Zarenherrschaft und die freie, brüderliche Welt danach. Gebraucht und eingesetzt wurde Bronisław als Kurier und Quartiergeber, eine Aufgabe, bei der

Józef ihn unterstützte, obwohl er die Gruppe nur aus den Erzählungen des Bruders kannte. Hier siegte seine Solidarität über den Instinkt und die Vernunft, die ihn vielleicht hätte warnen sollen.

Mitglieder der Gruppe hatten über Bronisław hinaus Kontakte nach Wilna, unter anderem zu einem Pharmazeuten. Der beschaffte für den Bau von Bomben benötigte chemische Materialien. Die Verabredungen dafür, die Reisen von Kurieren und der Transport von Päckchen schlossen Aufgaben für Bronisław ein. Józef hielt sich die ganze Zeit in Wilna auf und kam ab und zu in der Wohnung von Tante Stefka unter. Dort nahm er auch Michał Kanczer, einen der Petersburger Kuriere, für zwei Tage in Empfang, führte ihn durch die Stadt und begleitete den Ortsunkundigen zu Treffpunkten mit weiteren Kurieren. Beide Brüder ahnten mit Sicherheit, dass die Päckchen, die dabei übergeben wurden, nicht nur Briefe, Dokumente oder Literatur enthielten, hüteten sich aber vor weiteren Fragen. Von den kurz danach folgenden Ereignissen wurden sie offenbar dennoch völlig überrascht.

Uljanow und einige wenige Eingeweihte hatten sich darauf verständigt, den sechsten Jahrestag des erfolgreichen Anschlags auf Zar Alexander II. zu nutzen, um dieses Mal seinen Nachfolger aus der Welt zu schaffen. Dank der erfolgreichen Einkäufe und Transporte standen jetzt Bomben dafür bereit. Kurz vor dem geplanten Anschlag inspizierten Mitglieder der Gruppe die Strecke, die der Zar für gewöhnlich wählte, wenn er seinem verstorbenen Bruder in der Gruft der Peter-Pauls-Festung einen Besuch abstattete. Dabei führten sich die Studenten aber so ungeschickt auf, dass die überall präsenten Polizisten und Zivilspitzel Verdacht schöpften. Zur Sicherheit griffen sie sich eine größere Anzahl der auffällig wirkenden Passanten, darunter Michał Kanczer, den Bronisław nach Wilna gebracht und den Józef in der Wohnung seiner Tante beherbergt hatte. Kanczer hielt im Verhör nur wenige Stunden stand. Dann verrieten er und ein weiterer Mitverschworener alles über die Gruppe, auch die Identität und die Aufenthaltsorte von Bronisław und Józef. Für die Ochrana-Beamten, die den Fall schnell von den Polizisten übernahmen, war das Ganze eine komplette Überraschung. Sie hatten tatsächlich keine Ahnung von dem geplanten Attentat gehabt. Unmittelbar danach wurde der Petersburger Führungskreis um Uljanow verhaftet. Weil man bei der Festnahme der Wilnaer Unterstützer sichergehen wollte, brachte man Kanczer dorthin und ließ sich von ihm zu den Quartieren von Bronisław und Józef führen. Beide kamen anschließend in Gewahrsam.

Trotz seiner Jugend und Unerfahrenheit verhielt sich Józef Piłsudski in den anschließenden Vernehmungen wie ein erfahrener Straftäter. Er blieb so dicht wie möglich an der Wahrheit, um sich bei weiteren Verhören und Indizien nicht in Widersprüche zu verwickeln, schilderte seine Sympathie für Michał Kanczer, gab ihre gemeinsamen Wege durch Wilna zu, bei denen er sich als Stadtführer schilderte. Jedes Wissen um die Gruppe und ihre Ziele leugnete er ab. Mit allem, was er sagte, versuchte er, den Bruder zu schützen und zu entlasten. Für Bronisław wogen jedoch die Aussagen der geständigen Gruppenmitglieder schwerer, und so wurde er am Ende nicht mehr nur als Mitwisser, sondern als Mittäter eingestuft. Dem minderjährigen Piłsudski konnte keine unmittelbare Mitschuld nachgewiesen werden, er wurde als Zeuge angesehen, blieb aber weiter in Gewahrsam. Im April 1887 wurden die Brüder nach St. Petersburg gebracht, wo der Prozess gegen alle Angeklagten vor einem Militärgericht begann.

Alexander Uljanow nahm dort alle Schuld auf sich, stand zu seinen Motiven und Taten und nutzte seinen Auftritt vor Gericht, um revolutionäre Proklamationen zu verkünden. Gegen ihn und weitere führende Mitglieder der Gruppe wurde die Todesstrafe verhängt. Uljanow lehnte die Möglichkeit einer Begnadigung ab. Die Alternative einer langjährigen Festungshaft, bei der er nur religiöse Bücher zur Lektüre hätte, stand ihm als Schreckbild vor Augen. Dann lieber den schnellen, heroischen Tod wählen. Erst das inständige Flehen der Mutter, die ein Jahr zuvor Witwe geworden war, brachte ihn dazu, in letzter Minute doch ein Gnadengesuch einzureichen. Es wurde abgelehnt. Am 20. Mai 1887 fand Uljanow mit vier seiner Gefährten in der Festung Schlüsselburg den Tod am Galgen.

Es gehört zu den oft wiederholten historischen Legenden, sein vier Jahre jüngerer Bruder Wladimir, der unter seinem späteren Kampfnamen Lenin in die Geschichte eingehen sollte, sei in diesem Moment zum Revolutionär und Marxisten geworden. Wladimir war erschüttert über die Hinrichtung seines Bruders, aber ein äußerst disziplinierter und fähiger Schüler. Just in der Woche der Hinrichtung legte er die Abiturprüfung mit einer Goldmedaille ab. Das zaristische Strafsystem war äußerst grausam, schloss aber keine Sippenhaft ein. Trotz des verurteilten Bruders standen dem Sohn des loyalen Schulinspektors und der begüterten Tochter eines Fabrikanten nach einer solchen Abiturleistung durchaus Karrierewege offen. Immer wieder nutzte die Mutter dafür ihre Beziehungen in den Verwaltungs- und Staatsdienst. Sie hatte die Hinrichtung ihres älteren Sohnes nicht verhindern können, jetzt wollte sie wenigstens das Los ihres jüngeren Sohnes erleichtern. Wladimir Uljanow verarbeitete das Schicksal des Bruders auf seine Weise, machte eigene Erfahrungen und entschloss sich erst einige Jahre später gegen den Staatsdienst – und für die Laufbahn eines Revolutionärs.

Zahlreiche andere Angeklagte in dem erwähnten Prozess wurden zu langjähriger Festungshaft oder zur Verbannung nach Sibirien verurteilt. Für Bronisław bedeutete das fünfzehn Jahre Verbannung nach Sachalin. Józef, der bis zum Schluss als Zeuge galt, wurde per gerichtlicher Anordnung zu einer fünfjährigen Verbannung nach Sibirien verurteilt. Vater Piłsudski, dem die Mittel der Mutter Lenins nicht zur Verfügung standen, konnte kaum auf Milderung der Urteile hoffen. Ihm wurde lediglich ein letztes Treffen mit den Brüdern in der Haftanstalt erlaubt, was zugleich der Abschied der Brüder voneinander war. Sie sollten sich erst nach zwanzig Jahren wiedersehen. Anderen Mitgliedern der Uljanow-Gruppe gelang es, sich der Verhaftung zu entziehen und mit falschen Pässen ins Ausland zu flüchten. Die Hilfe dafür organisierte Leo Jogiches mit Geldmitteln seiner Familie.

# 2 SIBIRISCHE LEKTIONEN

## Ein eigener Kontinent

Sibirien besaß für die Geschichte des Russischen Großreiches und späteren Imperiums von jeher eine besondere Bedeutung. Mit seiner Fläche von 13 Millionen Quadratkilometern, eigentlich ein eigener Kontinent, nahm es rund drei Viertel des russischen Staatsgebiets ein.

Das riesige Territorium wurde ursprünglich von finnisch-ugrischen, samojedischen und mandschurisch-tungusischen Völkern besiedelt. Ihnen folgten skythische, kirgisische und mongolisch-tatarische Steppennomaden. Im Gefolge der Goldenen Horde von Dschingis Khan errichteten die Mongolen um 1425 ein eigenes Khanat Sibir. Ab Mitte des 16. Jahrhunderts drangen russische Kaufleute und Kosaken in den Riesenraum vor und gründeten erste eigene Siedlungen. Sie handelten mit Edelmetallen und Pelzen, schützten die Ansiedlungen mit zumeist hölzernen Festungen. Mit dem Zerfall der mongolischen Herrschaft floh der letzte Khan im Jahr 1600 nach Kasachstan und überließ das Feld den vordringenden Russen. Im Lauf der nächsten Jahrzehnte erreichten diese den Jenissej, die Lena und schließlich den Pazifik.

Peter I., auch genannt der Große, der von 1682 bis 1725 regierte, siedelte russische Bauern entlang der sibirischen Flüsse und Ströme an. Dort bildeten Kosaken, Bauern und Handwerker eigene Gemeinschaften und Republiken, wählten ihre Vertreter und Anführer, hielten eigenständige Gerichtsbarkeit und organisierten die Verteilung der Güter.

Unter Katharina der Großen gab es im 18. Jahrhundert den Versuch, im ganzen Reich einheitliche Verwaltungsstrukturen und ein zentralisiertes Steuersystem einzuführen. Auf diese Weise sollte die Macht und Willkür regionaler und lokaler Machthaber eingegrenzt werden. Von mehr als Eingrenzen konnte allerdings nie die Rede sein, wie zahlreiche Beobachter und Sibirien-Reisende bezeugten.

Einer der bekanntesten dieser Reisenden war Fürst Pjotr Kropotkin, ein Angehöriger des russischen Hochadels. Als besondere Auszeichnung durfte er im Pagenkorps des Zaren dienen. Des Hofdienstes überdrüssig, ließ er sich 1862 in ein Kosakenregiment in der Amur-Region im äußersten Osten Sibiriens versetzen. Im Auftrag der Petersburger Staatsverwaltung sollte er Berichte über das Gefängnis- und Straflagersystem Sibiriens erstellen und sich einen Überblick zu Formen der kommunalen Selbstverwaltung in der Provinz Transbaikalien verschaffen. Was er erlebte und an Eindrücken gewann, erschütterte ihn zutiefst. Die Reformideen und Lösungsvorschläge, die er deshalb als Teil des Berichtsauftrags vorbrachte, fanden in den Jahren verschärfter Unterdrückung nach den polnischen Aufständen allerdings keinerlei Beachtung. Für Kropotkin wurden die fünf sibirischen Jahre zu einer eindringlichen Erziehung in wirklichem Leben und menschlichem Charakter. Aus dem Adligen und Liebling der Petersburger Hofkreise wurde einer der bekanntesten russischen Anarchisten, ein in ganz Europa bekannter Kämpfer für Menschenwürde und sozialen Fortschritt. Als Naturfreund und Geograf erlebte Kropotkin auf der anderen Seite die ungeheure Schönheit und gewaltige Anziehungskraft der sibirischen Natur, der sibirischen Weiten. Mochte diese Naturschönheit die menschlichen Qualen und Erniedrigungen, mit denen er auf Schritt und Tritt konfrontiert war, auch nicht zu mildern, so fügte sie seinen Erlebnissen doch eine wichtige andere Dimension hinzu.

Nicht lange bevor der junge Piłsudski dem Weg der Verbannten folgte, hatte mit George Kennan ein amerikanischer Forschungsreisender die Gelegenheit, sibirische Etappengefängnisse, Verbannungsorte, Gefangenenstationen und Bergwerke zu inspizieren. Er und sein Reisebegleiter legten dabei zwischen Mai 1885 und März 1886 über 15 000 Kilometer zurück. Vom nordöstlichen Teil des europäischen Russlands aus überquerten sie den Ural und gelangten bis zum Amur, einschließlich der wildesten Teile des russischen Altai-Gebirges. Kennan kannte Kamtschatka und den europäischen Teil Russlands aus vorangegangenen Expeditionen als Telegrafenbeamter und Journalist. Eigentlich war er beeindruckt von den zivilisatorischen Fortschritten des Landes und dem Expansionswillen seiner Herrscher. Seine Sibirien-Reise fiel nun in eine Zeit, in der Alexander II. das Verbannungssystem forciert hatte. Von Jahr zu Jahr wuchs die Zahl der politisch Verurteilten und Verbannten. Kennan leuchtete es durchaus ein, Straftäter, die Terroristen waren, in die entlegensten Regionen Sibiriens zu verschicken. Den Atem verschlug ihm jedoch, was und wen er auf seinen Reisestationen antraf. Er hatte mit Terroristen und Mördern gerechnet, mit einem strengen, organisierten Strafsystem, dem sie unterworfen waren. Mörder und Verbrecher traf er, und es gab Strenge bis zur Unmenschlichkeit, aber vor allem herrschte eine Willkür, die von Ort zu Ort, von Straflager zu Straflager, andere Formen annahm. Gefangene wurden mitunter einfach ihrem Schicksal überlassen oder vegetierten unter entsetzlichen Bedingungen vor sich hin. Unter das Verdikt Terrorist fielen Attentäter ebenso wie politische Überzeugungstäter, die jeder Gewalt abgeschworen hatten. Es konnte aber auch passieren, dass Kennan und sein Begleiter in einer sibirischen Provinzstadt vom Polizeimeister oder Ortsvorsteher eingeladen wurden und dort beim Tee einem privilegierten Verbannten in bester Verfassung vorgestellt wurden, der das kulturelle Leben des Ortes bereicherte. Es gab Beamte und Würdenträger, die sich als Mäzene verstanden. Den Überraschungen wie der Willkür waren keine Grenzen gesetzt.

Nach Sibirien konnte jeder verbannt werden, der für das System der von Korruption beherrschten zaristischen Selbstherrschaft eine vermeintliche oder tatsächliche Gefahr darstellte. Der General oder Staatsbeamte, der über das übliche Maß gestohlen hatte und nicht bereit war, mit seinem Vorgesetzten die Beute zu teilen. Der Landstreicher ohne Pass. Schnapsbrenner, die systematisch das staatliche Alkoholmonopol missachteten. Altgläubige, die das Kreuz anders schlugen als der Pope und als Sektierer an ihrem Glauben festhielten. Mörder, Totschläger und professionelle Diebe. Politische Gefangene, die friedlich protestiert hatten, und radikale Attentäter. Angehörige nationaler Minderheiten, insbesondere der Polen, stellten einen besonders hohen Anteil an diesen Gefangenen.

So verschieden der Stand und die Vergangenheit der Verurteilten und Sträflinge waren, so verschieden waren auch die Wege und Transportmittel, auf denen sie in die Weiten Sibiriens gelangten. Es konnte die Kutsche, das Fuhrwerk oder später die Eisenbahn sein, die staubige oder von Schlamm gefüllte Straße, die Barke auf den endlosen Wasserwegen der Flüsse. Man konnte den Weg in Zivilkleidung, zerlumptem Sträflingskittel, in oder ohne Ketten zurücklegen. Am Ende des 19. Jahrhunderts gab es rund sieben Millionen Einwohner in Sibirien, darunter drei Millionen russische Siedler. Von Letzteren war jeder Dritte ein Verbannter oder ein Nachfahre von Verbannten.

Kennans Schilderungen der grundverschiedenen Welten von Anspruch und Wirklichkeit in Sibirien erschienen mehrfach in Buchform und wurden zu einem europäischen Bestseller. Unter dem beziehungsreichen Titel *... und der Zar ist weit* sollten sie Jahrzehnte später einen entfernten Verwandten von ihm, den Diplomaten George F. Kennan, beeindrucken und dessen eigene Laufbahn beeinflussen.

## Auf dem Weg der Verbannten

Wie schon erwähnt, gelang es Wincenty Piłsudski, beide Söhne noch einmal zu sehen, bevor sie mit verschiedenen Transporten den Weg zu ihren Verbannungsorten antraten. Die Moskauer Butyrka war bereits der fünfte Gefängnisort für Józef. In seinem späteren Leben sollte er noch rund ein Dutzend Gefängnisse und Festungen kennenlernen, darunter vier in Deutschland.

In der Butyrka war eine größere Gruppe politischer Gefangener unter sich, die Begegnung und Konfrontation mit den Kriminellen lag noch vor ihnen. Nach den Versteckspielen der Gruppe der Gymnasiasten und der Studentenzirkel brach nun der Schock einer völlig anderen Wirklichkeit über Józef herein. In seinen letzten Petersburger Momenten hatte er dem Vater ein Gedicht geschrieben, in dem er seine Zerrissenheit ausdrückte. Noch fehlten ihm die Gelassenheit und die Härte des späteren Revolutionärs, der den Preis für sein Handeln auf sich nahm. Bronisław und er waren in eine Sache hineingeschlittert, zu der sie sich nicht einmal halbherzig bekennen konnten. Bücher und Manifeste zu verschlingen, Debatten zu führen und mehr oder weniger verschwommene Ziele zu formulieren, war fast noch wie ein Spiel gewesen. Nun aber schien die Zukunft auf lange Zeit abgeschnitten. In den Erzählungen über die polnischen Aufstände und die Schicksale der Beteiligten, mit denen er groß geworden war, waren Gefängnisse durchaus allgegenwärtig gewesen. Jetzt aber war aus diesen Erzählungen eine brutale Wirklichkeit geworden. Am meisten setzte ihm das Gefühl von Einsamkeit und Verlassenheit zu. Unter den zumeist russischen Mitgefangenen gab es nur sehr wenige Polen, mit denen er die heimatliche Sprache sprechen konnte. Mit Konstantin Hamolecki, den er noch aus den Zeiten der Spojnia kannte, verband ihn der jugendliche Patriotismus. Die meisten anderen Insassen waren älter, hatten eine viel längere Gefängniszeit hinter sich und betrachteten die beiden jungen Polen mit Befremden und Verwunderung. Diese stimmten immer wieder die Hymne »Noch ist Polen nicht verloren« an, das Lied der polnischen Freiwilligen, die Napoleon in seinen Feldzügen in Italien begleitet hatten. Unter den anderen Verbannten galten sie deshalb als polnische Fanatiker und Nationalisten. Dabei war das, was die beiden antrieb, mehr jugendlicher Trotz, das Bestreben, als Polen ernst genommen zu werden. Die meiste Zeit verkroch sich Józef in sich selbst. Mit den anderen Gefangenen konnte er sich zwar auf Russisch verständigen, woran er sich aber nicht gewöhnen konnte, war die Fäkalsprache, der Gefängnisjargon, den sie pflegten, ihr endloses Palaver, um die Zeit totzuschlagen. Verschlossenheit wurde so zum Panzer für seinen eigentlich offenen Charakter und sollte ihn immer stärker prägen. Aus dem jugendlichen Ziuk wurde immer mehr der erwachsene Józef.

Ende Mai 1887 wurden die Gefangenen aus ihren Zellen getrieben und in eine große Halle gebracht, die mit großen Gittern geteilt war. Alle mussten sich nackt ausziehen, wurden genauestens inspiziert und erhielten Sträflingskleidung für die nächsten Etappen des Transports. Während der gesamten Prozedur liefen sowohl Wärter als auch andere Gefangene, darunter auch Frauen und Kinder, an den Gittern vorbei. Nackte Menschen hinter Gittern waren hier etwas so Normales, dass weder Scham aufkam noch irgendjemand davon besondere Notiz nahm. Jetzt kamen Ketten dazu.

Auf dem Moskauer Bahnhof nach Nischni-Nowgorod wurde der achtzigköpfige Häftlingstrupp in Güterwagen gepfercht. Im Gestank der eigenen Exkremente kam dort schnell die Sehnsucht nach den Gefängniszellen auf, die sie in Moskau verlassen hatten. In Nischni-Nowgorod angekommen, wurden die Männer auf eine Häftlingsbarke umgeladen, die sie zunächst auf der Wolga, dann auf der Kama in fünf Tagen nach Perm bringen sollte. Tagsüber durften sie sich auf dem mit Gittern gesicherten Deck aufhalten, abends trieb man sie unter Deck, in Enge und Gestank.

In Perm kamen zu den achtzig politischen Gefangenen über 200 Kriminelle hinzu. Diebstahl, solange es noch etwas zu stehlen gab, Schlägereien, ja sogar Akte offener Selbstjustiz ließen den Aufenthalt nicht nur für die jüngeren, unerfahrenen Gefangenen zur Tortur werden. Schließlich ging es mit dem Gefängniszug weiter über den Ural, und nach zwei Tagen Fahrt kam der Gefangengentransport im sibirischen Tjumen an. Als sich der Zug der Stadt näherte, konnte man schon aus der Ferne das Gefängnis sehen. Gefängnisse in Russland gehörten wie die Kathedralen in Westeuropa zu den imposantesten Gebäuden einer Stadt. Das gewaltige Gefängnis von Tjumen war der ganze Stolz der Stadtoberen. Hatten die erschöpften Häftlinge gehofft, dort bessere Bedingungen vorzufinden, so tauschten sie nun Gestank und Exkremente gegen Legionen von Wanzen und Läusen. Diese hatten sich in den Ritzen der Schlafpritschen eingerichtet, und so blieb den Gefangenen nichts anderes übrig, als sich auf den Betonboden des Gefängnisses zu drängen, im Stehen zu essen und im Stehen zu schlafen. Als die völlig übermüdeten Männer dann auf dem Betonboden zusammensanken, versuchten die Stärksten von ihnen, darunter Piłsudski, doch noch irgendwie Abhilfe zu schaffen. Sie besorgten sich primitive Reinigungsmittel und verjagten die Insekten von den Pritschen. Die Wanzen sammelten sich jedoch an der Decke und fielen nach einer Weile von oben auf die Schlafenden herunter.

Nicht in jedem der folgenden Etappengefängnisse herrschten solche entsetzlichen Zustände. In manchen war es sauberer, und die Gefangenen wurden in kleineren Gruppen auf verschiedene Zellen verteilt. Das waren aber die Ausnahmen. Die Regel war, dass die jeweiligen Polizeimeister, Ortsvorsteher und Vertreter der Selbstverwaltung einen Großteil der Mittel, die für die Sicherheit, die Unterbringung und die Verpflegung der Häftlinge vorgesehen waren, für sich abzweigten. Auch hier regierte die Willkür. Die Spitäler oder Sanitätsstationen in den Etappengefängnissen waren zumeist überfüllt und schmutzig. Dort grassierte häufig der Typhus und andere ansteckenden Krankheiten. Ärzte und Helfer, die dort tätig waren, sahen sich selbst als Gefangene an, als Gefangene eines unmenschlichen Systems.

Die Häftlinge schwebten immer in der Unsicherheit, was sie wohl am nächsten Ort erwartete. Nach drei Tagen und Nächten Aufenthalt in Tjumen waren sie erneut auf einer Gefängnisbarke unterwegs, die sie über den Tobol und den Ob nach Tomsk brachte. Hier, in einer der zentralen Städte Westsibiriens, wurde die Gruppe geteilt. Das leichtere Schicksal erwartete diejenigen, die in Westsibirien bleiben konnten, dessen Territorien zivilisatorisch wie klimatisch im Vergleich noch erträglich waren. Das Klima in Sibirien war ansonsten selbst für die Härtesten eine extreme Herausforderung. In den wenigen Wochen eines kurzen Sommers stiegen die Temperaturen auf 30 bis 40 Grad, ehe innerhalb kürzester Zeit der neunmonatige Winter mit Temperaturen von teilweise unter minus 40 bis 50 Grad ausbrach. Der Frühling setzte nicht vor Mai ein. Je weiter im Norden und Osten die Gefangenen angesiedelt wurden, umso extremer waren die Temperaturen, mit denen sie zu kämpfen hatten. Wer im südlichen Westsibirien landete, konnte von Glück sagen. Zur Gruppe dieser Glückspilze zählte Hamolecki, der polnische Freund Józefs. Ihre Wege sollten sich für immer trennen. Hamolecki verschlug es nach Verbüßung seiner Strafe in die USA. Dort wurde er zum steckbrieflich gesuchten Anarchisten, dessen Spur sich aber irgendwann verlor.

Die für Ostsibirien vorgesehenen Häftlinge brachen Mitte Juni zu Fußmärschen auf, die sie über 2000 Kilometer führen sollten. Ziel war Irkutsk, die Hauptstadt Ostsibiriens. Der dortige Gouverneur sollte dann über den endgültigen Aufenthaltsort der Sträflinge entscheiden. In den ersten Wochen dieses Etappenmarsches erlitten die Männer all das, was den kurzen sibirischen Sommer ausmachte: brütende Hitze, Staub und Schwärme von Mücken, vor denen man sich mit Umhängen und Masken aus Pferdehaut zu schützen suchte. Dazu kamen die Schikanen der Begleitmannschaft, welche die Politischen in der Regel schlechter behandelte als die Kriminellen. Nach anstrengenden Tagesmärschen von zwanzig bis dreißig Kilometern gab es oft mehrtägige Aufenthalte in den Etappengefängnissen, deren »Annehmlichkeiten« sie schon zu schätzen gelernt hatten. Nicht alle legten den Weg zu Fuß zurück. Die Marschierenden und ihre Bewacher, die zumeist beritten waren, wurden von zahlreichen Fuhrwerken begleitet. Sie transportierten die Kranken, aber in einzelnen Fällen auch Frauen und Kinder, die ihre Männer in die Verbannung begleiteten.

Zum schlimmsten Erlebnis auf der langen Reise sollte für Józef die Gefängnisrevolte in Irkutsk werden. Der rund 20-köpfigen Gruppe Verbannter, hinter der sich Ende September die Tore des Irkutsker Gefängnisses schlossen, ging kein guter Ruf voraus. Aus den verschiedenen Etappenstationen trafen Depeschen ein, in denen sie als »rebellierender Haufen« bezeichnet wurden. Da es sich nicht um einfache Sträflinge handelte und sich auch Adlige unter ihnen befanden, war für die zaristischen Beamten Vorsicht geboten und dennoch unnachgiebige Strenge angesagt. Jeder Zwischenfall, ob es dabei um tatsächliche oder vermeintliche Sachbeschädigung oder um Ungehorsam gegenüber dem Gefängnispersonal ging, wurde in Protokollen festgehalten, die den Depeschen beigefügt waren.

Rund die Hälfte der Gruppe wurde von Irkutsk aus mit Einzeltransporten in nahe gelegene Verbannungsorte gebracht. Der Rest würde ausharren müssen, bis es auf der zugefrorenen Lena einen Winterweg in den sibirischen Norden gab. Zu dieser zweiten Gruppe gehörte Józef, dem der Gouverneur Kirensk zugewiesen hatte, eine Kreisstadt rund 700 Kilometer nördlich von Irkutsk gelegen. Insgesamt dreizehn Häftlinge warteten so wochenlang auf ihren gemeinsamen Transport in den Norden. Zu ihnen sollten weitere Verbannte aus nachfolgenden Transporten stoßen, die den gleichen Weg vor sich hatten.

Der Ruf der Gruppe hatte sich, wie gesagt, herumgesprochen, weshalb sie häufig Besuch von Polizeimeistern, Offizieren der Gendarmerie und Staatsanwälten erhielt. Einmal tauchte sogar Graf Ignatjew höchstpersönlich auf, der Generalgouverneur von Ostsibirien. Die Visiten endeten gewöhnlich damit, dass die Besucher von der Gefängnisleitung forderten, den Gefangenen nicht zu viel Freiheiten einzuräumen, sie zu separieren und längere Zeit in ihren Zellen einzuschließen. Dagegen protestierten wiederum die Häftlinge. Als einem von ihnen der Einschluss in den Karzer drohte, traten sie in den gemeinsamen Streik und drohten damit, das Gefängnis zu demolieren.

Anstelle der Wärter und des Gefängnispersonals tauchten nun mit Karabinern bewaffnete Soldaten unter Führung eines Offiziers auf. Alle dreizehn Gefangenen, die sich in der größten Gemeinschaftszelle versammelt hatten, sollten sofort separat untergebracht werden. Als sich die Häftlinge immer noch nicht fügten, befahl der Offizier seinen Leuten: »Los Kinder, schlagt auf die Kerle ein, dass sie noch lange daran denken.«

Auf dieses Signal hatten die Soldaten nur gewartet. Sie drängten die Gefangenen in einer Ecke der großen Zelle zusammen und hieben mit den metallbeschlagenen Kolben ihrer schweren Karabiner brutal auf sie ein. Józef Piłsudski wurde am Kopf getroffen, brach blutüberströmt zusammen und verlor das Bewusstsein. Man schleifte ihn aus der Zelle auf den Gefängnishof, wo er, kaum wieder zur Besinnung gekommen, einen weiteren Kolbenhieb ins Gesicht erhielt, der ihn zwei Schneidezähne kostete. Wie die anderen Verletzten wurde er in der Sanitätsstation des Gefängnisses notdürftig versorgt.

Einen Monat nach diesen blutigen Ereignissen gab es eine Gerichtsverhandlung. Der Staatsanwalt beschuldigte die Gefangenen des bewaffneten Aufruhrs, was aber selbst dem Militärgericht unangemessen erschien. Am Ende wurden die Angeklagten zu sechs Monaten zusätzlichen Gefängnisses verurteilt, Piłsudski wurde als Minderjährigem die Strafe auf drei Monate vermindert. Dagegen legte die Staatsanwaltschaft Revision ein, der stattgegeben wurde, sodass auch er die volle Strafe erhielt. Zu verbüßen war sie am endgültigen Verbannungsort, was ihn ein Jahr später fast das Leben kosten sollte.

Eine Woche nach der Gerichtsverhandlung brachen die Verbannten in Richtung Norden auf. Bei Temperaturen von bis zu vierzig Grad unter null legten sie mit Schlitten auf der zugefrorenen Lena täglich knapp hundert Kilometer zurück und erreichten schließlich einen Tag vor dem Weihnachtsfest die Kleinstadt Kirensk. Weihnachten in Sibirien spielte in den Erinnerungen und Erzählungen der Verbannten wie auch in Bildern und Gemälden eine bedeutende Rolle. Fest angesiedelte Verbannte und ihre Familien, Gefährten, die ihre Strafe noch verbüßten, und Neuankömmlinge trafen sich in den Weihnachtstagen. Sie teilten die Mahlzeiten und kleine Geschenke, sangen, beteten und sehnten sich nach der Heimat. Ein Moment, der in den folgenden Jahren auch in Piłsudski Erinnerungen an seine glückliche Kindheit aufwühlen sollte.

In den Herbstwochen, die Piłsudski und die anderen Verbannten seines Transports in die Weiten Sibirien führten, nahm das ehrwürdige Wilnaer Gymnasium neue Schüler auf. Einer von ihnen war ein zehn Jahre jüngerer entfernter Verwandter Piłsudskis, Feliks Dzierżyński**. Das

** Die Schreibweise folgt bewusst der polnischen Namensform und nicht der verbreiteten »russischen« Schreibweise Dscherschinski.

begabte, sensible Kind wurde wie Józef im patriotischen Geist erzogen und konnte schon im Alter von vier Jahren ganze Abschnitte des *Pan Tadeusz* auswendig aufsagen. Felix war der Liebling seiner zahlreichen älteren Schwestern, die ihn vergötterten und einen künftigen Geistlichen in ihm sahen.

Ebenfalls in jenem Herbst konnte Wladimir Uljanow dank seines ausgezeichneten Examens und der Beziehungen seiner Mutter ein Studium an der Universität in Kasan aufnehmen. Unterstützt wurde die Bewerbung mit einer ausgezeichneten Beurteilung seines Simbirsker Gymnasialdirektors. Fjodor Kerenski war der Vater von Alexander Kerenski, der dreißig Jahre später im Zuge der Februarrevolution von 1917 zum kurzzeitigen Premierminister der Provisorischen Regierung Russlands werden sollte. Fjodor Kerenski unterstrich die außerordentliche Begabung seines Schülers und lobte die Qualität seiner sittlichen wie religiösen Erziehung. Enttäuscht waren seine Lehrer nur davon, dass sich Uljanow an der juristischen Fakultät der Kasaner Universität einschrieb und nicht die historische Fakultät oder die Sprachen wählte. Uljanow, der keine Karriere als Staatsbeamter anstrebte, hatte laut seiner Lehrer das Zeug zu einem hervorragenden Anwalt, zeigte gleichermaßen Disziplin, Verstand und Einfühlungsvermögen. Die Welle revolutionärer Unruhen im Russischen Reich hatte das an der Wolga gelegene Kasan und seine Universität längst erreicht. Aber nicht nur die dortigen Fakultäten – bei Kontrollen und Durchsuchungen im Hebammeninstitut stellte sich heraus, dass die Nachttische der Studentinnen voll mit revolutionärer Literatur waren.

Da sich Wladimir Uljanow an den Studentenprotesten beteiligte, wurde er im Winter 1887/88 von der Universität ausgeschlossen. Er konnte jedoch darauf hoffen, nach einigen Jahren wieder zugelassen zu werden, zog sich auf eines der Güter seiner Mutter in Kokuschkino zurück und nutzte die Zeit zum Selbststudium. Er arbeitete Berge juristischer Literatur durch.

## Sozialistische Lehrer

In Kirensk und mehr noch in Tunka, seinem zweiten sibirischen Verbannungsort, traf Józef Piłsudski auf Menschen, die er später als seine sozialistischen Lehrer beschreiben sollte. Als er dort ankam, fühlte er sich geistig wie ausgehungert. Nach all seinen Lektüren und den vielen anregenden Debatten in Wilna waren die Wochen unterwegs nach Sibirien auch in intellektueller Hinsicht eine einzige Durststrecke gewesen. Immerhin hatte er in den langen Wochen des Wartens in Irkutsk die erstbeste Chance genutzt und sich einige Bücher und Zeitschriften besorgt.

In den langen sibirischen Nächten konnte er sich endlich wieder mit Büchern und anderen Publikationen beschäftigen, und zudem fand er in den Hütten und Häusern der Verbannten Gesprächspartner und Kontrahenten, mit denen sich diskutieren ließ. Zuvor jedoch musste er sich um eine Reihe praktischer Dinge kümmern, die seine Existenz als Verbannter sicherten. Kirensk nannte sich offiziell eine Stadt, war aber ein größeres Dorf am gewaltigen Fluss. Es besaß ein Postamt, eine Polizeistation, ein armseliges Spital und einige Gebäude der Kreisverwaltung. Das Verhältnis der schon lange ansässigen Bewohner zu den Sträflingen und den dort mittlerweile fest lebenden ehemaligen Verbannten war nicht schlecht. Diese hatten schließlich Handel, Handwerk, Landwirtschaft und Erfahrungen in der Gärtnerei mitgebracht. In zahlreichen Gewerken waren die Polen besonders geschätzt, nicht nur für ihre Backwaren und Würste. Sie galten als kultiviert, umgänglich und waren in der Regel geschäftstüchtig.

Von der örtlichen Administration wurden die Verbannten nicht permanent drangsaliert, sondern eher mit nachlässiger Gleichgültigkeit behandelt und, so gut es ging, unter Aufsicht gehalten. Einmal in der Woche mussten sie sich melden und erhielten eine geringe Geldsumme. Dieses regelmäßige Erscheinen war natürlich auch eine Form der Kontrolle. Es kam vor, dass Sträflinge versuchten zu flüchten, doch das war eher selten. Wie hätten sie das bei den riesigen Entfernungen und der unwegsamen Wildnis auch anstellen sollen. Bauern und Jäger, auf die sie unterwegs trafen, erhielten eine Geldprämie, wenn sie einen erschöpften und halb verhungerten Flüchtling einfingen und wieder zurückbrachten. Für den, der erwischt wurde, bedeutete das eine erhebliche Verlängerung der Strafe oder die Deportation in noch unwirtlichere, entlegenere Gebiete. Nur sehr wenigen gelang die Flucht. Erzählungen darüber kursierten unter den Verbannten, aber fast alle scheuten das Risiko eines solchen Unternehmens. Die in Etappen fertiggestellte Transsibirische Eisenbahn sollte Jahre später die Fluchtchancen erhöhen, selbst wenn es dort strenge Kontrollen gab.

Für Piłsudski galt es, ein erträgliches Quartier zu finden, und er musste nach Möglichkeiten suchen, seinen Lebensunterhalt zu bestreiten. Von der staatlichen »Unterstützung« konnte keiner der Verbannten leben, und mit regelmäßiger finanzieller Hilfe von zu Hause rechnete er lieber nicht. Selbst wenn er sich sehr einschränkte, Lebensmittel, Zigaretten, Öl für die Petroleumlampe, Schreibpapier, alles kostete Geld. Viele der Gefährten gingen regelmäßig auf die Jagd, entweder gemeinsam mit den Einheimischen oder in eigenen Gruppen. Sie schossen das Wild nicht nur für den Eigenbedarf, das Jagen wurde durchaus auch zur Leidenschaft, zum Sport. Das Fleisch und die Felle verkauften sie im Dorf, oder sie versuchten sich gleich selbst als Kürschner. Piłsudskis Sache war das nicht. Manchmal begleitete er die anderen bei der Jagd, wurde aber selbst nie ein begeisterter Jäger. Er liebte die Natur, beobachtete die Vögel und Tiere, interessierte sich für die Bäume und Pflanzen. Das Töten von Tieren nahm er in Kauf. Daran Gefallen zu finden, widerte ihn jedoch eher an. Eine Jagdmethode der Einheimischen verabscheute er geradezu. Bei der Pirsch auf Elche nutzten sie die kurzen Tage des Frühlings, wenn das Eis auf der Lena brüchig war. Sie folgten den Tieren, die auf dem Eise eingebrochen waren, sich verletzt hatten und dann von Hunden zu Tode gehetzt wurden. Diese Jagdmethode erforderte keine teure Munition. Viele Jahre später sollte man Piłsudski zuschreiben, ein leidenschaftlicher Jäger gewesen zu sein, eine Legende, die er selbst stets mit Achselzucken quittierte. Ein echter Mann musste in den Augen der Leute offenbar solch einer Vorliebe huldigen.

Andere Verbannte versuchten sich in der Landwirtschaft, bauten Gemüse an, hielten Hühner. In einer Tischgemeinschaft, an der sich Piłsudski eine Zeit lang beteiligte, führte das dazu, dass tagelang nur noch Eier auf den Tisch kamen. Er selbst sollte danach eine lebenslange heftige Abneigung gegen Eierspeisen hegen. Noch aus den Zeiten auf dem elterlichen Gut wusste er, dass er für eine wirkliche Betätigung in der Landwirtschaft und für gärtnerische Experimente nicht taugte. Bei allem Interesse für die Natur, permanent in der Erde herumwühlen wollte er nicht. Er musste sich also etwas anderes suchen. Von Zeit zu Zeit beteiligte er sich am Holzeinschlag im Wald. Sie schlugen Holz für den Eigenbedarf und, wenn es mehr wurde, für den Verkauf. Was ihm eher entsprach, war die Anstellung bei einem Steuerbeamten, die einen regelmäßigen Zuverdienst brachte. Er war dort als Hilfskraft beschäftigt, zuständig für Korrespondenz und Buchführung, eine Arbeit, neben der ihm genug Zeit zum Lesen und zum Schreiben an eigenen Texten blieb. Später sollte eine zeitweilige Anstellung als Hauslehrer dazukommen.

Eine mehrmonatige Unterbrechung der Monotonie hatte mit dem verspäteten Urteil für die Revolte in Irkutsk zu tun. Es traf erst im Oktober 1888 in Kirensk ein, und das hieß, dass er mehrere Monate Gefängnishaft im mörderisch kalten Winter absitzen musste. Eine unbeheizte Holzhütte, die als Gefängnis diente, hätte er bei seiner Konstitution, die immer anfällig für Erkältung war, nicht lange überlebt. Doch er hatte Glück, weil sich einer der Beamten seiner erbarmte und ihn für die Zeit der Haft ins Spital einwies, wo er als Schreiber eingeteilt wurde.

In der ersten Zeit seiner Verbannung entwickelte sich eine enge Beziehung zu Stanisław Landy und seiner Familie. Landy war ebenfalls Pole und hatte schon den größten Teil seiner mehr als zehnjährigen Verbannungszeit hinter sich. Die Teilnahme an einer Gefängnisrevolte in der Warschauer Zitadelle hatte ihn nach Sibirien gebracht. Auf dem Weg in die Verbannung lernte er seine spätere Frau kennen. Felicja Lewandowska stammte aus einer polnisch-ukrainischen Familie und hatte sich in den späten 1870er-Jahren einer revolutionären Gruppe in ihrer Heimatstadt Odessa angeschlossen. Verhaftet und zur Verbannung verurteilt, fuhr sie auf einer Gefängnisbarke mit anderen Mitgliedern der Gruppe und ihrer jüngeren Schwester Leonarda einem ungewissen Ziel entgegen. Sie verliebte sich auf dem Schiff in Stanisław Landy und konnte ihm später nach Kirensk folgen, wo die beiden auch heirateten. Landy war zwar nur zwölf Jahre älter als Piłsudski, aber er und Felicja wurden so etwas wie Ersatzeltern für ihn. Er hielt sich sehr häufig in ihrem Haus auf, wohnte fast schon dort. Die enge Beziehung blieb auch bestehen, als die Landys im Frühjahr 1890 die Erlaubnis erhielten, sich in Irkutsk niederzulassen.

Landy besaß die Fähigkeit, die unterschiedlichsten Menschen zusammenzuführen, selbst in diesen entlegenen Landschaften. Das gelang ihm bereits in Kirensk und wurde noch intensiver, nachdem sich die Landys in Irkutsk niedergelassen hatten. Bei ihnen kamen unter anderem Veteranen des Aufstands von 1863 zusammen. Wer mit der Waffe in der Hand gekämpft oder zur zivilen oder militärischen Leitung des Aufstands gezählt hatte, landete in den Bergwerken oder blieb jahrzehntelang in der Verbannung. Die Veteranen fühlten sich noch immer dem Geist und den Zielen des Aufstands verpflichtet und trafen bei den Landys auf die Jüngeren, welche die »Mode des Sozialismus« mitbrachten, selbst Mitglieder der Partei »Proletariat« waren oder deren Aktionen unterstützten. Die Jüngeren ihrerseits achteten die Älteren und deren Kampfethos, formulierten aber andere Ziele. Eine Art Brücke zwischen ihnen war jemand wie Bronisław Szwarc, der bereits eine lange Haft in der Festung Schlüsselburg und in Turkestan sowie eine Ansiedlung in Tomsk und Kirensk hinter sich hatte. Nach 28 Jahren einer solchen Odyssee war Szwarc immer noch voller Energie und Optimismus. Auf die jungen Sozialisten blickte er mit viel Sympathie, bedauerte nur, dass diese die patriotische Mission der Unabhängigkeit geringschätzten und ausschließlich soziale Ziele formulierten. Als Szwarc den Landys von Kirensk nach Irkutsk folgte, übernahm Piłsudski dessen Tätigkeit als Hauslehrer der Kinder eines wohlhabenden ukrainischen Verbannten.

Er nahm diese Möglichkeit gern wahr, büffelte mit den Kindern lateinische Grammatik und andere Sprachen, merkte aber auch bald, dass sein pädagogischer Ehrgeiz enge Grenzen hatte.

Um die Positionen zwischen den alten und den jungen Sozialisten anzunähern, brachte Szwarc die Gedanken von jemandem ins Spiel, dessen Wirken und Ziele für beide Gruppen bedeutend waren: Bolesław Limanowski. Dieser hatte schon seine Studienzeit in den 1850er-Jahren in verschiedenen europäischen Ländern verbracht. Er war am Aufbau militärischer Einheiten in Frankreich beteiligt gewesen, welche die Aufständischen unterstützten. Sein kurzer Aufenthalt in Wilna hatte für ihn Haft und Verbannung zur Folge. Schließlich kehrte er nach Westeuropa zurück und stand in engem Kontakt zu den Auslandsorganisationen der polnischen Sozialisten. Mit der Geschichte der polnischen Aufstände hatte er sich lange beschäftigt, darüber Vorträge und Lektionen gehalten. In seiner bekanntesten Broschüre »Patriotismus und Sozialismus« aus dem Jahr 1881 fasste er zusammen: »Wer in Polen Sozialist sein will, muss zur Unabhängigkeit des Landes streben, denn die Unabhängigkeit des Landes ist die unverzichtbare Voraussetzung, um sozialistische Ziele durchzusetzen.«

Von wichtigen, auch politischen, Ereignissen oder Entwicklungen im fernen Europa erfuhr man in den Weiten Sibiriens, wenn überhaupt, nur mit großem Zeitverzug. Von den mehrfachen Thronwechseln im Deutschland des Dreikaiserjahres 1888 etwa, die das Ende der Ära Bismarck und seiner Verständigungspolitik mit Russland ankündigten. Oder davon, dass die deutsche Sozialdemokratie die Jahre der Verfolgung unter den Sozialistengesetzen überstanden hatte und zur stärksten Kraft der europäischen Sozialdemokratie wurde. Nach innen hatte die Partei Bismarck in einen sozialpolitischen Kompromiss gezwungen. Ihr Führer August Bebel blieb ein unverbrüchlicher Freund Polens und schrieb häufig für eines der publizistischen Auslandsorgane der polnischen Sozialisten, die *Morgenröte (Przedświt)*. Sein wichtigstes Werk, *Die Frau und der Sozialismus* von 1879, kursierte in allen Ländern

Europas und sollte einige Jahre später auch in polnischer Übersetzung erscheinen. In den internationalen Organisationen der europäischen Sozialdemokraten, auf ihren Tagungen und Kongressen waren die Deutschen führend vertreten. Dort tauchten auch regelmäßig die Emissäre polnischer, russischer, ukrainischer sozialistischer Auslandsvereinigungen und illegaler Landesgruppen auf. Sie gaben vor, Delegierte von Organisationen zu sein, deren Ziele oft mehr als widersprüchlich und verschwommen waren und deren Mitgliederzahlen niemand überprüfen konnte. Damit stürzten sie die braven, ordentlichen deutschen Sozialdemokraten, auf deren Autorität sie sich beriefen, in große Verwirrung.

Piłsudski saugte alle Nachrichten auf, die zu ihm in die sibirische Einsamkeit gelangten, beteiligte sich an den Debatten, verschlang alle Broschüren und Bücher, die ihm in die Finger kamen. Manche der modernen europäischen politischen Denker waren neu für ihn, andere hatte er bereits in Wilna und Charkow wahrgenommen und las sie jetzt mit schärferem Blick. Marx blieb für ihn als Publizist interessant, aber *Das Kapital* legte er endgültig auf die Seite. Er griff auch erneut nach einer Reihe russischer Theoretiker, die ihn nun jedoch noch mehr enttäuschten als bei der ersten Lektüre. Das galt auch für ein Lieblingsbuch Lenins, den Roman *Was tun?* von Nikolai Tschernyschewski. Für diesen bestand die wichtigste Aufgabe eines Revolutionärs in Selbstkasteiung, und er betrachtete seine Jahre in Sibirien als die glücklichste Zeit seines Lebens. In der harmlosen Form des Romans steckte im Grunde also eine Mischung aus Masochismus und Sadismus.

Piłsudskis Lektüreeindrücke wurden durch persönliche Begegnungen verstärkt, bei denen Bilder aus der Charkower Zeit in ihm aufstiegen. In den Debattenkreisen in Kirensk, Irkutsk und später in Tunka gab es immer wieder russische Verbannte aus dem Umfeld der Narodnaja Wolja, aber auch Anhänger des 1876 verstorbenen russischen Revolutionärs und anarchistischen Denkers Michail Bakunin. Gegen sie verbündeten sich schnell alle Fraktionen der Polen und Ukrainer. Auch für Piłsudski waren die meisten Russen, auf die er traf oder deren Texte er las, einschließlich der evolutionären, letztlich verkappte oder offene Imperialisten, besessen von einem Zentralismus, der immer nur zum Absoluten strebte. Unterschiede anzuerkennen oder gar Widersprüche auszuhalten, lag ihnen nicht. Soziale und politische Organisationen hatten sich in ihren Augen vielmehr einem eindeutigen Ziel unterzuordnen. Merkwürdig nur, dass Piłsudski kaum auf russische Demokraten oder Republikaner traf, was ihn jedoch später nicht daran hinderte, immer wieder nach der kleinen Zahl derer zu suchen, die eine russische Republik anstrebten, und sich mit ihnen zu verbünden.

Treue Begleiter durch den langen sibirischen Winter blieben für Piłsudski die polnischen Autoren, zu denen nicht nur die Klassiker der Romantik, nicht nur Henryk Sienkiewicz und Zygmunt Krasiński und Bolesław Prus zählten. Eine seiner Lieblingsautorinnen war Eliza Orzeszkowska. Sie entstammte der heimatlichen Region, und ihr Mann hatte für sein Engagement im polnischen Aufstand mit Verbannung in Sibirien gebüßt. In ihren populären Romanen, Erzählungen und Novellen beschrieb sie die Zeit der Aufstände, das Schicksal der polnischen Adligen, der Dorfbevölkerung und das Leben am Njemen. Sie und ihre Schriftstellerkollegin Maria Konopnicka setzten sich aber auch mit den komplizierten jüdisch-polnischen Beziehungen in den Städten und auf dem Land auseinander. Sie selbst waren nicht immer frei von antisemitischen Vorbehalten, setzten aber letztlich auf ein tolerantes Zusammenleben. In der jüdischen Separation sahen sie allerdings eine Sackgasse; stattdessen favorisierten sie die Assimilation. Sie verurteilten die Pogrome und machten sie zum Gegenstand ihrer Arbeiten, in denen ein Mob von Betrunkenen und Halbwüchsigen die Ausschreitungen anführte. Das Gegenstück waren Geschichten über mehr oder weniger tragische polnisch-jüdische Liebesschicksale. Vor allem mit Konopnicka teilte Piłsudski eine bestimmte Raum- und Gotteserfahrung. Um Gott nahe zu sein, bedurfte es keines Klerus, keiner Gemeinde, keiner institutionalisierten Kirche. Dafür gab es die Natur, gab es Tiere und Pflanzen, einen Besuch bei den Vorfahren auf dem Friedhof, der einsame Umgang mit der Bibel. Das alles war gegen jede Borniertheit und jede Rückständigkeit gerichtet, die auf den allein selig machenden Anspruch einer einzigen Religion setzte und darum in einem anderen Glauben, in einem anderen Volk etwas Abzuwertendes sah.

## Leonarda

Im Kirensker Haus Stanisław Landys und seiner Familie begegnete Józef Piłsudski der ersten großen Liebe seines Lebens. Das war ein völlig anderes Gefühl als die Anfälle schnell ausbrechender Begeisterung für Wilnaer Schulfreundinnen. Anders auch als die ersten sexuellen Erfahrungen, die er schon gesammelt hatte.

Leonarda Lewandowska war die jüngere Schwester von Stanisław Landys Frau Felicja und rund sechs Jahre älter als Józef. Ihr Wesen, ihr Auftreten und Reden faszinierten ihn vom ersten Moment an. In Leonarda verbanden sich polnische und ukrainische Elemente in einer Weise, die ihm sehr vertraut war. Unter den Verbannten galten die Schwestern zunächst als Angehörige einer Gruppe südrussischer Revolutionäre, woran vieles nicht stimmte. Die Polen begriffen das noch am ehesten. Schwerer fiel es den russischen Verbannten, die den Polen gerade noch so eine eigene Geschichte, Tradition und Sprache zugestanden, das Gleiche den Ukrainern aber verweigerten. Letzteren schrieb man allenfalls eine provinzielle Dorfkultur zu, während man die ukrainischen Territorien als Kleinrussland unter den russischen Großmachtanspruch subsumierte. Die Existenz einer ukrainischen Kultur mit einer eigenen Hochsprache und einer eigenen Geschichte wollte man auf russischer Seite jedenfalls nicht wahrhaben.

Leonarda kam nach Kirensk, um mit der Schwester und dem Schwager nach Woronesch zurückzukehren, sobald deren Verbannungszeit abgelaufen war. Ihre Pläne sollten sich jedoch schnell ändern. Józef war von den Landys auf ihre Ankunft vorbereitet worden. Er hatte sich bestmöglich zurechtgemacht und mobilisierte alle seine Manieren bis hin zum Handkuss, was großen Eindruck machte – eine Szene, an die sich

Leonarda Lewandowska, 1885

beide in ihren Gesprächen und Briefen später immer wieder erinnerten. Die Tage nach der ersten Begegnung zählten zu den schönsten im sibirischen Kalender der Jahreszeiten. Es war die Zeit des kurzen Frühlings, auf der Lena geriet das Eis in Bewegung, und die Frischverliebten wandelten ganze Nächte am Ufer des Flusses entlang. Leonarda erwiderte Józefs Gefühle, ließ ihn den Altersunterschied nicht spüren, hatte aber alle Mühe, mit einem solchen Ansturm umzugehen. In ihr gab es Momente des Zögerns, eine Schwermut und Vorsicht, die sicher mit vorangegangenen Erfahrungen zusammenhingen.

Józef konnte sein Glück kaum fassen, mit Leonarda brachen Emotionen in ihm auf, die er in dieser Intensität noch nicht kannte. Fast neun Monate dauerte ihre gemeinsame Zeit in Kirensk, zunächst vor allem im Haus der Landys und später auch häufiger bei ihm. Vor ihrer Schwester und ihrem Schwager versuchte Leonarda noch längere Zeit den Anschein zu wahren, als ginge es nur um jugendliche Schwärmerei und Freundschaft. Die Landys spürten aber sehr schnell, welcher Art die Gefühle zwischen beiden wirklich waren. Das Gleiche galt für die Kolonie der Verbannten im Ort, wo sich die Nachrichten über das Liebespaar wie ein Lauffeuer verbreiteten. Verbindungen dieser Art waren bei den Verbannten nicht selten und wurden akzeptiert.

Im Februar 1890, neun Monate später, folgte Leonarda den Landys nach Irkutsk, um sich dort auf die Rückkehr der Familie in die Heimat vorzubereiten. Für sie und Józef begann damit die Zeit der langen Briefe, in denen aus Leonarda Leosia, Olesia, Olesieńka wurde. Die unerschöpfliche Vielfalt polnischer Diminutive floss in die beiderseitigen Anreden ein, die von ihrer Seite auch ein Ziuceńko kannten.

Natürlich stand ihre Beziehung im Mittelpunkt des Briefwechsels, aber auch alles, was ihr Leben sonst ausmachte, kam darin zur Sprache. Leosia machte zwar stetige Fortschritte in der polnischen Sprache, die sie zuvor lange nicht gebraucht hatte, aber dennoch waren Grammatik, Wortwahl und Schreibweisen in ihren Briefen oft eine ganz eigene Mischung aus russischen, ukrainischen und polnischen Elementen und Wendungen. Er versuchte, sie zu verbessern, was manchmal komisch werden konnte, weil sein eigenes Sprechen und Schreiben in dieser Phase viele Russizismen aufwies.

Es war nicht so einfach, sich »aktuell« über Briefe auszutauschen. Hin und zurück brauchte die Post von Kirensk nach Irkutsk jeweils mehrere Wochen. Beide wussten, dass ihre Briefe der Kontrolle unterlagen, ob diese nun regelmäßig ausgeübt wurde oder nicht.

Später sollte Piłsudski ein Geheimniskrämer und Meister der Konspiration werden, der in seinen Texten und Briefen gern Spuren verwischte und falsche Fährten legte. In seinen Briefen an Leonarda zeigte sich das noch kaum. Er schrieb sehr offen über seine Gefühle, seine häufigen Selbstzweifel und dunklen Tage, seine Versuche, wichtige Arbeiten zu Ende zu führen Er erzählte ihr auch von seinem Hader, dass er die einfachsten praktischen Dinge nicht bewältigte, manchmal in Unordnung und Dreck förmlich erstickte und sich irgendwann zum Aufräumen zwingen musste. Um sich der Mühe des täglichen Kochens zu entziehen, hatte er mit einem Mitbewohner die Vereinbarung getroffen, dass jeder von ihnen abwechselnd eine Mahlzeit zustande brachte, die dann für drei Tage reichen musste. So mussten sie jeweils nur einmal in der Woche am Herd stehen. Das Ergebnis hätte anspruchsvollere Geschmäcker freilich zurückschrecken lassen, wie er ihr ebenfalls gestand.

Viel mehr Platz in den Briefen nahm seine Sehnsucht nach ihr ein. Immer wieder ist die Rede davon, wie er die Tage, Wochen und Monate zählte, bis er hoffen konnte, sie wiederzusehen. Immer noch hing das Damoklesschwert einer jederzeit möglichen Verlängerung der Verbannungszeit über ihm. Jeder mögliche Zwischenfall konnte bedeuten, dass er weitere Jahre in Sibirien bleiben müsste.

Er wollte mit Leosia am liebsten in der eigenen Heimat, im geliebten Wilna zusammen sein. Das hatte allerdings auch damit zu tun, dass die Nachrichten, die ihn von dort erreichten, immer bedrückender und besorgniserregender wurden. Von dem Besitz, welcher der weitläufigen Familie noch geblieben war, musste ein Hof beziehungsweise ein Stück Land nach dem anderen verkauft oder verpfändet werden. Seine Anwesenheit dort war deshalb dringend geboten. Um dieser Aufgabe willen und eine Zukunft mit Leonarda vor Augen stellte er ein Gesuch an den Gouverneur in Irkutsk, in dem er seine familiären Verpflichtungen beschrieb und um die Erlaubnis zu einer vorzeitigen Rückkehr nach Wilna bat. Wer ein solches Gesuch stellte, unterzeichnete eine uneingestandene Loyalitätserklärung, die unter standhaften Verbannten eigentlich verpönt war. Piłsudski überwand sich dennoch dazu, aber es half nichts: Nach mehreren Monaten bangen Wartens kam die Ablehnung. Mehr Glück hatte er immerhin mit einem anderen Gesuch, in dem er beantragte, aus gesundheitlichen Gründen in die klimatisch günstigere kleine Gemeinde Tunka, rund hundert Kilometer südlich von Irkutsk, übersiedeln zu dürfen. Diesem Gesuch wurde stattgegeben, und er konnte zudem erreichen, dass er auf dem Weg von Kirensk nach Tunka mehrere Wochen in Irkutsk Station machen durfte. Dort waren die Landys, und dort war vor allem Leonarda. Wenige Wochen im Sommer 1890 wurden zu einer Zeit erneuten glücklichen Zusammenseins, von dem beide noch nicht wussten, dass es ihr letztes gemeinsames Glück sein würde.

Tunka, wo er die beiden letzten Jahre seiner Verbannungszeit verbrachte, war ein Dorf an den Ausläufern des Sajan-Gebirges, nahe der mongolisch-chinesischen Grenze, über die immer wieder Nomaden kamen. Der Ort war noch weiter von jeder Form der Zivilisation entfernt als Kirensk, lag dafür aber ungleich näher an Irkutsk. Piłsudski konnte sich dort halbwegs einrichten und schaffte es einige Male, unter verschiedenen Vorwänden zu den Landys in Irkutsk zu gelangen, um dort am Gesellschaftsleben teilzunehmen. Leosia war allerdings nicht mehr dort. Sie hatte mit dem Gedanken gespielt, Józefs Wilnaer Plänen zu folgen. Bis zur Klärung aller Möglichkeiten dafür war sie nach Woronesch gereist. Józef sollte ihr später dorthin folgen.

## Träume künftiger Größe

Ob es die ungewisse Zukunft oder die Einsamkeit war, wusste Piłsudski hinterher vermutlich selbst nicht genau zu sagen – jedenfalls stürzte er sich in Tunka in ein kurzes Abenteuer, was er Leosia nach einigem Zögern in einem der nächsten Briefe beichtete. Er wollte mit ihr zusammenbleiben und hatte ein schlechtes Gewissen. Den Fehltritt hätte sie ihm vermutlich verziehen, doch Piłsudski merkte, dass ihn selbst noch etwas anderes umtrieb. Je näher das Ende seiner Verbannungszeit rückte, desto klarer musste er sich über seine Zukunft werden. Das eigentliche Dilemma war sein unklares Streben nach einer Zukunft, in die er sie nicht mitnehmen wollte. Sie mochte weiter zu ihm halten, so sein Gedanke, aber was sollte sie mit einem mittellosen Mann anfangen, der auf Lebensentscheidungen zusteuerte, die mit einer bürgerlichen Existenz kaum vereinbar wären? So schwer es ihm fiel, er musste sich innerlich von Leosia lösen.

Jenseits aller widerstreitenden Gefühle türmten sich vor ihm unabweisbare Fragen und Probleme auf. Er wurde in Wilna gebraucht, sehnte sich so sehr nach dieser Stadt, nach seiner Heimat zurück. Selbst wenn es ihm gelänge, Leonarda für diese Zukunft zu gewinnen, sollte er dann versuchen, das ungeliebte Medizinstudium wieder aufzunehmen, wo ihm doch jede größere Universität verschlossen blieb? Die Freuden der Arbeit als Lehrer hatte er schon ausgekostet. Vielleicht ließ sich ja doch noch etwas mit den Resten des Familienbesitzes anfangen? Aber auch hier zweifelte er an seinen Fähigkeiten.

Etwas Gutes hatte dieser Blick auf sich selbst dennoch, bei allen Unklarheiten, die blieben. Im Laufe der Zeit hatten sich seine Vorlieben und Abneigungen gefestigt. Geselligkeit, ob auf der Jagd oder beim Feiern, vertrug er nur in Maßen, wohingegen er mit der Einsamkeit meist gut umgehen konnte. Dem Alkohol, der viele Leben nicht nur in Sibirien zerstörte und die russische Volkskrankheit schlechthin war, drohte er nie zu verfallen. Nicht einmal in Tagen und Nächten der Depression und Apathie konnte ihn diese Droge erreichen. In Gesellschaft trank er durchaus mal ein Glas mit, aber mehr auch nicht. Vielleicht schützte ihn hier auch sein empfindlicher Magen, der sehr schnell rebellierte. Von Tee in großen Mengen und vom Rauchen konnte er dagegen nicht lassen. Daran hatte ich sein Magen anscheinend gewöhnt.

In einiger Entfernung von Tunka, mitten in der Wildnis, lebte in einer Jurte eine alte Jakutin. Sie war unter den Einwohnern des Ortes als Wahrsagerin bekannt, die unter anderem aus der Hand lesen konnte. Eine Reihe von Verbannten hatte sie schon aufgesucht, um sich von ihr etwas über das eigene Schicksal verraten zu lassen. Über mögliches Unglück sprach die Wahrsagerin selten, weil das nicht so viel Geld einbrachte. Das Glück konnte sie in Gestalt einer ansehnlichen Frau beschreiben, eines erfolgreichen Geschäftes oder eines Goldfundes in den Bergen des Sajan. Eines Tages machte sich auch Piłsudski zu ihr auf den Weg. Die Alte nahm die Münzen entgegen, die ihre Weissagung freigaben, nahm seine Hand und blickte auf die Handlinien. Jäh erstarrte sie und ließ die Hand fallen. »Ty budjesz Zarjom«, »Du wirst einmal Herrscher sein«, hörte er sie stammeln. Mehr konnte er ihr nicht entlocken. Auf dem Heimweg ließen ihn ihre Worte nicht mehr los. Immer wieder starrte er auf seine Finger, auf die Linien seiner Hand. Hatte die Wahrsagerin dort wirklich etwas gesehen? Oder hatte ihn die schlaue

Alte einfach zum Narren gehalten? Wer konnte schon wissen, was sie anderen Besuchern mit auf den Weg gab? Trotz all dieser Fragen und Zweifel sollte diese Geschichte seine Erzählungen über Sibirien fortan stets begleiten, ja, sie verwandelte sich für ihn allmählich in eine ernst zu nehmende Prophezeiung. Wie sich zeigen wird, hatte Piłsudski sein Leben lang eine Schwäche für zahlreiche Spielarten des Okkultismus, sei es das Lesen aus den Karten oder die Teilnahme an Séancen.

Wenn er solche Erzählungen und Anekdoten schilderte, musste man aufpassen, denn in ihnen steckte eine gehörige Portion Autosuggestion. Bei seinen Träumen ging es gar nicht so sehr um die künftige eigene Größe, sondern eher um die Aufgabe, die ihm schon seine Mutter einst an jedem Abend beschrieben hatte: dazu beizutragen, dass ein starkes, unabhängiges Polen wiedererstehen konnte. Der Gedanke hatte für ihn inzwischen seine ursprüngliche Romantik und Verklärung verloren. Zu viel davon hatte den Polen nie gutgetan, das zeigte ihre Geschichte. Außerdem besaßen viele von ihnen Eigenschaften, für die er immer weniger übrighatte.

Hatte er wirklich Klarheit über seine Eigenschaften, Stärken und Schwächen gewonnen? Wenn es später darum ging, sein Vorgehen, seine Arbeitsweise zu erklären, gab er häufig – und gern – eine Geschichte aus der Verbannung zum Besten. Ein Nachbar von ihm, der sehr praktisch veranlagt war, galt als guter Hundedresseur. Eines Tages erhielt er von einem anderen Verbannten ein Paar junger Hunde zur Dressur. Deren Training verfolgte Piłsudski immer wieder mit großem Interesse. Die Hunde sollten einen Lappen, mit dem sie zuvor gespielt hatten, außerhalb des Grundstücks im Wald finden, wo der Dresseur ihn versteckt hatte. Die beiden jungen Hunde waren grundverschieden. Der eine, bedächtig und diszipliniert, nahm die Fährte auf, folgte ihr langsam mit der Nase eng am Boden. Der andere, lebhaft und hektisch, jagte los, hatte eine Ahnung, wo der Lappen sein könnte, und versuchte ihn dort zu finden. Fast immer siegte der Systematiker und stöberte den Lappen zuerst auf.

So sei es auch mit ihm, fügte Piłsudski hinzu. Nie im Leben habe ihm das systematische Arbeiten gelegen, seine Stärken seien Intuition und Spontaneität. Was er hinzuzufügen vergaß, war, dass ihm phasenweise die hartnäckige, systematische Arbeit durchaus gelang. Sonst hätte er nicht einmal die sibirischen Jahre heil überstanden. Von allen späteren Lebensabenteuern ganz zu schweigen.

Eines spürte er mit Sicherheit: Wilna wartete auf ihn. Im April 1892 war die Zeit der Verbannung endlich abgelaufen, aber es sollte noch ein ganzer Monat verstreichen, bis er alle Formalitäten, die damit verbunden waren, hinter sich hatte. Am 24. Mai 1892 verließ Piłsudski Irkutsk, nachdem er eine Erklärung unterschrieben hatte, dass er sich in den nächsten fünf Jahren in keiner Universitätsstadt niederlassen dürfe, auch nicht in Twer und Nischni-Nowgorod. In Wilna würde er unter ständiger Polizeiaufsicht stehen. Die Freude über die Rückkehr in die geliebte Heimatstadt konnte das kaum mindern.

Die Rückkehr des verlorenen Sohnes beschrieb ein Freund der Familie, Zygmunt Nagrodzki, in einem Brief an Stefania Lipmanówna, die sich gerade in Woronesch aufhielt. Vor drei Tagen sei am Morgen bei ihm ein hochgewachsener bärtiger Fremder aufgetaucht, dem zwei Vorderzähne fehlten. Die Gesichtsfarbe habe man gar nicht richtig zuordnen können, auf jeden Fall habe sie mehr der einer nordamerikanischen »Rothaut« als der eines Polen geglichen. Richtig erschrocken sei er dann, als ihn der Fremde mit den vertraulichen Worten »Hallo Zygmuś, wie geht's dir?« begrüßt habe. Als er sagte, dass es sich hier um einen Irrtum handeln müsse, habe der Unbekannte gelacht und gemeint, es sei wohl Zeit, sich vorzustellen. Sein Name sei Józef Piłsudski. Er kam direkt vom Bahnhof, blieb kurze Zeit bei Nagrodzki und eilte zu den Angehörigen seiner Familie, die ihn gleichfalls kaum wiedererkannten.

# 3
# AN DER SPITZE DER SOZIALISTEN

## Zurück in Wilna

Wilna hatte ihn wieder. Der erste Gang durch die Stadt, die wunderbaren Düfte eines Sommers, der so ganz anders war als die Hitzequalen in Sibirien. Ein Sommer, der einen langen goldenen Herbst versprach. Der Flieder in den Gärten. Die vertrauten Straßen, Plätze und Gebäude, der Klang der Glocken um die Mittagsstunde. Am Hellen Tor wartete seine Schutzheilige auf ihn, die Matka Boska Ostrobramska. Ihr Medaillon hatte ihn durch alle Gefahren der Verbannungsjahre begleitet. Ihn erwarteten der Vater, seine jüngeren Brüder Adam, Kazimierz, Jan und Kacper sowie die älteren Schwestern Helena und Zofia, die sich um die Brüder und die jüngeren Schwestern Marie und Ludwika gekümmert hatten. Seine Geschwister, die Tanten und die anderen Verwandten waren genauso überrascht wie Zygmunt Nagrodzki, wer da plötzlich vor ihnen stand. Aus Ziuk, der vor mehr als fünf Jahren Wilna verlassen musste, war ein Mann geworden, dem man die Jahre in Sibirien ansah.

Sehr schnell stellte sich heraus, dass die wirtschaftliche Situation der Familie noch vertrackter war, als es die Briefe annehmen ließen, die ihn in Kirensk und Tunka erreicht hatten. Verschiedene Güter und Besitztümer, deren wirtschaftlicher Ertrag schwer einzuschätzen war, mussten verkauft werden. Zulów wurde nach und nach aufgelöst. Auf den Vater war in allen wirtschaftlichen Fragen nur wenig Verlass. Er hielt sich viel in St. Petersburg auf und versuchte sich dort in neuen Geschäften. Vielleicht war es für ihn auch eine Art Flucht vor der eigenen schwierigen Vergangenheit.

Alle Wiedersehensfreude änderte freilich nichts daran, dass Józef nach wie vor nicht recht wusste, welchen Weg er nun einschlagen sollte. Sollte er angesichts der Situation der Geschwister vielleicht doch versuchen, in der Landwirtschaft Fuß zu fassen? Seine Abwehr dagegen war allerdings zu stark und ließ ihn andere Pläne wälzen. Er konnte als Hauslehrer arbeiten und darauf hoffen, irgendwann eine reguläre Lehrerstelle zu ergattern. Er konnte seine medizinischen Grundkenntnisse auffrischen, um dann als Arztgehilfe tätig zu werden. Eine Möglichkeit sah er noch in der Rechtswissenschaft, bei der er im Selbststudium einen späteren Abschluss an der Universität vorbereiten könnte. Irgendwann würde seine Aufenthaltsbeschränkung vielleicht doch aufgehoben. Die juristischen Bücher, die er dann monatelang studierte, stießen ihn durch ihre abstrakte Sprache und die unglaubliche Menge an Definitionen ab. Daher gab er am Ende auch diesen Plan auf. Immerhin kam er so weit, dass er sich einige Jahre später mithilfe gefälschter Papiere als Advokat ausgeben konnte.

Im Familienkreis, unter den Freunden und alten Gefährten, die er in Wilna wiedertraf, erzählte er viel über seine Abenteuer in Sibirien. Manches hielt er jedoch zurück. Wie sehr ihn der Verlust Leonardas traf, vertraute er kaum jemandem an. Ebenso, wie sehr das extreme Klima und die Strapazen seiner Konstitution zugesetzt hatten, die nie besonders robust war. Immer wieder plagten ihn grippale Infekte. Später litt er an einer chronischen Bronchitis. Er wollte aber nie, dass andere sich um seine Gesundheit sorgten, und verdrängte die Symptome meist auch vor sich selbst. Seine gute Gesundheit im Sommer der Rückkehr half dabei. Einzig Leonarda hatte er in seinen Briefen anvertraut, wie sehr ihm Erkältungsattacken, aber auch Depressionen zu schaffen machten, wie häufig ihm die Nerven einen Streich spielten.

Der unvergängliche Zauber seiner Heimatstadt war das eine, das andere war die politische Realität der russischen Besatzung. Auf Schritt und Tritt begegnete ihm etwa das Russische, und das nicht in der Hochsprache der Literatur, die er eigentlich schätzte, sondern im Kasernenhofjargon des Militärs und im Beamtenrussisch der Amtsstuben und

Der Kathedralenplatz in Wilna, frühes 20. Jahrhundert

Kanzleien. In offiziellen Bekanntmachungen, die den Geist der Besatzungsmacht atmeten. An den häufigen Feiertagen zogen Regimenter der Garnison mit Militärkapellen durch die Straßen, wurden zahlreiche Häuser illuminiert, die weiß-blau-rote russische Trikolore gehisst. Wie er nun feststellen musste, hatte die forcierte Politik der Russifizierung in den besetzten polnischen Gebieten während seiner Jahre in Sibirien Früchte getragen.

Der Zuzug von russischen Militärs, Beamten und Lehrern hielt an. Auf konfiszierten und aufgeteilten Gütern der Region wurden darüber hinaus Bauern aus dem tiefsten Innern Russlands angesiedelt. Sie wurden privilegiert behandelt und führten sich gegenüber ihren polnischen Nachbarn wie die Herren des Landes auf. Sogar Altgläubige, die in Russland diskriminiert und verfolgt wurden, erhielten die Möglichkeit, sich in diesen Gebieten niederzulassen. Aus ihrer Verachtung für die »ungläubigen« Katholiken machten sie keinen Hehl.

Ab 1835 wiesen zaristische Edikte Gebiete aus, sogenannte Ansiedlungsrayons, wo es Juden erlaubt wurde, ihre Religion auszuüben und wirtschaftliche Tätigkeiten aufzunehmen. Zu diesen Gebieten gehörten unter anderem Kongresspolen, die polnisch-litauischen Gebiete, Odessa und die Krim. In den polnisch-litauischen Gebieten erhöhte sich der jüdische Bevölkerungsanteil schnell. Anders als die seit Jahrhunderten in Polen lebenden Juden, die sich in den Städten häufig assimiliert hatten, zum Katholizismus übergetreten waren oder ein säkulares Leben führten, hingen die neu aus dem Osten hinzukommenden Juden dem orthodoxen Judentum an. Sie sprachen Jiddisch, und die polnisch-jüdische Sprache und Kultur war ihnen fremd. Weil sie sich auch weiterhin vor russischer Verfolgung fürchteten, fügten sie sich ihrerseits dem Druck und den Regeln des primär gegen die Polen gerichteten russischen Besatzungsregimes.

Was, so fragte sich Józef Piłsudski, musste passieren, damit polnische Patrioten angesichts all dieser Entwicklungen nicht resignierten und kapitulierten? Aus Sibirien brachte er die noch vage Hoffnung mit, dass sich aus dem Erbe der gescheiterten sozialrevolutionären Partei »Proletariat« erneut eine politische Kraft bilden könnte, die für Freiheit und Unabhängigkeit kämpfte. Einer solchen Partei wollte er angehören, zu deren Aufbau wollte er beitragen.

In den ersten Monaten nach seiner Rückkehr wurde ihm bewusst, dass ein solches Vorhaben schwierig war und viel Geduld und Hartnäckigkeit erforderte. Er traf auf alte Freunde aus den Schülerzirkeln und den Studentengruppen, ihn erreichten aktuelle Nachrichten, Texte und Zeitschriften. Wilna allein wurde ihm bald zu eng, und so suchte er den Kontakt zu Gruppen in Warschau und St. Petersburg. Obwohl es ihm aufgrund seiner Aufenthaltsbeschränkung eigentlich untersagt war, ging er sogar das Risiko ein und reiste persönlich dorthin. Eine gründliche Kontrolle unterwegs hätte ihn mit seinen schlecht gefälschten Dokumenten in Bedrängnis gebracht. Eine Denunziation an seinen Reiseorten hätte die Rückkehr nach Sibirien bedeutet. Doch er hatte Glück und blieb unentdeckt.

Eines zeigte sich sehr schnell und bestätigte seine Hoffnungen: Es war einiges in Gang geraten. Mit der schnellen Industrialisierung Kongresspolens wuchs das polnische Proletariat, es kam zu Protesten gegen die entwürdigenden Arbeitsbedingungen, zu Demonstrationen, wilden und organisierten Streiks. Auf dem Gründungskongress der Sozialistischen Internationale 1889 in Paris wurde der 1. Mai zum internationalen Kampftag der Arbeiterklasse erklärt. Die Arbeiter in Warschau und anderen polnischen Industriezentren nahmen dieses Signal auf. Ab 1890 kam es an diesem Tag von Jahr zu Jahr zu immer größeren Demonstrationen, und das trotz brutalster Repressionen seitens der zaristischen Behörden.

Der Widerstand gegen die russische Fremdherrschaft und die sozialen Kämpfe gehörten für viele polnische Proletarier zusammen. Die sozialistischen Gruppen und Zirkel im Lande, die zahlreichen Auslandsgruppen in London, Paris, Zürich und Genf beriefen sich in unterschiedlicher Weise auf das Erbe der Partei »Proletariat«. Sie hoben den sozialen Emanzipationskampf hervor und schöpften Hoffnung durch die Erfolge der internationalen Sozialdemokratie. Nationale Patrioten reklamierten die Sonderstellung Polens, während jüdische Handwerker- und Arbeitervereine, die später in der Organisation des »Bundes« aufgehen sollten, spezifisch jüdische Interessen gewahrt wissen wollten. In anderen Gruppen, welche die reine marxistische Lehre hochhielten, ging es um den Vorrang der internationalen Revolution.

Eine Symbolfigur wie Adam Mickiewicz war allen diesen Gruppen heilig. Der Nationaldichter ruhte auf dem Friedhof der polnischen Emigranten im Pariser Vorort Montmorency. Am 28. Juni 1890 wurden seine sterblichen Überreste in einer feierlichen Zeremonie exhumiert. Polnisch-galizische Abgeordnete hatten die Krakauer Königsgruft zu seiner letzten Ruhestätte bestimmt. Zahlreiche Vertreter der polnischen Emigration sprachen bei der Feier in Montmorency, darunter auch Bolesław Limanowski, der Nestor der sozialistischen Unabhängigkeitsbewegung. Er erinnerte die Versammelten daran, dass Mickiewicz glühender Patriot und zugleich Sozialist war, und rief sie auf, als polnische Patrioten gemeinsam für ein freies Vaterland zu kämpfen.

Limanowskis Stimme hatte großes Gewicht, seitdem seine Vorlesungen zur Geschichte Polens in allen Emigrantenkreisen kursierten. Auf dem Brüsseler Kongress der Sozialistischen Internationale im Juni 1891 waren dann bereits die Delegierten verschiedener polnischen Organisationen zahlreich vertreten. Sie verabschiedeten eine Deklaration, in der sie im Geiste der internationalen Arbeiterbewegung ihre künftige Vereinigung zum Ziel erklärten.

In der Pariser Wohnung von Bolesław Jędrzejowski, einem Emigranten und ehemaligen Mitglied des »Proletariats«, kam es vom 17. bis zum 28. November 1892 zu einem Treffen von Delegierten. Nach endlosen Debatten wurde die Gründung des Auslandsbundes polnischer Sozialisten beschlossen. Vertreten waren ehemalige Mitglieder des »Proletariats« und polnischer Arbeiterorganisationen verschiedener Richtungen. Bolesław Limanowski gehörte zwar formal keiner dieser Organisationen an, besaß aber die größte Autorität, weshalb man sich auf ihn als Vorsitzenden einigte. Wichtigste Aufgabe des Auslandsbundes war der Aufbau einer starken sozialistischen Partei in allen Teilungsgebieten des Landes. Die Skizze des Programms für die Partei trug vor allem die Handschrift Limanowskis, des jüdischen Sozialisten Stanisław Mendelson und seiner Frau Maria Jankowska.

Pech war nur, dass durch eine »Bitte« der Russischen Botschaft in Paris, deren Agentennetz hervorragend funktionierte, so gut wie alle Teilnehmer des Treffens anschließend im französischen Arrest landeten. Ihnen blieb nichts anderes übrig, als sich später auf die verschiedenen Zentren der Emigration, darunter vor allem London, zu verteilen. Nur die Emissäre, die zum Aufbau der Partei nach Polen entsandt wurden und unmittelbar nach dem Treffen Paris verließen, entgingen dem Arrest. Zu dieser kleinen Gruppe gehörten Stanisław Mendelson und Aleksander Sulkiewicz.

Mendelson hatte zu dieser Zeit bereits eine bewegte Emigrantenkarriere hinter sich. Er wurde 1858 als Sohn einer begüterten jüdischen Familie in Warschau geboren, schloss sich in den 1870er-Jahren der sozialistischen Bewegung an und emigrierte über Galizien und Deutschland nach Westeuropa. Dort gab er ab 1891 die Zeitschrift *Przedświt* (»Morgenröte«) heraus, das wichtigste internationale Organ der polnischen sozialistischen Bewegung. Unter anderem Jean Jaures, August Bebel und Karl Kautsky veröffentlichten in dieser Zeitschrift Beiträge. Einige Jahre hatte Mendelson auch in London verbracht, wo er und noch stärker Maria Jankowska sich mit Friedrich Engels anfreundeten und regelmäßig an dessen Tischrunden teilnahmen. Die Wirkung dieser intensiven Kontakte ließ Engels noch in seinen letzten Lebensjahren zum leidenschaftlichen Unterstützer der polnischen Sache werden.

Mendelsons Begleiter, Aleksander Sulkiewicz, hieß mit ursprünglichem Namen Iskander Mirza Duzman Beg. Er führte den Stammbaum seiner Familie auf Angehörige eines tatarischen Fürstengeschlechts zurück, die den litauischen Großfürsten als Leibgarde dienten. Als praktizierender Muslim und hervorragender Organisator wurde er später zum engen Gefährten Piłsudskis und sollte unschätzbare Dienste für den Aufbau und das Überleben der PPS (Polnische Sozialistische Partei) leisten.

Die Reise der sozialistischen Kundschafter im Herbst und Winter 1892/93 führte unter anderem nach St. Petersburg, Riga, Warschau und in andere Zentren Kongresspolens. Dort bot sich Mendelson und Sulkiewicz kein allzu ermutigendes Bild. Sie trafen mit Veteranen des Ersten und Zweiten »Proletariats« zusammen, die aus der Verbannung zurückkamen oder aus der Versenkung auftauchten. Rund ein halbes Dutzend kleinerer zersplitterter Organisationen existierten nebeneinander – oder besser gesagt gegeneinander.

Zwischen den Gruppen von Studenten, den akademischen Debattierzirkeln und den Sozialisten in Fabriken und Werkstätten gab es oft nur sporadische Kontakte. Von organisierten Strukturen, wie sie eine Partei brauchte, konnte in den verschiedenen isolierten Milieus keine Rede sein. Die Verbindung zu den Auslandsgruppen war alles andere als regelmäßig. Häufig agierten die Gruppen zudem so offen und ungeschützt, dass die Spitzel und Agenten der zaristischen Ochrana leichtes Spiel hatten, wenn es um das Ausforschen der Kontakte und gezielte Provokationen ging. Daher konnte sie die Arbeit zahlreicher Gruppen lahmlegen.

In St. Petersburg hörten Mendelson und Sulkiewicz davon, dass in Wilna eine Gruppe im Entstehen sei, die von einem jungen Rückkehrer aus Sibirien angeführt werde. Im Januar 1893 trafen sie dann mehrere Male mit Piłsudski und seinen Mitstreitern zusammen. Glücklicherweise war der Programmentwurf für die angestrebte Partei, den sie mit sich führten, bereits eine veränderte Fassung. In einer ersten Version hatte Mendelson im Einleitungsteil die Grundzüge der marxistischen Auffassung der Geschichte, die ehernen historischen Gesetze, die Diktatur des Proletariats und die alles bestimmende Rolle des Klassenkampfes dargelegt. Das wäre das Ende aller Gespräche mit den auf Aktionen brennenden Wilnaer Patrioten gewesen. Mendelson hatte diesen Teil inzwischen jedoch herausgenommen und den Anfang gründlich überarbeitet. Ihn hatten die Nachrichten und Schilderungen überzeugt, wonach auf den Demonstrationen zum 1. Mai die Arbeiter in Warschau und anderen Städten die patriotischen Lieder »Noch ist Polen nicht verloren« und »Gott schütze Polen« anstimmten.

In der Programmfassung, welche die Wilnaer zu sehen bekamen, ging es nicht mehr um eine ideologische Doktrin, sondern um die praktischen Aufgaben und Ziele einer Emanzipationsbewegung. Die Partei sollte demnach für eine souveräne, demokratische Republik kämpfen, welche die Erfahrungen des Kampfes um die polnische Unabhängigkeit während der zurückliegenden hundert Jahre kritisch widerspiegelte. Es gelte, die Macht des russischen Despotismus zu brechen, aber das könne nicht auf dem Weg einer klassischen Revolution gelingen.

Der Weg dahin sollte laut dem Programm über unmittelbare, allgemeine und geheime Wahlen führen, bei denen sich Organisationen und Parteien frei formieren konnten. Alle Nationen und Nationalitäten auf dem Territorium der Republik konnten sich als freiwillige Föderation zusammenschließen. Lokale und territoriale Selbstverwaltung, die Gleichheit aller Bürgerinnen und Bürger unabhängig von Geschlecht, Rassen, Nationalität und Konfession waren gesetzlich gewährleistet, ebenso Pressefreiheit und Versammlungsfreiheit. All das gesichert durch eine funktionierende unabhängige Justiz nach westeuropäischem

Vorbild. Weitere Schlüsselforderungen waren Schulpflicht, kostenlose Schulbildung, eine Vielfalt von Bildungseinrichtungen und akademischen Selbstverwaltungsorganen. Wirtschaftlich ging es um eine stufenweise Bodenreform, die Nationalisierung von Schlüsselzweigen der Industrie und des Transportwesens, die Garantie des Privateigentums in allen anderen Bereichen. Als soziale Schutzrechte wurden der Achtstundentag, gleiche Bezahlung für Männer und Frauen, Arbeitslosen-, Alters- und Krankenversicherung, das Streikrecht sowie die Tätigkeit von Arbeitsschutzinspektoren gefordert.

Die Arbeit der Partei sollte sich zunächst auf Kongresspolen und die litauischen, ukrainischen und belarusischen Provinzen Russlands konzentrieren. Künftige Aktivitäten sollten auch Galizien, Polnisch-Schlesien und Westpolen erfassen. So gut wie alle Sozialisten hatten mit der Amtskirche kaum noch etwas zu tun, hüteten sich aber davor, militanten Atheismus zu vertreten. Davon war auch im Programmentwurf nichts zu finden. Der zaristische Despotismus schloss so gut wie alle legalen Formen politischer Organisation und politischen Arbeitens aus, sodass sich die Partei auf eine unabsehbar lange Zeit illegaler Existenz einrichten musste. Dennoch erklärte sie friedliche Mittel politischen und sozialen Kampfes zu ihrem Prinzip, lehnte den systematischen Terror der Narodnaja Wolja und radikaler Anarchisten ab. Gewalt sollte nur zum Selbstschutz bei Attacken des Militärs, der Polizei und Geheimpolizei eingesetzt werden – oder gegen Verräter und Provokateure in den eigenen Reihen.

Mendelson erkannte schnell die Talente und Fähigkeiten Piłsudskis, des Wortführers der Wilnaer Gruppe. Trotz der harten Jahre in Sibirien hatte dieser seine Energie erhalten, brachte Erfahrungen und Härte mit, die unschätzbar für die Aufgaben waren, die jetzt im Vordergrund standen. Außerdem besaß er eine literarische Ader und führte eine gute Feder. Mendelson setzte sich mit den anderen Mitgliedern der Auslandsleitung in Verbindung und brachte sie dazu, die Handvoll Wilnaer Aktivisten um Piłsudski zur litauischen Sektion der PPS zu erklären.

Das war zwar mit einem gewissen Risiko verbunden, konnte aber im besten Fall die noch zögernden Aktivisten in Warschau und St. Petersburg anfeuern und die Bewegung auch in anderen Zentren stärken.

Für Piłsudski tat sich so nach Monaten des Suchens und Schwankens endlich eine Perspektive auf. Er konnte jetzt alle anderen vagen Berufspläne aufgeben und als Inlandskorrespondent von *Przedświt* für eine künftige Partei schreiben, eine Partei, mit der er sich identifizierte, deren Teil er wurde. Leben konnte er nicht von dieser Korrespondententätigkeit, aber das würde sich schon irgendwie finden.

Wie sich bald zeigte, lag es Piłsudski überhaupt nicht, als Ideologe oder Theoretiker zu glänzen. In seinen ersten Beiträgen für die Zeitschrift *Przedświt,* deren Redaktion und Druckerei weiter in London waren, beschrieb er vielmehr etwa die Übergriffe zaristischer Militäreinheiten in der Wilnaer Provinz. Daneben führte er eine umfangreiche Korrespondenz mit der Zentrale des Auslandsbundes. Seine Texte und Materialien gelangten auf verschlungenen Wegen ins Ausland. Für die ersten Beiträge wählte er noch ein Pseudonym und zeichnete mit »Rom«. Das stand wahrscheinlich für Romantiker, der er aber schon lange nicht mehr war.

Darüber hinaus kümmerte sich Piłsudski um die Kommunikation zwischen den verschiedenen Gruppen. Dafür war er viel zwischen Stadt und Land, den Arbeitervorstädten und den Zentren universitären Lebens unterwegs. Wilna ließ ihn aber nach wie vor nicht los. Wenn er in den Salons der Stadt verkehrte, vertauschte er den Handwerkerkittel oder das Reiseplaid mit dem Gesellschaftsanzug. In diesen Salons machte er auch die Bekanntschaft einer ungewöhnlichen Frau, Maria Juszkiewicz. Sie war offiziell immer noch mit einem zaristischen Beamten verheiratet, lebte aber in Trennung. Zwischen Maria und Józef entspann sich eine ungewöhnliche Liebesgeschichte, in der auch sein späterer lebenslanger Widersacher Roman Dmowski eine tragende Rolle spielen sollte.

## Wilnaer Salons – Maria, Roman und Józef

Maria Koplewska wurde 1865 als dritte und jüngste Tochter eines bekannten und angesehenen Arztes in Wilna geboren. Ihr Vater machte bei seinen Patienten keinen Unterschied, ob sie aus einer polnischen, russischen oder jüdischen Familie kamen. Auch behandelte er Kranke, die kaum Geld hatten. Marias Eltern spielten zwar keine aktive Rolle im Aufstand von 1863/64 und der nachfolgenden Konspiration. Wie bei den Piłsudskis war aber die Idee der Befreiung von der russischen Fremdherrschaft im Leben der Familie sehr wohl präsent.

Maria wuchs in einer freien und toleranten Atmosphäre auf. Als Nesthäkchen war sie der besondere Liebling des Vaters. Der haderte nicht damit, dass ihm das Schicksal drei Töchter und keinen Sohn geschenkt hatte. Er liebte und schätzte seine Frau als selbständige Gefährtin. Sie führten ein offenes Haus, in dem häufig Besucher und Gäste aus Lemberg, St. Petersburg und Warschau verkehrten. Wenn diese abends von ihren Reisen erzählten, weckte dies das Interesse der kleinen Maria. Anders als die beiden älteren Töchter, die lieber unter sich sein wollten, setzte sie sich in eine Ecke des Salons, spielte mit ihren Puppen und Klötzchen, spitzte die Ohren. Zwar verstand sie vieles nicht, aber ihre Neugier wurde immer stärker. Als sie lesen konnte, stieß sie auf Zeitungen, Broschüren und Flugblätter, über deren Herkunft die Eltern nicht sprechen wollten. Sie stellte viele Fragen, und häufig verriet der Tonfall des Vaters, dass es hier um Dinge ging, die nicht nach draußen dringen sollten. Er verstand die Neugier und das Interesse der Tochter und nahm sie vor den fürsorglichen Ermahnungen der Mutter in Schutz.

Bei all ihrer Anhänglichkeit an die Eltern war Maria kein braves und folgsames Kind, hatte ihren eigenen Kopf und konnte eine gehörige Portion Egoismus entwickeln. Ihr Wille zum eigenen Weg zeigte sich bereits in den Jahren auf dem Mädchengymnasium in Wilna. Sie diskutierte mit Schülern und Studenten, las die Broschüren und Flugblätter, die in deren Kreisen zirkulierten, und half dabei, sie in der Stadt zu verteilen. Nicht alles davon verriet sie zu Hause, aber was die Mutter mitbekam, ließ diese fast in Hysterie verfallen.

Das Gymnasium schloss Maria 1881 ab. Anders als die meisten ihrer Mitschülerinnen, die sich mit dem Abschluss begnügten und auf ihre künftige Rolle als Gattinnen und Familienmütter vorbereiteten, strebte sie eine selbstständige Existenz an. Durch die Kontakte ihrer Familie gelang es ihr, einen Platz am Bestuszewski-Lehrerinneninstitut in St. Petersburg zu bekommen. Da sie sich sehr für Naturwissenschaften interessierte, konzentrierte sie sich dort auf Biologie.

Ob am Institut, während der häufigen Aufenthalte in der Bibliothek oder bei neuen privaten Kontakten – Marias Neugier und Offenheit führten sie schon bald über den engen Kreis der polnischen Gemeinde in St. Petersburg hinaus. Dort galt das Prinzip Vorsicht in einer in weiten Teilen feindlichen Umgebung. Maria aber hasste Anpassung und Verstellung, probierte ihr neu erworbenes Wissen aus, stritt sich mit russischen Studenten, die den radikalen Kurs der Narodnaja Wolja vertraten, oder sie setzte sich mit Kommilitonen auseinander, die sich von jeder Form der Politik fernhielten. Damit riskierte sie durchaus einiges, denn die Kreise und Zusammenkünfte der Studenten wurden natürlich beobachtet und waren mit Polizeispitzeln durchsetzt. Einige Male entging sie nur knapp einer Verhaftung.

Dann verliebte sie sich in einen wenig älteren Studenten, der gerade sein Studium der Ingenieurwissenschaften abgeschlossen hatte. Marian Juszkiewicz stammte aus einer angesehenen Warschauer Familie, sah gut aus und brachte Charme und Manieren mit. In Maria sah er eine schöne junge Frau, mit der er in jeder Gesellschaft glänzen konnte. Politik war für ihn Nebensache. Polens Platz war seiner Meinung nach an der Seite des russischen Nachbarn, und wer Polen eine andere Rolle geben wollte, war ein hoffnungsloser Träumer. Die Seite Marias, die mit just solchen Träumen verbunden war, nahm er nicht ernst. Ihm stand eine Karriere als Beamter im Russischen Eisenbahnministerium bevor, und der Ehering würde Maria fest an seine Seite binden.

Marias Eltern nahmen die schnelle Romanze und die Heiratsabsichten der beiden wohlwollend auf und gaben der erst 17-jährigen Tochter ihre Zustimmung zur Heirat. Sie hofften, Marian und seine gesicherte Position würden ein Anker für die unruhige Tochter im fernen St. Petersburg sein. Genau das trat jedoch nicht ein. Nach der Hochzeit im Jahr 1882 dachte Maria gar nicht daran, den Ehering als Fessel zu akzeptieren. Trotz des Widerstands von Marian konspirierte sie weiter, wurde sogar verhaftet und entging nur dank der neuen Beziehungen ihres Mannes einem Prozess. Sie musste allerdings die Stadt verlassen. Nach Wilna wollte sie auf keinen Fall zurück. Als Ausweg bot Marians Mutter an, sie ihn Warschau aufzunehmen. Anders als ihr Sohn hatte sie den Träumen polnischer Unabhängigkeit nicht abgeschworen und zeigte Verständnis für den Eigensinn und das Temperament Marias.

Marian besuchte Maria regelmäßig in Warschau, er wollte seine Karriere nicht aufs Spiel setzen, aber auch nicht auf seine Frau verzichten. In der Warschauer Wohnung seiner Mutter trafen sich kritische Intellektuelle verschiedener Richtungen, illegale Literatur zirkulierte. Die neuen Kontakte Marias führten zu ihrer erneuten Verhaftung. Maria bekam die Auflage, nach Wilna zurückzukehren und sich ausschließlich dort aufzuhalten. Marian setzte alles daran, seine ungehaltenen Vorgesetzten zu beschwichtigen, und versuchte, seine Ehe durch häufige Besuche in Wilna zu retten. Es half alles nichts. Als nach einem Jahr die Tochter Wanda geboren wurde, machte Maria ihrem Mann klar, dass sie nicht an seiner Seite bleiben wollte. Ihre anfängliche Verliebtheit war verflogen, und sie dachte nicht daran, einem Opportunisten und Karrieristen, der um seine Vaterrolle kämpfte, die Gattin vorzuspielen, nur um dessen Bild in der Öffentlichkeit zu retten. Als dies auch die Eltern und die Schwiegermutter einsehen mussten, fanden sich Rechtsanwälte, die den langwierigen Weg einleiteten, der zu einer von der Kirche nicht akzeptierten zivilrechtlichen Scheidung führte. Zu dieser sollte es allerdings erst im Jahr 1899 kommen. Marian fand sich schließlich mit der Situation ab, setzte die Karriere im Ministerium fort und hielt den Kontakt zu seiner Tochter Wanda über seine Mutter aufrecht, die dafür von Warschau nach Wilna zog.

In ihrer Situation als verheirateter Frau »in Trennung« und Mutter einer heranwachsenden Tochter half Maria die grenzenlose Geduld ihrer eigenen Mutter. Der Vater verstarb viel zu früh. Die materielle Unterstützung aus dem Elternhaus, eine Anstellung als Privatlehrerin und ihre zahlreichen Kontakte sicherten ihre Position im gesellschaftlichen Leben der Stadt. Sie war nach wie vor eine junge attraktive Frau, weshalb es auch nicht an Verehrern fehlte. Heimlich raunte man sich zu, dass sie keine »uneinnehmbare Festung« sei. Was daran stimmte, wusste nur Maria selbst. Sie breitete ihr Privatleben nicht aus und entschied allein, ob beziehungsweise wem sie Zutritt zur Festung gewährte. Die Erfahrungen mit Marian hatten ihr deutlich gemacht, was sie von einem Mann erwartete, mit wem sie ihr Leben teilen wollte. In den Wilnaer Salons, zu denen auch das Haus ihrer Eltern zählte, wurde sie zu einer der am meisten bewunderten Erscheinungen. Dort trafen sich Künstler, Intellektuelle und Anhänger der verschiedensten politischen Richtungen. Hier wurde gestritten, debattiert, geflirtet, wurden Kontakte geknüpft. Männer und Frauen waren gleichermaßen vertreten. Die konspirative Arbeit spielte sich an anderen Orten ab. Sozialisten, Anarchisten, Vertreter des Allgemeinen Jüdischen Arbeiterbundes, künftige Nationaldemokraten, die in den Salons als Gäste willkommen waren, hatten ihre je verschiedenen Netzwerke und Verbindungen, unterstützten sich oder konkurrierten miteinander. Von der Verbitterung und dem tödlichen Hass, die ihre späteren Beziehungen untereinander bestimmen sollten, war noch so gut wie nichts zu spüren.

Auch der junge Roman Dmowski war ein häufiger Gast in den verschiedenen Salons und stach durch scharfen Intellekt, Eloquenz, gute Manieren und eine Garderobe hervor, die den neuesten europäischen Standards zu folgen suchte. Das alles war dem Kind einer Arbeiterfamilie aus der Warschauer Vorstadt Praga nicht in die Wiege gelegt worden. Die Dmowskis zählten sich durch den Familienstammbaum zwar zum Kleinadel, zur Szlachta, verwiesen sogar auf ein eigenes Wappen, lebten aber in bitterer Armut. Roman wuchs mit zwei Brüdern und zwei Schwestern auf, zwei weitere Geschwister waren im frühesten Alter gestorben. Der Vater arbeitete für den Straßenbau und hatte später eine eigene kleine Werkstatt. Die Mutter kümmerte sich um die Familie und den Haushalt. Eine Haushaltshilfe oder gar Dienstpersonal konnten sie sich nicht leisten. Blickten die Eltern auf die Geschichte der Familie zurück, waren sie stolz auf ihr Polentum. Sie hatten aber eine völlig andere Vorstellung davon als jene, die dann im multiethnischen, multikonfessionellen litauisch-polnischen Osten herrschte. Beide Eltern stammten aus einem östlichen Teil der Region Masowien, in dem die ethnischen Polen dominierten und der Anteil an Juden, Ukrainern und anderen, die aus dem Osten kamen, gering war. Der dortige strenge Katholizismus hatte einen anderen Charakter als der Großteil der katholischen Kirche in den östlichen belarusisch-litauischen Gebieten.

Von einer glücklichen, sorgenfreien Kindheit konnte Roman nicht sprechen. Die Eltern taten zwar alles, was sie konnten, für ihre Kinder, aber meist reichte der Lohn des Vaters kaum für das Nötigste. In der Schule tat sich Dmowski zu Beginn so schwer, dass er zwei Klassen wiederholen musste, und auch der intensive Umgang mit Büchern wuchs ihm erst später zu. Was ihm half, waren der tagtäglich erlebte Fleiß und die Disziplin des schwer arbeitenden Vaters, der seine Kinder anhielt, durch eigene Leistung aus der Not herauszuwachsen. Aus dem überforderten Schüler wurde so ein Absolvent des Warschauers Gymnasiums mit sehr guten Noten und ein leidenschaftlicher Student der Biologie an der Universität der Hauptstadt. Als Stipendiat fehlten ihm für die studentischen Vergnügungen in Cafés und Restaurants ohnehin die Mittel. Sein besonderes Interesse für Insekten und Kriechtiere, die Doktorarbeit zur Morphologie einiger seltener Arten von Würmern mochten viele seiner Altersgenossen nicht unbedingt faszinieren, verschafften ihm jedoch eine wissenschaftliche Reputation, die er später auch im Ausland zu nutzen wusste. Er war ein systematischer Arbeiter, der die Herausforderungen des Lebens wie eine Leiter nahm, die es Sprosse für Sprosse zu erklimmen galt. Dennoch war es nicht so, dass allein die Naturwissenschaften ihn ausfüllten und er seinen Ehrgeiz nur in einer akademischen Karriere suchte, die ihm durchaus offenstand. Wie viele andere seiner Generation litt er unter dem Regime der Russifizierung in den Schulen und Gymnasien und hatte er sich schon in patriotischen Schülerzirkeln engagiert. Seine Erlebnisse und Erfahrungen im Gymnasium wurden zum Gegenstand erster literarischer Versuche.

Als Student an der Warschauer Universität nahm Dmowski an der Arbeit illegaler Studentenzirkel teil. Einer der Höhepunkte war eine große Kundgebung anlässlich des 100. Jahrestags der polnischen Verfassung von 1791. Die sich versammelnde Menge der Studenten wurde allerdings von berittenen Kosaken brutal auseinandergetrieben. Die Suche nach den Hintermännern dieser als staatsgefährdend eingestuften Aktion dauerte monatelang an und führte irgendwann auch zu Dmowski als einem der Organisatoren. Dieser hatte jedoch inzwischen seine Dissertation verteidigt und war unmittelbar danach zu seiner ersten Auslandsreise aufgebrochen, die ihn in die Schweiz und nach Paris führte. Dadurch entging er der sicheren Verhaftung.

Das moderne Europa faszinierte ihn, Technik und Zivilisation bewunderte er. Er sah es als Aufgabe an, Polen auf die Höhe einer solchen Zivilisation zu heben, ohne es zur Kopie des Westens zu machen. Als Naturwissenschaftler setzte er sich mit der noch jungen Evolutionstheorie auseinander und machte sich mit verschiedenen Spielarten des Darwinismus vertraut. Sozialdarwinisten, wie etwa Herbert Spencer, beeinflussten ihn am dabei besonders stark. Alles Leben war in ihren Augen Kampf, eine wirkliche Chance zu überleben hatte nur der Stärkere und Anpassungsfähigere. Das galt für Individuen, Gemeinschaften und Nationen gleichermaßen. Alles andere war romantisches Geschwätz, waren rückständige sentimentale Illusionen. Wer den freundlichen, gewinnenden Roman Dmowski kennenlernte, brauchte eine Weile, um zu diesem Kern vorzustoßen, der sich letztlich auch aus den eigenen frühen Lebenserfahrungen speiste. Es wurden Überzeugungen, die ihn später auch bei allem Taktieren als Parteipolitiker stets leiten sollten.

Seine Entscheidung für die Politik fiel auf diesen ersten Reisen. Dauerhafte Emigration kam für ihn nicht infrage, und dennoch wurde er bald

Roman Dmowski, ca. 1919

zum Verbannten, dem Kongresspolen für lange Zeit verschlossen blieb. Auf der Rückfahrt nach Warschau warteten im Zug Gendarmen mit einem Haftbefehl auf ihn. Nach vier Monaten Haft in der Warschauer Zitadelle und einem erneuten kurzen Intermezzo an der Universität wurde er zu einer mehrjährigen Verbannung in das lettische Mitau verurteilt. Eine milde Strafe, wenn man an die Alternativen in den Weiten Russlands oder gar in Sibirien denkt. Mitau war gleichwohl ein todlangweiliges Provinznest, trotz einer kleinen polnischen Kolonie, die es dort gab. Dmowski verstieß gegen alle Auflagen seiner Verbannung und schaffte es immer wieder, in das weit entfernte Wilna zu gelangen. Das hätte schlecht für ihn ausgehen können, aber er hatte Glück. Ein Glück, auf das er aus ganz eigenen Gründen immer stärker zählte. Zu Beginn waren es das gesellschaftliche Leben Wilnas und die intellektuellen oder politischen Debatten in den dortigen Salons, die ihn aus der Trostlosigkeit in Mitau rissen. Doch dann traf er Maria Koplewska, zu der er sich ab da von Begegnung zu Begegnung immer mehr hingezogen fühlte.

Maria blieb nicht lange verborgen, dass Romans Aufenthalte in der

Stadt in immer stärkerem Maße ihr galten. Er warb nicht offensiv um sie wie andere ihrer Verehrer. Seine Annäherung war zurückhaltender und doch unverkennbar. Es schmeichelte ihr durchaus, dass sich der allseits anerkannte Intellektuelle und politische Aktivist ihr so offensichtlich zuwandte. Er war nahezu gleichaltrig und wirkte doch erheblich älter, drückte eine Entschiedenheit und eine Weltgewandtheit aus, die zahlreichen anderen Männern, die sie kannte, fehlten. Sie verbrachten immer mehr Zeit zusammen, unternahmen lange Spaziergänge durch die Stadt, unterhielten sich stundenlang über die verschiedensten Themen. Er erzählte ihr viel von seinem Leben, seiner Kindheit, sodass sie Seiten an ihm wahrnahm, die anderen Beobachtern verborgen blieben. Keine Spur von der schneidenden Härte und der Rigorosität, die er als Publizist und Politiker später zeigte, die ihm Respekt, aber auch Feindschaft einbrachten. Dmowski konnte witzig und unterhaltsam sein, und Marias Interesse für Naturwissenschaften ließ sie auch seine Vorträge über Evolutionstheorie gespannt verfolgen, seine Vorliebe für Insekten und seltene Würmer sympathisch finden. Er war immer tadellos gekleidet und konnte auch darüber scherzen, wie er das trotz seiner Armut schaffte. Sein Charme, den Maria gern »umwölkt« nannte, hatte starke Anflüge von Melancholie. Politische Meinungsverschiedenheiten, die zwischen ihnen sichtbar wurden, wirkten nicht unüberwindlich. Als er einmal bei Maria sozialistische Programmschriften entdeckte, urteilte er mit mildem Spott über die Rückständigkeit der Autoren. Er war überzeugt davon, Maria als patriotische Polin für die Ziele seiner Partei gewinnen zu können. Das Einzige, was sie nicht akzeptierte, waren Dmowskis häufige antisemitische Ausfälle. Hier spielten seine frühe Umgebung und Erziehung eine nicht unwichtige Rolle. Die Mutter war eine überzeugte Antisemitin, bei der sich alltägliche Judenverachtung und der Antijudaismus des polnischen Volkskatholizismus vermischten.

Dmowski hatte also sein Herz an Maria verloren, aber er konnte sich wohl nicht dazu entschließen, den letzten Schritt zu gehen und ihr einen Antrag zu machen. Sie hätte vermutlich eingewilligt, und das dürfte er auch gespürt haben. Was aber hinderte ihn? War es die Tatsache, dass

Józef Piłsudski, 1896

sie offiziell noch verheiratet war und er mit einer ungewiss langen Zeit der »wilden« Verbindung rechnen musste? Spielte die Ungewissheit über seine eigene Zukunft eine Rolle? Über die letzten Gründe seines Zögerns gab er nie wirklich Auskunft, selbst enge Freunde konnten hier nur Mutmaßungen anstellen.

Dann trat Józef Piłsudski in Marias Leben. Seiner Familie, ihm selbst und seinen sibirischen Abenteuern ging ein Ruf voraus, der sich bei seinem Auftreten mehr als bestätigte. Er war kein klassischer Draufgänger, hatte aber eine Art von Präsenz, die sehr schnell auf sie wirkte. Was ihm an akademischer Intellektualität und erstklassiger Garderobe fehlte, machte er durch Belesenheit, Impulsivität und übersprudelnde Fantasie wett. Bei den Begegnungen mit Dmowski, zu denen es sehr schnell kam, verbissen sich die beiden zwar nicht als Rivalen ineinander, sie tasteten einander jedoch ab und nahmen sich mit höchster Aufmerksamkeit wahr. Was sie trennte, ließ sich weder auf die unterschiedlichen Temperamente und Vorgeschichten noch auf den Gegensatz des Litauers zum Kongresspolen reduzieren, sondern lag tiefer. Beide nahmen sich in einer Weise ernst, als erahnten sie schon ihre künftigen Rollen. So entstand ein besonderes Band zwischen ihnen, das lebenslang halten sollte.

Bei Maria hatte Józef ein Gefühl, das er aus seiner Verbindung mit Leonarda kannte. Anders als damals spürte er jedoch, dass Maria nicht nur seine Zuneigung erwiderte, sondern bereit war, sich auf alle Härten des Lebens an der Seite eines verfolgten und gejagten Revolutionärs einzulassen. Weil sie seine Überzeugungen teilte.

Weder ein förmlicher Antrag noch ihre förmliche Einwilligung waren hier nötig. Sie gaben sich ein Versprechen, das stärker war. Für Maria spielte dabei eine große Rolle, dass sich ihre Tochter Wanda und ihre Mutter sehr schnell mit dem Neuankömmling anfreundeten und dass Józef ihre Tochter in sein Herz schloss. Kinder hatten in seinem Leben bis dahin kaum eine Rolle gespielt. Das änderte sich mit Maria und Wanda. Maria und er wurden ein akzeptiertes, unzertrennliches Paar. Später sollte er immer wieder scherzhaft zu Maria sagen, dass er sie erobert habe, bevor sie ihm ein anderer wegschnappen konnte.

## An der Spitze der Sozialisten

Vom 6. bis zum 12. August 1893 fand in Zürich der dritte Kongress der II. Sozialistischen Internationale statt. Eine starke polnische Delegation sollte dort die Forderung nach einem künftigen souveränen Polen vertreten. Dazu war allerdings ein Mandat nötig, das vom Kongress und seiner Führung anerkannt wurde. Dahinter musste keine Partei stehen, mindestens aber ein stabiler Zusammenschluss von Organisationen. Die Zeit bis zum Kongress war knapp.

Piłsudski bekam im Frühjahr 1893 schnell zu spüren, wie sehr die Zeit drängte. Die Aufträge aus der Londoner Zentrale häuften sich. Der Inlandskorrespondent verwandelte sich zusehends in einen Parteiarbeiter. Es galt, die losen Fäden zwischen rund einem Dutzend Zentren der Sozialisten in Russisch-Polen fester zu knüpfen, den Kontakt zu neuen

Gruppen und Stützpunkten herzustellen, die Verbindungen zu den Verbündeten in Galizien, Schlesien, dem westpolnischen Pommern und Posen auszubauen. Schlesien, seit dem 18. Jahrhundert zwischen Habsburg und Preußen aufgeteilt, war ein besonders komplizierter Fall.

In der Nähe von Wilna lag der Ort, an dem sich Jahrzehnte zuvor die Philomanen um Adam Mickiewicz getroffen hatten. Hier in den Wäldern bei Ponara versammelte sich nun im Juni 1893 rund ein Dutzend Sozialisten, zumeist Mitglieder der Wilnaer Sektion. Sie waren selbstbewusst genug, ihr Treffen zum Gründungskongress der Polnischen Sozialistischen Partei zu erklären. Von London aus kam Stanisław Wojciechowski als Mitglied der Auslandsleitung dazu. Die Londoner wählten ihn aus ganz praktischen Gründen für diese Mission aus: Der Altersgenosse Piłsudskis entstammte einer verarmten Szlachta-Familie. Sein Vater war am Aufstand beteiligt gewesen, hatte aber den schlimmsten Konsequenzen entgehen können. In den 1880er-Jahren war Wojciechowski Mitglied illegaler Schülerzirkel und studentischer konspirativer Gruppen. Er musste die Verhaftung fürchten und emigrierte daher 1890 in die Schweiz, später nach Frankreich und London. Dort lernte er, als Setzer und Drucker zu arbeiten. Sein Brotberuf erwies sich als äußerst wertvoll für den Betrieb illegaler Inlandsdruckereien der Partei. Später sollte er auch dem Publizisten und Redakteur Piłsudski die Grundkenntnisse des Setzens und Druckens beibringen.

Während der internationale Kongress im August von Grundsatzdebatten und Kontroversen über die internationale Strategie bestimmt sein sollte, näherten sich die Teilnehmer des Treffens in Ponara in ihren Standpunkten an. Zwischen marxistischer Orientierung und patriotischer Gesinnung schien es noch keine unüberwindbaren Hindernisse zu geben. Die »Liga Polska«, eine der Gruppierungen, die später zur Partei Roman Dmowskis wurde, hatte noch keinen extrem nationalistischen Charakter. Die Sozialisten wiederum sahen die marxistische Theorie nicht ganz so dogmatisch. Junge Revolutionäre pendelten zwischen den Positionen und Gruppen. In einigen Punkten stimmten die Versammelten in Ponara überein, so sollte etwa eine Zusammenarbeit mit den russischen Revolutionären angestrebt werden, allerdings nur unter der Bedingung, dass die russische Seite eine künftige Souveränität Polens akzeptierte. Erklärtes Ziel war ein starkes souveränes Polen, kein bloßer Autonomiestatus im russischen Herrschaftsgebiet. Bis dahin sollten sich alle russischen Gruppen, die auf dem historischen Territorium Polens agierten, den polnischen Sozialisten unterstellen. Des Weiteren hätten sie auch zu akzeptieren, dass die Polen mit Unabhängigkeitsbewegungen anderer Nationen und Nationalitäten zusammenarbeiteten, denen der Ukrainer, Balten, Litauer, Belarusen und Kaukasier, sowie mit dem Jüdischen Arbeiterbund. Stanisław Mendelson, der ebenfalls teilnahm, beschrieb die Konsequenzen dieser Diskussionen: Russland werde nur dann frei sein, wenn es aufhöre, in seinen gegenwärtigen überdehnten Grenzen zu existieren. Russische Demokraten und Republikaner sollten an der Entwicklung der eigenen Nation arbeiten. Wer sich ihnen dann freiwillig anschließen wolle, könne dies tun.

Publikationen, Zeitschriften und Zeitungen sah die Gruppe in Ponara entscheidend für die Wirkung nach außen an und traf dazu eine Vereinbarung. *Predświt* blieb das Auslandsorgan der Partei und sollte offen für die Beiträge anderer Gruppierungen und Strömungen sein. Für die Arbeit im Land selbst wollte man daneben eine Zeitung mit möglichst hoher Auflage, die »vor Ort« hergestellt wurde. Das Blatt sollte *Robotnik* (»Arbeiter«) heißen und ein Signal setzen, dass die neue Partei trotz intensiver Verfolgung und Illegalität existierte und arbeitete. Aus technischen Gründen konnte der *Robotnik* zwar nur monatlich erscheinen, würde aber durch die Aktualität seiner Berichte und Artikel den Charakter einer Zeitung haben. In der Rubrik »Korrespondenzen« sollten aktuelle Konflikte und Proteste in Fabriken, Werkstätten oder auf dem Lande dargestellt werden. Das Material dazu kam von Mitgliedern und Anhängern der Partei in den Regionen, wurde geprüft und verdichtet. Es folgten Berichte und Artikel über die politische Situation im Lande und ein schmalerer Teil mit Informationen, Berichten und Analysen aus dem europäischen Ausland. Sobald die Zeitung gedruckt war, sollte sie auf schnellstem Weg zu den Anhängern und Mitgliedern gelangen. Eine moderne, leistungsfähige Druckerpresse musste allerdings erst noch aus dem Ausland beschafft und ins Land gebracht werden. Diese Aufgabe übernahm der Zollbeamte Sulkiewicz. Wojciechowski wiederum erwies sich als hervorragender Organisator, als Meister der Tarnung und Konspiration. In verschiedenster Verkleidung legte er monatlich Tausende Kilometer mit der Bahn zurück, sammelte Material, schuf und sicherte Kommunikationswege. Er und Piłsudski ergänzten sich in dieser Arbeit. Das Trio wurde so zum Rückgrat der Partei. Weitere verlässliche Gefährten verstärkten die kleine Gruppe.

Piłsudski wurde zum verantwortlichen Redakteur und wichtigsten Autor von *Robotnik*. Er betätigte sich als Setzer und Drucker, Agitator, Kassierer und Kassenwart der Partei. Bedrängt von Verfolgern, Spitzeln und Provokateuren, standen allen Beteiligten extreme Jahre in der Illegalität bevor.

Auf dem internationalen Kongress in Zürich wurde die polnische Frage dann Gegenstand heftiger Kontroversen, welche die Wilnaer nur aus der Ferne verfolgen konnten. Vertreter des Auslandsbundes, Delegierte aus Warschau, Galizien und Preußisch-Polen legten einen Bericht vor, der sich auf die Entwicklung der Sozialdemokratie in Russisch-Polen seit dem Gründungskongress in Paris 1889 konzentrierte.

## Polnische Sozialisten gegen die Anhänger Rosa Luxemburgs

Den sozialistischen Delegierten in Zürich stellte sich jedoch unerwartet eine Gruppe polnischer »Sozialer Demokraten« entgegen. Sie beanspruchten gegenüber der Leitung des Kongresses, Teil der Delegation zu sein, zeichneten mit einem Minderheitsvotum aber ein völlig anderes Bild der Entwicklung in Polen. Die Gruppe bezog sich auf die erste Nummer einer neuen, in Paris und Zürich entstandenen Zeitschrift mit dem Titel *Sprawa Robotnicza* (»Arbeitersache«). Wortführerin der Sozialen Demokraten und Redakteurin der *Sprawa Robotnicza* war eine junge Studentin: die polnische Jüdin Rosa Luxemburg. Geheimnisvoller Motor der Gruppe war eine weitere Person, von der man lange Zeit nur die Pseudonyme kannte: Leo Jogiches, ein alter Bekannter Piłsudskis.

Am Wilnaer Gymnasium war Jogiches nur gelegentlicher Gast in der Spójnia gewesen. Seinen Platz hatte er mehr beim russischen als beim polnischen Teil der rebellierenden Schüler und Studenten gesehen. Dank seiner Beziehungen und der Mittel der Familie hatte er Studenten der Gruppe um Uljanow zur Flucht verhelfen können. Nach 1887 suchte er verstärkt den Kontakt zu den Nachfolgegruppen der Narodnaja Wolja und stand sogar in Verbindung zu einigen Armeeoffizieren. Die Schriften des im Schweizer Exil lebenden russischen Journalisten und Philosophen Georgi Plechanow, vor allem dessen populäre Fassung der Marx'schen Theorie des Klassenkampfes und der internationalen Revolution, wurden auch sein Credo. An einigen Aktionen russischer Studenten in St. Petersburg beteiligt, wurde Jogiches 1888 zunächst verhaftet, konnte dann aber entkommen. Bei erneuter Verhaftung hätte ihm Sibirien gedroht oder der Militärdienst in einem Strafbataillon im fernen Osten. Angesichts dieser Aussichten wählte er die Flucht ins Ausland. Versteckt in einem Pferdefuhrwerk, überquerte er die grüne Grenze nach Ostpreußen. Sein Ziel war Zürich, wo es nicht nur die Gruppe um Plechanow gab, den er unbedingt treffen wollte, sondern auch viele polnische, russische, jüdische und ukrainische Studierende. In der liberalen Schweiz konnte er sich ohne Umstände an der Universität einschreiben, ohne dass er einen Studienabschluss oder eine akademische Karriere anstrebte. Die Mittel der Familie sicherten ihm eine Existenz als Dauerstudent.

Jogiches wusste um den Hunger nach marxistischer-sozialistischer Literatur in Russland und Polen, nach Zeitschriften, Broschüren, Monografien und Übersetzungen. Was ihm deshalb vorschwebte, war ein eigenes Verlagsunternehmen für die Übersetzung, den Druck und den Vertrieb marxistischer Literatur. Dafür gedachte er Plechanow zu gewinnen. Dieser würde Prestige und Urheberrechte mitbringen, während er, Jogiches, sich um die Finanzierung und um Kontakte kümmerte. In diesem Plan steckte ein gehöriges Moment von Selbstüberschätzung. Plechanow war eine internationale Größe, der junge Jogiches dagegen – noch – ein Niemand. Plechanow und seine Redaktionskollegen von der Zeitschrift *Befreiung der Arbeit* brauchten freilich ihrerseits dringend Geld und Verstärkung. In der Redaktion, zu der auch Pawel Axelrod und Vera Sassulitsch gehörten, spielte Plechanow die erste Geige, und er reagierte wie eine Primadonna, wenn jemand seine Bedeutung nicht anerkannte. In den Verhandlungsgesprächen zeigte Jogiches zwar Bewunderung und Respekt für den Olympier, doch die Gewinne aus einem gemeinsamen Verlagsgeschäft wollte er nur zur Hälfte mit ihm teilen. Plechanow brach daraufhin entrüstet das Gespräch ab.

Jogiches Vorhaben, das Verlagsunternehmen für den Aufbau einer marxistisch sozialistischen Partei in Russland zu nutzen, scheiterte also an Plechanow. Mit seiner finsteren und verschlossenen Art machte er dafür auf jemand anderen umso mehr Eindruck: Rosa Luxemburg. Sie spürte, dass Jogiches für die gleichen Ziele wie sie brannte. Er wurde für sie Kampfgefährte und Geliebter.

Rosa Luxemburg wurde im März 1871 als jüngstes Kind einer wohlhabenden jüdischen Familie im ostpolnischen Zamość geboren. Von Zeitgenossen wurde die Stadt zuweilen als ein Zentrum orthodoxen Judentums, als ein Stetl beschrieben. Ein gewaltiger Irrtum, denn Zamość hatte durch seine Geschichte traditionell starke Bindungen an die westeuropäische Kultur und Zivilisation. Rosa Luxemburgs Eltern fühlten sich der reformorientierten, jüdischen Haskala-Bewegung ebenso verbunden wie der polnischen Kultur. Zu Hause sprach die Familie polnisch. Das Holzgeschäft des Vaters führte diesen sehr oft nach Warschau und Berlin. Deutsch verstanden und lasen die Eltern als europäische Kultursprache. Rosa wuchs mit den polnischen und den deutschen Klassikern auf, Mickiewicz mit seinem *Pan Tadeusz* war ihr Lieblingsdichter, gleich dahinter kam Schiller. Polnisch war ihre Muttersprache, auch wenn sie später als deutsche Stilistin gerühmt wurde. Mickiewicz und die anderen polnischen Klassiker liebte sie nicht wegen deren Freiheits- und Unabhängigkeitswillen, sondern weil sie einen verklärten Blick zurück auf eine untergegangene Welt boten. Die aktuelle Welt der Familie wurde durch Russland bestimmt. Russische Sprache und Literatur gehörten daher ebenfalls zu ihrem Leben. Im Jahr 1873 zogen die Luxemburgs aus geschäftlichen Gründen nach Warschau. Dort besuchte die hochtalentierte Tochter ab 1884 das zweite Mädchengymnasium, trotz der beschränkten Zulassung für Polen und erst recht für Jüdinnen und Juden. Rosa legte das Abitur 1887 als Jahrgangsbeste ab, die Goldmedaille wurde ihr aber verweigert. Nicht weil sie Jüdin war, sondern weil sie schon als Schülerin engen Kontakt zu Nachfolgegruppen der Narodnaja Wolja an der Warschauer Universität hatte. Ihre Helden waren die Anführer und Märtyrer des Ersten und Zweiten »Proletariats«. Deren Kampf und Geschichte regten Rosa dazu an, sich mit sozialistischer und marxistischer Literatur zu beschäftigen. Nach dem Abschluss des Gymnasiums plante sie, in die liberale Schweiz zu gehen, um dort zu studieren, was ihr in Warschau nicht möglich war. Sie hatte sich politisch schon so stark engagiert, dass sie eine Verhaftung fürchten musste. Ein älterer Genosse, den sie in Warschau kennengelernt hatte, half ihr schließlich beim illegalen Grenzübertritt.

Rosa Luxemburg kam Anfang 1889 in Zürich an, ein Jahr vor Jogiches, und belegte dort zunächst Vorlesungen über Naturwissenschaften und Mathematik. Später studierte sie Öffentliches Recht, Sozialwissenschaften und Nationalökonomie. Ihrem wichtigsten akademischer Mentor, Julius Wolf, war klar, dass seine beste Studentin bereits als Marxistin aus Polen kam. In ihrer Doktorarbeit zur industriellen Entwicklung Polens, die sie 1897 einreichte, fasste Luxemburg Argumente zusammen, mit denen sie bereits auf dem oben erwähnten Züricher Kongress von 1893 die sich noch in ihren Anfängen befindende PPS angegriffen hatte. Das Wachstum der Industrie im 19. Jahrhundert habe demnach Russisch-Polen zum integrierenden Bestandteil des Russischen Reiches werden lassen. Ohne den großen Markt Russlands, ohne die Verflechtung damit sei die polnische Industrie nicht lebensfähig. Eine Loslösung von Russland würde für sie daher den Todesstoß bedeuten. Für die industrielle Entwicklung Russlands als Voraussetzung einer späteren sozialistischen Revolution könnten Polen und das polnische Proletariat jedoch eine Vorbild- oder Vorreiterrolle spielen. Die polnischen Arbeiter gehörten jedenfalls an die Seite ihrer russischen Klassenbrüder. Nach einer bürgerlichen und späteren sozialistischen Revolution in Russland würde sich das nationale Problem in einer künftigen kommunistischen Welt gewissermaßen von selbst erledigen.

Piłsudski waren Überlegungen wie diese von Rosa Luxemburg übrigens nicht erst seit den Auseinandersetzungen um den Programmentwurf der PPS vertraut. Er musste kein Ökonom sein, um zu wissen, dass ihre Behauptungen und Statistiken der Wirklichkeit nicht standhielten. In den Industriebetrieben und Manufakturen von Warschau und Lodz, den Kohlerevieren von Sosnowiec und Dąbrowska, den Werkstätten von Wilna und Kowno gab es Arbeiter, Handwerker und Bergleute, die sich ihrer polnischen, schlesischen, jüdischen oder litauischen Wurzeln bewusst waren. Sie konnten anders als die überwiegende Anzahl der russischen Proletarier lesen und schreiben, wehrten sich zugleich gegen die russische Besatzungsherrschaft und die Ausbeutung durch russische, polnische und jüdische Unternehmer in Polen. Alle waren vom russischen Markt, den sie belieferten, nicht zwingend abhängig. Mit eigener Ingenieurskunst und Innovationskraft konnten sie europäische Märkte erschließen und europäisches Kapital anziehen. Das soziale und das ökonomische Potenzial dafür waren in allen Teilungsgebieten Polens vorhanden. Durch die jahrzehntelange aufgezwungene Trennung voneinander war es allerdings blockiert oder verschüttet.

Wenn Luxemburg argumentierte, dass keine gesellschaftliche Klasse Interesse an einem Wiederauferstehen Polens habe, stimmte das aus Piłsudskis Sicht einfach nicht. Das aufstrebende polnische Bürgertum konnte seiner Meinung nach sehr wohl seinen eigenen Platz in einer künftigen demokratischen Republik finden, es konnte sich eigene Parteien und Interessenvertretungen schaffen. Dann standen seine Vertreter zwar mit den ökonomisch und politisch organisierten Arbeitern im Konflikt, aber es würden sich soziale Kompromisse finden lassen.

Das Gleiche galt nach Piłsudski für die große Mehrheit der Landbevölkerung und der Grundbesitzer. Folgten sie den Erwartungen Luxemburgs, würden sie sich an das ungewisse Schicksal des russischen Imperiums ketten.

Doch zurück zu den Sozialen Demokraten, die auf dem Züricher Kongress der II. Sozialistischen Internationale für einige Aufregung sorgten. Zu Rosa Luxemburg als intellektuellem Kopf der Gruppe und Leo Jogiches als Organisator stießen mit Julian Marchlewski und Adolf Warszawski (Warski) zwei junge polnische Marxisten. Sie sollten ihr ganzes Leben der internationalen Revolution widmen und Jahrzehnte später, nach der Ermordung von Luxemburg und Jogiches, zu Führern der polnischen Kommunistischen Partei werden.

Zunächst vertrat das Quartett eine Partei, die über die nächsten Jahre ein Kopf ohne Körper blieb. Die von ihnen herausgebrachte *Sprawa Robotnicza* wurde zum Sprachrohr der dann 1894 gegründeten Partei »Sozialdemokratie des Königreiches Polen« (SDKP). Die Zeitung konnte nur dank der Mittel existieren, die Jogiches aus dem Familienvermögen beisteuerte, und sie lebte vor allem von den Artikeln Rosa Luxemburgs und Julian Marchlewskis. Dessen Texte waren allerdings viel schwerer verdaulich als die Polemiken der glänzenden Publizistin. Da das Blatt im Ausland erschien und es nicht gelang, ein funktionierendes Vertriebssystem in Polen aufzubauen, blieb seine Wirkung eher gering. Der von Luxemburg gewählte Name der Partei war ein historisch-geografischer Begriff, der in die Vergangenheit verwies und letztlich nur wenig über die Ziele der Partei aussagte. Wer nur die Parteinamen verglich oder auf einzelne Mitglieder der konkurrierenden sozialistischen Gruppierungen traf, konnte überhaupt der Illusion erliegen, dass es hier um mehr oder weniger ähnliche Bestrebungen ginge. Wenn Vertreter der PPS und der SDKP öffentlich aufeinanderstießen, sah das freilich anders aus.

Ein Züricher Student, mit dem Luxemburg früh zusammentraf, war der aus Galizien stammende polnische Sozialist Ignacy Daszyński. Der

Altersgenosse Piłsudskis wuchs in einem patriotischen Elternhaus auf und lernte wie sein älterer Bruder Felix bald die Grenzen der viel gerühmten Toleranz habsburgischer Herrschaft kennen. Die Situation in der Schule war nicht mit dem Bildungsregime in Russisch-Polen zu vergleichen, folgte aber auch harten Regeln. Nicht zuletzt, weil sie sich polnischen Schülergruppen anschlossen, die die Tradition der Aufstände hochhielten, bekamen die Brüder immer wieder Ärger. Die unmenschliche Ausbeutung in den heimischen galizischen Erdölrevieren, die Ignacy beobachtete, ließ ihn zum Sozialisten werden. An der Wiener Universität belegte er später juristische Vorlesungen. In Wien wurde dann auch der führende österreichische Sozialist Victor Adler auf den Autodidakten und glänzenden Redner aufmerksam. Er förderte und unterstützte Daszyński nach Kräften. Adler strebte eine starke sozialistische Partei für alle Teile Habsburgs an, hatte aber zugleich Verständnis für die polnischen und ukrainischen Unabhängigkeitsbestrebungen.

Als sein Bruder Felix früh an Tuberkulose starb, war Ignacy so verzweifelt, dass er beschloss, nach Australien auszuwandern. Vor der endgültigen Abreise machte er noch Station in Paris. Dort traf er auf Mendelson und seine Gefährten vom Auslandskomitee der PPS. Sie überzeugten ihn zu bleiben, Teil ihrer Gruppe zu werden und beim Aufbau der PPS zu helfen. Eine seiner ersten Stationen war dann Zürich, wo er als Student mit den dortigen Auslandsstudenten zu tun hatte und so auch Rosa Luxemburg begegnete.

Anfänglich empfand Ignacy Daszyński mehr als Sympathie für seine Mitstudentin. Er merkte aber schnell, dass sie sich viel stärker zu Leo Jogiches hingezogen fühlte. Im Übrigen zeigte sich, dass die politischen Ansichten der beiden weit auseinandergingen. Wie hätte Luxemburg Verständnis dafür aufbringen können, dass Daszyński für die polnischen Proletarier in Galizien sprach, die ihre Unabhängigkeit anstrebten? Schließlich sollten diese doch an die Seite ihrer russischen und internationalen Klassengenossen rücken. Stattdessen steckten sie die ukrainischen und jüdischen Proletarier womöglich noch mit ihrem »Nationalchauvinismus« an.

Die charmante und kultivierte Rosa konnte zur politischen Furie werden, wenn sie mit solchen Haltungen konfrontiert wurde, und Daszyński stand ihr an Heftigkeit in nichts nach. In Zürich wurden die Auseinandersetzungen zwischen den beiden immer erbitterter und erreichten schließlich auch die internationalen Sozialistenkongresse. Dort waren die meisten westeuropäischen Genossen vom Gegenstand des Streites überfordert und delegierten die Kontroverse an Victor Adler, der in ihren Augen die meiste Erfahrung mit den verwickelten Nationalitätenfragen Habsburgs hatte. Adler war eigentlich voller Verständnis für Daszyński und die Vertreter der PPS, wusste aber, welche Büchse der Pandora sich öffnete, wenn man an die nationalen Instinkte im habsburgischen Vielvölkerimperium rührte. Er lavierte deshalb herum und schob seinerseits August Bebel und Karl Kautsky als anerkannte Größen nach vorn. Alle zusammen kamen zu salomonischen Urteilen, sprachen und schrieben von einem Selbstbestimmungsrecht der Nationen, das vielfältig auslegt werden konnte. Wenn künftig auf den internationalen Treffen der Sozialdemokratie »polnische Angelegenheiten« auf die Tagesordnung kamen, wussten alle, dass erbitterte, unerquickliche, unlösbare Streitereien vorprogrammiert waren.

Plechanow war nach den abgebrochenen Gesprächen mit Jogiches noch immer beleidigt, hatte aber aus der Ferne verfolgt, wie Jogiches und Luxemburg ein Paar wurden. Als Luxemburg mit ihren Positionen auf immer schärferen Gegenwind stieß, schrieb er darüber schadenfroh an Friedrich Engels. Er schätzte die Situation zwischen den beiden freilich völlig falsch ein, als er Luxemburg zum Anhängsel von Jogiches machte. Sie erklärte ihn nach außen zwar kokett zu ihrem Meister, war aber die intellektuell Überlegene. Ihre Briefe an ihn, in polnischer Sprache verfasst, zeigen das anschaulich. Luxemburg war es auch, die Jogiches immer wieder drängte, sich um den seit Jahren verschleppten Studienabschluss zu kümmern. Sie hatte einen Ehrgeiz, der weit über Zürich hinausging.

Ignacy Daszyński sollte binnen weniger Jahre ein führender Vertreter der galizischen Sozialisten werden, die sich der PPS immer stärker annäherten und schließlich mit ihr vereinigten. Ein Parlamentsmandat, das er 1897 errang, bot ihm die Möglichkeit, die Bühne des Wiener Reichsrates für die polnischen Forderungen zu nutzen. Mit seinen Fähigkeiten hätte er eine glänzende politische Karriere machen und in die höheren Ränge der Habsburger Ministerialbürokratie aufsteigen können, was er aber ausschlug.

Während PPS und SDKP in den Teilungsgebieten Polens um Anhänger und Mitglieder rangen, kam es im Verhältnis der Teilungsmächte zueinander zu heftigen Veränderungen. Bismarcks Ausgleichs- und Bündnispolitik mit Russland wurde in Deutschland ad acta gelegt. Wilhelm II. hatte den Lotsen Bismarck von Bord gejagt und wollte das Reich zur Weltgeltung führen. Deutschland müsse zur führenden Seemacht werden und neuen Lebensraum im Osten gewinnen. Dass er damit England und Russland gleichermaßen herausforderte, war ihm egal. Politiker und Militärs, die ihm willig folgten, bereiteten sich darauf vor, dass Russland künftig eine andere Rolle als unter Bismarck spielen würde.

Vertreter der deutschen Militärführung nutzten weiterhin Studienreisen und Informationsaufenthalte für angehende Generalstabs- und Nachrichtenoffiziere, die noch zu Zeiten eines intakten Bündnis mit dem russischen Kriegsministerium vereinbart worden waren. Die dabei gewonnenen Kenntnisse und Kontakte konnten schließlich wichtig sein, falls Russland jemals zum Kriegsgegner wurde. Im Jahre 1894 absolvierte mit Erich Ludendorff ein nur mäßig begabter Absolvent der Berliner Kriegsakademie einen solchen Aufenthalt. Er wurde 1864 in einer Familie preußischer Militärs auf dem Rittergut Kruszczewnia bei Posen geboren und wuchs mit dem Standesdünkel seiner Kaste auf. Die Provinz Posen und alle anderen von Polen besiedelten preußischen Gebiete waren demnach endgültig einzudeutschen und würden auf immer Teil des Reiches bleiben. Und im Osten wartete weiterer Siedlungsraum auf seine Eroberung.

Nach seinem Eintritt in die Kriegsakademie wählte Ludendorff unter den fakultativen neuzeitlichen Sprachen Russisch. Obwohl seine

Russischkenntnisse nach Abschluss der Akademie mehr als bescheiden waren, wurde er für den Dienst in der russischen Abteilung des Generalstabs vorgesehen und vor Dienstbeginn zu einem mehrmonatigen Studienaufenthalt nach St. Petersburg und Moskau geschickt. Am Ende führte ihn eine Zugreise über Orjol, Kursk und Charkow auf die Krim, mit einem einwöchigen Aufenthalt in Odessa als Höhepunkt. Hier galt der aktiven Szene russischer Revolutionäre und Anarchisten seine besondere Aufmerksamkeit. Über deren Gruppen hatte er sich vor Reiseantritt ausgiebig informiert. In Berliner russischen Emigrantenkreisen saßen seine besten Quellen, die er in bei seiner Arbeit im Generalstab in den Folgejahren immer wieder nutzen konnte. Aus den entschiedensten Gegnern des Zarentums sollten die wertvollsten Verbündeten werden. Ludendorffs Sprachkenntnisse hatten sich durch die Reise nicht wesentlich verbessert. Was ihm an russischem Leben und russischer Kultur begegnete, blieb ihm fremd, und er betrachtete es mit dem Dünkel eines deutschen Herrenmenschen.

# 4 BERUFSREVOLUTIONÄR

## Konspirative Abenteuer

Während sich Lenin in St. Petersburg um die Anfänge einer russischen marxistischen Bewegung bemühte, Plechanow auf seinem Redakteursposten in Zürich ausharrte und Luxemburg und Jogiches erleben mussten, wie ihre Hoffnungen auf eine mitgliederstarke und ernst zu nehmende SDKP enttäuscht wurden, entwickelte sich die PPS mit Piłsudski und seinen Mitstreitern allmählich genau zu einer solchen politischen Kraft.

Bahnhöfe wurden Piłsudskis wichtigste Stützpunkte, primitive Unterkünfte der Arbeiter in Bahnhofsnähe sein Nachtquartier. Manchmal konnte er bei Genossen unterkommen, deren Wohnungen gerade »sauber« waren. Mit etwas Glück fand sich Unterschlupf bei der Witwe eines zaristischen Beamten, die mit den Sozialisten sympathisierte und keine unnötigen Fragen stellte. Es konnte aber auch die Gattin eines höheren Würdenträgers sein, die sich mit ihrem Mann langweilte und das Risiko liebte. Piłsudski war zum Illegalen, zum Berufsrevolutionär geworden, der ständig seinen Aufenthaltsort und seine Identität wechselte und ganz oben auf den Fahndungslisten stand. In Wilna konnte er sich nur von Zeit zu Zeit blicken lassen, was immer mit hohem Risiko verbunden war. Maria traf er nur in seltenen Momenten.

Mit viel Fantasie ließ sich das Leben, das er jetzt führte, als ein einziges großes Abenteuer beschreiben, und er tat das auch manchmal. An den Abenden unter Vertrauten machten unzählige Episoden der Reisen und Verfolgungsjagden die Runde. Jahre später schrieb er unter dem

Titel *Bibuła* ein ganzes Buch über die Erlebnisse und Taten der sozialistischen Revolutionäre. Was er darin nicht erwähnte, waren die Erschöpfung und die Müdigkeit, die ihn oft überkamen, das Verzweifeln an dem irrwitzigen Versuch, eine Partei aus dem Nichts zu erschaffen. Ganze Tage war er wie gelähmt und starrte im Halbdunkel auf die zugezogenen Vorhänge irgendeiner Absteige, in der er feststeckte. So plötzlich er in eine solche Starre verfiel, schaffte er es dann doch, sich wieder daraus zu lösen. Gerade weil es um das Unmögliche ging. Um eine Partei, die sich der zaristischen Despotie stellte, um sie zu besiegen, nicht um heldenhaft unterzugehen. In den schlimmsten Momenten der Depression half oft die Kraft der Autosuggestion, die Erinnerung an die Worte der Wahrsagerin in der sibirischen Tundra oder an die Stimme der Mutter.

1894, ein Jahr nach ihrem ersten Zusammentreffen, gaben sich die Gründer der PPS endlich ein Organisationsstatut. Leider aber haperte es in wesentlichen Teilen mit der Umsetzung. Wie sollte eine Parteiführung kurzfristig Entscheidungen treffen, deren Mitglieder in London und in tiefer Illegalität im Land saßen? Jedweder Austausch untereinander war langwierig, schwierig und wurde immer wieder unterbrochen. Wie sollten die Gruppen und Zellen in den Regionen kontinuierlich arbeiten, wenn die besten Leute, neue Aktivisten und Instrukteure immer wieder Verhaftungen zum Opfer fielen oder nicht aus dem Ausland zurückkehren konnten?

Provokationen, wie sie die Ochrana nur zu gern schürte, führten immer häufiger zu gewaltsamen Konfrontationen. Das Netz der Kontrollen wurde immer dichter. Zu kritischen Anlässen waren überall auf den Straßen Polizisten und Spitzel, standen bewaffnete Gendarmen und Kosaken bereit.

Piłsudski blieb so notgedrungen Mädchen für alles. Er war vom verantwortlichen Redakteur der Zeitung *Robotnik* in die Führung der Partei aufgerückt, inhaltliche Arbeit und Organisationslast lagen in gleichem Maße auf seinen Schultern. Immerhin konnte er auf die Unterstützung Stanisław Wojciechowskis zählen, und auch auf Aleksander

Die Führungsgruppe der PPS (v.l.n.r.): Ignacy Mościcki, Bolesław Jędrzejowski, Józef Piłsudski, Aleksander Dębski; stehend: Bolesław Miklaszewski und Witold Jodko-Narkiewicz, 1896

Sulkiewicz war unbedingter Verlass. Letzterer führte eine Doppelexistenz als zaristischer Zollinspektor und sozialistischer Aktivist. Sulkiewicz' weit verzweigte Kontakte in den Beamtenapparat, bei denen Bestechung und Gefälligkeiten eine entscheidende Rolle spielten, waren unbezahlbar. Bei einem praktizierenden Moslem vermuteten die Behörden nicht, dass er zu den gottlosen Sozialisten gehörte. Dennoch war Vorsicht geboten.

Bei der Bewältigung seiner Aufgaben kam Piłsudski seine frühe Napoleon-Lektüre zugute. Er sah die polnischen Regionen, auf die sich die PPS beim Aufbau der Partei konzentrierte, als ein Operationsgebiet, dessen Topografie genauestens zu beherrschen war. Es galt, die eigenen schmalen Kräfte taktisch geschickt einzusetzen, die weit größeren

Kräfte des Gegners an den richtigen Punkten zu binden und ihn dazu zu verleiten, sich zu verzetteln. Grob umrissen waren es fünf Regionen, in denen Ortskomitees entstanden, ein Netz von Stützpunkten und Vertrauensleuten, die die Arbeit der Partei trugen.

Litauen mit Wilna und Kowno sowie die angrenzenden belarusischen Territorien kannte er wie seine Westentasche. Die baltischen Städte Reval, Tallin und Dorpat im Norden erschloss er sich. Warschau und die mazowischen Kleinstädte sowie das zentralpolnische Radom lernte er immer besser kennen. Das Industriezentrum Łódz sollte einige Jahre später zum Standort der wichtigsten illegalen Druckerei der PPS werden. Von besonderer Bedeutung waren das Bergbaurevier und die Hüttengebiete von Zagłębie. Hier verlief die Grenze zwischen Russisch-Schlesien und dem habsburgischen Kleinpolen. Unweit von Krakau lag des Dreikaisereck, an dem die Grenzen der Teilungsgebiete Polens aneinanderstießen. Das Revier war von Warschau aus schnell zu erreichen. Entlang der gesamten Grenze blühte der Schmuggel. Sosnowiec, die wichtigste Stadt des Reviers, war berühmt-berüchtigt als Zentrum des Glücksspiels und der Prostitution – Versuchungen, die Piłsudski nichts anhaben konnten, aber durchaus den einen oder anderen Kurier der PPS in Gefahr brachten. Die polnischen Proletarier in all diesen Territorien waren in der Regel noch eng mit den Dörfern verbunden, die große Mehrheit von ihnen kam ja vom Land, sodass Piłsudski auch ständig dort unterwegs war. Wichtige Zentren der Partei waren im Übrigen die aktiven Gruppen von Studenten in St. Petersburg und Kiew, die er ebenfalls häufig besuchte. In Moskau verfügte die Partei dagegen nur über wenige Kontakte.

Die größte Herausforderung für die Arbeit der Partei waren die Außengrenzen des Russischen Reiches, die mit Kontrollstationen, Wachtürmen und Soldatenposten mit Karabinern gesichert wurden. In einem breiten Streifen hinter der eigentlichen Grenzlinie waren zudem Pferde- und Fußpatrouillen von Grenzschützern und Zollbeamten unterwegs, Tag und Nacht auf der Suche nach Schmugglern, die Waren, verbotene Literatur und Menschen über die Grenze brachten.

Die dritte Grenzlinie zog sich weit ins Landesinnere hinein und folgte den Gleisen der Züge. Nicht nur unmittelbar in Grenznähe gab es Gepäck- und Personenkontrollen in Zügen und auf Bahnstationen, sondern auch bis weit in grenzferne Gebiete. Vorgeblich ging es dabei um zu verzollende Waren, aber es wurde auch Jagd auf alle möglichen illegalen Waren gemacht. Soldaten, häufig Analphabeten, wurden für die dritte Klasse eingesetzt, höhere Dienstgrade für die zweite Klasse und in der ersten Klasse ausschließlich Offiziere der Zollorgane. Selbst einem nichtsahnenden Reisenden innerhalb des Reiches, der weit von der Außengrenze zustieg, konnte es also passieren, dass er wegen eines möglichen Zolldeliktes kontrolliert wurde. Hatte er besonderes Pech, wurde er beim und nach dem Umsteigen erneut kontrolliert.

Auf derlei unangenehme Überraschungen mussten die Illegalen, die ständig in den Zügen unterwegs waren, vorbereitet sein. Die PPS-Kuriere verkehrten je nach Reisezweck und zu schmuggelnder Ware in unterschiedlichen Zugklassen und wechselten dafür die Garderobe, veränderten ihr Aussehen und ihr Auftreten. Sie lernten die Fahrpläne der Züge auswendig, die mit bemerkenswerter Pünktlichkeit verkehrten, kannten alle Eisenbahnknotenpunkte und Gelegenheiten umzusteigen und suchten mitunter sogar bewusst den Kontakt zu den Schaffnern. Piłsudski machte sich einen Sport daraus, mit dem Zugpersonal, mit fahrenden Grenzschützern und Zollbeamten ins Gespräch zu kommen, die meist in Uniform waren. Saß er in der dritten Klasse bei einfachen Bauern, sprach er wie selbstverständlich deren russisches, belarusisches oder litauisches Idiom. In der zweiten und ersten Klasse verwandelte er sich in einen Geschäftsreisenden oder Beamten.

Die dichten Kontrollen entlang der Grenze wurden von den Einheimischen häufig dadurch unterlaufen, dass sie sich mit den dort stationierten Grenzschutzoffizieren anfreundeten, mit ihnen ausgiebig Wodka tranken und gemeinsam auf die Jagd gingen. Der enge Kontakt zu den Einheimischen war überlebenswichtig für die Illegalen, aber auch nicht ungefährlich. Manchmal gelang es den Grenzschützern nämlich, ihre Nachbarn als Helfer und Denunzianten zu werben.

Das wichtigste Schmuggelgut für die Kuriere und Instrukteure der PPS waren alle Arten illegaler Druckerzeugnisse, sogenannte Bibułas, also alles, was nicht von der Zensur mit einem besonderen Stempel freigegeben worden war. Unter die Zensur fielen dabei sogar theologische Traktate, nicht nur die Zeitungen und Programmschriften der PPS. Bibułas entstanden in der Regel im Ausland, in London, Paris, Zürich oder Berlin, und mussten anschließend ins Land geschmuggelt und dort vertrieben werden. Nur sehr selten gelang es illegalen Parteien oder Gruppierungen, eigene leistungsfähige Druckereien im Land selbst zu betreiben. Die kleinen Hektografen des Ersten und Zweiten »Proletariats« beispielsweise waren schon nach kurzer Zeit entdeckt oder verraten worden. Auch eine Zusammenarbeit mit legalen Druckereien, deren Erzeugnisse der Zensur unterlagen, kam nur in Ausnahmefällen zustande und barg jeweils hohe Risiken.

Was die junge PPS von ihren politischen Konkurrenten abhob, die wie sie Bibułas herstellten, schmuggelten und vertrieben, waren einerseits ihr immer dichteres Netz an Schmugglern, Korrespondenten und Verteilern und andererseits die gute Tarnung und Leistungsfähigkeit ihrer Druckereien im Inland. Das wurde sehr wohl auch im Ausland wahrgenommen. Als die erste Nummer des *Robotnik* erschien, enthielt sie etwa Grußadressen von August Bebel, Wilhelm Liebknecht und anderen Größen der internationalen Sozialdemokratie. Sein regelmäßiges Erscheinen wurde durch eine moderne Tiegeldruckpresse der Marke Boston möglich. Damit ließen sich auch weitere Zeitschriften und Bücher produzieren. Die in Einzelteile zerlegte Maschine war auf verschlungenen Wegen ins Land befördert worden und von Ende 1895 an im Einsatz. Die Tarnung der Druckerei an verschiedenen Standorten, die aufopferungsvolle Arbeit der Drucker und Setzer wurden zu einem eigenen heroischen Kapitel der Parteigeschichte.

War eine Monografie oder Zeitschrift gedruckt, begann die Arbeit der Verteiler, der sogenannten Kolporteure. Auf ihren Fahrten durch das Land versorgten sie die geheimen »Verteilerzentren«. Das konnten Läden, Magazine oder Wohnungen sein, deren Besitzer, Verwalter und

Mieter als vertrauenswürdig galten, auch wenn sie oft gar nicht selbst Mitglieder der PPS waren. Überhaupt reichte der Kunden- und Interessentenkreis weit über die eigentlichen Mitglieder und erklärten Sympathisanten der PPS hinaus. Viele Menschen lockte einfach das Abenteuer, etwas Verbotenes in der Hand zu halten, es im Bekannten- und Freundeskreis präsentieren zu können. Andere waren zunächst einfach neugierig und wurden durch die Lektüre des *Robotnik* oder sonstiger Programmschriften und Manifeste nach und nach an die Positionen der sozialistischen Partei herangeführt. Der Handwerker, die Lehrerin oder der Arbeiter wurden so vom Leser zum Sympathisanten, Unterstützer und Mitglied der PPS.

Nicht nur die Zahl fester Abonnenten des *Robotnik* wuchs, auch die politische Arbeit der Partei fand mehr und mehr Unterstützer. Lokale Verteiler bezahlten für die Abnahme einer größeren Menge von Exemplaren, spendeten darüber hinaus und betrachteten das als ihren Beitrag zur Existenz der Partei. Lange Zeit bestand Piłsudskis wichtigste Aufgabe neben der Sicherung der Druckerei und der Mitarbeit beim Setzen, Drucken und Verpacken darin, die Arbeit der sogenannten Kolporteure über die Provinzgrenzen hinweg zu koordinieren, neue Standorte für die Verteilung zu organisieren sowie neue Mitglieder für die PPS anzuwerben. Nicht zuletzt war er regelmäßig selbst als Kolporteur unterwegs.

Bei einem solchen Transport wäre er fast aufgeflogen, nur seine Kaltblütigkeit rettete ihn. Auf dem Bahnhofsvorplatz einer Provinzstadt fiel er einem Offizier der Gendarmerie auf. Der wollte das Gepäck des Reisenden einer gründlichen Kontrolle unterziehen. Da er wusste, wie raffiniert die Schmuggler ihre Ware versteckten, ging das nur auf dem Polizeirevier, vor Ort hätten sie einen unnötigen Auflauf verursacht. Der Offizier winkte die nächste Droschke herbei und forderte den Unbekannten auf, ihn zu begleiten. Piłsudski dachte kurz an Flucht, aber es waren zu viele Polizisten in der Nähe. Er musste sich also etwas anderes einfallen lassen. In den Koffern befanden sich mindestens hundert Exemplare des *Robotnik*, mehrere Ausgaben des *Przedświt* sowie sozialistische Flugschriften. Gar nicht so raffiniert versteckt. Also stieg er in die Droschke ein, lauthals protestierend, wie man ihn als angesehenen Geschäftsmann belästigen könne. Der Offizier blieb unbeeindruckt, und die Droschke rollte in Richtung Polizeirevier. Jetzt ließ Piłsudski Namen fallen, an die seine Beschwerde gehen würde, und das zeigte erste Wirkung bei seinem Gegenüber. Als er dann den Namen eines hohen Militärbeamten in St. Petersburg erwähnte, verlor der Offizier die Nerven. Was, wenn dieser Reisende wirklich einen direkten Draht nach oben hatte? Er ließ die Kutsche halten, sie waren schon kurz vor dem Polizeirevier, und verschwand auf schnellstem Wege. Der Kutscher, der bis dahin stoisch geschwiegen hatte, drehte sich auf dem Bock herum und grinste breit. »Gut gemacht, Junge, den hast du richtig reingelegt.«

Gott sei Dank war er davongekommen. Die Strafe für die mitgeführte Literatur wäre fatal gewesen, von seiner möglichen Enttarnung ganz zu schweigen. Auf diesen Reisen gab es immer wieder Zwischenfälle und die absurdesten Begegnungen. So kam es vor, dass russische Handlungsreisende, die ihre Geschäfte in die Westprovinzen des Reiches ausweiten wollten, ausgerechnet ihn nach Kontakten zur geheimnisumwobenen PPS befragten. Sie hätten nur zu gern deren Kurier- und Verteilungsnetz für ihre eigenen Zwecke eingespannt. Piłsudski gab dann jedes Mal den Ahnungslosen.

Für den Transport und die Verteilung der Bibułas spielten weibliche Kolporteure eine besondere Rolle. Welcher Offizier der Polizei und Gendarmerie machte sich schon ungehemmt an der Kleidung und der Unterwäsche fremder Damen zu schaffen, erst recht wenn diese in Garderobe und Auftreten offenkundig zum Bürgertum zählten und natürlich vorzugsweise in der ersten Klasse unterwegs waren? In den zahlreichen Unterröcken und Korsetts der »Kolporterki«, wie sie sich selbst nannten, ließ sich jede Menge an Exemplaren von *Przedświt* und *Robotnik* unterbringen. Auch Piłsudskis Lebensgefährtin Maria, welche die Arbeit der Partei auf jede nur mögliche Weise unterstützte, betätigte sich als Kolporteurin. Sie organisierte sogar Kurse für freiwillige Helferinnen, in denen sie diesen beibrachte, welche Kleider und Unterröcke sich am besten eigneten, um möglichst viele Zeitschriften versteckt zu transportieren. Und wie man es schaffte, derart ausstaffiert dennoch damenhaft dahinzuschreiten, um das Wohlgefallen und nicht den Verdacht der Offiziere zu erregen. Maria stellte einen Rekord auf, als sie einmal 75 Exemplare von August Bebels *Die Frau und der Sozialismus* am Körper mit sich trug. Jedes Exemplar wog rund ein Pfund, sodass sie über 30 Kilo zu schleppen hatte und den Transport nur mit Mühe überstand. Übrigens hatte Piłsudski die Übersetzung von Bebels Werk auf den Weg gebracht und sich selbst um den Druck gekümmert. Der Nestor der deutschen Sozialdemokratie war überglücklich, als er davon erfuhr.

Eine besondere Rolle für die Außenwirkung der PPS spielten ihre Aufrufe *(Odezwas)*. Sie umfassten ein bis zwei Druckseiten, wurden in hoher Stückzahl gedruckt, in Städten und Ortschaften verteilt, ausgelegt oder geklebt. Zu besonderen Anlässen, etwa einem bevorstehenden Zarenbesuch oder regelmäßig zum 1. Mai, mobilisierten sie zur Teilnahme an Streiks, Straßendemonstrationen und anderen Formen des Protestes. Grundlegende soziale und politische Forderungen der Partei wurden dort mit Informationen über den internationalen Kampftag der Arbeiterklasse und der Erinnerung an die polnischen Aufstände und das polnische »Proletariat« verbunden. »Acht Stunden Arbeit, acht Stunden Schlaf, acht Stunden Erholung« – die klassische Forderung des Achtstundentages gehörte immer dazu.

Die zaristischen Behörden mobilisierten ihrerseits alle Kräfte, die Verbreitung der Aufrufe zu verhindern. In den Nächten, für die ihre Verteilung zu erwarten waren, alarmierten sie alle Hausmeister, die immer Dienste als Zuträger leisteten. Diese mussten die ganze Nacht über vor ihren Häusern patrouillieren und sollten dabei helfen, Klebekolonnen und verdächtige Personen zu ergreifen. Das Gegenteil der erhofften Wirkung trat ein. Selbst Anwohner, die sich sonst nie darum kümmerten, setzten plötzlich alles daran, ein Exemplar dieser geheimnisvollen Aufrufe zu ergattern. Von Jahr zu Jahr wuchs aber auch die Zahl derjenigen, die diesen Aufrufen zum 1. Mai folgten und auf Transparenten die Forderungen der Partei übernahmen. Daneben flatterten die roten Banner der PPS.

Anlässlich des Besuchs von Zar Nikolaus II. 1897 in Warschau kam es zwischen den verschiedenen politischen Strömungen dort zu heftigsten Auseinandersetzungen. Teile der polnischen Bürgerschaft, die ihre Zukunft nur unter den Fittichen des Zarentums sehen konnten, hatten eine Million Rubel als Geschenk an den gnädigen Autokraten gesammelt. Der großmütige Zar stiftete die Summe für die Errichtung des Polytechnikums in Warschau, an dem selbstverständlich in russischer Sprache unterrichtet werden sollte. Die Reaktionen auf diese Unterwürfigkeitsgeste gingen innerhalb der politischen Kreise Polens weit auseinander. Die Nationalen Demokraten um Roman Dmowski teilten zwar nicht den kriecherischen Ton der Ergebenheitsinteressen und verachteten insgeheim das Zarentum, wollten sich aber dennoch ausdrücklich innerhalb dieses Zarenreiches zur stärksten Kraft Polens entwickeln. Ganz anders die PPS. In einem von Piłsudski verfassten Aufruf wurde es als Schande gegeißelt, den Unterdrücker der Polen als gnädigem Zaren die Füße zu küssen. Die polnischen Arbeiter würden ihn vielleicht nicht mit Bomben und Waffen in der Hand empfangen, aber der Selbstherrscher und seine polnischen Unterstützer sollten wissen, dass sie in ihnen ihre entschiedensten Gegner hätten. Der Aufruf schloss mit den Worten: »Tod den Despoten. Nieder mit der Knechtschaft. Es lebe das freie polnische Volk.«

## Genosse Wiktor

Während die anstrengende illegale Arbeit im Land immer weiterging, konnte sich Piłsudski zwischen 1894 und 1899 mehrere Male für einige Zeit im Ausland aufhalten. Mit gut gefälschten Papieren führte ihn die erste dieser Exkursionen über Zürich, Berlin und Paris nach London. Der Grenzübertritt verlief glatt, aber auf jeder folgenden Reisestation musste er sich das Geld für die nächste Etappe von Vertrauten und Genossen zusammenborgen, Sprachhürden überwinden und in eine Welt eintauchen, die so faszinierend wie unvertraut war.

Anders als zahlreichen anderen Reisenden aus Osteuropa, die auf die Mittel ihrer Familie oder das eigene Vermögen setzen konnten, die sich ihre Reiserouten und ihre Zeit nach kulturhistorischen und touristischen Prioritäten einteilten, fehlten Piłsudski sowohl die Zeit als auch das Geld für den Besuch von Museen und sonstigen Sehenswürdigkeiten. In London angekommen, bekam er bald mit, in welch bettelarmen Verhältnissen fast alle dortigen Exilanten mit ihren Familien lebten. Dennoch steckten sie all ihre Energie in die Arbeit für die Partei. Von einem Parteifreund, der sich als Zahnarzt versuchte, ließ sich Piłsudski die fehlenden Vorderzähne ersetzen. Da dieses besondere Merkmal bereits in die Fahndungsakten eingetragen war, sollte es besser behoben werden.

Ein Exilant, dem es im Vergleich gut ging, war Ignacy Mościcki, der spätere polnische Staatspräsident. Der Altersgenosse Piłsudskis stammte aus dem nördlichen Mazowien und hatte sich als Student in Warschau früh politisch engagiert. Er musste deshalb emigrieren und arbeitete zunächst in einer Londoner Fabrik, dann als Drucker und Setzer. Als Nächstes betrieb er einen eigenen Friseursalon, ehe er sich auf die Produktion von Kefir verlegte, da zahlreichen Osteuropäern in London und ganz England ihr Lieblingsgetränk fehlte. Die Geschäfte liefen mit wechselhaftem Erfolg, Mościcki hatte Glück, dass ein Schweizer Professor polnischer Abstammung die Talente des jungen Naturwissenschaftlers erkannte, ihn nach Zürich holte und zu seinem Assistenten an der Züricher Universität machte. Er sollte zu einem der bedeutendsten Chemiker seiner Zeit werden und mit zahlreichen Erfindungen hervortreten. Erträge aus seinen Patenten ließ er der Sache Polens zugutekommen.

Zahlreiche polnische Emigranten wohnten in dem Stadtteil Whitechapel, wo auch die Auslandszentrale der PPS untergebracht war. Whitechapel war eines der berüchtigtsten Viertel Londons, Hort der Unterwelt und der Kriminalität. Hier hatte einige Jahre zuvor der Prostituiertenmörder Jack the Ripper sein Unwesen getrieben, und die Erinnerung an ihn war für viele Bewohner noch frisch. Es war also kein Ort zum Wohlfühlen, sondern ein Umfeld, das eine gewisse Spannung vermittelte und die Fantasie beflügelte. Piłsudski, dem die grauen Vorstädte von Warschau, Sosnowiec und Łódz vertraut waren, kam hier gut zurecht.

Während seines ersten London-Aufenthalts führte er endlose Debatten mit den Mitgliedern der Auslandsleitung. Es gab schließlich viel zu klären. Die Verhältnisse in Polen änderten sich rasend schnell. Neue politische Akteure, wie die Gruppe der Sozialen Demokraten um Rosa Luxemburg, waren aufgetaucht, bemühten sich darum, im Land Fuß zu fassen, und versuchten, Anhänger oder gar Mitglieder der PPS abzuwerben. Die weitere Entwicklung von Roman Dmowskis Nationalen Demokraten war schwer einzuschätzen. Mendelson und andere Mitglieder der Auslandsgruppen kannten die Vorgeschichte, waren immer wieder im Land, es gab eine ausgedehnte Korrespondenz zwischen »Wiktor« – Piłsudski – und den Londonern. In diesen Dokumenten blieb jedoch vieles kryptisch, unausgesprochen, formelhaft – es brauchte also direkte Gespräche, eine intensive, offene Auseinandersetzung.

Piłsudskis Position innerhalb der PPS wurde in diesen Londoner Monaten stärker, aber er merkte, dass er nicht für einen längeren oder dauerhaften Aufenthalt in der Emigration geschaffen war. Ihm fehlte Polen, ihm fehlten die unmittelbaren Aufgaben dort, ihm fehlte Maria. Er konnte sich nicht vorstellen, sie und Wanda dauerhaft mit nach London zu nehmen. Dafür gab es keinerlei Grundlage. In Wilna konnte sie dagegen auf die Familie und den Freundeskreis zählen.

Ein weiterer mehrmonatiger Aufenthalt in London im Jahr 1896 war verbunden mit dem IV. Kongress der Sozialistischen Internationale im Juli des Jahres. Piłsudski war Mitglied einer starken Delegation der PPS und lernte nun zahlreiche bekannte europäische Sozialisten kennen, freundete sich mit einigen von ihnen an. Dazu zählte der Franzose Jean Jaures, einer der bedeutendsten Sozialistenführer vor und nach der Jahrhundertwende. Jaures war Sozialist und Patriot. Er vertrat einen Sozialismus auf humanistisch-pazifistischem Fundament. Dem abstrakten Internationalismus anderer Sozialistenführer setzte er den

Wert von Staat und Nation als entscheidender Grundlage sozialen Fortschritts entgegen. Seine Ermordung im August 1914, unmittelbar vor Ausbruch des Ersten Weltkrieges, sollte eine der größten Tragödien für die internationale sozialistische Bewegung darstellen. Bei ihrer Begegnung und späteren Freundschaft kamen Piłsudski seine französischen Sprachkenntnisse, seine Vertrautheit mit französischer Geschichte und Kultur zugute.

Wilhelm Liebknecht kannten und schätzten alle Mitglieder der PPS-Delegation als Unterstützer der polnischen Sache. Gemeinsame Abende mit ihm, die sie auch in Londoner Pubs führte, endeten mit dem gemeinsamen Gesang von »Noch ist Polen nicht verloren«.

Auf der Tagesordnung des Kongresses nahm die Auseinandersetzung über die polnische Frage wieder breiten Raum ein. Die Anhänger Luxemburgs und die zahlenmäßig starke PPS-Delegation standen einander unversöhnlich gegenüber. Nach langen Konflikten rang sich das Präsidium des Kongresses zu einem Kompromiss durch, der keine Seite wirklich zufriedenstellte. Wie sollte die polnische Nation aussehen, deren Selbstbestimmungsrecht unterstützt wurde, ohne dass man sie ausdrücklich nannte? In welcher Form sollte sie existieren? Ihre eigentliche Niederlage in Sachen Polen erlitt Rosa Luxemburg nicht auf der internationalen Bühne, auf der sie sich immer gut behaupten konnte. Sie scheiterte in und an Polen selbst. Sie und ihre Gruppe waren bis zur Jahrhundertwende in allen polnischen Territorien sehr schwach vertreten. Um auf internationalem Parkett präsent sein zu können, hatten sie, wie schon einmal erwähnt, 1894 in Zürich die SDKP (Sozialdemokratie des Königreiches Polen) gegründet. Die Anhänger und Mitglieder von der PPS und anderen Parteien, die diese daraufhin für sich gewinnen konnte, blieben ihr meist nicht lange treu. Die Sozialisten hingegen fassten in allen Regionen und Industriezentren Fuß, hatten die weitaus bessere Parteiliteratur, führten Streiks, Proteste und Massendemonstrationen an.

Dieses Scheitern war einer der Gründe dafür, dass Luxemburg nach 1896 den Schwerpunkt ihrer Arbeit nach Deutschland verlegte. Für die deutsche Staatsbürgerschaft ging sie eine Scheinehe mit dem Sohn ihrer Züricher Quartiergeberin ein und zeichnete bei allen Meldeformalitäten korrekt mit dem Namen Rosa Lübeck. Sie sah sich mit ihren radikalen Positionen als Minderheit in einer SPD, die immer reformistischer wurde. Der Kampfplatz blieb dennoch attraktiver als der in Polen. Ihr Ringen mit der PPS gab sie allerdings nicht auf. Hier wirkte sie im Hintergrund und versuchte, die polnischen Arbeiter in Schlesien und Westpolen für die Unterstützung der deutschen Sozialdemokratie zu gewinnen. Deutsche Parteifreunde, die ihren radikalen Kurs ansonsten ablehnten, stimmten in diesem Punkt mit ihr überein. Den polnischen Arbeitern in Preußen konnte schließlich nichts Besseres passieren, als dass sie sich germanisierten. Leo Jogiches blieb zunächst weiter in Zürich und steuerte von dort aus die Arbeit der SDKP, weiterhin unterstützt durch Julian Marchlewski und Adolf Warszawski. Trotz aller Vorhaltungen Luxemburgs verzichtete Jogiches aber schließlich auf die Studienexamina und folgte ihr im Jahr 1900 nach Berlin. Dort hatte er eine eigene Wohnung und agierte im Hintergrund.

Ignacy Daszyński, ihr einstiger Verehrer, blieb Luxemburg bei keiner Debatte des Londoner Kongresses etwas schuldig. Neben ihm war es Feliks Perl, ein weiteres Mitglied der PPS-Delegation, der sie besonders heftig attackierte. Perl stammte aus einer assimilierten jüdischen Familie, sein Vater hatte sich am letzten polnischen Aufstand beteiligt und dafür im Gefängnis gesessen. Der junge Student musste Warschau verlassen und war in Paris zur Auslandsleitung der PPS gestoßen. Perl konnte das Dilemma von Rosa Luxemburg besonders gut verstehen. Sie wollte ihren jüdischen Wurzeln, ihrer jüdischen Familientradition keine Bedeutung beimessen, weil sie dies als einen Anachronismus betrachtete. Eine solche Leugnung der eigenen Wurzeln kam für Perl nicht infrage, auch wenn ihm nur zu bewusst war, welches Problem darin steckte. Es war gar nicht so einfach, sich als Jude zu bekennen und polnischer Patriot zu sein. Dazu gab es zu viele Polen, die ihre antisemitischen Vorurteile und Abneigungen offen zeigten. Jüdische polnische Arbeiter, Handwerker und Intellektuelle zählten zu den wichtigsten Mitgliedern der PPS, unter ihnen Feliks Perl und seine spätere Frau Teresa. Perl wurde in den Folgejahren einer der engsten Weggefährten und Freunde Piłsudskis und folgte ihm als Redakteur des *Robotnik* nach.

Angesichts der Nachrichten von neuen Verhaftungen in Polen beschloss Piłsudski, aus London zurückzukehren. Er nahm sich allerdings die Zeit für einen Umweg über Lemberg, um sich dort mit seinem Mentor Bronisław Szwarc zu treffen. Der war nach langen Jahren endlich ebenfalls aus der sibirischen Verbannung zurück und unterstützte nun die galizischen Sozialisten. Piłsudski brachte die neuesten Nachrichten aus London mit, und beide spürten, dass aus den Träumen und Plänen der sibirischen Winternächte ein Stück Realität geworden war.

Zurück in Wilna, warteten auf Piłsudski Redaktionsaufgaben, die Entscheidung über einen neuen Standort für die gefährdete Druckerei musste getroffen werden, und nicht zuletzt galt es, Hilfe für die Familien der verhafteten Genossen zu organisieren.

In St. Petersburg arbeitete sich Lenin inzwischen immer stärker in seine Rolle als marxistischer Propagandist hinein. Verhaftung, Prozess und drei Jahre Verbannung nach Sibirien waren die Folge. Festungshaft oder gar Zwangsarbeit blieben ihm glücklicherweise erspart. Lenin nutzte die erträglichen Bedingungen, die er in seinem Verbannungsort Schuschenskoje vorfand, besorgte sich Berge von Literatur und schrieb an seiner Arbeit zur Entwicklung des Kapitalismus in Russland. Mithilfe der Hegel'schen Dialektik – an seinen Randnotizen zu Hegel sollten sich Generationen von Marxisten abarbeiten und ihn zum Philosophen erklären, der er wirklich nicht war – suchte er zu beweisen, dass ein kaum vorhandener Kapitalismus in Russland vor dem Durchbruch stand und den Sprung in die sozialistische Revolution möglich machte. In anderer Weise als bei Luxemburg wurde so die Realität der Doktrin angepasst.

Von all dem konnte Piłsudski nichts ahnen, als er sich nach dem Londoner Kongress auf den Weg nach St. Petersburg machte. Er hatte nach der Ankunft in Wilna schon bald seine Reisen wieder aufgenommen und hielt sich jetzt für einige Zeit in der russischen Metropole auf. Die Gruppen, mit denen er sich dort traf, waren neben den Organisationen in Kiew einer der wichtigsten Stützpunkte der PPS im Russischen Reich. In ihnen gab es Angehörige aus der großen polnischen Gemeinschaft der Metropole, aber auch aus anderen Nationen. Sie organisierten die Verteilung des *Robotnik* und weiterer Literatur in verschiedenen russischen Zentren und in die Provinz. Überall dorthin, wo sich Polen befanden. Ihre Mitgliedsbeiträge und Spenden waren eine wichtige Unterstützung für die zumeist leere Kasse der Partei. Die Studenten sammelten aber auch Informationen und stellten wichtiges Material zusammen. Sie waren brennend daran interessiert, von Piłsudski mehr über den Londoner Kongress zu erfahren. In der offiziellen russischen Presse war dieses Ereignis nämlich nahezu totgeschwiegen worden.

Der aus Litauen stammende Leon Wasilewski gehörte nicht direkt zu dieser Gemeinde und lebte auch nicht in St. Petersburg, kannte aber einige der Studenten und galt bei ihnen als vertrauenswürdig. Da seine Eltern in der Stadt lebten und er sie von Zeit zu Zeit besuchte, war er auch jetzt hier. In der Wohnung eines Studenten, der sinnigerweise den Decknamen »Koffer« (Tschemodan) trug, sollte eine Zusammenkunft stattfinden, zu der ein wichtiger Emissär der PPS angekündigt war. Wasilewski durfte dabei sein. Er kannte die Geschichte der polnischen Sozialisten, sympathisierte mit ihnen und war durch das Schicksal seines Vaters mit der Aufstandstradition verbunden. Seine Mutter kam aus einer deutsch-tschechischen Familie, was ihn früh in die Auseinandersetzungen um die panslawistischen Bestrebungen führte. Er wuchs in einer freigeistigen Familie auf, in der man den Zarismus hasste, sich aber auch vom polnischen Klerikalismus distanzierte. Die Herkunft der Mutter führte Wasilewski 1890 zum Studium nach Prag, wo er Tomas Masaryk kennenlernte, den späteren Vater der tschechischen Unabhängigkeitsbewegung. Sprachbegabt, wie er war, lernte Wasilewski in seiner Prager Zeit Tschechisch und beherrschte damit mehr als ein halbes

Leon Wasilewski, ca. 1920

Dutzend slawischer Sprachen. Als Student in Lemberg hatte Wasilewski bereits Iwan Franko, den Vordenker der ukrainischen Unabhängigkeitsbewegung, kennengelernt und Ukrainisch gelernt. Zwar hatte er kein Studienfach zu Ende geführt, er brachte aber Kenntnisse und Erfahrungen mit, die ihn schon bald in engen Kontakt mit jenem anderen Gast der Petersburger Studentenrunde treten ließen.

Wasilewski beschrieb später in seinen Lebenserinnerungen den starken ersten Eindruck, den er von Piłsudski gewann. Bei dem Treffen in der St. Petersburger Wohnung wurde der Fremde von allen Anwesenden freudig begrüßt und bestimmte sofort die Atmosphäre im Raum. Man spürte Vertrautheit und doch eine Distanz, die keine förmliche Rangordnung hatte. Da trat jemand ein, der die Anwesenden sofort in seinen Bann zog. Der lachte und scherzte, aber viel mehr in seinem Gepäck mit sich führte. Wasilewski schätzte, dass der unbekannte Genosse nicht viel älter als er selbst sein konnte. Als sich herausstellte, dass beide Landsleute waren und Wasilewski von seinen Lebensstationen erzählte, verabredeten sich die beiden zu weiteren Treffen. Als regelmäßiger Leser des *Robotnik* wusste Wasilewski natürlich um den Ruf von dessen Chefredakteur, hätte nur niemals vermutet, dass dieser und der fremde Genosse ein und dieselbe Person waren.

In der Folgezeit wurde Wasilewski zur anerkannten Autorität für Nationalitätenfragen in der PPS. Niemand kannte sich so gut in der verwickelten Geschichte, den Sprach-, Kultur- und Mentalitätstraditionen der östlichen Räume aus wie er. Egal ob es um Polen, Tschechien, die Slowakei, die Ukraine, Litauen, Belarus und das Baltikum ging. Er unterstützte Piłsudski bei allen Artikeln für den *Robotnik* und den *Przedświt,* die diesen Fragen gewidmet waren, wurde Mitglied der Redaktion, schrieb eigene Bücher darüber. Als im November 1897 in Wilna der »Allgemeine Jüdische Arbeiterbund« (Bund) als säkulare, sozialistische Partei gegründet wurde, die jüdische Arbeiter in allen Teilen des Russischen Reiches erreichen sollte, lernte er auch noch Jiddisch. Später sollte er in Galizien mit dem *Arbajter* die Herausgabe einer eigenen jiddischen Zeitung unterstützen.

Bei aller Autorität Wasilewskis in Bezug auf nationale Fragen: Vielen Akteuren der PPS ging seine Idee von einer völligen Gleichberechtigung der jüdischen, ukrainischen, litauischen und noch kaum vorhandenen belarusischen Nationalbewegung zu weit. Toleranz und Solidarität waren ihnen zwar wichtig, aber sie konnten und wollten sich nicht von der für sie historisch begründeten Vorstellung der polnischen Hegemonie in diesen Räumen lösen.

Die Frage eines neuen sicheren Standorts für die zentrale Druckerei wurde immer drängender. Der Standort in Warschau war bald zu heiß geworden. In einem ruhigen Vorort von Wilna gelang es 1898 schließlich, in den Hinterzimmern einer Apotheke unterzukommen. Dort erregten Bewegungen von Waren, Paketen und Menschen kein großes Aufsehen. Probleme bereitete jedoch einer der Setzer. Der freundete sich mit einem Dienstmädchen an, das zur Apotheke gehörte, und versprach ihr das Blaue vom Himmel. Als nichts davon eintraf, aber die Freundin schwanger wurde, kam es zwischen den beiden zu heftigem Streit. Ob die junge Frau wirklich zur Polizei gehen würde, war nicht sicher, aber die Gefahr stand im Raum. In der frühen PPS ging man noch nicht kaltblütig wie Terroristen mit einem Sicherheitsrisiko um, die

Genossen mussten also einen anderen Weg finden. Am Ende brachte man das Paar dazu, beieinanderzubleiben und sich im Inneren Russlands anzusiedeln. Aus Sicherheitsgründen musste jedoch abermals ein neuer Standort für die Druckerei gefunden werden, von deren Arbeit so viel für die Partei abhing. Die Wahl fiel letztlich auf die neue Industriemetropole Łódz. Bis dahin hatte Piłsudski die Arbeit in der Druckerei gesteuert, begleitet und mit seinen Reisen verbunden. Jetzt entschloss er sich zu einem noch riskanteren Manöver: Er wollte in die Rolle eines gut situierten Rechtsanwaltes schlüpfen. Zuvor war er jedoch noch mit Entwicklungen im weiteren Umfeld der Familie konfrontiert.

Die litauischen Verwandten waren für jede Überraschung gut. Für die engere Familie konnte er sich noch verbürgen, bei den entfernteren Zweigen sah das schon anders aus. Wer ihm unter anderem in die Quere kam, war Feliks Dzierżyński, ein Cousin vierten oder fünften Grades. Feliks wurde im Jahr 1877 geboren und verlor früh den Vater. Von schwacher Gesundheit, wurde das sensible Kind der Liebling der Mutter und der älteren Schwestern, die ihn vergötterten. Er wurde in einer katholisch-romantischen Atmosphäre erzogen, in welcher der Bezug auf die Unabhängigkeitstradition viel schwächer ausgeprägt war als bei den anderen Zweigen der Familie. Mit vier Jahren konnte der hochtalentierte Knabe, der seine gesamte Ausbildung bis zum Gymnasium zu Hause erhielt, ganze Passagen der polnischen romantischen Klassiker aus dem Gedächtnis aufsagen. Eine besondere Faszination übten die Heiligenlegenden und Mysterien des Katholizismus auf ihn aus. Die Schwestern sahen in ihm bereits einen künftigen Priester. Knapp zehn Jahre später war dann freilich der Marxismus an die Stelle der Katholizismus getreten, wenngleich Feliks noch lange Zeit tiefgläubig blieb. Kurz vor dem Abitur warf er die Schule hin und beschloss, sein künftiges Leben dem Dienst an der Arbeiterklasse zu widmen. In Fabriken und Werkstätten Wilnas, Kownos und anderer litauischer Städte war er als Arbeiter wie auch als unermüdlicher Agitator tätig. Während die Schwestern zu Hause für sein Seelenheil beteten, erhielt er trotz seiner Jugend bereits die ersten Haftstrafen und sollte sogar nach Sibirien verbannt werden. Ihm gelangen jedoch eine abenteuerliche Flucht und die Rückkehr nach Litauen. Mit seinen Abenteuern und seinen Fähigkeiten als Agitator machte er in den litauischen Provinzen von sich reden. Nicht nur Jogiches, sondern auch Martin Kasprzak und Warski, die immer noch große Mühe hatten, neue Leute für die schwache SDKP zu rekrutieren, erkannten sofort, wie wertvoll ein fanatischer Katholik, der sich in einen fanatischen Marxisten verwandelt hatte, für ihre Partei sein konnte. Dzierżyński schaffte es, junge Arbeiter und Handwerker um sich zu scharen. Viele kamen so erstmals mit einer marxistischen Partei in Berührung, andere hatten vorher schon mit der PPS oder den Nationaldemokraten sympathisiert. Dank Feliks Dzierżyński konnte sich die mit Piłsudskis PPS konkurrierende SDKP innerhalb von zwei Jahren um eine litauische Sektion erweitern und wurde so zur SDKPiL (Sozialdemokratie des Königreichs Polen und Litauen).

Glücklicherweise hielt die weitverzweigte Familie auch positive Überraschungen für Piłsudski bereit. Zu einer Reihe von Attentaten, Bombenanschlägen oder Experimenten mit Bomben, die in diesen Jahren nicht nur Russland erschütterten, sondern auch andere europäische Länder betrafen, gehörte 1889 ein Zwischenfall auf dem Zürichberg. Dort hatten sich polnische Studenten beim versuchten Bau einer Bombe schwer verletzt. Ihre Rettung verdankten sie Gabriel Narutowicz, einem jungen Emigranten, der ein engerer Verwandter Piłsudskis war. Narutowicz brachte die Verletzten persönlich in ein Spital und sorgte mit seinen Beziehungen dafür, dass der Hintergrund des Geschehens so lange wie möglich unentdeckt blieb und die Bombenbauer später ins Ausland entkommen konnten. Dafür riskierte er immerhin seinen Aufenthaltsstatus und die Auslieferung nach Russland. Die Bombe war allerdings nicht für den Zaren, sondern für den deutschen Kaiser bestimmt gewesen, dem man seine Germanisierungspolitik in den polnischen Gebieten Deutschlands verübelte.

Gabriel Narutowicz und sein Bruder Stanisław zeigen beispielhaft, wie verwickelt sich Biografien in Polen-Litauen gestalten konnten. So verstand sich Gabriel durchweg als polnischer Patriot, der sich für eine künftige polnische Republik einsetzte. Er unterstützte die Unabhängigkeitsbewegung über Jahrzehnte, wurde zum erfolgreichen Ingenieur, bekannt und bewundert für seine Beteiligung am Bau modernster Wasserkraftwerke. Nach 1918 zögerte er keinen Moment mit der Rückkehr. Die Bekanntschaft und spätere Freundschaft mit Piłsudski ließen ihn zum ersten Präsidenten der Zweiten Republik werden. Sein Bruder Stanisław sah sich mit der gleichen Familiengeschichte nicht als Pole, sondern als Litauer. Er unterstützte die litauische Unabhängigkeitsbewegung und war 1919 einer der Mitunterzeichner der Litauischen Unabhängigkeitserklärung, der »Taryba«.

## Die Falle schnappt zu

Im Juni 1899 heirateten Maria und Józef. Maria hatte schon längere Zeit ihre Scheidungsangelegenheiten abgeschlossen. Die tiefe Bindung zu Józef hatte alle Wechselfälle der letzten Jahre überstanden, und so entschlossen sich die beiden zu heiraten. Da gab es jedoch mehrere Hindernisse. Sie konnten nicht unter ihren eigenen Namen vor den Altar treten, und als geschiedene Frau konnte Maria nicht eine römisch-katholische Ehe vollziehen. Für Józef war es kein wirkliches Problem, um der geliebten Frau willen formal die Glaubensrichtung zu wechseln. Tief in der mazowischen Provinz gab es den Pastor einer evangelisch-augsburgischen Gemeinde, der mit der PPS sympathisierte und mit dem er befreundet war. Bei ihm konnten sie sich in ihrer besonderen Situation sicher fühlen. Nachdem die notwendigen Papiere beschafft waren, wurden die beiden als evangelisch-augsburgische Protestanten getraut. Zwei von Piłsudskis Brüdern fungierten als Trauzeugen. Eine Feier mit den Freunden fand dann in den Ruinen der uralten Wasserburg Troicki in der Nähe von Wilna statt. Für das Brautpaar bedeutete die Hochzeit jenseits aller Glaubensfragen die nochmalige Bekräftigung ihres Lebensbundes. Noch konnte Marias Tochter Wanda nicht immer bei ihnen sein, aber auch darauf hofften sie für die Zukunft. Die Vorgeschichte und alle Umstände der Heirat, insbesondere der formale Konfessionswechsel, waren nur den engsten Freunden bekannt, die dazugehörigen Papiere wurden sorgsam versteckt. Sie tauchten erst Jahrzehnte später wieder auf und sollten schwere Kontroversen um die wahre Geschichte der PPS auslösen.

An konspirative Namen und falsche Identitäten hatte sich Piłsudski bereits gewöhnt. Jetzt wurden Maria und er zu einem Ehepaar Dąbrowski. Papiere und Zeugnisse wiesen ihn als Rechtsanwalt aus und waren so gut gefälscht, dass sie einer ersten Prüfung standhalten würden. Die Dąbrowskis führten nach außen hin einen bürgerlichen Hausstand in Łódz und hatten sogar ein Dienstmädchen, das bei ihnen wohnte. So viel musste die Parteikasse und die Unterstützung von Genossen hergeben. Von Zeit zu Zeit war es Maria möglich, die heranwachsende Wanda zu besuchen.

Wilna war, wie schon erwähnt, zu unsicher geworden, und die neue Industriemetropole Łódz bot sich als neuer Standort der Druckerei an. Was sie schließlich fanden, war ideal. Die geräumige Wohnung lag im Obergeschoss eines kleineren Mietshauses über einem Strümpfe- und Wäschegeschäft. Da der Laden bereits am frühen Nachmittag schloss, konnten sie anschließend mit dem Drucken beginnen, ohne befürchten zu müssen, durch ihre Arbeitsgeräusche Aufsehen zu erregen. Streifen von Guttapercha – einem kautschukähnlichen Stoff – unter den Kufen des Drucktiegels boten eine zusätzliche Dämpfung.

Piłsudski gab sich als Anwalt aus, der Geschäftsleute der Stadt in rechtlichen Angelegenheiten beriet. Sein angeblicher Gehilfe Kazimierz Rożnowski wohnte in einem anderen Teil der Stadt, kam jeden Tag vorbei, war aber ebenfalls viel unterwegs. Rożnowski half Piłsudski beim Setzen und Drucken, erledigte Teile der Parteikorrespondenz und unerlässliche Besorgungen. Die Wohnung hatte fünf Zimmer, was dem Stand und den geschäftlichen Verpflichtungen des Hausherrn entsprach. Tamara, das Dienstmädchen, war vertrauenswürdig, aber nicht eingeweiht. Ihr Reich war die Küche, sie kochte und putzte, musste jedoch vor dem Arbeitskabinett des Anwaltes haltmachen. Das wurde von Maria mit Argusaugen bewacht. Jeden Abend wurden zur Sicherheit alle Papiere, alle Manuskripte und sonstige Utensilien in Wandschränken und Behältnissen verstaut. Einschließlich aller Vorarbeiten dauerte die Herstellung einer Nummer des *Robotnik* über zehn Tage, weitere Druckaufträge und redaktionelle Arbeiten kamen dazu. Maria sprang immer wieder helfend mit ein.

Die Jungverheirateten waren froh, endlich in einem Haushalt zusammen zu sein. Von Zeit zu Zeit begab sich Piłsudski für die Partei auf Reisen, bis die nächste Nummer des *Robotnik* auf ihn wartete. So erreichten sie die Jahrhundertwende, die in der polnischen Provinz natürlich anders begangen wurde als in den Metropolen Europas.

In Berlin gab sich August Bebel siegesgewiss. Das deutsche Proletariat könne mit frohem Mut und Zuversicht die Schwelle des neuen Jahrhunderts überschreiten. Das 19. Jahrhundert sei eine Zeit der Hoffnung gewesen, das 20. Jahrhundert werde die Zeit der Erfüllung bringen. Skeptischer war da der Philosoph und Zeitdiagnostiker Friedrich Nietzsche. Er prophezeite für Europa ein Jahrhundert der Weltkriege, Revolutionen und Erschütterungen. Nach den ersten Wochen des Jahres 1900 waren die großen Manifeste und Reden, die den Beginn des neuen Jahrhunderts begleitet hatten, verhallt.

Für Piłsudski setzte sich die alltägliche Arbeit fort. Der Druck der Nummer 36 des *Robotnik* war in vollem Gange. Am 21. Februar sah es in Łódz nach einem ganz normalen Tag aus. Die Beobachtungen der Polizei und die Spitzelberichte der Ochrana meldeten privaten Krakeel und die üblichen kleinen Zwischenfälle. Erst im Laufe des Nachmittags landete eine Meldung bei der Polizei, die aufhorchen ließ. Sie wurde wegen ihrer möglichen Bedeutung an die Gendarmerie weitergeleitet und löste noch am selben Tag eine Großaktion aus. In einem Geschäft für Papierwaren hatte ein Unbekannter eine größere Menge Papier gekauft und, ohne zu feilschen, in bar bezahlt. Ein Spitzel der Ochrana, der in der Nähe war, hatte das beobachtet und war dem Fremden gefolgt, bis dieser in einem unauffälligen Mietshaus verschwand. Papierkäufe dieser Größenordnung waren immer verdächtig, und daher machte der Spitzel sofort Meldung. Konnte es sein, dass sich in dem verdächtigen Haus Mitglieder einer der bisher noch unbekannten, neuen russischen Gruppierungen eingerichtet hatten und ihre Druckerei betrieben? Für Łódz eher ungewöhnlich, aber man konnte ja nie wissen.

Erste Nachforschungen noch am selben Nachmittag ergaben, dass in der Wohnung ein Rechtsanwalt Dąbrowski mit seiner Ehefrau gemeldet war, gegen den bisher nichts vorlag. Zur Sicherheit stellte man das Haus und seine Umgebung unter Beobachtung und folgte dem Fremden, der das Haus am späten Abend verließ, weil er den Nachtzug nach Warschau erreichen wollte. Kurz vor Mitternacht wurde er auf dem Bahnsteig gestellt und einer gründlichen Durchsuchung unterzogen. Die mitgeführten Papiere und Notizen wiesen auf eine Verbindung zur PPS hin. Bei dem Mann handelte es sich um Roman Malinowski, ein Mitglied der PPS-Führung. Er war offenkundig zu unachtsam und leichtsinnig gewesen. Er hatte Piłsudski in Parteiangelegenheiten besucht und ihm das Papier als Geschenk mitgebracht. Papier fehlte immer und war in jeder Druckerei der Illegalen begehrt.

Der verantwortliche Offizier der Gendarmerie entschied über den Zugriff noch in derselben Nacht. Nachts um drei wurde die Wohnung gestürmt. Um sich nicht lange an der Vordertür aufzuhalten, nahm das Kommando die hintere Treppe, scheuchte das verängstigte Dienstmädchen in seiner Kammer hoch und landete schließlich im Schlafzimmer der Piłsudskis. Die Arbeit am *Robotnik* hatte bis weit nach Mitternacht gedauert. Anschließend war wie immer alles, was zum Druckvorgang gehörte, sicher verstaut worden. Beide waren noch nicht lange eingeschlafen, als plötzlich die Uniformierten in ihrem Schlafzimmer standen. Später sollte Piłsudski stets eine Browning-Pistole auf seinem Nachttisch liegen haben, die er auch tagsüber häufig mit sich führte. In diesem Fall aber hätte der Revolver wohl kaum etwas genützt, und so musste er sich auf seine anderen Waffen verlassen. Maria war so geistesgegenwärtig, dem Dienstmädchen zuzuflüstern, sie solle Rożnowski warnen, der sie an diesem Abend früher verlassen hatte. Das gelang, der Setzer konnte sich der Verhaftung entziehen und die Zentrale in Warschau informieren.

Eine erste Inspektion im Arbeitskabinett des Rechtsanwaltes förderte Erstaunliches zutage. In einem Wandschrank fand sich eine moderne Druckerpresse der Fima Boston. Die Maschine deutscher Herstellung wog nicht weniger als 120 Kilogramm und war definitiv kein vorsintflutliches Hektografiergerät, wie es den Polizisten und Gendarmen bei anderen Razzien und Durchsuchungen in die Hände fiel.

In der Maschine fand sich noch eine erste Seite der neuesten Ausgabe des *Robotnik* mit der Überschrift »Triumph des freien Wortes«. Das sowie weitere gefundene Materialien und Papiere erhärteten den Verdacht, dass es sich hier tatsächlich um die schon lange gesuchte Redaktion und Druckerei des *Robotnik* handeln musste. Wer aber war dann Rechtsanwalt Dąbrowski? Die folgende Durchsuchung, bei der die ganze Wohnung auf den Kopf gestellt wurde, dauerte bis zwölf Uhr mittags. Piłsudski wusste, dass es nur eine Frage der Zeit war, bis sich seine wahre Identität offenbarte, und versuchte sich innerlich auf die Verhöre vorzubereiten.

Im Łódzer Gefängnis sperrte man Piłsudski zunächst in der Gesellschaft von Mördern, Schwerverbrechern und Ganoven ein. Auch einige politische Gefangene waren darunter. Dann wurde er in einer Einzelzelle separiert, die derart verdreckt war, dass er sich an die sibirischen Etappengefängnisse erinnert fühlte. Nicht einmal an Zigaretten kam er heran, das war das Schlimmste. Zugleich widerten ihn Gemeinschaftszellen an, weil sie keinen Moment des Rückzugs erlaubten.

Seine Vernehmer wurden immer nervöser, seitdem die Behörden mit Sicherheit wussten, mit wem sie es zu tun hatten. Er seinerseits spielte weiterhin mit ihnen Katz und Maus. Entweder behauptete er, kein Russisch zu können, und verlangte nach einem Dolmetscher. Im nächsten Moment brüllte er sie in ihrer eigenen Sprache zusammen. Ihm mit Grobheit zu kommen brachte nichts, also versuchten sie es mit Höflichkeit, was aber genauso erfolglos blieb. In Łódz und anschließend in einem Warschauer Zivilgefängnis, in das man Piłsudski verlegte, bestand die größte Sorge aller Verantwortlichen darin, dass er ausbrechen oder befreit werden könnte. Es war klar, dass die Sozialisten alles daransetzen würden, ihren prominentesten Genossen aus dem Gefängnis zu bekommen. Die Nachricht von seiner Verhaftung hatte sich wie ein Lauffeuer verbreitet. Es blieb nur die Warschauer Zitadelle, die als ausbruchssicher galt und in die Piłsudski im April 1900 verlegt wurde.

Die Zitadelle lag im Norden der Stadt, in unmittelbarer Nähe zur Weichsel. Sie war gleich nach dem Novemberaufstand von 1830/31 erbaut worden. Mit ihren Wällen, Mauern und Redouten diente sie als Sitz der russischen Garnison, die seit Langem in der Stadt lag und immer weiter verstärkt wurde. Für den Fall erneuter Unruhen oder eines Aufstandes sollte sie die Truppen schützen. Die Kanonen der Festungswerke konnten die ganze Innenstadt unter Beschuss nehmen. Als Teil eines ganzen Rings von Forts und Befestigungsanlagen um die Stadt hatte die Zitadelle eine eminente strategische Bedeutung. In ihrem Innern gab es zunächst neun große Gebäude, sogenannte Pavillons, die als Kasernen dienten. Der sogenannte X. Pavillon wurde erst etwas später erbaut und diente als Unterbringungsort für besonders gefährliche Staatsverbrecher. Viele von ihnen sollten ihn nicht mehr lebend verlassen. Hier waren die wichtigsten Führer des Aufstands von 1863/64 eingekerkert gewesen, später auch die Führer des Ersten und Zweiten »Proletariats«. Wer die schweren Türen des X. Pavillons durchschritt, gehörte also gewissermaßen zum Adel der Revolutionäre. Er endete als Märtyrer oder konnte sich glücklich schätzen, wenn ihn der Weg nur nach Sibirien führte. Auch Roman Dmowski, Feliks Dzierżyński und Genossen der PPS hatten bereits im X. Pavillon eingesessen.

Hierher brachte man nun auch Piłsudski. Er war erleichtert. Zwar machten die meterdicken Mauern der Festung sowie die Wachen innerhalb und außerhalb der Gebäude jeden Ausbruch unmöglich, aber die Bedingungen waren insgesamt besser als im Gefängnis davor. Endlich konnte er sich wieder Zigaretten beschaffen. Die isolierte Zelle, in der man ihn unterbrachte, war einigermaßen sauber und anständig eingerichtet. Er erhielt einen Teil seiner persönlichen Sachen zurück und hatte sogar die Möglichkeit zu schreiben. Die Aussicht auf eine wochenlange Isolation schreckte ihn nicht. Was ihn viel mehr quälte, war der Gedanke an das Schicksal Marias und die Situation der Genossen.

Maria hatte Glück im Unglück. Das zaristische Strafsystem war zwar unmenschlich, sah aber keine Bestrafung von Familienangehörigen für die Taten ihrer Verwandten vor. Ihr selbst konnte man letztlich keine Mittäterschaft nachweisen, ja man hielt sie für eine unselbstständige Frau, ein Opfer der Liebe. Sie wurde nach zehn Monaten auf freien Fuß gesetzt, gegen eine Kaution, die ihre Familie stellte, und mit der Auflage, Wilna nicht zu verlassen.

Mit Piłsudski befassten sich unterdessen die speziell geschulten Vernehmungsoffiziere des X. Pavillons. Er unterhielt sich angeregt mit ihnen, wenn sie es aufgegeben hatten, von ihm das zu erfahren, was sie wissen wollten. Wenn er keine Lust zu reden hatte, schwieg er einfach. Einige seiner Gegenüber wollten ihre Bildung unter Beweis stellen, begannen zu philosophieren und versuchten, ihn in Glaubensdisputationen zu verwickeln. Damit aber konnte ihm niemand kommen. Seine litauische Schutzheilige, Maria vom Hellen Tor, genügte ihm schließlich als direkte Verbindung in das nächste Leben. In einem Brief, den er aus der Zitadelle schmuggeln konnte, beschrieb er sein Gefangenenleben, sein Gedächtnistraining und die Meditation, seine Liebe zu den Karten. Die Patiencen, die er sich mit einfachsten Mitteln herstellte, wurden immer ausgetüftelter. Auch Schach konnte man sehr gut gegen sich selbst spielen. Vor allem schrieb er über seine Sehnsucht, darüber, wie sehr er sich wünschte, mit der Tochter Wanda durch das geliebte Wilna zu spazieren.

Immer wieder gab es Überraschungen im Gefängnisalltag. Einmal entdeckte er unter den Papieren auf dem Tisch seines Vernehmers eine schmale Broschüre mit einem roten Umschlag, die er sofort erkannte. Es war ein Text des sozialistischen Philosophen und Psychologen Edward Abramowski, den er selbst gedruckt hatte. Die Broschüre musste durch viele Hände gegangen sein, denn die Gebrauchsspuren auf dem

Umschlag waren deutlich zu erkennen. Abramowski war Humanist und beschrieb die Werte des Sozialismus, indem er sich dem Alltag der einfachen Menschen näherte. Wer weiß, wie viele Werkstätten und Wohnungen die Broschüre wohl durchwandert hatte, ehe sie irgendwann in die Hände der zaristischen Gendarmen gefallen war.

## Flucht aus der Psychiatrie

Vom ersten Tag seiner Verhaftung an schmiedeten die Sozialisten die abenteuerlichsten Pläne, um ihren »Genossen Wiktor« freizubekommen. Am Ende kam der stellvertretende Kommandant der Zitadelle, Alexander Siedielnikow, ins Spiel, der mit einer Polin verheiratet war und Sympathien für die polnischen politischen Gefangenen hegte. Unter hohem persönlichem Risiko schmuggelte er schließlich in einer Zigarettenschachtel Instruktionen für Piłsudski in die Festung. Mit ihrer Hilfe sollte dieser lernen, die Symptome einer schweren Schizophrenie zu simulieren. Piłsudski übte eifrig und begann, den Wärtern und anderen vom Gefängnispersonal diverse Symptome einer wahnhaften psychischen Erkrankung vorzuspielen. Dazu gehörte eine Phobie gegen Uniformen, aber auch eine vorgebliche Angst vor Vergiftung, wegen der er alle Nahrung ablehnte, bis auf rohe Eier (was seine aus der Zeit in Sibirien stammende Abneigung gegen Eier noch einmal drastisch steigerte, die ihn bis an sein Lebensende begleiten sollte).

Ein erfahrener Psychiater hätte ihn wahrscheinlich sofort als Simulanten durchschaut, aber er hatte wieder einmal Glück. Als sich der physische Zustand des Gefangenen stetig verschlechterte, reagierte die Gefängnisleitung endlich und bat Iwan Schabaschnikow, den Direktor einer psychiatrischen Klinik in Warschau, den Gefangenen zu begutachten. Schabaschnikow war eine anerkannte Autorität und stand in keinerlei Kontakt zu den Sozialisten. Als der Psychiater in Begleitung eines uniformierten Militärarztes in der Zelle auftauchte, führte der Gefangene seine Uniformphobie auf. Schabaschnikow brachte seinen

Begleiter dazu, die Zelle zu verlassen. Trotz der fortgeschrittenen physischen und psychischen Erschöpfung Piłsudskis war der Psychiater schnell von dessen Gesundheit überzeugt, ließ sich aber auf ein langes Gespräch mit ihm ein. Schabaschnikow, der burjatische Vorfahren hatte, lauschte gebannt den Erzählungen seines Gegenübers von dessen sibirischen Abenteuern. Die Zustände im zaristischen Völkergefängnis waren ihm nur zu vertraut, die Persönlichkeit des Sozialistenführers faszinierte ihn. Am Ende bescheinigte er Piłsudski eine hochgradige Schizophrenie. Die Verlegung in eine darauf spezialisierte psychiatrische Klinik sei notwendig.

Die einzige Einrichtung, die den dafür unerlässlichen Sicherheitsanforderungen genügte, war die Petersburger Gefängnispsychiatrie Nikolais des Wundertäters. Am 15. Dezember 1901 wurde Piłsudski dorthin verbracht und in eine spezielle Abteilung verlegt. Dort befand er sich in überaus illustrer Gesellschaft. Einer seiner Mitinsassen machte ihm wiederholt klar, dass er im Geheimauftrag der englischen Kaiserin Viktoria unterwegs sei und ein Attentat auf den Zaren verüben solle. Dafür brauche er noch einen fähigen Helfer. Ein anderer Mitgefangener sah sich als den wiederauferstandenen Christus an und duldete nur noch Personen um sich, die vor ihm knieten. Er geriet außer sich, als Piłsudski ihm diese Huldigung verweigerte.

Die beiden waren noch die harmloseren Fälle. Lange würde Piłsudski es hier nicht aushalten, denn sein Zustand wurde tatsächlich immer schlechter. Seine einzige Hoffnung war, dass die Petersburger Gruppe einen Weg fand, ihn herauszuholen. Schnell stellte sich heraus, dass ein klassischer Ausbruch nicht infrage kam. Selbst wenn es gelungen wäre, Werkzeug zum Öffnen der Gitter und eine Strickleiter in die Zelle zu schmuggeln, war das Gebäude von außen sehr gut bewacht. Vor allem war Piłsudski durch die monatelange Haft und die Folgen seiner Rolle als Simulant zu geschwächt für ein solches Manöver. Es bedurfte einer anderen Lösung. Durch einen glücklichen Zufall fand sich schließlich der entscheidende Helfer für die Flucht. Ein Absolvent der Petersburger medizinischen Militärakademie, Władysław Mazurkiewicz, sympathisierte schon lange mit den Sozialisten. Er stammte aus einer wohlhabenden Familie mit weitreichenden Verbindungen. Ursprünglich hatte er vorgehabt, sich um eine attraktive Stelle als Militärarzt zu bewerben.

Als ihn die Verschworenen einweihten und ihm ihre verzweifelte Situation schilderten, faszinierte ihn die Möglichkeit, an einem solchen Abenteuer mitzuwirken. Er bewarb sich um eine Stelle als Praktikant in der Petersburger Militärpsychiatrie und nutzte dafür die Verbindungen seines Vaters. Als Praktikant würde er allerdings erst nach einer Weile zum Nachtdienst eingeteilt werden – der einzig möglichen Zeit für eine erfolgreiche Befreiung Piłsudskis. Er traf jedoch schon eine Reihe von Vorbereitungen. So schmuggelte er nach und nach Teile einer eleganten Garderobe in die Psychiatrie und versteckte diese in einer Abstellkammer. Zum Schluss fehlte nur noch der Zylinder, der durch eine Melone ersetzt werden musste. Der Plan sah vor, den Abend des 1. Mai zu nutzen, an dem sich Mazurkiewicz zum Nachtdienst einteilen ließ. Die Petersburger Behörden, die verhindern wollten, dass sich an diesem Tag allzu viele Menschen an politischen Kundgebungen beteiligten, hatten ein großes Volksfest organisiert. Wer vom Personal der Psychiatrie daran teilnehmen konnte, nutzte die Gelegenheit, denn es gab dafür sogar Geschenke und Prämien. Die Verbliebenen sprachen angesichts des besonderen Tages dem Wodka zu.

Mazurkiewicz ließ am Abend den Patienten Piłsudski in sein Dienstzimmer bringen und bedeutete dem Wachhabenden, er könne den Insassen in einer Stunde wieder abholen. In Begleitung des Sozialistenführers, der inzwischen in gutbürgerlicher Bekleidung steckte und auf dem Kopf eine Melone trug, verließ er dann das Dienstzimmer. Während sie durch die Korridore und das Vestibül eilten, sprach Mazurkiewicz seinen Begleiter unentwegt mit »Exzellenz« an. Am Vordereingang warteten bereits die Mitglieder der Gruppe mit einer Droschke. Für den Fall, dass die Wachen Verdacht schöpften und eingriffen, führten sie Revolver mit sich. Auch ein Boot für die weitere Flucht war vorbereitet, da die Gefängnispsychiatrie am Ufer der Newa lag. Mazurkiewicz war davon ausgegangen, dass der vordere Eingang mit einem Wachmann besetzt war, den er kannte und den er mit einem hochgestellten Besucher in die Irre führen konnte. Wider Erwarten saß dort jedoch ein unbekannter Uniformierter, und sie mussten blitzartig den Plan ändern. Die beiden Männer mussten ihr Glück beim hinteren Ausgang versuchen, und tatsächlich funktionierte ihr Schauspiel dort, und sie gelangten unbehelligt ins Freie. Sie nahmen die erstbeste Kutsche, die vorbeikam, stiegen schon bald auf eine andere um und gelangten zu einer Wohnung auf einer der Flussinseln, die als Ersatztreffpunkt vorgesehen war.

Währenddessen wurde das wartende Kommando der Sozialisten vor der Militärpsychiatrie immer unruhiger, fürchteten sie doch ein Scheitern des Planes. Schließlich beschlossen sie, ebenfalls zum Ersatztreffpunkt zu fahren, wo Mazurkiewicz und Piłsudski bereits eingetroffen waren. Der Wachhabende in der Psychiatrie wiederum klopfte, wie verabredet, nach einer Stunde an die Tür des Dienstzimmers, fand dort niemanden mehr vor und löste Alarm aus. Die ganze Klinik wurde auf den Kopf gestellt, aber der Praktikant und der gefährliche Gefangene blieben verschwunden. Die Wache am Hinterausgang konnte eine Beschreibung der beiden Personen und ihrer Garderobe geben. Sofort wurde ein Steckbrief an alle Polizeistellen der Stadt, alle Bahnstationen und Grenzkontrollpunkte herausgegeben. Auch die Melone fand darin Erwähnung.

In der illegalen Wohnung sollte Piłsudski vorsorglich noch eine Nacht bleiben. Der brannte jedoch vor Ungeduld, ließ sich einen Fahrplan geben und wählte den Nachtzug nach Tallin aus. Sein Ziel war ein Unterschlupf, der für die nächsten Wochen vorbereitet war und auf dem Gut einer Familie in den Wäldern Polesiens (an der heutigen belarusisch-polnischen Grenze) lag. Der direkte Weg ins Ausland verbot sich, denn alle Grenzstationen waren bestimmt schon alarmiert, und selbst gut gefälschte Pässe konnten hier zum Risiko werden. Sein treuer Freund Aleksander Sulkiewicz hatte alle Einzelheiten des Unternehmens überwacht. Mit ihm machte Piłsudski sich nun auf den Weg zum Bahnhof. Dort angekommen, trugen Piłsudski und Sulkiewicz die Dienstmützen höherer Zollbeamter. So etwas zeigte im zaristischen Russland immer große Wirkung. Über Tallin und mit einem weiteren Zug nach Riga gelangten sie unbehelligt auf das erwähnte Gut in der tiefsten Einöde der belarusischen Wälder. Dort wartete bereits Maria auf sie. Sie hatte Wilna schon vorher heimlich verlassen und, während dort die Polizei nach ihr suchte, auf Umwegen das Gut erreicht. Das Paar hatte dem Wiedersehen entgegengefiebert, aber bis zum Schluss nicht sicher sein können, ob das Ganze gut ausgehen würde. Im Falle einer Festnahme hätten abermals lange Jahre in Sibirien auf Piłsudski gewartet.

Piłsudski brauchte mehrere Wochen, um wieder zu Kräften zu kommen. Erst dann konnten sie die entscheidende Etappe ihrer Flucht in Angriff nehmen. Es galt, in das sichere Galizien zu gelangen, in dem ihnen keine unmittelbare Gefahr der Verhaftung oder Auslieferung drohte.

# 5
# DER KOMMANDANT

## Krakau als neues Hauptquartier und Domizil

Mikołaj der Wundertäter, Namensgeber der Militärpsychiatrie, hatte ein gutes Werk getan. In ganz Europa machte die Geschichte von der Flucht des polnischen Sozialistenführers die Runde. Jetzt wurde er zur Legende. Die »Melone« auf dem Steckbrief war sein Markenzeichen.

Maria und er blieben für ihre Verfolger wie vom Erdboden verschluckt. Ihre schwierigste Aufgabe war es jetzt, die grüne Grenze zu überwinden. Dort war alles in höchste Alarmbereitschaft versetzt worden, und so mussten sie einige Wochen auf dem Gutshof in Polesien ausharren. Einen »Ausflug« wagte Piłsudski allerdings – der Redakteur des *Robotnik* konnte nicht so einfach von seiner Lieblingsaufgabe lassen. In Begleitung von Sulkiewicz tauchte er in Kiew auf, wo die dortige Gruppe der Sozialisten gerade die erste erneute Inlandsnummer der Zeitung herausgab. Es war die Nummer 39. Die Nummern 36–38 waren mit allen Zeichen und Symbolen der Inlandsexemplare in London gedruckt worden, verantwortet von Stanisław Wojciechowski und Leon Wasilewski, die für längere Zeit in der Emigration wirkten. In Polen sahen daher Mitglieder und Anhänger der PPS ebenso wie ihre politischen Konkurrenten und ihre Verfolger, dass die Arbeit der *Robotnik*-Redaktion auch ohne Piłsudski weiterging. Feliks Perl und seine Helfer hatten für den Schmuggel der gedruckten Exemplare gesorgt, das System der Verteilung aufrechterhalten und sich um den Druck weiterer Literatur gekümmert – trotz aller Verfolgung und aller Verluste an Mitgliedern der Partei. Gemeinsam mit Perl und Xavery Prauss, einem bewährten Genossen, bediente Piłsudski jetzt in Kiew noch einmal die Druckerpresse.

Kurz darauf konnten er und Maria schließlich die letzte Etappe der Flucht angehen. Die Wälder der Adelsfamilie Zamoyski erstreckten sich zu beiden Seiten der Grenze zwischen Russisch-Polen und dem österreichischen Galizien. Einer ihrer Waldhüter unterstützte die Partei und wurde ein sicherer Führer für Maria und Józef. Als Forstarbeiter verkleidet, erreichten sie ein Grenzflüsschen, dass sie trotz der starken Strömung sicher überquerten. Auf der anderen Seite wurden sie von Genossen in Empfang genommen. Über mehrere Zwischenstationen erreichten die beiden Lemberg, wo die dortige Gruppe der Sozialisten schon ungeduldig auf sie wartete. Ein unmittelbarer russischer Zugriff war hier nicht mehr zu befürchten. Die aktiven Mitglieder der PPS standen zwar unter lockerer Beobachtung der galizischen Behörden, und es trieben sich auch russische Zuträger herum, aber die in den Verwaltungen und im Parlament vertretenen galizischen Genossen konnten hier ihre schützende Hand über sie halten.

In Lemberg wartete auch Piłsudskis sibirischer Mentor Bronisław Szwarc auf sie, der dort nach Jahrzehnten der Haft und Verbannung eine Stelle in der Verwaltung gefunden hatte. Die beiden Männer trafen sich mal bei Witold Jodko-Narkiewicz, einem Gründungsmitglied der PPS, bei dem das Paar untergekommen war, mal fuhren sie an Wochenenden nach Brjuchowice, eine nahe gelegene Sommerfrische. Maria verfolgte die Gespräche Piłsudskis mit Szwarc und sah mit Erstaunen, wie ihr Mann, der sonst jede Runde mit seiner Präsenz beherrschte, zum Schüler wurde, der seinem verehrten Lehrer gegenübersaß. Sie beobachtete aber auch, dass die physischen und psychischen Folgen der Haft für ihn noch lange nicht ausgestanden waren. Bei seinen langen Gesprächen mit Szwarc konnte es passieren, dass er auf dem Stuhl einschlief.

Wie sollte es weitergehen? Alle Nachrichten über den Zustand der Partei, alle Gespräche zeigten, dass er unbedingt für längere Zeit nach London musste. Nur direkt mit der Auslandsleitung konnten die abgerissenen

Fäden zwischen London und Polen wieder geknüpft und notwendige Entscheidungen getroffen werden. Auf der anderen Seite war eine solche Reise sinnlos, bevor er sich nicht halbwegs auskuriert hatte. Das Klima und die Berge in der Schweiz waren ihm immer sehr gut bekommen. Ein vorübergehender Aufenthalt dort schien daher verlockend, aber dazu fehlten letztlich die Mittel. Und so rückte ein anderes Ziel ins Blickfeld, das in den kommenden Jahren immer wieder zum Zufluchtsort werden sollte. Zakopane, rund 200 Kilometer südlich von Krakau, war in der zweiten Hälfte des 19. Jahrhunderts zum bedeutendsten Luftkurort und Touristenziel in der Hohen Tatra geworden. In den Hotels und Pensionen wohnten während der Sommermonate Künstler, Schriftsteller, Politiker, welche die Schönheiten der Bergwelt und das dortige Klima schätzen lernten. Die Wohlhabenderen unter ihnen ließen sich eigene Villen errichten, die den Baustil der Sezession mit Elementen der regionalen Goralen-Folklore verbanden. Die dort lebenden Goralen waren eine westslawische Ethnie mit einem eigenen Idiom. Die meisten von ihnen sahen sich mit eigener Sprache und Kultur als Teil der polnischen Nation. Jahrzehnte später sollte es den deutschen Nationalsozialisten vorbehalten bleiben, ein eigenes »Goralenvolk« zu initiieren.

Dem ersten Sommer, den das Ehepaar hier im Jahr 1900 verbrachte und der Piłsudskis Konstitution außerordentlich gut bekam, sollten zahlreiche weitere folgen. London musste bis November warten. Auf dem Weg nach Zakopane machten sie in Krakau Station. Die Entscheidung, dort ihren künftigen Wohnsitz zu finden, deutete sich bereits an, war aber noch nicht gefallen. Lemberg hatte als politisches und intellektuelles Zentrum Galiziens nach wie vor eine starke Anziehungskraft. Es wäre aber ungleich schwerer gewesen, von dort aus die Arbeit der Partei zu organisieren. Das westgalizische Krakau lag da zentraler, und die Grenze zum Russischen Reich war nur wenige Kilometer entfernt, was mit Blick auf Kurierfahrten, geheime Treffen und den Transport von Literatur und Waffen in das russische Besatzungsgebiet von strategischer Bedeutung war. Der habsburgische Teil Schlesiens war zugleich die Brücke nach Preußisch-Schlesien und damit nach Westpolen.

Der Weg der Piłsudskis nach London führte schließlich von Zakopane aus über Katowice und Posen, wo es zu dieser Zeit nur eine Handvoll Mitglieder der PPS gab. In London, wo die Genossen mit immer größerer Ungeduld auf Piłsudski gewartet hatten, empfing man das Paar mit einer ganzen Delegation auf dem Bahnsteig. Dem Zug entstieg ein braun gebrannter Rekonvaleszent, der sich viel besser fühlte als bei seinem letzten Aufenthalt in England vor der Verhaftung. Die Müdigkeit war verflogen. Fast alle Mitglieder des Begrüßungskomitees kannte er schon. Zu ihnen gehörte Tytus Filipowicz. Er hatte sich vom Bergarbeiter zum Bergbauingenieur hochgearbeitet und in der Londoner Emigration eine Hochschule für Politische Wissenschaft besucht. Aufgrund seiner exzellenten Sprachkenntnisse und seiner absoluten Zuverlässigkeit sollte er Piłsudski in Zukunft häufig auf heiklen politischen und diplomatischen Missionen begleiten.

Maria, von der manche Londoner nur die Legende der »schönen Frau« kannten, wurde während ihres Aufenthaltes mit aller Freundschaft und Freundlichkeit aufgenommen. Wann immer er Zeit fand, zeigte Józef ihr London und besuchte mit ihr Theater und Museen. Dass sie ihn auch in Anwesenheit der Genossen zärtlich Ziuk nannte, machte ihn zwar verlegen, aber er protestierte nicht. Plötzlich wurde aus dem Kommandanten im kleinen Kreis wieder der junge Ziuk. Der Titel »Kommandant«, mit dem er im Freundeskreis immer häufiger angesprochen wurde, war kein militärischer Dienstgrad. Er drückte seine herausgehobene Stellung gegenüber den anderen aus. Oft wurde er auch »Chef« oder scherzhaft »der Alte« genannt, aber die Bezeichnung »Kommandant« setzte sich durch.

Im Dezember verbrachten sie einige Zeit in dem Badeort Southbourne. Dort wohnte Stanisław Wojciechowski mit seiner Familie. Er hatte eine Anstellung als Setzer in der kleinen Druckerei einer Gruppe von Anhängern Lew Tolstois gefunden. Sie druckten dort dessen Werke, die in Russland nicht verlegt werden durften. Mit dem pazifistischen Credo des berühmten Schriftstellers, der sich auf die Botschaft der Evangelien berief, konnte Wojciechowski zwar nichts anfangen, aber immerhin konnte er dank dieser Stelle seine Familie ernähren. Eigentlich wäre ihm die gefahrvolle Arbeit in Russisch-Polen viel lieber gewesen, doch der Gesundheitszustand seiner Frau ließ das nicht zu. So beschränkte er sich auf einzelne Reisen in die Heimat, um dort die Inlandsarbeit der Partei zu unterstützen.

Piłsudski vermied während seines Aufenthalts in London größere öffentliche Auftritte. Neben einem Vortrag über den Aufstand von 1863 im Arbeiterklub der PPS hielt er nur einmal bei einer Veranstaltung des Jüdischen Arbeiterbundes eine Rede. Darin sprach er über das Verhältnis der PPS zu Russland und gab den Bundisten eine Kostprobe seines eigenwilligen Humors. Er redete nämlich auf Russisch und erklärte zu Beginn, die Anwesenden sollten sehen, dass er diese verfluchte Sprache nicht verlernt habe. Wie nahe ihm das Russische immer noch war, zeigten im Übrigen auch die Russizismen, die in dieser Zeit immer wieder in seinem Polnisch auftauchten.

Es gab einen guten Grund, dass er gerade bei den Bundisten für die Positionen der PPS warb. Der 1897 in Wilna gegründete Jüdische Arbeiterbund verstand sich als säkulare sozialistische Partei für die in allen Teilen des Russischen Reiches lebenden jüdischen Arbeiter, Handwerker und Intellektuellen. Er lehnte das orthodoxe Judentum als reaktionär ab und kritisierte auch die Ideologie und die Auswanderungspläne der zionistischen Bewegung. Die Vertreter des Bundes hielten an der jiddischen Sprache fest und lehnten eine Wiederbelebung des Hebräischen ab. Während in der Sozialdemokratischen Partei Galiziens jüdische Sozialisten stark vertreten waren und davon profitierten, legal agieren zu können, sah die Sache im Russischen Reich anders aus. Dort bemühten sich nämlich neben der PPS auch die SDKPiL von Rosa Luxemburg und die mit Lenin verbundenen russischen Sozialdemokraten darum, die jüdischen Sozialisten für sich zu gewinnen. Piłsudskis enger Gefährte Leon Wasilewski hatte in seinen Arbeiten eindrücklich gezeigt, dass das jüdische Proletariat seinen Platz in den Reihen der polnischen Sozialisten haben sollte und dass sich eine künftige polnische Staatsbürger-Nation von der Last des Antisemitismus befreien müsse.

Nach ihrer Rückkehr aus London im April 1902 ging Maria nach Krakau, während Piłsudski verschiedenen Regionen Russisch-Polens illegale Besuche abstattete. Für Juni war ein Parteitag der PPS in Lublin angesetzt, und Piłsudski wollte sich vor Ort ein Bild vom Zustand der Partei machen. Dabei erhielt er einen Vorgeschmack auf künftige Konflikte und Zerreißproben. An die Stelle verhafteter oder in die Emigration gezwungener Genossen waren häufig engagierte, aber unerfahrene und wenig standfeste neue Parteimitglieder getreten. Sie fühlten sich mit ihrem klassenkämpferischen Bild von Sozialismus oft den Anhängern Luxemburgs und später Lenins verbunden. Das Ziel einer eigenen polnischen Republik hielten sie dagegen eher für eine ferne Utopie. Angesichts eines immer stärker drohenden Krieges zwischen den Großmächten setzten sie auf Bündnisse oder sogar eine Verschmelzung der allesamt illegal agierenden Arbeiterparteien und -organisationen. Der Graben, der diese trennte, existierte für sie nicht.

Aufgrund dieser Gemengelage nahmen die Richtungskämpfe auch innerhalb der PPS zu und warfen eine Reihe praktischer Fragen auf. Dabei ging es etwa um die personelle Verantwortung für die Kommunikation, die Transportwege, die Sicherheit und die Finanzen in den Regionen. Was die Finanzen betraf, entwickelte Piłsudski regelrecht bürokratische Talente. Er sah sich als oberster Kassenwart der Partei, wachte eifersüchtig über Einnahmen und Ausgaben, rechnete penibel mit der Auslandsgruppe in London ab. In seiner Zeit dort hatte er eng mit dem Londoner Finanzverantwortlichen zusammengearbeitet, der sogar Buchhalter war. Vor allem mussten die Einnahmen der Partei steigen, denn in jeder Region galt es, den Unterhalt von Illegalen zu unterstützen, die sich als Hauptamtliche ganz der Parteiarbeit widmeten. Bei der Suche nach geeigneten Verantwortlichen für die einzelnen Regionen traf Piłsudski mit zwei Menschen zusammen, die trotz ihrer relativen Jugend ideale Voraussetzungen für diese Aufgabe mitbrachten, Walery Sławek und Aleksander Prystor.

Der ein Jahrzehnt jüngere Walery Sławek stammte aus einer podolischen Familie des Kleinadels. Nach dem Besuch einer Handelsschule in

Warschau erhielt er eine Anstellung bei der Versicherungsfirma »New York«. Dort bewies er Zuverlässigkeit und organisatorisches Geschick, aber seine eigentliche Leidenschaft wurde die illegale Arbeit für die PPS. Der attraktive junge Mann schloss sich den Sozialisten an und machte sich schnell einen Namen als Kurier von Parteischriften in den zentralpolnischen Regionen. Der aus Wilna stammende, etwas ältere Aleksander Prystor war der Sohn eines Eisenbahnmaschinisten. Er hatte bereits den Wehrdienst in der russischen Armee hinter sich, den Weg zu den Sozialisten gefunden und in der Schweiz an einer militärischen Ausbildung teilgenommen. Er sollte zu einem der wichtigsten Organisatoren der Kampfabteilungen der PPS werden. Mit Prystor verband Piłsudski nicht nur der Respekt vor militärischer Expertise, sondern auch die Tatsache, dass sie beide aus Wilna kamen. Noch enger aber wurde die Bindung zu Sławek. Für ihn wurden die Piłsudskis fast zu einem Familienersatz. Walery verliebte sich schließlich in deren um einige Jahre jüngere Tochter Wanda. Der Entschluss zur Verlobung wurde gefasst, Wandas Eltern waren einverstanden, und man sah die beiden überall als ein glückliches Paar.

Auf dem Parteitag in Lublin wurde die Verantwortung für die Regionen neu geordnet, wodurch Sławek und Prystor in die engste Führungsriege der PPS aufrückten. Angesichts der Tatsache, dass die politischen Konkurrenten der PPS stärker wurden und auch in puncto Organisation und Logistik aufholten, beschloss man, die Parteiführung und die Redaktion des *Przedświt* dauerhaft nach Galizien zu verlegen. Für diese Entscheidung musste der Litauer Piłsudski harte Überzeugungsarbeit leisten. Wenn die PPS ihren Anspruch durchsetzen wollte, in allen polnischen Teilungsgebieten zu wirken und den separatistischen Eigensinn zahlreicher Galizier aufzulösen, musste sie diesen Schritt wagen, auch wenn sie eigentlich am stärksten in Russisch-Polen verankert war. Die russisch-polnischen Provinzen blieben aber die wichtigste Operationsbasis, und nach Möglichkeit fanden dort auch die Parteitage statt. Im sicheren Galizien sollte das logistische und intellektuelle Fundament der Partei weiter gestärkt werden.

Leon Wasilewski siedelte daraufhin mit der Redaktion des *Przedświt* von London nach Krakau um. Trotz ihres Charakters als Partei der Proletarier und Handwerker war die PPS darauf angewiesen, breitere Schichten der Gesellschaft zu erreichen und auch um Teile des Bildungsbürgertums zu werben. Zu diesem Zweck betrieb man ab 1904 auch einen eigenen Buchverlag in Krakau mit dem Namen Spółka Nakładowa Książka (Verlagsgenossenschaft). Sein Programm reichte von politischer Literatur über polnische Klassiker bis zu neuerer Belletristik. Vor allem für Maria wurden der Verlag und das spätere Engagement in der Liga polnischer Frauen ein eigenes Tätigkeitsfeld.

Zwar sollte eigentlich im Frühsommer 1902 die Wohnungssuche der Piłsudskis in Krakau beginnen, erst einmal aber gönnten sie sich einen weiteren langen Sommer in der Umgebung von Zakopane. Für eine geeignete Wohnung konnten beide schließlich auf Ignacy Daszyński zählen, der als Abgeordneter im Wiener Reichsrat über gute Kontakte zur Krakauer Stadtverwaltung verfügte. Die am Rand der Innenstadt und in Bahnhofsnähe gelegene Wohnung in der Topolowa-Straße wie dann später die Wohnung in der Straße na Szlaku wurden so etwas wie die inoffiziellen Hauptquartiere der PPS. Ein ganzer Schwarm von Parteifreunden und anderen Besuchern gingen ständig ein und aus. Maria und ihre Helferinnen versorgten Dutzende von Gästen, darunter mit Sicherheit immer wieder Spitzel und Kontrolleure. Die Sozialisten waren solche Dauerbeobachtung gewöhnt und ließen sich davon nicht allzu beeindrucken. Wirklich wichtige und geheime Dinge wurden sowieso nicht im größeren Kreis behandelt. An die Stelle von Protokollen musste häufig genug das Gedächtnis treten.

Von 1903 an wurde der Kontakt Piłsudskis zu Daszyński intensiver, und auch sein persönlicher Einfluss auf diesen nahm zu. Daszyński, der den Beinamen »der schöne Ignacy« trug, galt als blendender Debattenredner im Wiener Parlament und war sich seiner Wirkung durchaus bewusst. Zeitweise führte er sich auf wie eine Primadonna, aber Piłsudski schaffte es immer wieder, ihn auf den Boden zurückzuholen. Nicht nur ihre persönliche Nähe spielte dabei eine Rolle. PPS und die galizischen Sozialdemokraten verband auch immer stärker das gemeinsame Ziel einer künftigen polnischen Republik.

Neben Daszyński wurden weitere galizische Parlamentarier zur unschätzbaren Hilfe. So Edward Moraczewski, dessen Vater am Aufstand teilgenommen hatte und anschließend als Bahnmaschinist in preußische Dienste getreten war, um der Verfolgung zu entgehen. Nach verschiedenen Stationen in Preußen landete die Familie in Lemberg. Edward Moraczewski wurde nach dem Besuch des Gymnasiums und des Polytechnikums Eisenbahningenieur und stellte den Sozialisten seine technischen und logistischen Fähigkeiten zur Verfügung. Die Juristen Herman Lieberman und Herman Diamand stammten wiederum jeweils aus assimilierten jüdischen Familien und saßen wie Daszyński für die galizischen Sozialdemokraten im Wiener Parlament. Dort setzten sie sich für bessere Lebensverhältnisse und Arbeitsbedingungen der polnischen, jüdischen und ukrainischen Proletarier ein. Diamand war im Übrigen ein Vertrauter und Freund August Bebels.

Für die Entscheidung, die Zentrale der PPS in Krakau einzurichten, sprachen nicht nur dessen strategische Lage und sein Status als Hauptstadt Westgaliziens. In der alten polnischen Königsstadt gab es eine selbstbewusste Bürgerschaft, die über Generationen gewachsen war. Zahlreiche ihrer Angehörigen und Familien verstanden sich zwar als konservativ, waren aber liberal und offen genug, um neue intellektuelle, kulturelle Einflüsse zu akzeptieren, einschließlich des bunten Straußes von Literaten und Künstlern, der die Cafés und Restaurants, die Theater und Galerien der Stadt bevölkerte. Für sie war das ganz selbstverständlich ein Teil Krakaus. Auch die liberale und tolerante Hand des Kaisers Franz Joseph wurde geschätzt. Sein Porträt zierte öffentliche Orte und Plätze, zahlreiche Anekdoten und Geschichten über ihn waren in Umlauf. Es kam allerdings auch zu Verfolgungen wegen Aufruhr und Majestätsbeleidigung, wovon Daszyński und seine Genossen ein Lied singen konnten, und es gab die Augen und Ohren des K.-u.-k.-Geheimdienstes, des sogenannten Evidenzbüros. Das alles war jedoch kein Vergleich mit der harten Faust des russischen Zaren, mit den Peitschen und Gewehrkolben seiner Kosaken, mit den Kasematten der Festung Schlüsselburg und den Zellentrakten der Warschauer Zitadelle.

Nicht zuletzt trafen sich in Krakau die Emissäre, Kundschafter und Führer aller politischen Richtungen. So wurde dort die Verbindung der PPS mit den galizischen Sozialdemokraten immer enger. Dennoch beherrschten sie die Szene der mehr oder weniger illegalen polnischen Vereinigungen und Parteien nicht allein. Durch ihre Verbindung zu den Krakauer Konservativen konnten beispielsweise auch die Nationaldemokraten Roman Dmowskis an Boden gewinnen. Sie mussten sich nur ein wenig an die Freigeister der Stadt gewöhnen. In ihrer frühen Phase, bis 1904, hingen die Nationaldemokraten ja durchaus noch dem Gedanken an polnische Unabhängigkeit an und waren entschieden antirussisch. Während das eher puritanisch-preußische Posen die Hochburg der Dmowski-Anhänger war, ließen sich manche von ihnen hier vom liberalen Geist Krakaus anstecken.

## Luxemburg und Lenin in Krakau

Es sollten noch fast zehn Jahre vergehen, bis auch Lenin zeitweilig von Krakau (und Zakopane) aus agierte. Die Stadt wurde aber schon ab 1903 für die russischen Sozialdemokraten zu einem Ort des Rückzugs und der Mobilisierung. Noch unter seinem ursprünglichen Namen Wladimir Iljitsch Uljanow war Lenin Anfang 1900 aus Sibirien zurückgekehrt. Schon bald hatte er sich in Genf mit Plechanow getroffen und 1900/01 die gemeinsame Herausgabe einer Zeitung mit dem Titel *Iskra* (»der Funke«) vereinbart. Die Redaktionsverantwortung sollte von sechs Mitarbeitern getragen werden, drei Trabanten Plechanows und drei Anhängern Lenins. Plechanow nahm den jungen, energischen Genossen mittlerweile sehr ernst, brauchte ihn, fürchtete ihn aber schon ziemlich. Er überredete die anderen Beteiligten, die gemeinsame Redaktionsarbeit auf drei Länder zu verteilen, um so den internationalen Charakter der Zeitung zu betonen. In seiner unmittelbaren Nähe wollte er Uljanow lieber nicht haben. Der pendelte daher in den Folgejahren zwischen Wien, London und Genf. Ende 1900 nahm er endgültig den Kampfnamen Lenin an, wobei offenblieb, ob der sich vom Fluss seiner sibirischen Verbannung oder vom Namen seines Kindermädchens ableitete.

Trotz der höchst umständlichen Aufteilung der *Iskra*-Redaktion auf drei Orte war die Wirkung der Zeitung, die auf verschlungenen Wegen nach Russland gelangte, beträchtlich. Lenin wurde zum fleißigsten Mitarbeiter der Zeitung und verfasste neben der laufenden Redaktionstätigkeit theoretische Grundsatzarbeiten. Anfang 1902 erschien sein Buch *Was tun?*, das zur Bibel aller Parteien und Gruppierungen werden sollte, die sich später der Sache des Kommunismus verschrieben. Lenin betrachtete es als Höhepunkt seiner theoretischen und agitatorischen Arbeit und sorgte dafür, dass die Schrift ihren Weg durch ganz Russland fand. In ihr beschrieb er eine Partei neuen Typs, die von einer kleinen Elite von Revolutionären angeführt wird – disziplinierten, selbstlosen Menschen, die alles für ihr höheres Ziel opfern. Den Titel des Buches übernahm er von einem gleichnamigen Werk des frühen sozialistischen Schriftstellers Nikolai Tschernyschewski, das ihn schon in Sibirien in Bann gezogen hatte. Darin wurden Asketen gepriesen, die ihr Leben der Befreiung der Menschheit widmeten, am liebsten auf dem Nagelbrett schliefen und in der sibirischen Verbannung die glücklichsten Jahre ihres Lebens verbrachten. Lenins Wunschpartei wurde von Berufsrevolutionären geführt, Intellektuellen und aufgeklärten Arbeitern, welche die Theorie des Klassenkampfes und der internationalen Revolution in sich aufgenommen hatten und mit diesem Bewusstsein in die Masse der unaufgeklärten Proletarier hineinwirkten. Die große Mehrzahl der Arbeiter war demnach zwar an der Verbesserung ihrer unmittelbaren Lebensumstände interessiert, entwickelte aber allenfalls ein gewerkschaftliches Bewusstsein. Die politischen Fernziele ihres Kampfes mussten ihnen von außen vermittelt werden, durch die Elite der Berufsrevolutionäre.

Über die in *Was tun?* und den Folgearbeiten Lenins verkündeten Prinzipien entbrannte schon bald der entscheidende Richtungsstreit der russischen Sozialdemokraten. Eine hauchdünne Mehrheit der Anhänger Lenins auf einem Parteitag 1903 führte dazu, dass diese sich künftig »Mehrheitler« (Bolschewiki) nannten und die Vertreter der Gegenposition zu »Minderheitlern« (Menschewiki) wurden. Die Menschewiki standen den Bolschewiki an Opferbereitschaft und revolutionärer Entschlossenheit in nichts nach. Was sie jedoch abschreckte, war das von Lenin eingeforderte Prinzip der bedingungslosen Unterordnung unter den Willen einer kleinen Gruppe an der Spitze, die keinen Widerspruch und keine Abweichungen duldete. Lenins Prinzipien des Parteiaufbaus waren der Bauplan zur Errichtung einer Diktatur. Die Menschewiki wollten sich aber nicht von allen Prinzipien der Demokratie verabschieden.

Rosa Luxemburg und Leo Jogiches verfolgten die Entwicklungen in Polen und Russland gebannt von Berlin aus. Luxemburg schlug sich in dieser Zeit mit dem reformistischen Flügel der deutschen Sozialdemokraten herum und agitierte in Schlesien und Posen gegen den Einfluss der PPS. Die polnischen Nationaldemokraten in Westpolen nahm sie nicht wirklich ernst. Sie stand den Anhängern Dmowskis fern und hielt sie im Vergleich zur direkten Konkurrenz der polnischen Sozialisten für ungefährlich. Nahe standen sie und ihre Leute dagegen den russischen Sozialdemokraten, mit denen sie zwar ebenfalls konkurrierten, aber später verschmelzen sollten. Dabei sah sich Luxemburg nicht immer im Gegensatz zu den Bolschewiki, verbündete sich in vielen Punkten sogar mit Lenin. Wenn sie mit ihm in Widerspruch geriet, behandelte er sie zunächst als ausländische Genossin aus den Reihen der deutschen Sozialdemokratie, nicht als Polin, die seit mehr als zehn Jahren im Bannkreis der polnisch-russischen Auseinandersetzungen stand. Das sollte sich erst ändern, als die Polen ab 1906 eine stärkere Rolle in seiner Partei spielten. Von da an behandelte er sie wie seine russischen Gegner.

Feliks Dzierżyński beendete seine wiederholten Aufenthalte in Sibirien meistens durch die Flucht. Auf diese Weise gelangte er im Oktober 1902 nach Berlin. Dort trafen sich Vertreter aller Auslandsabteilungen der SDKPiL. Dzierżyński kam hier zum ersten Mal persönlich mit dem Führungsquartett der Partei zusammen, Luxemburg, Jogiches, Marchlewski und Warski. Vorab hatte er brieflich erklärt, den Rest seiner Kraft der gemeinsamen Sache zu widmen, was die vier mit großer Befriedigung aufnahmen. Der Neuankömmling verhielt sich zunächst absolut diszipliniert und loyal, führte alle Aufträge mit hohem Einsatz aus. Er hatte sich förmlich in Rosa verliebt und betete sie an. Er konnte wunderbar von seiner Jugend und Familie erzählen, war mit allen polnischen Klassikern vertraut und spielte hinreißend Chopin auf dem Klavier. Untergründig steckte aber ein Grad von Fanatismus in ihm, der ihr fremd war und sie eher abstieß. Nach der russischen Parteispaltung machte sie Jogiches klar, dass sie Feliks verloren hätten. Der habe das Herz eines Bolschewiken. Wie sehr das stimmte, sollte sie noch schmerzhaft erfahren. Dzierżyński hatte ein anderes Objekt seiner bedingungslosen Anbetung und Unterordnung gefunden: Bis an sein Lebensende blieb es Lenin. Er sah sich nie als politischen Führer, sondern als Werkzeug im Dienst einer höheren Sache und damit verbundener Kräfte. Ein bedingungsloser Bolschewik und damit Leninist zu sein, war für Dzierżyńskis letztlich fromme Seele die höchste Erfüllung.

Im Jahre 1902 hatte Luxemburg *Was tun?* noch gar nicht gelesen. Sehr wohl aber Piłsudski, der alles verschlang, was ihm von der russischen Seite in die Hände fiel. Er hatte ziemlich konkrete Vorstellungen von dem, was Polen bevorstünde, falls Leute vom Schlage Lenins in Russland an die Macht kommen sollten. Das war in dem Moment allerdings nicht sehr wahrscheinlich. Wie sollte das einer winzigen Minderheit schon gelingen? Wenn er in den Folgejahren in Krakau auf Dzierżyński traf, überkam ihn angesichts des sensiblen Landsmannes aus Wilna ein Frösteln. Den führte Ende 1902 ein anspruchsvoller Parteiauftrag in die Hauptstadt Westgaliziens. Zwei Monate lang sollte er seine durch die sibirischen Aufenthalte angegriffene Gesundheit in einem Sanatorium in Zakopane auskurieren, um sich dann von 1903 an in Krakau als verantwortlicher Redakteur für die *Rote Fahne,* das Zentralorgan der SDKPIL, zu betätigen. Er hatte das Material von den Autoren zu sammeln, die Texte zu redigieren, Korrekturen zu machen und kümmerte sich um Transport und Vertrieb. Die Mittel der Partei reichten für eine billige Unterkunft und den Lebensunterhalt. Vorübergehend hatte Dzierżyński sogar die Idee, sich an der philosophischen Fakultät der Krakauer Universität einzuschreiben und dort Vorlesungen zu besuchen. In den Unterlagen der Universität findet sich dazu allerdings nichts. Krakau blieb ihm unheimlich und fremd. Wie er seiner Schwester Aldona schrieb, gab es hier Polen und damit eigentlich Landsleute, aber völlig anderer Art. Er hatte sein Herz der Arbeiterklasse geschenkt und konnte mit dem Krakau der historischen Denkmäler, der Restaurants und Kneipen ebenso wenig anfangen wie mit dem Tratsch und Klatsch, der die Stadt erfüllte. Schon gar nichts mit den Absinthgelagen und anderen Vergnügungen, denen die Künstler und Literaten frönten.

Lenin war es schließlich auch, der einen seiner neuen Gefährten nach Krakau schickte: Der auf Attentate und Raubüberfälle spezialisierte georgische Bolschewik mit Erfahrung in Sibirien trug den Kampfnamen »Stalin«. Er sollte sich in der Sicherheit dieser Stadt dem Studium der nationalen Frage widmen. Der ungehobelte, grobschlächtige ehemalige Priesterschüler war Lenin nicht unbedingt sympathisch, versprach aber als Georgier und damit Angehöriger einer »nationalen Minderheit« brauchbares Material zu liefern. Krakau blieb Stalin absolut fremd, doch aus irgendeinem Grund avancierte ausgerechnet er sogar zum Spezialisten für polnische Fragen unter den nichtpolnischen Mitgliedern der Bolschewiki.

## Das japanische Abenteuer

Für alle Parteien und Gruppierungen, die in den polnischen Territorien mit unterschiedlichen Zielen agierten, sollte der Russisch-Japanische Krieg eine entscheidende Bedeutung erlangen. Er brach im Februar 1904 aus und hatte eine lange Vorgeschichte.

Die fernöstlichen Begehrlichkeiten Russlands reichten bis in das 18. Jahrhundert zurück. Nach der Niederlage im Krimkrieg (1853–1856) und der damit verbundenen Schwächung seiner europäischen Position griff das russische Imperium immer stärker in die andere Richtung aus. Die Besiedlung Sibiriens schritt voran, und der Druck auf dessen östliche Grenzen wuchs. Es kam zu Konflikten mit dem chinesischen Kaiserreich und dessen Anspruch auf Korea. Bereits im Jahr 1858 musste das geschwächte China den Norden seiner nördlichsten Provinz, der Mandschurei, an Russland abtreten. In diesem Gebiet, der sogenannten Äußeren Mandschurei, siedelten und lebten Angehörige von Turkstämmen, nur eine Minderheit waren Han-Chinesen. Nach den russischen Vorstellungen sollte die Äußere Mandschurei irgendwann mit der russischen Pazifikregion und ihren wichtigsten Häfen Chabarowsk und Wladiwostok verbunden werden.

Mit dem Ausbau der Transsibirischen Eisenbahn schuf sich Russland die Möglichkeit, große Truppenkontingente in die pazifische Region zu bringen. Das machte Japan als aufstrebende Großmacht in der Region zunehmend nervös. Das japanische Kaiserreich hatte sich lange abgeschottet, erfuhr jedoch ab der Mitte des 19. Jahrhunderts einen starken Öffnungs- und Modernisierungsschub. An der Tokioter Generalstabsakademie lehrten preußische Offiziere und beteiligten sich an der strategischen Militärplanung des Inselreiches. Korea, Teile Chinas mit der Mandschurei, die Inselkette der Kurilen und die Insel Sachalin wurden als Teil der japanischen Interessensphäre angesehen. In Bezug auf die Insel Sachalin und die Kurilen kam es zu einer Reihe von Verträgen und Vereinbarungen, die Sachalin bei Russland beließen und die Kurilen zwischen ihm und Japan aufteilten. Das russische Vordringen in der Mandschurei sorgte dann ab der Jahrhundertwende dafür, dass sich der Konflikt mit Japan zuspitzte, erst recht als Russland ab 1900 verstärkte Anstrengungen unternahm, auch die Innere Mandschurei unter seine Kontrolle zu bringen.

Dabei wandte es die bekannte Methode an, zivile Schritte mit militärischen Konsequenzen zu verbinden, Schutzgebiete und Protektorate zu erklären, die sich dann in russisches Territorium verwandelten. So wurde beispielsweise eine russische Holzhandelsgesellschaft am Yalu, dem Grenzfluss zwischen Korea und der Mandschurei, durch Tausende russischer Reservisten geschützt. Ein strategisch günstig gelegener chinesischer Hafen auf einer Halbinsel im Gelben Meer sollte nach dem Willen Russlands zum wichtigsten pazifischen Seestützpunkt nach Wladiwostok werden. Von China verpachtet, wurde der Hafen in Port Arthur umbenannt, ausgebaut und befestigt. Anschließend stationierte man dort ein bedeutendes Geschwader der russischen Pazifikflotte. Der japanischen Seite wurde dieses ganze Treiben zu viel. Mehrere diplomatischen Forderungen, das weitere Vordringen einzustellen und die japanische Interessensphäre zu respektieren, wurden im Jahr 1903 nicht befolgt. Japan zog die Konsequenzen und erklärte Russland im Februar 1904 den Krieg. In der Bucht von Port Arthur versenkten moderne japanische Zerstörer und Schlachtschiffe einen nicht unerheblichen Teil der russischen Pazifikflotte. Bis dahin hatte man sich in St. Petersburg und Moskau für militärisch überlegen gehalten und die Japaner verächtlich als »gelbe Affen« abgetan. Jetzt brach Panik aus. In zeitgenössischen Karikaturen war der russische Bär zu sehen, der es nicht mit dem kleinen Samurai aufnehmen konnte.

Um die bei Port Arthur erlittenen Verluste auszugleichen, wurden Teile der russischen Ostseeflotte in die Pazifikregion verlegt, eine Entfernung von rund 18 000 Seemeilen. Truppenkontinente, die in aller Eile mit der Transsibirischen Eisenbahn in Bewegung gesetzt wurden, sollten Verstärkung und Entsatz für die Landkämpfe bringen, konnten aber erst nach mehreren Wochen eingreifen. Die russisch-japanischen Kämpfe dauerten weit über ein Jahr an. Weitere Niederlagen im Verlauf des Krieges und dessen Ausgang erschütterten das russische Imperium in seinen Grundfesten.

Schon seit 1903 verfolgten die polnischen Sozialisten alle Signale, die auf einen Krieg der beiden Großmächte hindeuteten, mit höchster Spannung. Ende Januar 1904 beriet sich Piłsudski mit seinen engsten

Józef Piłsudski, 1904

Vertrauten, allen voran Witold Jodko-Narkiewicz, darüber, was mögliche Kämpfe bedeuten könnten und welche Chancen sie für ihre eigene politische Agenda bieten mochten. Jodko-Narkiewicz hatte gute Kontakte zum japanischen Botschafter in Wien, Tytus Filipowicz entsprechende Kontakte in London.

Welche Angebote und Vorschläge konnte die polnische Seite den Japanern machen, und welche Unterstützung erwarteten sich die Sozialisten dafür im Gegenzug? Was mögliche Angebote an die Japaner anging, so dachte Piłsudski unter anderem an Informationen über die Aufmarschpläne und die Truppenbewegungen der russischen Armee, aber auch über die Stimmung unter den russischen Truppen. Denkbar waren zudem die gezielte Störung und Behinderung der russischen Truppenbewegungen oder Sabotageakte hinter der Front, wie die Sprengung von Eisenbahnbrücken in Sibirien. Jeder vorangegangene Krieg Russlands war mit der verstärkten Aushebung polnischer Kontingente verbunden gewesen, immer wieder hatte es dabei Unruhen, Proteste und Desertionen gegeben. Wie sich ab Februar 1904 zeigte, waren die Japaner auch zu Land erfolgreich und machten bei den ersten Gefechten am Yalu-Fluss sehr viele Gefangene. Unter ihnen war eine große Zahl von in die zaristische Armee gepressten Polen, die in Japan interniert wurden. Ließ sich daraus vielleicht eine polnische Legion formen, die aufseiten der Japaner kämpfen konnte? Würde nicht allein der Aufruf zur Desertion die Kampfmoral der russischen Seite schwächen? Könnte nicht eine Reaktion der russischen Militärs darin bestehen, von weiteren Truppenaushebungen in den polnischen Territorien Abstand zu nehmen? Der Dank aller Polen, gleich welcher politischen Richtung, wäre den Sozialisten sicher. Als Gegenleistung erhoffte sich Piłsudski von den Japanern die Unterstützung mit Geld, Waffen, Munition und Sprengstoff. Bei einem erhofften Sieg der japanischen Seite, für den die polnischen Sozialisten beteten, war das Fernziel, die polnische Frage zum Bestandteil einer abschließenden Friedenskonferenz zu machen. Konnte aus den Unruhen und Protesten in Polen am Ende womöglich sogar ein neuer polnischer Aufstand erwachsen?

Nach einer Reihe von Vorgesprächen und Notenwechseln kam es im Mai 1904 zu einer Einladung des japanischen Generalstabs nach Tokio. Die Diskussion der heiklen Fragen einer möglichen Zusammenarbeit konnte nicht allein über die Botschaften laufen, sondern sollte direkt vor Ort geschehen. Da er zu dem Zeitpunkt bereits in London weilte, entschloss sich Piłsudski, selbst zu fahren, nur mit dem spracherfahrenen Tytus Filipowicz an seiner Seite, zu dem noch ein weiterer Reisegefährte stieß.

Die Vorbereitungen zur Reise nach Japan waren unter strenger Geheimhaltung erfolgt, nicht einmal alle Mitglieder der Führungsgruppe der PPS waren eingeweiht. Dennoch musste etwas durchgesickert sein, weil in der Presse über alle Reisestationen der kleinen Delegation berichtet wurde. Über Liverpool ging es nach New York, nach einigen Tagen Aufenthalt mit dem Zug weiter über Chicago nach San Francisco und von dort über Honolulu nach Yokohama. In New York machte sich Piłsudski mit der Arbeit der amerikanischen Auslandsgruppen polnischer Sozialisten vertraut und trat vor deren Vertretern auf. Neben den Sozialisten gab es auch dort die Nationaldemokraten, die zu Luxemburg tendierenden Linkssozialisten und Marxisten, Gewerkschafter sowie zahlreiche humanitär-philanthropische Gesellschaften und Kulturvereine. Wie in der Heimat waren zudem die polnischen Juden in den USA gespalten. Piłsudski musste erkunden, auf wen er in der Folgezeit jenseits des Ozeans fest zählen konnte, und er hütete sich, all seine japanischen Pläne preiszugeben.

Die lange Reise über die Ozeane gab Piłsudski Gelegenheit, sich auf die Gespräche und Begegnungen vorzubereiten. So entstand ein Memorandum für das japanische Außenministerium, das als Credo seiner Einsichten über das russische Riesenreich gelten konnte. Jodko-Narkiewicz hatte in vorbereitenden Papieren, die an die japanischen Botschaften in Wien und London gerichtet waren, die Möglichkeiten wechselseitiger Unterstützung zusammengefasst. Piłsudski begann mit einer historischen Lektion und beschrieb das russische Imperium mit all seinen darin zusammengesperrten Nationen und Nationalitäten sowie der darin enthaltenen Sprengkräfte. Das Memorandum war im Grunde die Essenz weiter Teile des Pariser Programms der PPS von 1893, seiner eigenen Artikel im *Robotnik* und der Arbeiten Leon Wasilewskis. An der Spitze aller Völker, Nationen und Nationalitäten, die sich gegen die gewaltsame Russifizierung und Besatzungspolitik wehrten, stünden aus historischen und kulturellen Gründen die Polen. Mit Japan gäbe es jetzt die Möglichkeit, die künftige Loslösung aller dazu bereiten nichtrussischen Teile des Imperiums zu befördern. Ein dadurch dauerhaft geschwächtes Russland würde keine permanente Gefahr mehr für Japan darstellen. Polen würde für die Hilfe in der aktuellen Auseinandersetzung zur Verfügung stehen. Das gelte trotz der riesigen Entfernungen zwischen den beiden Ländern, der geringen Kenntnisse voneinander und der kulturellen Fremdheit, der man sich wohl bewusst sei.

Piłsudski war kein revolutionärer Utopist und sah die Stunde für den Zerfall der zaristischen Selbstherrschaft noch nicht gekommen. Davon träumten Luxemburg und die russischen Sozialisten um Lenin, die den Massenstreik und den Generalstreik als Hebel ansahen, das System aus den Angeln zu heben und nach einer Übergangsperiode die eigene Herrschaft zu errichten. Für Piłsudski lag die Chance dagegen in der nachhaltigen Schwächung Russlands und in einer Stärkung der

Ignacy Mościcki, NN, Maria Piłsudska, Józef Piłsudski, Jadwiga Kunicka (v. l. n. r.), London 1904

polnischen sozialistischen Kräfte. Diese konnten sich anschließend mit russischen Republikanern und Demokraten verbünden, die bereit waren, ein souveränes Polen anzuerkennen. Die Vereinbarung mit den Japanern sah er pragmatisch als Hilfe auf dem Weg dorthin. Wie sich herausstellte, gab es aber jemanden, der seine Japan-Pläne durchkreuzen wollte.

Auch Roman Dmowski war in den zurückliegenden Jahren nicht untätig geblieben. Er hatte die Entwicklung der rechtskonservativen Nationalen Liga von einer Sammlungsbewegung zu einer Partei der Nationalen Demokraten (ND) maßgeblich vorangetrieben. Als ihr wichtigster Theoretiker und Stratege hatte er sich an der Spitze der Partei behauptet. In entscheidender Konkurrenz zu den polnischen Sozialisten kämpften die Nationalen Demokraten um Unterstützung, Anhänger und Mitglieder in allen polnischen Teilungsgebieten. Konservative Teile des Bürgertums, der Bauernschaft und große Teile des katholischen Klerus verbreiterten die Basis der Nationaldemokraten und sorgten für ausreichende materielle Unterstützung. Die Nationaldemokraten strebten nach einem modernen, starken Polen, das sich die zivilisatorischen Errungenschaften des Westens zunutze machen sollte, aber zugleich die säkularen Traditionen der Aufklärung ablehnte und bekämpfte. Polens Sonderstellung in Europa, so ihre Überzeugung, erlegte ihm eine eigene zivilisatorische Mission als Bollwerk des christlichen Traditionalismus auf. Dmowski bewunderte und fürchtete Deutschland, er sah in dessen Germanisierungsdruck die größte Bedrohung. Russland hingegen fühlte er sich überlegen. Er wandte sich zwar gegen den russischen Absolutismus, sah aber vor allem in einem schwächer werdenden Russischen Reich die Chance auf eine dauerhaft stärkere Position Polens. Sein politisches Hauptziel war es, dem künftig geschwächten Zarenreich eine weitreichende Autonomie abzuhandeln. Auf zahlreichen Reisen nach Westeuropa und Übersee warb er für diese Ziele und suchte rechtsnationalistische Verbündete. Sehr empfänglich war er dabei auch für wachsende antisemitische Tendenzen in zahlreichen Ländern.

Dmowski hatte Augen und Ohren bis in die Führungskreise der Sozialisten hinein. Seine Mittelsmänner hatten ihm daher die Reisepläne Piłsudskis noch im Frühjahr signalisiert, und er beschloss, seinem Widersacher zuvorzukommen. Als er dann tatsächlich vor Piłsudski in Tokio eintraf, hatte er mehrere eigene Papiere im Gepäck, die an wichtige Beamten im japanischen Außenministerium und im Kriegsministerium gingen. In ihnen konnten die japanischen Diplomaten und Militärs das genaue Gegenteil von dem finden, was ihnen wenig später Piłsudski nahelegte. Dem Führer der Nationaldemokraten zufolge litten die Polen unter dem russischen Despotismus, wünschten sich eine Schwächung Russlands und dessen Kriegsniederlage. Im Ergebnis könne Polen dem Zarenreich eine weitgehende Autonomie abhandeln. Als ökonomisch und zivilisatorisch überlegener Teil könne Polen die künftige Entwicklung des Zarenreiches mitbestimmen und die Gefahr weiterer fernöstlicher Zusammenstöße begrenzen. Die viel größere

Gefahr gehe von Deutschland aus. Die Vorstellung der Sozialisten, die Unabhängigkeit Polens ließe sich über Unruhen und einen möglichen Aufstand befördern, sei völlig unrealistisch. Die Anhänger Piłsudskis würden sich entweder auf einen antiquierten Aufstandsmythos stützen oder sie versuchten, sozialistische Bestrebungen in Westeuropa zu kopieren. Den Verweis auf internationale jüdische Finanzkreise, die seiner Meinung nach im Hintergrund der Sozialisten agierten, ersparte sich Dmowski. Das hätte die Japaner nur überfordert. Was er jedoch deutlich machte, war, dass die Pläne der PPS Chaos und Anarchie mit sich brächten, unabsehbare Reaktionen Russlands wären die Folge. Dmowski bot den Japanern seinerseits mannigfache Unterstützung an und zeigte sich für japanische materielle Unterstützung nicht unempfänglich.

Zwei Tage nach seiner Ankunft in Japan, am 11. Juli 1904, erfuhr Piłsudski, dass es stimmte, was bis dahin nur ein Verdacht gewesen war: Sein Gegenspieler war gleichfalls nach Tokio gekommen, sogar noch vor ihm eingetroffen und mit Sicherheit schon um die Japaner bemüht. Nach einem »zufälligen« Zusammentreffen auf der Straße verabredeten sich die beiden zu einem längeren Gespräch im Hotel Metropol. Es begann am Nachmittag, in den ersten zwei Stunden war noch Filipowicz dabei. Dann verabschiedete dieser sich, Dmowski und Piłsudski schlossen sich im Hotelzimmer ein und konferierten bis nach Mitternacht. Über den Inhalt und die Einzelheiten des stundenlangen Gesprächs konnten nicht einmal ihre unmittelbaren Reisepartner etwas Genaueres herausbringen. So unterschiedlich die beiden Kontrahenten waren, als erfahrene Konspirateure und Strategen legten sie vor ihrer Umgebung nicht alle Geheimnisse offen. Sie kannten einander lange genug. Sicher versuchten sie, den jeweils anderen von ihrer Position zu überzeugen, belauerten sich und rangen miteinander. Piłsudski verfolgte die Schriften der Theoretiker und Publizisten der Nationaldemokraten und hatte Dmowskis jüngstes Buch mit dem Titel *Gedanken eines modernen Polen (Myśli nowoczesnego Polaka)* gelesen. Der wiederum verfolgte die

Programmschriften der Sozialisten, die Aufsätze Piłsudskis und Leon Wasilewskis. Die Wilnaer Jahre und das gemeinsame Werben um Maria hatte sie nicht zu unversöhnlichen privaten Nebenbuhlern gemacht. Wunden waren aber sicher geblieben. Dmowski sollte nie zu einem Familienleben finden, aber das hatte eher mit eigenen Dispositionen und Entscheidungen zu tun. Sein gesamter Ehrgeiz galt der Politik, hier sah er seine Mission. Beide Männer spürten, dass sie in gewissem Sinne aufeinander angewiesen waren, wenn es um das Schicksal Polens ging. In den folgenden Wochen, die sie noch in Japan verbrachten, kam es zu weiteren Zusammenkünften, etwa gemeinsamen Spaziergängen, Ausflügen und dem Besuch eines traditionellen Marionettentheaters.

Die zahlreichen Gespräche, die sie gesondert voneinander in den japanischen Ministerien und im Generalstab führten, ließen auf das Interesse, aber auch die Vorsicht der Japaner schließen. Es kam zu Vereinbarungen über eine Aufklärungsarbeit der Polen, die über Geheimdienstkanäle organisiert werden sollte, außerdem zur finanziellen Unterstützung der Japaner vor allem für die Sozialisten sowie zur Lieferung von Waffen und Munition. Zu weiter gehenden Formen der Zusammenarbeit wollten sich die Japaner nicht entschließen. Vielleicht waren sie sich angesichts ihrer Erfolge in den ersten Kriegsmonaten schon zu sicher, die Hilfe eines unsicheren und für sie schwer einzuschätzenden Partners nicht zu brauchen, vielleicht spielten auch andere Gründe eine Rolle. Es dürfte jedenfalls nicht an Dmowskis Obstruktionsversuchen gelegen haben, dass die erste große außenpolitische Mission Piłsudskis nur zu einem Teilerfolg wurde. Der Gewinn war dafür ein anderer. Persönliche Kontakte zu japanischen Geheimdienstlern, Diplomaten und Militärs, die der Sozialistenführer knüpfen konnte, sollten sich in den Jahren und Krisen der Zweiten Republik noch als sehr wertvoll erweisen.

Als Piłsudski und Filipowicz im September 1904 schließlich nach der Rückreise über Kanada wieder das europäische Festland erreichten, wurden sie dort mit Nachrichten von Streiks, Bauernunruhen und blutigen Zusammenstößen konfrontiert, die weite Teile Russlands überzogen.

Von Monat zu Monat wurde die militärische Überlegenheit der Japaner sichtbarer. Alle Versuche, Port Arthur von der Landseite her zu entsetzen, scheiterten. Ebenso ein Ausbruchsversuch der im Hafen verbliebenen Schiffe der russischen Pazifikflotte, um nach Wladiwostok zu gelangen. Am 2. Januar 1905 musste die Besatzung von Port Arthur nach monatelanger Belagerung kapitulieren. Am 27. Mai 1905 wurde in der Seeschlacht von Tsushima der größte Teil der russischen fernöstlichen Flotte, einschließlich der Verstärkungseinheiten der Ostseeflotte, besiegt und versenkt. Die russischen Verluste an Menschen und Material waren gewaltig. Im Juli des Jahres besetzten die Japaner dann die Insel Sachalin. Russland versuchte daraufhin, dort einen Guerillakrieg zu organisieren, doch die in aller Eile formierten Einheiten aus Jägern, Farmern, Strafgefangenen und Deportierten zerstreuten sich schnell und liefen zum Feind über. Weitere verlustreiche Niederlagen an Land folgten.

Angesichts der hoffnungslosen Situation sah sich der russische Zar gezwungen, ein nicht ganz uneigennütziges Angebot des amerikanischen Präsidenten Theodor Roosevelt anzunehmen. Die USA stellten sich in einer Marinewerft in Portsmouth, New Hampshire, als neutraler Vermittler für Friedensgespräche beider Seiten zur Verfügung. Zum Leiter der russischen Verhandlungsdelegation bestimmte Nikolaus II. den ehemaligen Finanzminister Sergej Witte. Es war die beste Wahl, die er treffen konnte. Witte hatte ursprünglich Mathematik studiert und sich als Wirtschaftspraktiker profiliert. Seit den 1880er-Jahren hatte er die Entwicklung des russischen Eisenbahnwesens entscheidend vorangetrieben und sich seit 1893 als Finanzminister für die wirtschaftliche Modernisierung und damit verbundene Reformschritte eingesetzt. Einer seiner Gegenspieler, der konservative Innenminister Wjatscheslaw Plehwe, denunzierte ihn beim Zaren als Staatssozialisten, Freund der Juden und Teil einer jüdischen Verschwörung. Nikolaus war von obskuren Beratern umgeben und empfänglich für Denunziationen dieser

Art. Er entließ im Jahr 1903 Witte als Finanzminister und schob ihn auf einen unbedeutenden Repräsentationsposten ab. In der Stunde höchster Not holte er ihn nun zurück.

Die Verhandlungen der beiden Kriegsparteien endeten mit dem Vertrag von Portsmouth, der am 12. September 1905 in der Marinewerft der Stadt abgeschlossen wurde. Russland verlor Port Arthur und den Süden der Insel Sachalin. Außerdem musste es sich aus der Mandschurei zurückziehen. Dennoch kam die russische Seite glimpflich davon. Witte war ein harter und geschickter Verhandlungsführer und konnte so Reparationszahlungen abwenden. Auch den japanischen Anspruch auf ganz Sachalin konnte er abwehren. Die USA sicherten als neutrale Unterhändler Japan die Vorherrschaft in Korea zu und ließen sich im Gegenzug in einer separaten informellen Verabredung ihr Anrecht auf die Philippinen bestätigen. Für seine Rolle bei den Unterhandlungen erhielt Roosevelt 1906 den Friedensnobelpreis.

Wittes Position war durch die erfolgreiche Verhandlungsführung so weit gestärkt, dass er Nikolaus II. zur Verabschiedung des sogenannten Oktobermanifestes bewegen konnte. Bislang gab es neben der vom Zaren einberufenen Regierung und dem Staatsrat ein unverbindliches, von Vertretern der Stände besetztes Beratungsgremium, die sogenannte Duma. Mit dem Manifest vom 17. Oktober 1905 wurde diese Duma zu einer Art zweiten Parlamentskammer aufgewertet, ihre Kompetenzen blieben gleichwohl stark begrenzt. Von einer konstitutionellen und parlamentarischen Monarchie, wie sie Liberalen vorschwebte, war diese Konstruktion noch sehr weit entfernt. Wie sollte eine konstitutionelle Monarchie mit einem Autokraten an der Spitze auch funktionieren? Die wichtigsten Posten waren nach wie vor in den Händen der Hofkamarilla.

Zur gleichen Zeit erließ der Zar eine allgemeine Amnestie, ein Versuch, die zunehmenden Unruhen, Proteste und Streiks einzudämmen. Diese hatten sich mit jeder weiteren Niederlage im Krieg mit Japan verstärkt, mittlerweile das ganze Land erfasst und zahlreiche Formen des Protestes hervorgebracht. Streiks der Eisenbahner lähmten das Land,

Streikkomitees und spontan gebildete Fabrikräte entstanden und versuchten, sich untereinander zu koordinieren. In den Hunger getriebene Bauern zogen durch die Provinzen, besetzten die Ländereien der Gutsbesitzer und brannten Tausende von Gutshöfen und Herrenhäusern nieder.

Die Unruhen und Massenproteste der Jahre 1904 bis 1906, welche die Kriegsniederlage Russlands begleiteten, und die Reaktionen des Zaren darauf erhielten im Nachhinein das Prädikat einer »Revolution«. Es handelte sich dabei um eine Kette von Konfrontationen, die das zaristische Herrschaftssystem in seinen Grundfesten erschütterten, es aber nicht zum Einsturz brachten. Um Konfrontationen und blutige Kämpfe, die sich in den Zentren Russlands, in St. Petersburg und Moskau abspielten und auf die Provinzen übergriffen. Ihr eigentlicher Ausgangspunkt lag in den polnischen Territorien, und dort entfalteten sie auch ihre stärkste Wucht. Nachdem die russische Regierung mit politischen Veränderungen wie dem Oktobermanifest, aber auch mit harten Maßnahmen wie der Verhängung des Kriegsrechts und Standgerichten auf die Unruhen reagiert hatte, kehrte ab 1907 wieder etwas Ruhe ein. Die Zarenherrschaft war geschwächt, aber noch intakt. Die imperialen Ansprüche des Zarentums, seine expansionistischen Ziele blieben erhalten.

Es war Lenin, der die »Revolution« von 1905 später als eine Generalprobe für die Große Sozialistische Oktoberrevolution von 1917 bezeichnete. Tatsächlich sollte es ihm und seinen engsten Anhängern zwischen 1905 und 1907 gelingen, eine Organisation von Berufsrevolutionären zu schmieden, beträchtliche Teile der polnischen Sozialisten auf ihre Seite zu ziehen und nicht zuletzt Rosa Luxemburg und ihre Anhänger für eine dauerhafte Zusammenarbeit zu gewinnen.

Mit all diesen Entwicklungen sahen sich nicht nur die PPS um Piłsudski, sondern auch die Nationaldemokraten um Roman Dmowski sowie weitere polnische Unabhängigkeitskräfte konfrontiert. Sie alle mussten in irgendeiner Weise darauf reagieren und Position beziehen.

Nach seiner Rückkehr aus Japan sprach Piłsudski im Oktober 1904 auf einer Konferenz des Zentralkomitees der PPS über eine notwendige neue Taktik. Er bezog sich auf alle Unruhen, die seit dem Kriegsausbruch im Frühjahr die polnischen Territorien erfasst hatten. Die Streiks und Demonstrationen hatten ökonomische, aber auch politische Gründe. Der Kriegseintritt Russlands behinderte die Exporte, ließ die Arbeitslosigkeit wachsen, die Lebensmittelpreise steigen und die Löhne sinken. Vor allem aber waren es die Massenaushebungen polnischer Rekruten für das russische Heer, welche die Proteste beförderten. Niemand, so Piłsudski, könne die Zukunft vorhersehen, aber jetzt sei der Moment gekommen, die eigene Stimme zu erheben. Wenn das nicht gelänge, wäre alles zu spät. Sollte die Zarenherrschaft fallen und die Polen wären dabei nur passive Zuschauer, hätte man die größte Chance verpasst. Eine Erhebung, die in Blut erstickt werde, sei ein immer noch billigerer Preis als das weitere Verharren in Friedhofsruhe.

In Warschau hatte es seit dem Frühjahr 1904 immer wieder kleinere Proteste gegeben. Unter der Führung von Walery Sławek und Aleksander Prystor formierten sich die ersten Selbstverteidigungsgruppen der PPS. Sie waren mit Knüppeln und Messern ausgestattet und führten Tabak mit sich, den man dem Gegner in die Augen werfen konnte. Knüppel, Messer und Tabak wurden in den Folgemonaten durch Revolver und Karabiner ersetzt. Für den lautlosen Nahkampf leisteten die Messer jedoch weiter gute Dienste. Die Kämpfer trugen Abzeichen wie Armbinden und bemühten sich um eine einheitliche Bekleidung, die immer mehr an Uniformen erinnerte. Ende Oktober und Anfang November kam es in Warschau zu mehreren Protesten gegen Truppentransporte, die mit großer Brutalität auseinandergetrieben wurden. Für den 13. November rief die PPS zu einer großen Demonstration auf dem Grzybkowski-Platz im Zentrum der Stadt auf. Dabei setzte sie mehrere ihrer Selbstverteidigungsgruppen ein. Hunderte von Menschen versammelten sich. Ein Teil von ihnen nahm an einem Gottesdienst teil. Als sich die Tore der Kathedrale öffneten, wehte plötzlich das rote Banner der

PPS mit der Aufschrift »Nieder mit dem Krieg und der Herrschaft des Zaren. Es lebe das freie polnische Volk« über den Köpfen der Demonstranten. Dazu ertönte die polnische Revolutionshymne, die *Warszawianka.* Gendarmen versuchten, die Menge mit Säbelhieben auseinanderzutreiben und zu den Fahnenträgern vorzudringen. Ein Teil der Demonstranten war bewaffnet und wehrte sich. Nachdem die Gendarmen die Flucht ergriffen, kamen berittene Kosaken zum Einsatz, die in die Menge hieben und feuerten. Viele Demonstranten verbarrikadierten sich in der Kirche und harrten dort stundenlang aus. Es gab zahlreiche Tote und Verletzte, die nachfolgenden Kämpfe zogen sich über die gesamte Warschauer Innenstadt.

Von diesen Ereignissen ging ein starkes Signal nach Russland aus. Pressemeldungen und Bilder erreichten zahlreiche Länder Europas und lenkten die Aufmerksamkeit erneut auf die polnische Frage. Der brutale Einsatz von Polizei und Militär war nur eine Form der Reaktion auf die Unruhen unter den polnischen Proletariern. Häufig genug zog nämlich auch die zaristische Geheimpolizei im Hintergrund ihre Fäden. Beispielsweise setzte sie Provokateure ein, die friedliche Demonstrationen zu einem bewaffneten Angriff eskalieren lassen sollten, um ein folgendes Blutbad rechtfertigen zu können. Spitzel und Denunzianten sollten die verschiedenen Gruppierungen und die bewaffneten Abteilungen der PPS auskundschaften und unterwandern. Innerhalb der PPS führte das dazu, dass immer wieder auch ehrliche Genossen des Verrats verdächtigt wurden. Solche Erfolge der Ochrana in Polen waren aber die Ausnahme. In zahlreiche Strukturen und Netzwerke der PPS konnte sie nicht eindringen, viele Pläne und Aktionen nicht aufdecken und vereiteln.

Sergej Witte, der mit den Vorschlägen des bereits erwähnten Oktobermanifestes von 1905 große Hoffnungen weckte, sah sich schon bald in einer Zwickmühle. Der Aufbau eines handlungsfähigen Parlaments, die Durchsetzung anspruchsvoller Reformen, ja sein gesamtes Modernisierungskonzept brauchten Zeit und Unterstützung. Die mit dem Oktobermanifest verbundene Amnestie hatte andererseits umgehend zur Folge, dass Tausende Revolutionäre nach Russland zurückströmten, unter ihnen Lenin, Luxemburg und Jogiches. Sie versuchten, die Unruhen und den Druck der Straße zu forcieren, und tatsächlich griffen Bauernproteste und Arbeiterstreiks im ganzen Land um sich. Konservative Kräfte und Hofkreise, die um den Bestand der Monarchie fürchteten, riefen nach Gegenmaßnahmen. Witte blieb gar nichts anderes übrig, als der Verhängung des Kriegsrechts, Strafexpeditionen und Standgerichten zuzustimmen, um wenigstens die Wahlen zur Duma zu retten. Das gelang, und im Mai 1906 trat die erste russische Staatsduma zusammen. Stärkste politische Kraft in ihr waren liberale Lehrer, Intellektuelle und Staatsangestellte, die sich in der Partei der Konstitutionellen Demokraten zusammengeschlossen hatten. Nach den Initialen ihres Parteinamens »Kadetten« genannt, wurden sie oft als Professorenpartei verspottet, doch in der Revolution von 1917 sollten sie noch eine wichtige Rolle spielen. Die Mehrzahl ihrer Mitglieder befürwortete die Reformpläne Wittes und wollte sie vorantreiben. Ihnen standen konservative Liberale gegenüber, die den Bestand des Reiches und der politischen Ordnung gefährdet sahen und die Konsequenzen einer Bodenreform ablehnten. Sie fürchteten die Wut des Volkes mehr als alles andere und befürworteten Exekutionen und Standgerichte. So gut wie alle Parteien der politischen Linken boykottierten die Dumawahlen. Nur Dmowskis Nationaldemokraten beteiligten sich, weil sie auf mehr Einfluss hofften. Roman Dmowski selbst wurde 1906 in die Duma gewählt.

Die erste Duma hatte kaum ihre Arbeit aufgenommen, als sie vom Zaren auch schon wieder aufgelöst wurde. Nach seiner Ablösung als Ministerpräsident zog sich Witte enttäuscht ins Privatleben zurück und schrieb seine Memoiren. Im Sommer 1914 warnte er eindringlich vor einem Kriegseintritt Russlands. Das Reich des Zaren werde diesen Krieg nicht überleben. Wittes Nachfolger als Ministerpräsident wurde Pjotr Stolypin, ein konservativer Nationalist, der eng mit der Ochrana verbunden war und mit aller Härte gegen die Unruhen vorging. Bemerkenswerterweise bot er aber zugleich den Vertretern der konstitutionellen Parteien an, ins Kabinett einzutreten. Für die Liberalen wurde er so zum brutalen Henker (der Strick des Henkers hieß im Volksmund »Stolypin'sche Krawatte«), für die Reaktionäre war er ein gefährlicher Reformer. Für Stolypin war es undenkbar, dass sich Russland ohne eine durchgreifende Modernisierung in neue Kriegsabenteuer stürzte. Mit seinen Bedenken scheiterte er jedoch am Widerstand der Hofkreise und des Zaren. Ebenso mit seinem Versuch, den Juden volle Bürgerrechte zu gewähren.

# 6
# DIE SPALTUNG DER PPS

## Parteikämpfe

Als Rosa Luxemburg in Berlin von der Amnestie in Russland erfuhr, war sie wie elektrisiert und doch zunächst unschlüssig, was das für sie bedeutete. Im Oktober 1905 machte sich Dzierżyński von Krakau aus nach Warschau auf, Leo Jogiches folgte ihm. Nun wollte auch Luxemburg nicht mehr länger warten. Gegen den Widerstand und die Vorbehalte ihrer deutschen Vertrauten Clara Zetkin und Luise Kautsky setzte sie im Dezember 1905 ihre Reisepläne durch und fuhr als deutsche Journalistin Anna Matschke kurz vor Silvester ebenfalls nach Warschau.

Wie lange hatte sie den Klang ihrer Muttersprache um sich herum entbehrt, die Straßen und Plätze, die ihr aus Kindheit und Jugend vertraut waren! Sie besuchte heimlich ihre Warschauer Schwestern, doch viel Zeit für Privates blieb nicht. Luxemburg war sich der im Oktobermanifest versprochenen Amnestie nicht sicher und bewegte sich daher wie eine Illegale. Mit Jogiches, der schon vor Ort war, suchte sie sichere Quartiere bei Genossen. Gemeinsam stürzten sie sich in die Arbeit, in den Kampf. Später sollte sie diese Monate als einen der Höhepunkte in ihrem Leben schildern. Sie trat auf Fabrikversammlungen auf. Fast täglich wurden Flugschriften verfasst und gedruckt, die *Rote Fahne* erschien regelmäßig und wurde verteilt. Da sie in Warschau über keine eigene Druckerei verfügten, wurden Druckereibesitzer mit Geldbeträgen, manchmal auch mit dem Revolver dazu gebracht, sie zu unterstützen. Daneben schrieb Luxemburg Artikel für die sozialdemokratische deutsche Parteipresse. In allem, was sie tat und schrieb, warb sie um die PPS-Linken, trat sie für das Zusammengehen mit den russischen Klassenbrüdern ein, griff sie Piłsudski und seine Anhänger an, die sie als Nationalchauvinisten betrachtete. Die SDKPIL wollte darüber hinaus stärker in die bewaffneten Kämpfe eingreifen. Julian Marchlewski erhielt deshalb den Auftrag, in Belgien Waffen zu besorgen.

Für Piłsudski und seine Anhänger waren Luxemburgs Vorstellungen absolut unannehmbar, dennoch wirkten diese in weite Teile der PPS hinein. In den parteiinternen Auseinandersetzungen, die sich über das Frühjahr und den Sommer 1906 hinzogen, versuchte Piłsudski noch zu lavieren, um die Einheit der Partei zu erhalten. Im November kam es dann zu einem Kongress, auf dem die PPS-Linke die Zusammenarbeit oder sogar Vereinigung mit den Luxemburg-Leuten forderte. Die Piłsudski-Anhänger, die in der Minderheit waren, bildeten daraufhin die PPS-Revolutionäre Fraktion, um sich von ihren linken Genossen deutlich abzugrenzen. Zum Glück waren der Aufbau und die Ausrüstung der Kampfgruppen da aber schon weit fortgeschritten. Als Kommandant der bewaffneten Kräfte genoss Piłsudski weiterhin Autorität bei den PPS-Linken, die ihm auf diesem Feld freie Hand ließen. Er konnte sich somit dem weiteren Ausbau und dem Einsatz der Kampfgruppen widmen und widersetzte sich jedem Versuch, sie unter die Kontrolle der Partei zu stellen. Bolesław Limanowski kehrte aus der Emigration nach Krakau zurück, um Piłsudski und seine Anhänger zu unterstützen. Seine Schrift *Sozialismus und Patriotismus* war nach wie vor von ungebrochener Aktualität.

Für Luxemburg und Jogiches nahm ihr polnisches Abenteuer ein jähes Ende. Am 4. März 1906, einem Sonntag, wurden sie im Haus einer Gräfin Walewska verhaftet und in getrennte Gefängnisse gebracht. Beide kamen nach einigen Zwischenstationen auch im berüchtigten X. Pavillon der Warschauer Zitadelle an. Ihre wahren Identitäten wurden festgestellt, und sie sahen Gerichtsprozessen entgegen. Für Luxemburg setzten sich Vertreter der deutschen sozialdemokratischen Parteiführung und internationale Sozialisten ein. Sie schrieben Petitionen, besorgten

Rechtsanwälte, kümmerten sich um Bestechungsgelder und eine hohe Kaution. Anfang Juni konnte Luxemburg geschwächt, aber wohlbehalten das Gefängnis verlassen und nach Finnland ausreisen. Für Jogiches sah es schlechter aus, da er als russischer Staatsbürger immer noch als Deserteur galt. Er wurde einige Monate später zu langjähriger Verbannung nach Sibirien verurteilt, konnte aber bei dem Transport auf abenteuerliche Weise entkommen und kehrte nach Berlin zurück.

In Abwesenheit von Luxemburg und Jogiches fand im Juni 1906 in Zakopane ein Kongress der SDKPIL statt, auf dem die Vereinigung mit den Sozialdemokraten Lenins beschlossen wurde. Vorsitzender und Hauptredner des Kongresses war Feliks Dzierżyński. Vertreter der PPS-Linken schlossen sich der Verbindung später an, obwohl sie formell ihre Selbstständigkeit beibehielten. Der Zusammenschluss war ein Sieg Lenins auf der ganzen Linie. Er hatte damit die Polen an die kurze Leine gelegt und seine parteiinterne Position gegenüber den Menschewiki gestärkt. Jetzt kontrollierte er auch die Redaktion der *Iskra* und konnte Plechanow neutralisieren. Dem war das Treiben zwischen den konkurrierenden Bolschewiki und Menschewiki in der Partei zu unheimlich geworden, und er distanzierte sich von beiden Seiten. Lenin sorgte nun dafür, dass der Nestor der russischen Sozialdemokratie kaltgestellt und auf die Seite geschoben wurde. Einzig Vera Sassulitsch, die Plechanow in allen Fragen ergeben war, protestierte vehement. Als intime Kennerin aller Debatten kritisierte sie den halbherzigen Widerstand der Menschewiki gegen die diktatorischen Ambitionen Lenins. Sassulitsch verurteilte sich damit zur Außenseiterin, der man nur noch als einst heldenhafter Attentäterin Respekt zollte.

Lenin hatte jetzt im Grunde nur noch die zerstrittenen Menschewiki als Gegenspieler. Wichtig war, dass er mit Dzierżyński einen polnischen Bolschewiken auf seiner Seite wusste. Julian Marchlewski und Adolf Warski arbeiteten im Maschinenraum der Partei, kümmerten sich um organisatorische Fragen und folgten ansonsten willig allen Vorgaben Lenins. Mit Karl Radek kam ein hoch agiler Intellektueller dazu, der sich in gleichzeitig in mehreren Linksparteien bewegte. Radek stammte aus einer jüdisch-polnischen Familie und legte sich je nach Bedarf eine polnische, deutsche und auch russische Identität zu. Für die Außenpolitik der Bolschewiki sollte er noch eine wichtige Rolle spielen.

Für Piłsudskis Frau Maria brachte das Jahr 1906 gleich zwei tragische Ereignisse. Zuerst verunglückte Sławek, der Verlobte ihrer Tochter Wanda, schwer. Er führte mit Aleksander Prystor und weiteren Vertrauten zahlreiche bewaffnete Aktionen der PPS-Kampfgruppen an. Neben der Beteiligung an Straßenkämpfen handelte es sich um Überfälle auf Polizeireviere und Kasernen, die der Beschaffung von Waffen dienten. Wenn die überraschten Polizisten oder Gendarmen sich widerstandslos ergaben und die Schlüssel zu den Waffenkammern aushändigten, kamen sie in der Regel mit dem Leben davon. Zunehmend richteten sich die Aktionen der Kampfgruppen aber auch auf Banken, Sparkassen und Geldtransporte. Bei der Vorbereitung des Überfalls auf einen Postzug explodierte eine Bombe in den Händen Sławeks. Er war schwer verletzt, konnte aber rechtzeitig in ein Spital gebracht werden, in dem er vor Verfolgung sicher war. Durch die Explosion der Bombe verlor er das linke Auge, teilweise das Gehör und mehre Finger der linken Hand. Narben entstellten sein Gesicht. Der verzweifelte junge Mann war entschlossen, Wanda das Leben an der Seite eines Krüppels zu ersparen. Er versteckte sich vor ihr, verweigerte sich ihren Besuchen und schrieb ihr einen Abschiedsbrief.

Kurze Zeit später musste Wanda mit den Folgen einer verschleppten Lungenentzündung kämpfen, die sie nicht überstand. Sie starb im August 1906. Maria brach zusammen, verfiel in eine tiefe Depression und war lange krank. Piłsudski litt ebenfalls unter dem Tod Wandas, die für ihn wie eine Tochter gewesen war, und stürzte sich noch mehr als bisher in seine politischen Kämpfe. Sławek wurde, nachdem er einigermaßen wiederhergestellt war, übrigens zum treuesten Gefährten und Schatten des Kommandanten.

Im Herbst 1906 traf Piłsudskis Bruder Bronisław in Krakau ein. Er hatte in Sachalin eine Frau mit zwei Söhnen zurückgelassen. Einst war er dorthin für fünfzehn Jahre verbannt worden. Er wusste, dass es für ihn keine Rückkehr nach Sachalin geben würde, schloss aber auch die Möglichkeit aus, seine Familie nachzuholen. In der Kultur der Ainu, den Ureinwohnern von Sachalin, war es unmöglich, dass sich Angehörige der Familie dauerhaft von der Gemeinschaft entfernten. Mochten die Brüder Bronisław und Józef nun endlich wieder vereint sein, so waren sie einander doch unverkennbar fremd geworden. Die lange Zeit der Trennung ließ sich nicht so einfach ignorieren. Bronisław hatte einen großen Teil seiner selbst in Sachalin zurückgelassen, wo er sich als Erforscher der Kultur und der Sprache der Ureinwohner verstanden hatte. Er hätte auf der Insel sogar noch Kustos eines ethnologischen Museums werden können, das in dieser Zeit im Entstehen war. Die Kämpfe, in denen sein Bruder inzwischen steckte, waren ihm fremd. Gemeinsame Ausflüge nach Zakopane schienen die beiden noch einmal näher zusammenzubringen, aber die frühere Vertrautheit war verloren. Bronisław konnte schließlich in einem Zimmer unterkommen, das unmittelbar über der Wohnung der Piłsudskis in der Topolowa-Straße lag. Er schloss sich eng an Maria an – es war, als wenn sich zwei Unglückliche wechselseitig stützten.

## Die Kampfgruppen der PPS

Piłsudski war das Militärische eigentlich nicht in die Wiege gelegt worden. In den Erzählungen der Mutter und der Tanten war zwar von den bewaffneten Aufständischen die Rede, aber das waren verklärte Erinnerungen. Der Vater war beim Aufstand 1863 Zivilkommissar gewesen und alles andere als der Typ eines Offiziers. In den Fantasien des jungen Ziuk und seiner Lektüre spielten Kriege natürlich eine Rolle. Später sollte er Napoleon als politischen Strategen mindestens ebenso schätzen wie als Armeeführer. Immerhin hatte der es geschafft, Jakobiner und Royalisten, Linke und Rechte gleichermaßen in Schach zu halten.

Mit seiner Konstitution wäre Piłsudski von einer ordentlichen Musterungskommission wahrscheinlich sogar zurückgestellt worden. Wie konnte er aber glaubhaft für erfolgreiche Erhebungen und Aufstände werben, wenn er nicht selbst aktiv daran teilhatte? Für die militärischen Übungen, an denen er teilnahm und die er später selbst anführte, erlegte er sich ein hartes Training auf schaffte es dabei sogar, früh aufzustehen – was für alle, die ihn kannten, einem Wunder glich. Vor allem stürzte er sich auf militärische oder militärhistorische Fachliteratur, und auch den Verlauf und Ausgang des Russisch-Japanischen Krieges verfolgte er sehr genau.

Im Jahr 1907 verfasste er eine Militärgeografie des polnischen Königreiches, bei der die Eisenbahnverbindungen, Aufmarschrouten und Rückzugsgebiete eine besondere Rolle spielten – als wollte er künftige Kämpfe und Schlachten vorwegnehmen. Eine besondere Rolle für ihn spielte das Verhältnis von Milizen und Berufsarmeen. Wenn er mit seinem militärischen Halbwissen nicht mehr weiter wusste, halfen ihm Kameraden mit militärischer Erfahrung.

Die Erfahrungen der zurückliegenden Jahre hatten Piłsudski gezeigt, dass für den Weg Polens in die Unabhängigkeit eigene Streitkräfte unerlässlich waren. Nicht als Armee, die den Großmächten trotzen konnte, sondern als Zeichen des Freiheitswillens, als Symbol für die Bereitschaft, alles einzusetzen. Um die Mittel für den Aufbau solcher Streitkräfte zu beschaffen, war er nach Japan gereist, waren die Emissäre der PPS in verschiedenen Ländern aktiv, wurden die Möglichkeiten aller Teilungsgebiete genutzt. Im Russischen Reich verübte man Überfälle auf Banken und Geldtransporte, im galizischen Teil galt es, andere Möglichkeiten zu nutzen. Hier war er bereit, Kontakte zu den österreichischen Geheimdiensten zu nutzen und neue Verbindungen aufzubauen.

Die mit Russland befasste Geheimdienstabteilung des Deutschen Generalstabs und die galizischen Abteilungen des Österreichischen Evidenzbüros verstärkten angesichts des Russisch-Japanischen Krieges ihre Aufklärungsaktivitäten. Russland wurde als potenzieller Kriegsgegner gesehen, und so galt es, das Netz von Kundschaftern und Agenten in den russischen Grenzgebieten und im Landesinneren auszubauen, Gegner Russlands zu identifizieren und auf ihre Eignung für eine Zusammenarbeit hin zu überprüfen. Die deutsche Seite nahm daher vor allem die ostpreußische Grenze zu Russland als mögliche Aufmarschbasis in den Blick, und sie schätzte die russischen Sozialdemokraten und Sozialrevolutionäre als militanteste Gegner des Zarenregimes ein. Auf Anregung Erich Ludendorffs, des Leiters der Russlandabteilung des Deutschen Generalstabs, sorgte man an den ostpreußischen Grenzkontrollpunkten dafür, dass deutsch-russische Agenten nach Russland geschleust werden konnten. Der Aufklärungsdienst der russischen Ochrana blieb umgekehrt gegenüber der deutschen und der österreichischen Seite auch nicht untätig. Im Übrigen fungierte mancher der auf beiden Seiten pendelnden russischen Revolutionäre als Doppelagent.

Ihren größten Erfolg feierte die russische Seite 1913, als es ihr gelang, den damaligen österreichischen Hauptmann und späteren Oberst Alfred Redl anzuwerben. Redl war im Evidenzbüro für Auslandsaufklärung tätig, rückte in den Folgejahren in führende Stellen auf und konnte der russischen Seite die geheimen Aufmarschpläne Österreichs für den Kriegsfall zuspielen. Darüber hinaus lieferte er zahlreiche Agenten Österreichs aus, die in Russland eingesetzt waren. Redl wurde mit seiner Homosexualität erpresst. Später sollten russische Geheimdienstler behaupten, Redl habe sich freiwillig angedient, um seinen aufwendigen Lebensstil zu finanzieren. Als er kurz vor Ausbruch des Ersten Weltkrieges enttarnt wurde, legte man ihm den Freitod nahe.

Den galizischen Behörden wie auch den Mitgliedern des Evidenzbüros blieben die Aktivitäten der Sozialisten in Lemberg, in Krakau und der Provinz natürlich nicht verborgen. Soweit sie sich gegen Russland richteten, sah man hier durch die Finger. Österreichische Geheimdienstoffiziere waren jedoch einigermaßen erstaunt, als 1906 bekannte und unbekannte Sozialisten bei ihnen auftauchten und eine verdeckte Zusammenarbeit vorschlugen. Es ging um Aufklärungsinformationen gegen die Möglichkeit halblegaler eigener militärischer Verbände unter dem Dach von Schützenvereinen. Die Gespräche und Verhandlungen endeten sehr unterschiedlich. Einige der österreichischen Offiziere, die polnische Wurzeln hatten, waren bereit, eine solche Zusammenarbeit stillschweigend zu akzeptieren. Einzelne sollten später eine entscheidende Rolle beim Aufbau eines polnischen Geheimdienstes spielen. Für die Sozialisten sollte sich die Vorarbeit jedenfalls auszahlen. Waffen, Munition und Sprengstoff gelangten auf den verschiedensten Wegen in die geheimen Verstecke und Magazine der Kampfgruppen. Das Geld der Japaner half nicht unwesentlich dabei.

An den Überfällen auf Banken, Geldtransporte, Polizeireviere und Kasernen der bewaffneten Verbände nahmen die Frauen innerhalb der PPS, anders als in den Kampfgruppen der russischen Parteien, in der Regel nicht teil. Sie übernahmen jedoch wichtige Aufgaben, wenn es um Transport und Logistik ging. Jetzt waren es Magazine für Waffen, die angelegt wurden und zu sichern waren. In den 1890er-Jahren hatten die Frauen gelernt, wie sie illegale Schriften schmuggeln konnten, jetzt ging es um Revolver, Patronen und Sprengstoff. Wie viel davon ließ sich in einem Korsett unterbringen, in einem Rock verstecken, sicher in der Stadt und mit der Eisenbahn transportieren? Die Frauen übten, wie sie etwas am Körper verstecken konnten und was sie bei Zwischenfällen und Kontrollen tun sollten. In solchen Situationen konnte ein Damenrevolver, der im Strumpf steckte, oder ein dort platziertes Wurfmesser eine wirksame Hilfe sein. Auch das wurde trainiert. Wenn sie den langen Rock rafften, rechnete der männliche Verfolger oder Kontrolleur wohl kaum damit, gleich angegriffen zu werden.

Die zumeist in Galizien ankommenden Transporte wurden in Waffenmagazine gebracht, deren Standorte nur einem kleinen Kreis bekannt sein durften. Ihre Sicherung war eine besonders verantwortungsvolle Aufgabe. Dort lagerten Karabiner, später sogar Maschinenwaffen und Pistolen verschiedener Fabrikate, die dazugehörige Munition und Sprengstoff. Unter den Pistolen wurde neben der großkalibrigen Mauser der Browning-Revolver die bevorzugte Waffe der Revolutionäre. Er ging auf einen amerikanischen Konstrukteur zurück und wurde in europäischen Varianten gefertigt. Es gab PPS-Veteranen, denen ihr Revolver zum lebenslangen Begleiter wurde. Später sollte auch Piłsudski stets einen solchen Revolver bei sich tragen. Daneben gab es kleinkalibrige Damenrevolver, die auch von Männern geschätzt wurden, weil sie sich leichter verstecken ließen.

Piłsudski sorgte sich sehr um die Sicherheit und die Ordnung in den Waffenmagazinen und überzeugte sich häufig von deren Zustand. Bei einer dieser Inspektionen traf er im Mai 1906 auf die junge Aleksandra Szczerbińska. Die 23-jährige Aleksandra, in Parteikreisen Ola genannt, war seit knapp drei Jahren Mitglied der PPS. Ihre Familie stammte aus Suwałki, einer Nachbarregion der Heimat des Kommandanten. Trotz ihres Alters war sie eine erfahrene Kundschafterin, kümmerte sich um die Vorbereitung von Aktionen, den Transport und die Lagerung von Waffen. Als Piłsudski im Magazin eintraf, zählte und sortierte sie gerade eine Ladung frisch eingetroffener Revolver und Karabiner. In dieser romantischen Umgebung fand die erste Begegnung der beiden statt, die Ola in ihren Erinnerungen beschrieb. Bis dahin hatte sie den Kommandanten nur vom Hörensagen gekannt. Nun war sie so von seiner Erscheinung fasziniert, dass sie sich auf der Stelle in ihn verliebte. Sie bewunderte seinen leichten, federnden Gang und seine strahlenden Augen. Freilich wollte sie sich das hinterher nicht eingestehen, zu fern war er, zu sehr Gegenstand der Verehrung. Weitere Begegnungen sorgten aber dafür, dass sie sich näherkamen. Als die PPS 1907 den Überfall auf eine gut gesicherte Bank in Kiew plante, gehörten Piłsudski und Aleksandra zu einem Kommando, welches den Bankraub vorbereitete. Dabei habe er ihr auf einem langen Spaziergang unvermittelt seine Liebe gestanden, schilderte die spätere Geliebte und Gattin Piłsudskis. Nie im Leben habe sie an eine solche Möglichkeit geglaubt. Da die Bank in Kiew zu gut gesichert war, kam es dann doch nicht zu dem Überfall.

Ein großer Erfolg hingegen wurde im September 1907 die »Aktion von Bezdań«, der Überfall auf einen Postzug, der Steuergelder aus Polen nach St. Petersburg bringen sollte. Die nahe Wilna gelegene Poststation war sorgfältig ausgesucht worden. Mit Walery Sławek, Aleksander

Walery Sławek, 1905

Prystor, Tomasz Arciszewski und Piłsudski betätigten sich gleich vier künftige Premierminister der Zweiten Republik als Posträuber. Mehr als zwei Dutzend weiterer PPS-Genossen waren an dem Überfall beteiligt, der knapp 300 000 Rubel in die Parteikasse brachte. Einige der Beteiligten gingen den zaristischen Verfolgern allerdings später ins Netz und mussten mit langen Jahren in Sibirien für ihre Mittäterschaft bezahlen. Zu ihnen gehörte Prystor, der erst 1917 aus der sibirischen Verbannung zurückkehren sollte. Aleksandra und Józef waren Teil des Vorbereitungskommandos gewesen und hatten dabei mehrere Wochen gemeinsam im Wald verbracht. In dieser Zeit wurden sie endgültig ein Paar.

Während der Vorbereitungen auf den Postraub beschlichen Piłsudski dunkle Vorahnungen. An Feliks Perl, einen seiner engsten Vertrauten, schrieb er einen Brief, den man als eine Art politisches Testament lesen konnte. Feliks habe ihm einst zugesichert, für ihn einen schönen Nekrolog zu schreiben, sollte ihn der Teufel holen. Dieser Fall könnte jetzt eintreten. Natürlich habe der Freund freie Hand zu schreiben, was er wolle, aber dennoch seien ihm einige Gedanken besonders wichtig. Es gehe dabei nicht um die großen Ideale von Sozialismus oder Polentum, sondern um einige elementare Dinge, die den Sinn seines Kampfes, seines Einsatzes beträfen. Er könne in der stinkenden Latrine, die das Leben in der Unfreiheit bedeute, in dieser Erniedrigung, einfach nicht mehr leben. Er könne nichts mehr akzeptieren, mit dem dieser Zustand sich verlängere. Kampf bis zum Äußersten, um diesen Zustand zu beenden, darauf komme es an. Dazu habe er seine Genossen angetrieben. Wenn die dafür mit ihrem Leben bezahlten, sei es jetzt an der Zeit, dass ihr Kommandant ihnen mit dem eigenen Beispiel vorangehe, den Tod im Kampf oder am Galgen nicht scheue. Feliks solle aus ihm keinen Märtyrer, kein heiliges Opfer machen, sondern einen Kämpfer, der den Sieg suchte. Wenn es dabei auch um das liebe Geld, den schnöden Mammon, gehe, so gehöre das zum revolutionären Kampf nun einmal notwendig dazu.

Maria konnte den Verlust Wandas nicht verwinden und hatte sich von ihrer Krankheit nicht wirklich erholt, aber es ging ihr nach und nach etwas besser. Sie unterstützte die PPS und kümmerte sich um den Verlag. Nach langer Pause zeigte sie sich auch wieder in Gesellschaft. Manchmal war dann Bronisław an ihrer Seite, denn Józef war permanent unterwegs und häufig wochenlang nicht zu Hause. Da er offiziell nicht in der Topolowa-Straße gemeldet war und nur eine sehr ungefähre Beschreibung des Sozialistenführers existierte, gab es bei solchen Gelegenheiten Meldungen von Spitzeln und Kundschaftern, wonach Maria mit ihrem Mann unterwegs sei. Die Revolutionäre hatten es sich angewöhnt, paarweise auszugehen, wenn sie in der Öffentlichkeit waren. So ließ sich in Restaurants und Cafés der wahre Zweck zahlreicher Verabredungen besser verschleiern.

Noch geraume Zeit nach der Aktion von Bezdań wollte Maria nichts von der neuen Bindung Józefs wissen. Wenn doch etwas davon über Freunde und Vertraute zu ihr drang, dann war sie zu stolz, nachzuforschen oder ihn zu fragen. Untreue gab es in ihren Kreisen durchaus, allerdings war sie derlei von ihm nicht gewohnt. Sie wusste natürlich von seiner Wirkung auf Frauen, von der Faszination, die viele für ihn empfanden. Sie wusste aber auch, dass er solche Signale normalerweise nicht erwiderte. Diesmal war es anders, und irgendwann offenbarte er sich ihr Stück für Stück. Zunächst in Briefen und auf eine Art, die ihm eigentlich nicht lag. Er konnte sich nicht wirklich entscheiden und wiegelte nach beiden Seiten ab. Das Gefühl für Maria war nicht erloschen, die Bindung an sie war weiter da, hatte für ihn jedoch einen anderen Charakter bekommen. Maria machte ihm keine Eifersuchtsszenen, beharrte aber auf einem Versprechen, das sie einander gegeben hatten. Es war nicht das kirchliche Sakrament der Ehe, an das sie sich klammerte, sondern ein Versprechen unter Kampfgefährten, aus dem sie Józef nicht entlassen konnte – und wollte. Dafür fügte sie sich in die Realität einer lang andauernden Dreierbeziehung. Sie und Józef blieben nach außen weiter ein Paar, und die mit Sicherheit enttäuschte Aleksandra sah sich in der Rolle einer Geliebten, eine Konstellation, die bis über den Ausbruch des Ersten Weltkrieges hinaus Bestand haben sollte. Im Kreis der Freunde und Vertrauten war die Haltung zu diesem Arrangement geteilt. Die meisten alten Freunde standen auf Marias Seite, schafften es aber nicht, ihn umzustimmen. Für Gegner und Feinde war das Konkubinat immer wieder eine willkommene Gelegenheit, um Józef Piłsudski fehlende Moral und Herzlosigkeit vorzuwerfen.

Ab 1907 war und blieb das Leben in der Krakauer Wohnung aber auch so schon turbulent. Zu den zahlreichen Gästen und Besuchern, die dort seit Jahren verkehrten, stießen neue Gesichter. Mit Maria Dąbrowska und Kazimiera Iłłakowiczówna – die eine 1889 geboren, die andere 1892 – waren darunter zwei junge Frauen, die zu Gestirnen der polnischen Literatur werden sollten. Vor allem die junge Kazimiera war häufig zu Gast. Ihre Familie stammte aus Wilna, was die Gastgeber besonders für sie einnahm. Als illegitime Tochter eines verheirateten Mannes war sie von Kindesbeinen an mit schwierigen Familienverhältnissen konfrontiert und fühlte sich oft einsam. Ihre Form, diese Situation zu verarbeiten, wurde das Schreiben. Vor allem Gedichte verfasste sie. Vom Großvater, einem Sprachenprofessor, hatte sie wohl das Talent für Fremdsprachen geerbt, von denen sie später zahlreiche beherrschte. Internats und Studienaufenthalte führten sie durch halb Europa. Nach Krakau kam sie durch ihre Schwester Barbara. Diese hatte ein kleines Zimmer in der Wohnung der Piłsudskis und half dem Kommandanten

Maria Dąbrowska, 1925

Kazimiera Iłłakowiczówna, 1926

mit ihren Fremdsprachenkenntnissen bei der Herausgabe seiner militärhistorischen Schriften. Der jungen Studentin, die nun ihre Schwester besuchte und dabei auf Piłsudski traf, fielen seine Freundlichkeit und Sanftmut auf. Das passte so gar nicht zu der martialischen Seite, die ihm zugeschrieben wurde. Von seinem Aussehen war sie nicht übermäßig beeindruckt, ihr gefielen an ihm eher der Wilnaer Charme und die vertraute Sprachmelodie. Er wiederum ließ sich selbst in Anwesenheit zahlreicher Gäste auf lange Gespräche mit ihr ein.

Maria Dąbrowska machte sich oft über die schwärmerische Verehrung ihrer Freundin Kazimiera lustig. Sie stand den Sozialisten nahe und war von der Person Piłsudskis durchaus beeindruckt, jeder Kult um seine Person lag ihr jedoch fern. In ihrem großen Romanzyklus *Nächte und Tage*, der zwischen 1932 und 1934 erschien, schilderte sie das Panorama der Probleme zwischen Adelsfamilien und Bauernschaft in Polen. Sie wusste, vor welchen Hürden die Sozialisten standen, wenn es um die Landreform ging, und woran sie zu scheitern drohten. Sie sollte später im Landwirtschaftsministerium arbeiten und in ihren Tagebüchern die Höhen und Tiefen zweier Jahrzehnte der Zweiten Republik begleiten.

## Der große Krieg rückt heran

Roman Dmowski sah im schon erwähnten Oktobermanifest des Zaren von 1905 die Möglichkeit, mehr Autonomie für Polen zu gewinnen. Er traf sich mit Sergej Witte und versuchte, ihn von der Loyalität der Nationalen Demokraten zu überzeugen. Diese stellten sogar eigene bewaffnete Kampfgruppen auf, die gegen die Demonstrationen der Sozialisten vorgingen. Dmowski war bereit, die massenhafte Einziehung polnischer Soldaten in die zaristische Armee zu akzeptieren, und stimmte in der Duma für Kriegskredite. Er hielt Deutschland für einen künftigen Kriegsgegner und wollte sich aus Sorge vor den Deutschen lieber Russland anschließen. Erst als der Zar eine Duma nach der anderen auflöste und das Pseudoparlament immer bedeutungsloser wurde, legte er dort das Mandat nieder. In seiner Schrift *Deutschland, Russland und die polnische Frage* aus dem Jahr 1908 fasste er die antideutsche Stoßrichtung seiner politischen Aktivitäten noch einmal zusammen. Die überzogen prorussische Haltung führte dazu, dass er in Konflikt mit Teilen seiner eigenen Bewegung geriet und dort mit seiner Position eine Zeit lang isoliert war.

Eine Folge des Japan-Debakels war, dass Russland glaubte, nun erneut seine Großmachtansprüche in der Balkanregion anmelden zu müssen. Das rief natürlich Österreich-Ungarn auf den Plan und beförderte die Balkankrise von 1908. Dabei ging es vor allem um den Status von Bosnien-Herzegowina. Deutschland stellte sich demonstrativ hinter die Ansprüche Wiens und nahm damit entscheidende Weichenstellungen des Ersten Weltkrieges vorweg. Bei allen beteiligten Großmächten fanden sich Kräfte, die auf Verhandlungen und diplomatische Lösungen setzten. Genauso aber gab es auf der anderen Seite jeweils Militärs und Politiker, die von den Erfolgschancen eines Überraschungsangriffs überzeugt waren, sich Einflussgewinn erhofften oder Revanchegelüste hegten. Konservative Kreise in Frankreich brannten darauf, die Schmach von 1871 wettzumachen. Die deutsche Kriegspartei träumte davon, den Erzfeind Frankreich endgültig in die Knie zu zwingen. Russische Militärs, die den schwankenden Zaren bedrängten, wollten die gegen Frankreich konzentrierten deutschen Streitkräfte durch eine schnelle Offensive in Ostpreußen überrumpeln und mit seinem Verbündeten die Früchte eines Sieges einfahren. Großbritannien oder gar die USA wurden noch gar nicht als Beteiligte betrachtet. Alle Anhänger einer militärischen Lösung träumten von schnellen Gewinnen und einem siegreichen Frieden, keiner konnte oder wollte sich zu dem Zeitpunkt einen über mehrere Jahre andauernden europäischen Vernichtungskrieg vorstellen, zu dem es am Ende tatsächlich kommen sollte.

Piłsudski hatte diese widerstreitenden Interessen und Kräfte auf der großen politischen Bühne vor Augen, wenn er an das weitere eigene Vorgehen dachte. Zunächst galt es, die eigenen Kräfte zu bündeln. Das Netz der bereits bestehenden Kampfgruppen wurde erweitert. In einer 1908 gegründeten konspirativen Organisation, dem Bund für aktiven Widerstand (ZWC), wurden alle in Krakau, Lemberg und anderen Orten Polens sowie im Ausland existierenden Ausbildungsstätten und Schulen zusammengefasst. Der Bund war formal unabhängig, wurde aber von der Führungsgruppe der PPS dominiert. Die Auslandsgruppen und -schulen sollte Piłsudski in den Folgejahren immer wieder besuchen und inspizieren. In den Schulen lernte man nicht nur Waffen- und Sprengstoffkunde, sondern auch, wie man Sabotageakte und Überfälle plante und ausführte. Darüber hinaus gab es Unterricht in Militärgeschichte und -strategie. Gruppen des ZWC existierten in St. Petersburg, Kiew und Charkow, einzelne Stützpunkte gab es aber auch in Schlesien und Westpolen.

Die Gründung des ZWC fand in der Lemberger Wohnung von Kazimierz Sosnkowski statt, der einer der wichtigsten Vertrauten und Begleiter des Kommandanten werden sollte. Als Architekturstudent am Warschauer Polytechnikum hatte der junge Sosnkowski, er war Jahrgang 1885, die Kämpfe auf dem Warschauer Grzybkowski-Platz von 1905 erlebt. Eigentlich war er eine künstlerische Natur und fühlte sich den Werten der Sozialisten auf geistige Weise verbunden. Die Erlebnisse von 1905 beförderten seine Bereitschaft, für die Unabhängigkeit Polens mit der Waffe in der Hand zu kämpfen.

Eine weitere wichtige Aufgabe, die anstand, war der Ausbau von Schützenvereinen, die ihre Zentren in Lemberg und Krakau hatten. Zivile und damit legale Schützenvereine hatten eine lange Tradition, aber hier ging es um kaum kaschierte militärische Formationen mit gründlicher Ausbildung und einer Bewaffnung, die teilweise aus Beständen der österreichischen Armee stammte. Am Aufbau und an der Arbeit der Schützenverbände beteiligten sich erfahrene Armeeangehörige. Das Kalkül der K.-u.-k.-Administration und der Militärs bestand darin, die polnischen Einheiten für den Fall eines Krieges mit Russland als eine Art Landwehr einsetzen zu können. Piłsudski und die Führung der PPS durchschauten das Spiel, verfolgten ihrerseits aber ganz andere Absichten.

Neben all diesen überwiegend militärisch geprägten Vorbereitungen für eine mögliche Unabhängigkeit Polens gab es freilich auch andere Aktivitäten und Maßnahmen, die sich einem solchen Ziel verpflichtet fühlten. In einer 1907 gegründeten wissenschaftlichen Gesellschaft wurden beispielsweise statistische Grundlagen dafür geschaffen, die territoriale Gliederung Polens und die Verteilung der Bevölkerung zu bestimmen. Sie sollten zum wichtigen Material für die polnische Delegation bei den Versailler Friedensverhandlungen werden. Eine polnische ökonomische Gesellschaft in St. Petersburg wiederum erarbeitete umfangreiche Bände mit ökonomischen und sozialen Daten. Sie sollten der Sozialpolitik und der wirtschaftlichen Strategie einer künftigen polnischen Regierung und ihrer Administration dienen. Aus Galizien schließlich stammten ethnografische Studien über Litauen und Belarus, dort entstand auch ein monumentaler Atlas Polens. All diese wichtigen Grundlagen waren dem Engagement patriotischer gesellschaftlicher Vereinigungen zu verdanken. Der offizielle Lehr- und Wissenschaftsbetrieb in Universitäten und Akademien diente derweil nach wie vor den Interessen der Teilungsmächte.

## Polnische Unabhängigkeitskräfte

Die wachsenden Spannungen zwischen den Großmächten und die Möglichkeit eines Krieges zwischen ihnen ließen nicht nur die polnischen Sozialisten aktiv werden und Vorbereitungen treffen. Auch Konservative, Liberale und ein Teil der Nationalen Demokraten sowie Vertreter vom Jüdischen Arbeiterbund und von Bauernparteien wollten nicht untätig abwarten, wenngleich sie sehr verschiedene Vorstellungen von der Zukunft hatten. Nach zahlreichen Verhandlungen kam es 1912 zur Gründung der »Provisorischen Kommission der föderierten Unabhängigkeitskräfte« (KTSSN). Sie sollte als eine Art überparteilicher Dachverband all die unterschiedlichen Aktivitäten koordinieren, die sich gegen Russland richteten. Die meisten Konservativen und zahlreiche Anhänger Dmowskis blieben dem Verband allerdings fern. Da die Sozialisten deshalb die größte Gruppe stellten, wurde Witold Jodko-Narkiewicz zum Sekretär der Kommission ernannt und Piłsudski zum Militärkommandanten.

Noch schwieriger wurde es mit der Arbeit des sogenannten Polnischen Staatsschatzes, eines weiteren überparteilichen Zusammenschlusses, über den die Verwaltung und die Verteilung der Mittel laufen sollten, die den polnischen Unabhängigkeitskräften aus dem Ausland zuflossen. Nach langen Verhandlungen und Streitereien wurde die Leitung Bolesław Limanowski übertragen, dessen Integrität allseits unbestritten war.

Im Winter 1913/14 und im Frühjahr 1914 unternahm Piłsudski ausgedehnte Inspektionsreisen zu den westeuropäischen Kampfverbänden der Sozialisten. Auf allen Stationen warb er für die politischen Ziele der Unabhängigkeitsbewegung und versuchte, Skeptiker von den Chancen für ein künftiges souveränes Polen zu überzeugen. Er hielt öffentliche Vorträge, führte vertrauliche Gespräche und baute Kanäle für eine Schattendiplomatie auf. Sein wichtigster Rivale, Roman Dmowski, war längst in ähnlicher Mission unterwegs.

In Paris hatte Piłsudski am 14. Februar 1914 einen seiner größten Auftritte. Dort war am Abend der große Saal der Geographischen Gesellschaft mit mehr als 500 Personen gefüllt, darunter zahlreiche Frauen. In den ersten Reihen saßen Veteranen des Aufstands von 1863, die zum Teil bereits ein biblisches Alter erreicht hatten. Einer von ihnen war der älteste Sohn von Adam Mickiewicz. Den Vorsitz führte ein polnischer Emigrant, der mehr als zwanzig Jahre in der sibirischen Verbannung hinter sich hatte. Piłsudski erinnerte er ein wenig an seinen alten Mentor Bronisław Szwarc.

Im Publikum gab es etliche revolutionäre Sozialisten, aber auch einzelne PPS-Linke, Leute aus der SDKPIL, Nationaldemokraten, Bundisten, Anarchisten, einige Ukrainer und Emigranten aus anderen Nationen. Auf die Anhänger Dmowskis musste Piłsudski sein Augenmerk besonders richten. Sie wurden in Frankreich immer stärker, träumten von einem künftigen Polen als christlicher Festung im Meer von Atheismus und Laizismus, die den Westen beherrschten. Von großem Interesse für ihn war Viktor Tschernow, ein führender russischer Sozialrevolutionär. Tschernow hatte seine radikale Phase hinter sich und rückte inzwischen den Ausgleich und nicht den Terror in das Zentrum seines politischen Handelns. Er hatte besonders enge Kontakte zu den Konstitutionellen Demokraten, den Kadetten. Nach Russen wie ihn hielt der Kommandant auf all seinen Reisen Ausschau.

Die grundlegenden Thesen, die er in Paris vortrug, hatte er bereits zu anderen Gelegenheiten formuliert, auch schriftlich. Wie es seine Gewohnheit war, sprach er frei, ohne fertiges Redemanuskript. Lampenfieber hatte er immer noch, aber er war sich seiner Wirkung schon sehr sicher. Eine ausführliche Wiedergabe des Vortrags und von Teilen der anschließenden Diskussion lieferte ein Ochrana-Spitzel auf zehn Seiten eng beschriebenen Kanzleipapiers. Da sich die Diskussion nach dem Vortrag in immer kleinere Runden verlagerte, zu denen auch Tschernow gehörte, blieb der Bericht für die Ochrana jedoch unvollständig.

Eine eigene Version des Gehörten und Diskutierten hielt Tschernow in seinen Erinnerungen fest. Er konnte seinem Gedächtnis trauen. Verblüffend war für ihn, mit welcher Gewissheit Piłsudski den bevorstehenden Krieg voraussagte und wie genau er die Manöver beschrieb, welche die polnische Seite vollführen musste, um ihr eigentliches Ziel zu erreichen. Demnach gelte es, sich zunächst auf die Seite der Österreicher zu stellen, konsequent gegen die Russen vorzugehen, deren Niederlage vor Augen, und sich nicht von den Deutschen vereinnahmen zu lassen. Dann komme es darauf an, rechtzeitig auf die Seite der westlichen Sieger zu wechseln. Erst spät in der Nacht sei Piłsudski auf die Bedeutung eines Kriegseintritts der USA für die deutsche Niederlage zu sprechen gekommen. Er habe auch seine tiefe Skepsis darüber ausgedrückt, ob es den internationalen Sozialisten angesichts der nationalistischen Tendenzen in allen beteiligten Ländern gelingen könne, sich der Kriegsgefahr erfolgreich entgegenzustemmen. Tendenzen, die selbst in Teilen des Proletariats verwurzelt seien. Die erwähnte Skepsis beherrsche ihn trotz aller Sympathie und aller Nähe, die er zu Menschen wie Jean Jaures habe. Besaß Piłsudski hellseherische Fähigkeiten? Fast schien es Tschernow so.

In Paris wuchs dem Kommandanten im Übrigen ein weiterer treuer Anhänger zu. Der junge Arzt und Maler Bolesław Wieniawa-Długoszowski hatte den Bund polnischer Künstler in Paris mitbegründet. Ihn lockte die Neugier auf den legendären Führer der Sozialisten in den Vortragssaal. Wenige Monate später sollte er in Krakau zu den Ersten gehören, die in die Legionen einrückten. Und nicht nur das: Er sollte auch einer der bedeutendsten Militärführer der Polnischen Republik werden.

Im Sommer 1914, als alle Zeichen schon auf Sturm standen, kam es am 29. Juli zu einer Sitzung des Internationalen Sozialistischen Büros in Brüssel. Rosa Luxemburg, die sich zu der Zeit mit den Bolschewiki und Menschewiki herumschlug, nahm als Vertreterin der SDKPIL daran teil. Eine Mehrheit der Anwesenden baute immer noch auf die Vernunft und die Verhandlungsbereitschaft ihrer jeweiligen Regierungen. Gab es noch die Möglichkeit von Aktionen gegen den Krieg? Und was sollte aus dem für August geplanten Kongress der Internationale in Wien werden? Die Hauptstadt Österreichs war da jedoch schon voller kriegsbegeisterter Nationalisten, sodass der Vorschlag kam, den Kongress nach Paris zu verlegen. Dort, so hoffte man, werde es zu gewaltigen Demonstrationen gegen den Krieg kommen. Auf riesige Protestkundgebungen konnten auch die Delegierten aus anderen europäischen Ländern verweisen. Der Generalstreik als letztes Mittel stand noch nicht zur Debatte. Über den Einsatz dieser schärfsten Waffe konnte und sollte der Kongress der Internationale entscheiden.

Piłsudski und seine Anhänger wollten dem Kongress fernbleiben, weil sie nicht daran glaubten, dass der Krieg noch aufzuhalten sei. Lenin, der sich zu dieser Zeit in Krakau aufhielt, sah das Ganze sowieso mit eigenen Augen. In einem Brief an Gorki hatte er schon früher formuliert: »Ein Krieg zwischen Österreich und Russland wäre einer Revolution sehr förderlich, nur ist es nicht wahrscheinlich, dass Franz Joseph und Nikolascha uns diesen Gefallen tun werden.« Sie taten es jedoch in den ersten Augusttagen. Rosa Luxemburg und die anderen deutschen Delegierten kehrten am 31. Juli nach Berlin zurück. Am selben Tag fiel Jean Jaures in einem Pariser Café den Kugeln eines nationalistischen Attentäters zum Opfer. Mit ihm verstummte eine weitere machtvolle Stimme gegen den Krieg.

Noch im Juli hatte der SPD-Vorstand erklärt, dass kein Tropfen Blut eines deutschen Soldaten den Machtinteressen der österreichischen Machthaber oder sonstigen imperialistischen Profitinteressen geopfert werden dürfe. Im August stimmte dennoch eine große Mehrheit der sozialdemokratischen Reichstagsfraktion den Kriegskrediten zu. Die

Gründe dafür sollten eine jahrzehntelange Auseinandersetzung auslösen und immer wieder zur Zerreißprobe für ihre Partei werden.

Ab dem Juni 1912 lebte Lenin in Krakau und damit nahe an der russischen Grenze und zugleich fern von den russischen Emigranten, mit denen er sich permanent herumschlagen musste. Die Schönheiten und Annehmlichkeiten Krakaus zu genießen, war ihm allerdings nicht möglich. Er fand die Stadt rückständig und unzivilisiert, fast wie Russland. Entgegen allen späteren Legenden lernte er in den zwei Jahren dort kein Polnisch, selbst wenn er ab und an voller Stolz einen Satz in dieser Sprache präsentierte. Was ihm jedoch ausnehmend gefiel, waren Bergwanderungen und längere Aufenthalte in der Gebirgsluft der nahen Hohen Tatra.

Der Ausbruch des Weltkrieges überraschte Lenin und seine Frau in dem Gebirgsort Poronin. Nun war er auf einmal Russe in einem Land, das mit Russland Krieg führte. Um der drohenden Internierung zu entgehen, wandte er sich um Hilfe an die polnischen Sozialisten, die er sonst nach Kräften bekämpfte. Daszyński und seine Mitstreiter hatten keine Probleme damit, ihren russischen sozialistischen Genossen zu helfen. Sie machten dem österreichischen Innenminister klar, dass es bei Lenin und seiner Begleitung um gefährliche Feinde des Zarismus gehe, die damit indirekt aufseiten der Mittelmächte stünden. Lenin erhielt daraufhin sicheres Geleit in die Schweiz und konnte von dort aus seine Rückkehr nach Russland vorbereiten.

# 7
# LEGIONEN – MYTHOS UND REALITÄT

## Die Formierung der ersten polnischen Einheiten

Ab dem 1. August 1914 rollte die Militärmaschinerie der europäischen Kriegsmächte endgültig an. Bis zur letzten Minute hatten diplomatische Emissäre versucht, die Mobilisierungen aufzuhalten und in das Räderwerk der Maschine zu greifen. Vergebens. Deutschland hoffte, durch den sogenannten Schlieffen-Plan, eine über das neutrale Belgien im Norden und Elsass-Lothringen im Süden groß angelegte Zangenbewegung, die starken französischen Grenzbefestigungen zu umgehen. Das Ziel war es, schnell auf Paris vorzurücken und Frankreich zur Kapitulation zu zwingen, um dann im Osten freie Hand zu haben. Das Gegenteil trat ein. Mit dem Einmarsch in Belgien und den deutschen Kriegsverbrechen der ersten Tage war Großbritannien als Garantiemacht der belgischen Neutralität auf den Plan gerufen und trat am 4. August in den Krieg gegen Deutschland ein. Die Offensive im Westen stockte deshalb, woraufhin die deutsche Heeresleitung in aller Eile Truppen von der Ostfront abzog und nach Westen verlegte. Die internen Spionageberichte schätzten, die russische Mobilmachung werde noch mindestens einen Monat in Anspruch nehmen. Diese Frist sollte genutzt werden. Umso größer war die deutsche Bestürzung, als bereits am 15. August eine russische Großoffensive Ostpreußen bedrohte und sich auf die Weichsel zubewegte. Russland hatte bereits vor dem 1. August heimlich mit der Mobilmachung begonnen, stürzte sich aber dennoch vorschnell in den Kampf. Nach Anfangserfolgen brach die Offensive zusammen und verwandelte sich in eine folgenschwere Niederlage.

Unmittelbar nach Kriegsausbruch wandten sich Nikolaus II. und Kaiser Franz Joseph in Manifesten an die Polen in ihren jeweiligen Herrschaftsgebieten, um sich ihre Unterstützung zu sichern. Während der Zar das brüderliche Zusammenstehen aller Slawen beschwor, rief der Kaiser zum gemeinsamen Kampf gegen die asiatischen Horden und die russischen Barbaren auf. Sie hoben die Polen in den Himmel und versprachen ihnen alles Mögliche, nur keine wirkliche Unabhängigkeit. Worum es ihnen in Wirklichkeit ging, waren polnische Soldaten als Kanonenfutter. In Warschau zeigten die Versprechungen des Zaren eine gewisse Wirkung. Die prorussische Stimmung verstärkte sich, und die Rekrutenaushebungen liefen ohne größere Zwischenfälle an. Auf russischer Seite kämpften am Ende um die 600 000 polnische Soldaten und Offiziere, auf der Seite Österreichs etwa 200 000 Mann.

Piłsudski hatte zwar schon länger fest damit gerechnet, dass ein Krieg ausbrechen würde, doch nicht zu diesem Zeitpunkt. Er war also überrascht, aber er handelte, ohne zu zögern. Im Krakauer Café »Esplanade« herrschte das übliche turbulente Leben, während im Hinterzimmer der Kommandant und sein Stellvertreter Kazimierz Sosnkowski die ersten Befehle formulierten. Ein provisorisches Rekrutierungsbüro wurde eingerichtet, in dem bald großer Andrang herrschte. Es kam wieder einmal darauf an, möglichst schnell vollendete Tatsachen zu schaffen. Ohne die Zustimmung und Unterstützung der Österreicher war die Umwandlung der Schützenverbände in reguläre militärische Einheiten zum Kampf gegen die Russen nicht zu bewerkstelligen. Um diese Zustimmung zu erhalten, benötigte Piłsudski jedoch eine formale Legitimation. Von wem sollte die kommen? Kurzerhand präsentierte er die selbst fabrizierte Erklärung einer polnischen Nationalregierung in Warschau, die es noch gar nicht gab. Ansätze eines militärischen und politischen Untergrundstaates sollten dort erst in den folgenden Jahren entstehen.

Sosnkowski, der einiges gewöhnt war, verschlug es ob des riskanten Manövers die Sprache. Piłsudski beruhigte ihn. Sie beide werde entweder der Tod oder großer Ruhm erwarten. Ersteres sei freilich wahrscheinlicher. In einer zweiten Erklärung ließ sich der Kommandant zum Oberbefehlshaber aller polnischen Streitkräfte ernennen. Ein nicht vorhandener Staat erklärte Russland den Krieg.

Es galt, weitere Tatsachen zu schaffen. Am 6. August, einem Tag, der später den Rang eines Nationalfeiertags bekommen sollte, rückte eine erste Gruppe von Freiwilligen mit militärischer Ausbildung aus. Die sogenannte Kaderkompanie überschritt die nahe gelegene Grenze zu Russland in Richtung der zentralpolnischen Stadt Kielce. Bei der Aufstellung weiterer Einheiten wurde die Herkunft der Freiwilligen immer vielfältiger. Sie kamen als Mitglieder der Schützenverbände und der Schulungskurse der Kampforganisationen aus Galizien, aber auch aus den anderen Teilungsgebieten. Später folgten auch Freiwillige aus den USA, Kanada und den Ausbildungszentren in Westeuropa. Die Kompanien, Bataillone und Brigaden, die sich bildeten, wurden einer polnischen Tradition folgend in ihrer Gesamtheit als Legionen gesehen.

Ende 1914 zählten die entscheidenden drei Brigaden bereits mehr als 10 000 Soldaten und Offiziere. Neben jungen Arbeitern und Bauern fanden sich unter ihnen vor allem Professoren und Assistenten, Lehrer, Ingenieure, Architekten, Beamte, Ärzte, Künstler, Juristen, Handwerker und zahlreiche Journalisten. Viele der ersten Legionäre, die bereits eine Ausbildung durchlaufen hatten, avancierten schnell zu Unteroffizieren und Offizieren. Bei aller militärischen Disziplin setzten sich innerhalb der Brigaden demokratische Umgangsformen durch. Man sprach sich häufig mit »Bürger« an. Offiziere aller Dienstgrade erhielten den gleichen Sold, und es gab eine Hilfskasse für in Not geratene Kameraden. Die Freiwilligen sorgten zum erheblichen Teil selbst für ihre Ausrüstung. In Fahnen, Uniformen und Symbolen griffen sie auf die Vorbilder und Traditionen der polnischen Aufstände zurück. Auf Unterschiede zu den Armeen der Teilungsmächte wurde bis in die letzte Kleinigkeit großer Wert gelegt. So wurde etwa mit zwei Fingern salutiert und nicht mit fünf Fingern wie in der deutschen und der österreichischen Armee. Wer von den Freiwilligen aus Alters- oder Gesundheitsgründen nicht für den direkten Militäreinsatz infrage kam, wirkte in Stäben, Intendanturen, Propagandakompanien oder Hilfsorganisationen mit. Das galt unter anderem auch für Bolesław Limanowski, Feliks Perl und zahlreiche weitere Veteranen.

Was Piłsudskis unmittelbares Umfeld anging, so wichen ihm Stabschef Sosnkowski und Bolesław Wieniawa-Długoszowski als Adjutant nicht von der Seite. Einen größeren Kontrast konnte man sich nur schwer vorstellen: Der trockene, nüchterne Sosnkowski wirkte in Aussehen und Auftreten stets korrekt, fast wie ein Oberlehrer. Wieniawa-Długoszowski hingegen hatte für seinen Aufzug die Requisitenkammer aller polnischen Aufstände geplündert und erklärte sich zum Kavallerieführer, noch bevor die Legionen über Kavallerie verfügten. Als »schönster Ulan der Republik« kämpfte er tapfer, ließ aber auch kein Bankett und keine zivile Rauferei aus. Seinem Liebling ließ der Kommandant mitunter Dinge durchgehen, die ihn bei anderen zur Weißglut trieben.

Piłsudski verstand sich als Kommandeur aller Legionen, auch wenn er nur die Erste Brigade befehligte. Jeder festen militärischen Einbindung von österreichischer Seite versuchte er sich zu entziehen. Das war nicht immer leicht, vor allem wenn es um sein Verhältnis zu Władysław Sikorski ging. Der junge Berufsoffizier, im österreichischen Heer ausgebildet, hatte beim Aufbau der Kampfgruppen mitgewirkt. Bei Kriegsausbruch wurde er als Offizier in die reguläre K.-u.-k.-Armee einberufen und mit der Verbindung zu den polnischen Verbänden betraut. Der Berufsoffizier Sikorski und der militärische Autodidakt Piłsudski standen sich daraufhin nicht mehr als Vertraute und Freunde, sondern zunehmend als Konkurrenten und Kontrahenten gegenüber. Später sollten sie zu erbitterten politischen Gegnern werden. In den Kontakten und Verhandlungen mit der österreichischen Seite ließ Piłsudski all seine Verbindungen spielen, die bis nach Wien reichten. Auf diese Weise gelang es ihm, die Existenz eigenständiger polnischer Einheiten zu sichern, deren Kommando er sich allerdings mit Sikorski teilen musste. Dessen Überlegungen, die Legionen in eine Art Reservekorps umzuwandeln, konnte er abwehren.

Die Nachrichten von der Aufstellung der Legionen erreichten Kazimiera Iłłakowiczówna in London. Ihre Begeisterung für den Kommandanten war nicht geringer geworden, und so bewarb sie sich nun bei ihm als Adjutantin. Bei einem ihrer letzten Besuche in Krakau hatte sie mitbekommen, wie hoch das Piłsudski-Fieber unter dessen Anhängerinnen bereits gestiegen war. Wenn der Kettenraucher in Begleitung unterwegs war und achtlos eine Kippe wegwarf, bückten sich Damen verstohlen, um die Trophäe zu erhaschen. So weit ging Iłła nun doch nicht. Piłsudski, ein Gegner des militärischen Einsatzes von Frauen, lehnte Iłłas Bewerbung ab, sprach aber diplomatisch von der Möglichkeit einer anderen Verwendung, die ihren Talenten eher entspräche. Zu der sollte es später tatsächlich kommen.

Die oben erwähnte Expedition der »Kaderkompanie« nach Kielce stand unter keinem guten Stern. Der erhoffte Zustrom von Freiwilligen aus der Region blieb aus. Die völlig überraschten, verängstigten Einwohner der Ortschaften, durch welche die polnischen Einheiten zogen, wichen aus und versteckten sich. Statt mit Blumen, Jubel und Lebensmitteln wurden die Legionäre mit verrammelten Türen und geschlossenen Fensterläden empfangen. Kielce konnte für kurze Zeit besetzt werden, dann mussten sich die Freiwilligen vor herannahenden russischen Truppen zurückziehen. Ein Besuch beim Erzbischof von Kielce, der sich jeder Unterstützung für den Sozialistenführer entzog, verdeutlichte Piłsudski die Haltung großer Teile des polnischen Klerus gegenüber seiner Person und seinen Zielen.

Die Vorstöße der ersten Monate, wie der nach Kielce, stellten keine ernsthafte militärische Bedrohung für das Gros der russischen Truppen in Zentralpolen dar. Dabei hatte Piłsudski sogar noch Glück. Die Schlacht um Ostpreußen zwischen deutschen und russischen Truppen zog sich bis Mitte September und endete mit der kompletten Niederlage zweier russischer Armeekorps. Insofern war es der russischen Seite gar nicht möglich, sich sofort auf die polnischen Freischärler zu konzentrieren. Der deutsche Sieg in der Schlacht um Tannenberg und die masurischen Seen wurde Erich Ludendorff zugeschrieben, der dort seit Ende August das militärische Oberkommando führte. Bei Kriegsausbruch hatte er zunächst ein Regiment an der Westfront befehligt, mit dem er in das neutrale Belgien einrückte. Beim Sturm auf die Festung Lüttich halfen ihm Glück und Geschick zur schnellen Einnahme des strategisch wichtigen Forts. Sein Ruf als »Held von Lüttich« und seine Russlanderfahrung bewogen das deutsche Oberkommando angesichts der drohenden Niederlage in Ostpreußen dazu, Ludendorff dort das Kommando zu übertragen.

Zur Seite gestellt wurde ihm der eigentlich schon pensionierte Generaloberst Paul von Hindenburg. Dieses ungleiche Paar sollte die deutsche Kriegführung der nächsten Jahre immer stärker bestimmen. Hindenburgs imposante Gestalt und sein sonorer Bass überdeckten seine mittelmäßigen militärischen Fähigkeiten. Der eher nervöse, bürgerliche Ludendorff sah sich als der eigentliche Feldherr. Hindenburg gab zwar ab und an seinen Kommentar ab, mischte sich ansonsten jedoch wenig in die operative Arbeit ein.

Die Gefahr in Ostpreußen ließ die deutsche Oberste Heeresleitung eine folgenschwere Entscheidung treffen. Anfang September war der Erfolg des bereits erwähnten Schlieffen-Plans im Westen noch völlig offen. Ein schneller Sieg über Frankreich hätte den weiteren Verlauf des Krieges völlig verändert. Um Ostpreußen nicht aufzugeben, wurden Armeekorps aus den Angriffsarmeen im Westen gelöst und nach Osten geworfen. Der Bewegungskrieg im Westen verwandelte sich in einen mörderischen Stellungskrieg, der Hunderttausende von Menschenleben forderte. Militärhistoriker sollten sich noch nach Jahrzehnten über die Bedeutung dieser Truppenverschiebung für den weiteren Kriegsverlauf streiten.

Die eigentlichen Gründe für die Niederlage der russischen Armeekorps in Ostpreußen waren neben den genannten deutschen Verstärkungen die überhastete Mobilmachung sowie die schlechte Ausrüstung und Versorgung der russischen Soldaten. Dazu kamen die besseren Kapazitäten der deutschen Nachrichtendienste, die Ludendorff zu nutzen wusste, von der neuesten Radio-Technik über das Abhören und die Dechiffrierung der russischen Funksprüche bis hin zum Einsatz von Kundschaftern und Spionen. Ludendorffs lange Vorarbeit auf diesem Feld zahlte sich aus. So hatte er etwa guten Kontakt zu seinen Verbündeten unter den russischen Revolutionären, die auch in dieser Region tätig waren. Von deren Führern saßen einige jetzt in der Schweiz, im neutralen Schweden und in Dänemark. Zu ihnen gehörte der aus Belarus stammende Alexander Parvus, der zum wichtigsten verdeckten Schatzmeister der Bolschewiki wurde.

Die Kämpfer der polnischen Legionen machten ihre mangelnde Erfahrung und Ausrüstung durch Elan und Kampfeifer wett. Gegenüber zahlreichen in ihre Uniformen gepressten österreichischen Rekruten zeichneten sie sich durch Standfestigkeit und Opfermut aus, weshalb sie ab dem Spätherbst 1914 an besonders gefährdete Abschnitte der Front in Wolhynien beordert wurden, einer ukrainischen Region nördlich von Galizien. Dorthin hatten sich nach dem Scheitern der russischen Offensive in Ostpreußen die Kämpfe verlagert. Die Einheiten der Legionen schlugen sich tapfer, zugleich aber mussten sie ständig damit rechnen, als eigenständige Einheiten aufgelöst und in das österreichische Heer eingegliedert zu werden.

In den Schützengräben Wolhyniens kam es auch zur ersten Begegnung Piłsudskis mit dem deutschen Publizisten, Kunstsammler und Diplomaten Harry Graf Kessler. Der war ein europäischer Kosmopolit und Freigeist, hatte sich aber 1914 wie so viele andere Intellektuelle von der Kriegseuphorie anstecken lassen. Im Jahr 1915 fungierte er als Verbindungsoffizier zu einer österreichischen Division und hörte daher viel von der Tapferkeit der dort eingesetzten polnischen Legionäre. Schließlich beschloss er, deren legendären Anführer persönlich aufzusuchen. Der österreichische Stabsoffizier, der ihn begleitete, vermittelte ihm vorab das Gefühl, sie würden gleich auf Halbwilde stoßen. Sie trafen Piłsudski in einem der Unterstände gleich hinter der vordersten Linie. Es war bitterkalt, und der Kommandant hatte sich einen Pullover über die Uniform gezogen, was seinen abenteuerlichen Eindruck noch verstärkte. In seinen Tagebüchern hielt Kessler fest, wie sehr ihn sein Gegenüber beeindruckte. Piłsudski sei ihm nüchtern und zurückhaltend begegnet, »bis auf einen mystischen Eindruck, wenn von Polen die Rede war«. Die Gestalt, die Augen, die Ausstrahlung hinterließen einen bleibenden Eindruck auf Kessler. Dass sich hinter dem mystischen Einschlag politischer Realismus und klare Überlegungen verbargen, dass es hier nicht nur um einen Traum von Polen ging, sondern um eine durchdachte Strategie, erschloss sich Kessler erst viel später. Ihre nächste Begegnung, 1917 in der Festung Magdeburg, sollte folgenreich sein.

In Wolhynien verlor Piłsudski einen seiner treuesten Freunde, Aleksander Sulkiewicz, dessen riskantes Spiel als russischer Zollbeamter so lange das politische Überleben der PPS in tiefster Illegalität ermöglicht hatte. Wegen seines fortgeschrittenen Alters sollte er eigentlich nicht als Soldat in den Legionen kämpfen, doch er bestand darauf, an der Front zum Einsatz zu kommen. Während eines der schwersten Gefechte trug er den verwundeten Adam Koc aus der Schusslinie und wurde dabei selbst tödlich verletzt.

Die Kämpfe in Wolhynien konfrontierten Piłsudski mit all dem, was ihnen der Herbst in Kielce noch erspart hatte: mit dem zermürbenden Wechsel von Angriff, Verteidigung und Rückzug, mit dem schweren Artilleriefeuer, das die Kämpfer in den schlammigen Grund der Schützengräben zwang, und nicht zuletzt mit dem Verlust von Freunden und Gefährten. Er kämpfte mehrfach in der vordersten Linie, entging nur knapp der Verwundung oder dem Tod. In den Wintermonaten 1914/15 setzte ihm die Kälte derart zu, dass er mehrfach zusammenbrach. In seinen späteren Erinnerungen und Schriften sollte er das Heldenhafte des Soldatentums beschwören und den »Gott des Krieges« verklären; die elende Wirklichkeit um ihn herum sah anders aus.

In einem seiner dunkelsten Momente, von Fieber geschüttelt und von schlimmsten Fantasien heimgesucht, entschloss er sich, ein weiteres Mal zu konvertieren – zurück zum römisch-katholischen Glauben. Was ihn dazu bewegte, verbarg er selbst gegenüber den engsten

Brigadier Piłsudski mit seiner Stute Kasztanka und dem Ordonnanzoffizier Szymkiewicz, 1915

Freunden. Waren es die Gedanken an Aleksandra und die Hoffnung auf eine Zukunft mit ihr? War es der Wunsch nach einem metaphysischen Strohhalm, den er eigentlich nicht brauchte? Ein befreundeter Geistlicher, der die Soldaten in den Schützengräben und Quartieren begleitete, und sein treuer Schatten Wieniawa-Długoszowski waren die einzigen Zeugen der Konversion. Die tiefste Glaubensbindung stand für ihn ohnehin fest: Maria vom hellen Tor, deren Medaillon er immer bei sich trug, war und blieb seine Beschützerin. Erst Jahre später, nach dem Tod seiner Ehefrau Maria, die er in diesem Moment in Krakau wusste, sollte er diesen Schritt öffentlich machen.

In den Novemberwochen 1914 zwischen Kielce und Wolhynien kam es auch zu Begegnungen in Wien und Krakau, die Piłsudski eindrucksvoll zeigten, welche Gratwanderung ihm bevorstand. Nach dem erzwungenen Rückzug aus der zentralpolnischen Bischofsstadt Kielce war er unsicher, wie es weitergehen sollte. Hilfe kam von unerwarteter Seite. Die Gruppe der polnischen Abgeordneten im Österreichischen Reichsrat stand hinter einer Einladung, die ihn im November 1914 nach Wien führte. Wieder wollten Vertreter verschiedener politischer Richtungen seine Popularität nutzen, um ihn für eigene Zwecke einzuspannen. In Wien hatte Piłsudski Audienzen an allerhöchster Stelle und wurde zum Brigadier ernannt, ein Rang, den er mit Genugtuung annahm. Vor den bekanntesten Größen der einflussreichen polnischen Diaspora in der Reichshauptstadt, vor Bankiers, Gutsbesitzern, Abgeordneten und Ministern, spielte er seine Rolle. Bei einem Aufenthalt in Krakau wiederum feierte ihn Władysław Jaworski, der Stadtpräsident und einer seiner konservativen Unterstützer, als Helden, der die Nation hinter sich vereine. Langsam begann er, selbst daran zu glauben.

Nach ihrer Niederlage gegen die Deutschen in Ostpreußen warf die russische Heeresleitung im Oktober und November 1914 starke Verbände an die galizische Front. Bei der Planung und Durchführung ihrer neuen Offensive konnte sie sich auf die Informationen Oberst Redls und anderer Agenten in der österreichischen Armee stützen. Deren Verbände hielten dem Druck von russischer Seite nicht stand und mussten zurückweichen, sodass Lemberg in russische Hände fiel. Dmowski und die Nationaldemokraten hatten somit wieder einen russischen Sieg vor Augen und erklärten ihre bedingungslose Unterstützung für die Sache des Zaren. Deutschland blieb für sie der gefährlichere Gegner. Nach wenigen Monaten lief sich die russische Offensive jedoch fest, denn deutsche Gegenstöße konnten die österreichischen Frontabschnitte stabilisieren.

## Die Gründung der POW

Durch seine häufigen Auslandsaufenthalte und die damit verbundenen Begegnungen mit den Unterstützergruppen in Westeuropa und den USA wusste Piłsudski, wie wichtig deren Beitrag für sein Unternehmen sein konnte. Noch vor Ausbruch des Krieges suchte er mit ihrer Hilfe immer stärkeren Einfluss auf die öffentliche Meinung in Frankreich, Großbritannien und Deutschland zu gewinnen.

Welche Bedeutung die Unterstützung aus dem Ausland haben konnte, zeigte das Beispiel Ignacy Jan Paderewskis in den USA. Der berühmte Komponist und Pianist warb nach Ausbruch des Krieges auf all seinen Tourneen und Gastspielen für die polnische Sache. In Chicago, wo viele Auslandspolen lebten, brachte er eine Kundgebung mit hunderttausend Teilnehmern zusammen. Hilfsgelder flossen in großer Menge. Während sich die Nationaldemokraten, die in den USA recht stark waren, darum bemühten, Paderewski auf ihre Seite zu ziehen, setzten die Sozialisten dort stärker auf ihre eigenen Verbindungen und ihren Einfluss in den amerikanischen Gewerkschaften.

Zum großen Erfolg sollte für Piłsudski ein Unternehmen werden, das im Gouverneurspalast in Kielce seinen Anfang nahm. Während der kurzfristigen Besetzung der Stadt im November 1914 trommelte der Kommandant dort eine Handvoll seiner engsten Vertrauten zusammen, um eine neue »militärisch-zivile Geheimorganisation«, kurz POW genannt, aus der Taufe zu heben. Sie sollte viel stärker als vorangegangene PPS-Organisationen lokal und regional verankert sein. Die Erfahrung der letzten Wochen hatte gezeigt, wie wichtig das war. Für die verschreckten und verunsicherten Einheimischen, denen die »Kaderkompanie« auf ihrem Weg nach Kielce begegnet war, waren die meisten Legionäre »Galizier« gewesen, also Fremdlinge. Perspektivisch schien es deshalb umso wichtiger zu sein, die wenigen Anhänger und Unterstützer, die es in der Region gab, stärker einzubeziehen. Mit deren Hilfe und mit dem Einsatz Sosnkowskis, Prystors, Sławeks und weiterer Vertrauter wurde daher ein illegales, regionales Organisationsnetz geknüpft, das auf Strukturen der PPS und des einige Jahre zuvor gegründeten Bunds für aktiven Widerstand (ZWC) zurückgriff. Dieses Netz hielt auch nach dem erzwungenen Abzug der bewaffneten Einheiten aus Kielce und konnte sogar ausgeweitet werden. Die POW war nach wenigen Monaten in allen Teilungsgebieten verankert, verfügte aber auch schon über Gruppen und Strukturen in St. Petersburg, Moskau, Kiew und Charkow. Zu ihren Aufgaben gehörte es, Aufklärungsinformationen zu sammeln, Sabotageakte vorzubereiten und Propaganda gegen die russische Besatzung zu organisieren. Die Gruppen und Zellen der POW stellten darüber hinaus Polizeieinheiten auf, leisteten soziale Hilfe und übernahmen Verwaltungsaufgaben. Militärische und zivile Bereiche gingen hier ineinander über. Die dabei entstehenden Elemente eines Untergrundstaates sollten später noch von großer Bedeutung für den Aufbau eines realen polnischen Staates werden.

Im Mai 1915 begann die Gegenoffensive der Mittelmächte, die sich mit der Wiedereroberung von Lemberg Ende Juni fortsetzte und schließlich dazu führte, dass die Deutschen am 5. August in Warschau einmarschierten. Ein großer Teil der galizischen und kongresspolnischen Territorien war bis dahin Zerstörungen und Verwüstungen durch die russischen Truppen ausgesetzt. Bei ihrem Rückzug aus Kongresspolen zwangsevakuierten diese mindestens 750 000 Menschen in Richtung Osten. Mit einer Taktik der verbrannten Erde hinterließen sie eine zerstörte städtische und ländliche Infrastruktur. Von der Unterstützung, welche die russischen Brüder in Warschau bei Kriegsausbruch noch erfahren hatten, war nichts mehr zu spüren. Jetzt wurden die Deutschen als Befreier begrüßt.

Roman Dmowski, dessen Pläne einer Annäherung an Russland endgültig gescheitert waren, zog sich nach Westeuropa zurück. Er war mittlerweile bereit, statt einem Polen unter dem Patronat des Zarenreiches ein Polen unter dem Dach und Schutz der Westalliierten zu akzeptieren. Dafür warb er in der Schweiz und in Westeuropa, stieß damit aber erst allmählich auf Gegenliebe.

Unter der deutschen Besatzung kam es zwar zu keiner weiteren Zerstörung, dafür aber zu einer systematischen Ausplünderung von Ressourcen. Unmengen von Lebensmitteln wurden requiriert und Arbeitskräfte häufig zu Einsätzen gezwungen. Polen wurden in Arbeitsbataillone für militärische Bauvorhaben gepresst, und 500 000–700 000 Einwohner Kongresspolens ersetzten im Innern des Reiches deutsche Arbeiter, die zur Armee eingezogen wurden. Vor allem auf junge Bauern wirkten diese Zwangsmaßnahmen so abschreckend, dass sie sich gegen

Ende des Krieges in immer größerer Zahl den Einheiten der POW anschlossen.

Nach dem Rückzug der russischen Armee gingen die Vorstellungen in Berlin und Wien, was das weitere Schicksal Polens betraf, weit auseinander. Konservativ-annexionistische Kreise wollten die militärischen Erfolge Deutschlands für den Landgewinn und die Kolonisierung im Osten nutzen. Liberale Kreise um Friedrich Naumann traten immerhin für einen mitteleuropäischen Wirtschaftsgroßraum unter deutscher Hegemonie ein. Naumanns Buch *Mitteleuropa,* das 1915 erschien, wurde zur Bibel des moderaten deutschen Weltkriegsimperialismus. Für die Militärs um Ludendorff war die Frage eindeutiger. Sie brauchten massenhaft Soldaten aus Kongresspolen, die durch Zwangsrekrutierung oder Anwerbung zu gewinnen waren.

Am 21. November 1916 verstarb Kaiser Franz Joseph I. im Alter von 87 Jahren. Er hatte sein 50. Thronjubiläum erlebt und den unaufhaltsamen Zerfall seines Riesenreiches erlitten. Eine seiner letzten Amtshandlungen, gemeinsam mit dem deutschen Monarchen, war am 5. November die Proklamation eines polnischen Regentschaftskönigreiches. Es war ein Königreich ohne König und ohne klare Grenzen. Ein österreichisches Generalgouvernement mit Sitz in Lublin bildete den kleineren Teil des Pseudostaates, ein deutsches Generalgouvernement in Warschau den größeren Teil.

Bogdan Hutten-Czapski, einem preußisch-polnischen Politiker, hatte Wilhelm II. einst versichert, dass er im Falle eines deutschen Sieges dem polnischen Volk die Freiheit schenken und es in die Unabhängigkeit entlassen werde. Hutten-Czapski hätte wissen müssen, wie viel auf diese Worte des Kaisers zu geben war. Der deutsche Militärgouverneur Hans von Beseler hielt nun in Warschau alle Fäden in der Hand und hatte in Hutten-Czapski einen seiner wichtigsten Berater. Beseler beteuerte permanent seinen guten Willen und sein Wohlwollen gegenüber den Polen, behandelte sie aber wie unmündige Kinder, denen man nichts zutrauen konnte. Ein 25-köpfiger Staatsrat sollte sich um Probleme der zivilen Verwaltung kümmern. Über dem Staatsrat präsidierte ein dreiköpfiger Regentschaftsrat, der vorwiegend repräsentative Funktionen hatte. Ihm gehörten der Erzbischof von Warschau, Aleksander Kardinal Kakowski, der polnische Großgrundbesitzer Józef Ostrowski und der Fürst Zdzisław Lubomirski an. In deren Augen waren Piłsudski und seine wilden Gesellen mehr als ein rotes Tuch.

## Warschau – Taktieren im Pseudostaat

Eine erneute russische Offensive unter General Alexej Brussilow im Sommer 1916 verwickelte die Legionen noch einmal in schwere Kämpfe und festigte Piłsudskis Ruf als militärischer Anführer. Zwar konnten sie die Offensive am Ende abwehren, doch dabei kam es immer wieder zu erneuten Konflikten mit der österreichischen Seite, die meinte, ihnen Befehle erteilen zu können. Piłsudski sah sich sogar gezwungen, mit seinem Rücktritt zu drohen. Überhaupt schien ihm die Zeit für einen erneuten Wechsel gekommen zu sein. Sein Ziel war Warschau. Er glaubte nicht an eine dauerhafte Lebensverlängerung des österreichischen Imperiums und wollte sich nicht ewig mit dessen Verfallserscheinungen abgeben. Mit Einheiten der Legionen, die ihm noch unterstellt waren, rückte er am 12. Dezember 1916 in Warschau ein und wurde dort als Held gefeiert. In der Stadt hatten Mitglieder der POW Plakate geklebt: »Keine Armee ohne Staat«.

Aleksandra, die von den Deutschen zeitweilig als eine Art Faustpfand festgesetzt worden war, konnte noch vor dem Eintreffen Piłsudskis nach Warschau zurückkehren. Ihre Freilassung und die Amnestie für zahlreiche weitere inhaftierte Mitglieder der POW entsprachen der neuen deutschen Linie. Jetzt, so ihr Kalkül, konnte der Brigadier für sie nützlich werden. Für wenige Monate konnten Aleksandra und ihr Gefährte ein gemeinsames Leben führen.

Über den Fassadencharakter der von den Deutschen abgesegneten neuen Institutionen wie Staatsrat und Regentschaftsrat machte Piłsudski sich ebenso wenig Illusionen wie über den Wert von deren Proklamationen und Versprechungen. Dennoch war jetzt hier sein Platz. Das Scheitern der Brussilow-Offensive hatte ihn davon überzeugt, dass die russische Seite bereits keine Chance mehr auf die Rückgewinnung der kongresspolnischen Gebiete hatte, dass aber auch den Mittelmächten zunehmend der Atem ausging. Er setzte daher auf den Zerfall des zaristischen Systems, den Kriegseintritt der USA und die Kriegsniederlage Deutschlands. Bis dahin wollte er die Zeit nutzen und die eigenen Kräfte stärken. Unter den von deutscher und polnischer Seite eingesetzten 25 Personen, die dem Staatsrat angehörten, dominierten die konservativen Kräfte. Auch Piłsudski wurde Mitglied des Staatsrates und sollte als Vorsitzender der Militärabteilung erfolgreich für eine polnische Wehrmacht werben. Um eine seiner Aufgabe, die Belange der Militärangehörigen, kümmerte er sich intensiv, bei der Werbeaktion streikte er. Mitglieder der POW, die nun aus der Illegalität auftauchen konnten, besetzten Stellen in der Verwaltung und blockierten auf ihre Weise die Rekrutierungskampagne. Die Zahl der Freiwilligen, die sich meldeten, blieb weit hinter den deutschen Erwartungen zurück, weil die Polen erst konkrete Zugeständnisse in Gestalt einer eigenständigen polnischen Regierung sehen wollten. Die Zahl von 350 000 polnischen Rekruten, auf die Ludendorff hoffte, erwies sich am Ende als utopisch.

Ludendorff bildete gemeinsam mit Hindenburg von 1916 an die Spitze der Obersten Heeresleitung. Spätestens nach dem Rücktritt von Reichskanzler Theobald von Bethmann-Hollweg im Juli 1917 rückte er in das Zentrum der Macht. Bethmann-Hollweg hatte sich für einen Verständigungsfrieden eingesetzt, Ludendorff dagegen spielte auf Sieg, setzte auf einen Annexionsfrieden und fasste im Bündnis mit Marineadmiral Tirpitz den Einsatz der deutschen U-Boot-Flotte gegen Handelsschiffe ins Auge. Auf diese Weise sollte England doch noch in die Knie gezwungen werden, um dann eine große Offensive gegen Frankreich einzuleiten. Durch die Maßlosigkeit der deutschen Kriegsziele und die Drohung mit dem unbegrenzten U-Boot-Krieg trieb er letztlich den amerikanischen Präsidenten Woodrow Wilson auf die Seite der Entente. Dessen Vermittlungsversuche waren allesamt gescheitert, und der Kriegseintritt der USA rückte immer näher. In einer Rede vor dem US-Senat setzte sich Wilson für einen Frieden ohne Sieg ein. Außerdem sprach er von einem geeinten, unabhängigen und selbstständigen Polen. Der Demokrat Wilson sah sich als Schöpfer einer neuen Friedensordnung, deren Umrisse er im Januar 1918 in seinem berühmten »14-Punkte-Programm« vorstellte. Die polnische Frage war ihm seit Jahren nicht nur von Paderewski immer wieder nahegebracht worden. Mitglieder der über vier Millionen starken polnischen Gemeinde in den USA ließen nichts unversucht und wandten sich immer wieder mit Denkschriften, Interventionen und Auftritten ihrer Vertreter im Parlament an den Präsidenten. Roman Dmowski gelang es sogar mehrere Male, vorstellig zu werden, und auch Piłsudski hatte seine Emissäre in Washington platziert. Das Problem bestand nur darin, dass der amerikanische Präsident und die meisten seiner Berater von den komplizierten mittel- und osteuropäischen Verhältnissen nicht die geringste Ahnung hatten und dass obendrein die an sie herangetragenen Vorstellungen mehr als widersprüchlich waren.

Im Februar 1917 kam es in Russland zu immer heftigeren Unruhen. Der Nachschub für die Armee funktionierte nicht mehr, und auch in den Städten brach die Versorgung mit Lebensmitteln zusammen. An den Fronten brachen Meutereien aus. In St. Petersburg gab es Massenstreiks, die in Tumulten und Schießereien mündeten. Der Zar geriet in Panik und dankte ab. Kräfte der politischen Mitte bildeten eine Provisorische Regierung unter der Führung des parteilosen Fürsten Georgi Lwow, welche die Einberufung einer Konstituierenden Versammlung für den Januar 1918 vorbereitete. Im ganzen Land bildeten sich spontan Räte (Sowjets), die noch nicht von den Bolschewiki gesteuert und kontrolliert wurden. Im Exekutivkomitee des Petrograder Sowjets in St. Petersburg gaben die Vertreter sozialistischer Parteien den Ton an. Es kam zu einer Art Doppelherrschaft zwischen den Vertretern sozialistischer Parteien in den Sowjets und den Mitgliedern der Provisorischen Regierung, in der auch bürgerliche Parteien vertreten waren. Die Mitglieder

der Sowjets waren nicht bereit, in die Provisorische Regierung einzutreten, einigten sich mit deren Vertretern aber auf ein Kompromissprogramm. Russland stand gegenüber der Entente zu seinen Kriegsverpflichtungen. Zur Polenfrage äußerte sich die Provisorische Regierung erst auf eine Intervention des Petrograder Arbeiter- und Soldatenrates hin. Dort hatte der polnische Sozialist Aleksander Więckowski eine Resolution durchgesetzt, in der das Recht der Polen zur Schaffung eines eigenen Staates gefordert wurde. Daraufhin verabschiedete die erste Provisorische Regierung eine Proklamation, in welcher der brüderlichen polnischen Nation das Recht auf ihren eigenen Staat zugestanden wurde.

Piłsudski verfolgte gebannt die dramatischen Entwicklungen in Russland und mobilisierte dazu alle Informations- und Einflusskanäle, über die er verfügte. Anhänger der PPS und Mitglieder der POW intensivierten ihre Informationsarbeit, verstärkten die vorhandenen illegalen Gruppen personell und materiell und versuchten, Einfluss auf den Gang der Ereignisse zu nehmen. Warum, so Piłsudskis Überlegungen, sollte eine Regierung, die von Vertretern der Konstitutionellen Demokraten dominiert war und in der sein früherer Pariser Gesprächspartner Viktor Tschernow einen Ministerposten bekleidete, nicht zum Vorboten eines demokratischen Russland werden? Ob dieses Russland als konstitutionelle Monarchie oder als Republik existierte, war für ihn zweitrangig. Wichtiger war, dass es sich seiner autokratischen Bürde und seiner Rolle als Völkergefängnis entledigte. Unmittelbar nach Ausbruch der Unruhen hatte er überlegt, selbst nach Russland zu gehen, blieb dann aber doch in Warschau. In einem Gespräch mit Hutten-Czapski, in dem es um die Konflikte im Regentschaftsrat ging, reagierte Piłsudski gereizt: »Ihr werdet schon sehen, was ihr davon habt, wenn ihr mich nach Russland treibt.« Hutten-Czapski wusste nicht recht, ob er das als einen der üblichen sarkastischen Scherze des Brigadiers oder als echte Drohung auffassen sollte.

Es stand in jeder Beziehung eine Menge auf dem Spiel. Immerhin befanden sich mehr als drei Millionen Polen auf der östlichen Seite der

Front, darunter Vertreter aller politischen Optionen. Es entstanden zahlreiche soziale und caritative Organisationen. Und es ging um die Möglichkeit, aus den über eine halbe Million Polen, die im russischen Heer dienten, eigene polnische Einheiten zu schaffen. Die Frage war nur, auf welche Seite der späteren Konfliktparteien sich diese Einheiten stellen würden.

Eine große Anzahl von Bolschewiki, Menschewiki und Sozialrevolutionären saß Anfang 1917 noch im Exil fest. Lenin brannte in Zürich auf seine Rückkehr nach Russland. Er kochte vor Wut angesichts dessen, was seine in Russland zurückgebliebenen linken Genossen anstellten. Diese Trottel ließen sich vor den Karren einer bürgerlichen Regierung spannen, traten in die zweite Provisorische Regierung ein, akzeptierten deren Kriegsziele und setzten auf die Beteiligung an einer Konstituierenden Versammlung. Wenn er erst einmal zurück in Russland war, würde er mit einer Reihe entschlossener Gefolgsleute das Heft des Handelns in die Hand nehmen, die entscheidenden Räte und Komitees unter bolschewistische Kontrolle bringen und zum Schluss die bürgerliche parlamentarische Schwatzbude auseinanderjagen. Aber wie sollten er und seine Gefährten mitten durch das Kriegsgebiet zurückgelangen?

Hier sollte sich nun die lange vorbereitete Zusammenarbeit mit Ludendorff, der deutschen Diplomatie und den deutschen Geheimdiensten auszahlen. Alexander Parvus und seine Mittelsmänner hatten längst feste Fäden zu den entscheidenden deutschen Stellen geknüpft. Beide Seiten wussten jedoch, dass nicht zu viel von ihren weitreichenden Plänen an die Öffentlichkeit gelangen durfte. Ludendorff hielt sich im Hintergrund und ließ die Fahrt mit dem angeblich plombierten Zug, der am 9. April 1917 aus der Schweiz in Richtung Russland rollte, wie eine Aktion der deutschen Zivilregierung unter Reichskanzler Bethmann-Hollweg aussehen. In der Schweiz hatten naive Friedensfreunde wie Robert Grimm und Fritz Platten bei der technischen Vorbereitung des Unternehmens geholfen. Nach langen Verhandlungen konnten rund vierzig sorgfältig ausgesuchte Reisende in dem Zug Platz nehmen, darunter mehr als ein Drittel Bolschewiki, einige Mitreisende mit mehrfach getarnter Identität sowie eine Reihe von Frauen, unter ihnen Nadeschda Krupskaja. Auch Karl Radek musste unbedingt dabei sein.

Bei einem mehrstündigen Halt des Zuges in Berlin kam es zu Geheimgesprächen Lenins mit Vertretern der deutschen Regierung, deren lange verborgener Inhalt Historiker noch Jahrzehnte später rätseln ließ. Die Losung »Brot, Land, Frieden«, mit der Lenin und die Bolschewiki die hungrigen Massen hinter sich brachten, war der deutschen Führung Millionen von Goldmark wert, die stetig in die Parteikasse der Bolschewiki wanderten. Es wäre viel zu einfach, Lenin hier als bloßen Agenten der deutschen Reichsführung zu sehen. Er verstand es umgekehrt, die kurzsichtigen Deutschen für seine Ziele einzuspannen.

Der Separatfrieden mit Russland, der auf diese Weise greifbar nahe rückte, machte Ludendorff im Osten den Rücken frei. Anhänger eines Verständigungsfriedens, für den sich Bethmann-Hollweg, liberale Kräfte, aber auch die Sozialdemokraten einsetzten, wurden von der Kriegsfraktion, die auf einen Annexionsfrieden setzte, überstimmt. Auf einer Kriegszielkonferenz im Hauptquartier der Obersten Heeresleitung in Bad Kreuznach wurden im April/Mai 1917 die abenteuerlichsten Vorstellungen präsentiert. Dafür brauchte man allerdings frische Soldaten. In Warschau geriet der dortige Militärgouverneur Hans von Beseler deshalb gehörig unter Druck. Um die Rekrutierung von Freiwilligen zu beschleunigen, versprach er Piłsudski das Blaue vom Himmel: Dieser könne einen Generalsrang erhalten, das Kommando über die mit Deutschland verbundenen polnischen Einheiten führen, bekäme modernste Bewaffnung und unbegrenzte Mittel zur eigenen Verfügung. Der Brigadier hatte Beseler bereits in mehreren Gesprächsrunden erlebt, konnte dessen belehrende Tiraden nicht ausstehen und schätzte ihn als einen Militär mit Professorenallüren ein. Normalerweise hielt er sich zurück, aber jetzt reichte es ihm. Er richtete sich auf und fixierte sein Gegenüber. Der mache ihm ein Angebot, das man eigentlich nicht zurückweisen könne. Er würde damit alles für sich gewinnen, aber eine Nation verlieren. Er habe jedoch eine Nation zu gewinnen. Beseler verschlug es die Sprache. Für etwas überspannt hatte er Piłsudski immer schon gehalten, aber nun schien ihm dieser komplett größenwahnsinnig geworden zu sein.

Da Beseler so nicht weiterkam, musste er zu anderen Mitteln greifen: Piłsudski und die anderen Kommandeure der Legionen wurden aufgefordert, ihre Einheiten den Treueid auf die verbündeten Monarchen Deutschlands und Österreich-Ungarns ablegen zu lassen. Damit würden sie Teil der Polnischen Wehrmacht. Wer dies ablehne, müsse mit Entwaffnung, Verhaftung und Internierung rechnen. Piłsudski hatte eine solche Entwicklung vorhergesehen, und seine Entscheidung stand fest. Diese war ihm allerdings nicht leichtgefallen, denn seit Kurzem wusste er, dass Aleksandra schwanger war. Ihr gemeinsamer Wunsch nach einem Kind hatte sich erfüllt. Wenn er jetzt jedoch nachgab und sich auf den Treueid einließ, war alle Mühe bis hierher umsonst gewesen. Er sprach sich mit Sosnkowski und den anderen Kommandeuren ab, empfahl die Verweigerung des Eids, überließ die Entscheidung aber den Kommandeuren der Brigaden und den einzelnen Legionären. So gut wie alle Mitglieder der ersten Brigade verweigerten den Eid und wurden daraufhin in verschiedene Internierungslager gebracht. Ein Teil der anderen Brigaden legte den Eid ab und wurde anschließend entweder der Polnischen Wehrmacht oder österreichischem Kommando unterstellt.

Im Juli 1917 wurden schließlich zahlreiche Mitglieder der zivilen und militärischen Führung der POW verhaftet. Andere hatten sich schon auf die drohende erneute Illegalität eingestellt und waren untergetaucht. Am Morgen des 14. Juli rückte ein Kommando der Polizei an, um Piłsudski in seiner Warschauer Wohnung zu verhaften. Erich Schmitt, der Leiter der Politischen Polizei, war zugegen. Piłsudski erwartete ihn mit gepacktem Koffer.

Roman Dmowski erhielt die Nachricht von der Verhaftung und Internierung Piłsudskis in Paris. Für ihn war klar, dass sich sein Gegner damit selbst aus dem Spiel gebracht hatte. Die PPS war nun ohne Chancen. Wer auf der russischen Seite übrig blieb, würde man sehen.

Paris war dagegen aus seiner Sicht eine sichere Bank. Hier trug seine hartnäckige Vorarbeit Früchte, als sich am 15. August unter seinem Vorsitz das Polnische Nationalkomitee (Komitet Narodowy Polski) konstituierte. Es erhob den Anspruch, die eigentliche Regierung Polens zu sein. Frankreich erklärte sich bereit, bei der Aufstellung einer eigenen kampftüchtigen polnischen Armee zu helfen, die aus Kriegsgefangenen und Freiwilligen bestehen sollte.

## Magdeburg

Die äußeren Bedingungen in der Festung Magdeburg waren mehr als erträglich. Piłsudski hatte schon ganz andere Lager und Gefängnisse gesehen. Nach einer Odyssee durch eine Reihe von preußischen Festungen war er auf dem weitläufigen Festungsgelände in einem eigenen kleinen, einstöckigen Haus untergebracht worden, wo er mehrere Zimmer für sich hatte. Ein eigener Raum im Erdgeschoss diente dem Diensthabenden der Wachmannschaft als Quartier. Die Behandlung war korrekt, um nicht zu sagen von preußischer Höflichkeit. Frühstück und Abendbrot wurden serviert, das Mittagessen von einem nahe gelegenen Restaurant gebracht. Die Post, die er erhielt, war allerdings zensiert und kam mit wochenlanger Verspätung. Tagsüber konnte er Spaziergänge auf einem kleinen Freigelände um das Haus machen.

Es gab keine förmliche Anklage und keine stundenlangen Verhöre, kein Prozess mit anschließender Verurteilung wartete auf ihn. Er war einfach eine Gefahr für die Sicherheit des deutschen Reiches und wurde deshalb in Isolationshaft gehalten. Deutsche Verbindungsleute der POW schmiedeten zwar abenteuerliche Pläne, ihn aus der Festung herauszubekommen, dies war aber erstens aussichtslos und zweitens aus seiner Sicht gar nicht nötig. Denn wenn seine Rechnung aufging, würde er die Partie am Ende gewinnen. Er ersparte sich auch ständige Proteste und schrieb lediglich zwei Briefe an Beseler, in denen er forderte, die Gründe für seine Haft darzulegen. Eine Antwort kam nicht.

Eine andere Gefahr für die Sicherheit des Deutschen Reiches war Rosa Luxemburg. Sie hatte man als Kriegsgegnerin und gefährliche politische Feindin in »Sicherheitsverwahrung« genommen. Im Juli 1916 inhaftiert, verbrachte sie den größten Teil ihrer über dreijährigen Haft in einem Breslauer Gefängnis. Im Unterschied zu Piłsudski hatte sie dort besseren Zugang zu Büchern und verfolgte intensiv die Entwicklung in Deutschland und Russland. Luxemburg hatte ab 1914 gemeinsam mit Karl Liebknecht eine Gruppe von Kriegsgegnern um sich gesammelt. Sie lehnten zunächst den Austritt aus der SPD ab und konstituierten sich 1916 als Spartakusgruppe. Als im Frühjahr 1917 die Falken innerhalb der deutschen Reichsleitung, die gegen einen Verständigungsfrieden waren, sich durchsetzten, kam es zur Spaltung der SPD. In der neu gegründeten Unabhängigen Sozialdemokratischen Partei Deutschlands (USPD) sammelte sich eine breite Koalition von Kriegsgegnern. Auch die Spartakusleute traten der USPD bei und wurden ihr äußerster linker Rand.

In mehreren Aufsätzen, die im Gefängnis entstanden, begrüßte Luxemburg die Aktivitäten russischen Sozialisten, die sie als Beginn der internationalen sozialistische Revolution ansah. Die Kraft der organisierten Räte, Streiks, Betriebsbesetzungen und die Übernahme des Staatsapparates waren für sie Ausdruck einer »Diktatur des Proletariats«. Sie warnte jedoch vor einer »Diktatur der Bolschewiki« und den damit verbundenen Methoden Lenins. In ihrer später berühmt gewordenen Schrift *Zur russischen Revolution* beschrieb sie ihre Nähe und Distanz zu den russischen Revolutionären. Trotz aller Vorbehalte forderte sie eine deutsche Revolution nach russischem Vorbild. Der Aufsatz wurde erst 1922, drei Jahre nach ihrem Tod, von Paul Levi, ihrem Freund und engen Gesinnungsgenossen, herausgegeben. Am 9. November 1918 wurde Rosa Luxemburg aus der Haft entlassen und stürzte sich in Berlin sogleich in die Revolutionswirren.

Piłsudski selbst kam mit der Einsamkeit eigentlich ganz gut klar. Worunter er am meisten litt, war der Mangel an präzisen Informationen. Die Post wurde zensiert, und er selbst schrieb in seinen Briefen an

Aleksandra nur einen Bruchteil der Dinge auf, die ihn umtrieben und bewegten. Das tägliche Studium einer Magdeburger Tageszeitung, die man ihm als Lektüre zugestanden hatte, gab ihm immerhin die Möglichkeit, den Kriegsverlauf und die internationale Entwicklung nachzuvollziehen. Im Kontakt zu den Wachsoldaten und Offizieren verschaffte er sich zudem einen Eindruck von der Stimmung im Militär.

Was ihn am meisten beunruhigte, war die Entwicklung in Russland. Der den Menschewiki nahestehende Alexander Kerenski hatte dort im Juli 1917 die Macht übernommen und einen frühen Putschversuch der Bolschewiki abgewehrt. Lenin und seine Mitstreiter mussten drei Monate lang um das Gelingen ihrer Pläne zittern. Lenin selbst versteckte sich in Finnland, um von dort aus die Reihen neu zu ordnen. Er hatte Glück, denn Kerenski setzte auf den konservativen General Lawr Kornilow, um die Ordnung in Petrograd wiederherzustellen. Kornilow unternahm dann jedoch einen Putsch von rechts, dem Kerenski begegnen musste. Er rief daher im September die Russische Republik aus, löste die Duma auf und stellte sich an die Spitze eines Direktoriums. Proteste dagegen, die wieder erstarkten Räte sowie revolutionär gestimmte Matrosen verhalfen schließlich ab Oktober 1917 der immer noch kleinen Gruppe der Bolschewiki zur Macht. Piłsudski wusste, was das bedeutete, und sah seine schlimmsten Befürchtungen bestätigt.

Sein einsam verbrachter 50. Geburtstag im Dezember 1917 hätte ihn trübsinnig stimmen können, aber er riss sich zusammen. Wie häufig in schwierigen Situationen, ließ Piłsudski in Gedanken die Vergangenheit an sich vorüberziehen. Er begann dann sogar, seine Erinnerungen an die ersten Kämpfe der Legionen schriftlich festzuhalten. Mehr als eine Skizze konnte das Manuskript nicht sein, da ihm sämtliche Unterlagen fehlten. Wie schon damals in Sibirien konnte es manchmal auch ganz unterhaltsam sein, Schach gegen sich selbst zu spielen. Auch Patiencen legte er sehr gern, und er dachte sich sogar eigene Varianten dazu aus. In einer Februarnacht wurde er wach, weil er glaubte, im Traum Kinderweinen gehört zu haben. War das eine Sinnestäuschung, oder gab ihm da jemand ein Zeichen? Viel später erfuhr er, dass in dieser Zeit tatsächlich die gemeinsame Tochter mit Aleksandra, die kleine Wanda, auf die Welt gekommen war.

Der Ton der Wachmannschaften wurde von Monat zu Monat höflicher, und die Freiheitsrechte, die man dem Gefangenen zugestand, erweiterten sich. Er konnte sich mittlerweile ungehindert auf dem Gelände der Festung bewegen und in Begleitung sogar Spaziergänge in die Stadt machen. Piłsudski deutete das als Zeichen für die immer kompliziertere Lage Deutschlands. Ludendorffs U-Boot-Pläne waren gescheitert, die Engländer waren standhaft geblieben, und die amerikanische Kriegsunterstützung für die Entente wirkte sich immer stärker aus. Der am 3. März 1918 im Abkommen von Brest-Litowsk geschlossene Sonderfrieden mit den Bolschewiki ermöglichte es Ludendorff, noch einmal zusätzliche Truppen für eine groß angelegte Frühjahrsoffensive an der Somme einzusetzen, die sich aber mit hohen Verlusten für die deutsche Seite festlief. Trotz aller Durchhalteparolen wurde die Situation für Deutschland immer auswegloser.

Im August 1918 konnte Piłsudski zu seiner Überraschung Kazimierz Sosnkowski an seiner Seite begrüßen. Der hatte fast ein Jahr in einem anderen Magdeburger Gefängnis verbracht und nicht von der räumlichen Nähe zum Kommandanten gewusst. Beide waren überglücklich. Sie tauschten ihre Hafterlebnisse aus, verglichen ihren Informationsstand und ihre Einschätzung der Lage.

Im November 1918 löste der Aufstand der Matrosen an der Küste in ganz Deutschland revolutionäre Unruhen aus, die auch auf Berlin übergriffen. Der deutsche Kaiser sah sich angesichts des immer stärkeren Drucks gezwungen abzudanken. Da die militärische Niederlage im Westen nicht mehr abzuwenden war und die Kräfte der Entente immer schärfere Bedingungen für einen Waffenstillstand stellten, blieb nur noch das Millionenheer im Osten als letzter Trumpf. Doch inzwischen wurden auch die deutschen Truppen in Warschau von immer stärkeren Unruhen erfasst. Um dort für einige Wochen oder Monate Stabilität zu sichern und so die Friedensverhandlungen im Westen erfolgreich führen zu können, nahm man in Berlin die Rufe nach einer Rückkehr

Auf einem Spaziergang mit Legionsoberst Kazimierz Sosnkowski (links) und dem deutschen Offizier Schloßmann (rechts) in der Festung Magdeburg, 1918

Piłsudskis endlich ernst. Für die heikle Mission, den Inhaftierten von der Rolle zu überzeugen, die er in der polnischen Hauptstadt spielen sollte, bot sich Harry Graf Kessler an. Der hatte nach mehreren Zwischenstationen wieder einen Platz im Außenministerium eingenommen und dort bei den höchsten Stellen für die Rückführung des Kommandanten geworben.

Die Zeit drängte, denn die Lage wurde immer gefährlicher, und die Unruhen konnten bald auch auf Magdeburg übergreifen. Als Kessler am 7. November Piłsudski aufsuchte, war er mehr als erstaunt: Der Kämpfer, den er bei ihrer letzten Begegnung in den Schützengräben Wolhyniens erlebt hatte, hatte sich in einen Militärführer verwandelt, dem man den künftigen Staatsmann ansah. Die Zeit der Inhaftierung und Isolation hatte ihn nicht beugen oder gar brechen können. Kessler war klar, dass sich die Hoffnungen, die Berlins auf Piłsudski setzte, kaum erfüllen würden, aber er tat sein Bestes. Am Ende musste er unverrichteter Dinge wieder nach Berlin zurückkehren. Der Gefangene hatte ihm klargemacht, dass er zu keiner geforderten Loyalitätserklärung bereit sei. Er wünsche sich ein künftiges gutes Verhältnis zu Deutschland, was auf beiden Seiten Kompromisse erfordere, aber möglich sei. Sein gefährlichster Gegner sei stets der russische Imperialismus gewesen und bleibe es, selbst wenn er jetzt in seiner roten Form neu auferstehe.

In einem letzten Verzweiflungsschritt erhielt Kessler in Berlin die Order, Piłsudski ohne Loyalitätserklärung aus der Festung zu holen und nach Berlin zu bringen. In einer abenteuerlichen Fahrt, überall wehten schon die roten Fahnen, gelangten die beiden gemeinsam mit Sosnkowski in die deutsche Hauptstadt. Wo immer Piłsudski während seines kurzen Aufenthaltes dort Gespräche führte, wurde er mit »Exzellenz« tituliert. An diese Anrede musste sich der frisch entlassene Gefangene erst gewöhnen.

# 8
# POLONIA RESTITUTA

## Ankunft in Warschau

Rittmeister van Gülpen war schon auf der Autofahrt von Magdeburg nach Berlin dabei gewesen und begleitete den Kommandanten und Sosnkowski nun halb als Aufpasser, halb als Ordonnanz im Zug bis zur Grenze. Auf dem Bahnsteig vor der Abfahrt in Berlin hatte sich Kessler von Piłsudski verabschiedet. Dessen Wunsch nach einem Offiziersdegen hatte er ihm in der Eile nicht erfüllen können, ihm aber dafür sein eigenes Seitengewehr mitgegeben. Eine Geste, die ihm Piłsudski hoch anrechnete. Die beiden waren keine Freunde geworden, sich durch ihre langen Gespräche aber nähergekommen. Der Sonderzug, der Piłsudski am Abend des 9. November 1918 nach Warschau bringen sollte, bestand nur aus der Lokomotive und einem Waggon. An jeder Station hielt van Gülpen Ausschau, ob sich dort bereits »rote Banditen« herumtrieben, und machte dann stets Meldung, dass die Strecke noch frei sei. Dabei schlug er jedes Mal knallend die Hacken zusammen. Irgendwann war Piłsudski von diesem Theater derart genervt, dass er ihn anherrschte. Es würde reichen, wenn van Gülpen bei der Meldung Haltung annehme und nicht solchen Krach machte. »Jawoll, Exzellenz«, und van Gülpen knallte wieder die Hacken zusammen. Sosnkowski saß derweil gegenüber, hing seinen eigenen Gedanken nach oder schlief bereits.

Piłsudski hatte noch die Bilder aus Berlin im Kopf, wo er die vergangenen beiden Tage verbracht hatte. Bei den Gesprächen mit den Mitgliedern der Reichsregierung und den Vertretern des Auswärtigen

Amtes hatte man ihn über das Ausmaß des Zusammenbruchs in Deutschland informiert. Ausgehend von der Meuterei auf Schiffen der Hochseeflotte und Unruhen in Kiel, in Sachsen, in Thüringen und im Rheinland, hatte die Revolution Berlin erreicht. Überall waren rote Fahnen, demonstrierende Menschen und bewaffnete Gruppen. Reichskanzler Max von Baden verkündete die Abdankung des Kaisers und beauftragte den Führer der Mehrheitssozialdemokraten, Friedrich Ebert, mit den Amtsgeschäften. Am frühen Nachmittag des 9. November verkündete dessen Parteigenosse Philipp Scheidemann von einem Balkon des Reichtags die Deutsche Republik. Zwei Stunden später rief Karl Liebknecht vom Balkon des Berliner Stadtschlosses die Freie Sozialistische Räterepublik aus. Es war völlig unklar, wer in diesem politischen Ringen gewinnen würde.

Vor allem aber ging Piłsudski in Gedanken noch einmal die langen Gespräche mit seinem Vertrauten Sosnkowski durch und sortierte die verschiedenen Fragen. Die Alliierten hätten ihm eine zu enge Bindung an die Deutschen nicht verziehen. Sein Ruf als Held des Widerstands hätte gelitten. Und waren die internationalen Signale, die er über seine diplomatischen und politischen Emissäre unablässig aussandte, deutlich genug angekommen? Würde er nach seiner Rückkehr schnell genug handeln können oder würde er den sich überstürzenden Entwicklungen hinterherrennen, während seine politischen Konkurrenten Tatsachen schafften? Der wichtigste von ihnen, Roman Dmowski, war in den Augen Piłsudskis ein Kabinettspolitiker, ein intelligenter Taktiker, aber in entscheidenden Momenten kein Kämpfer. Er saß in Paris, wo sich die Vertreter der Entente darauf vorbereiteten, über das künftige Schicksal Europas zu entscheiden. Der Gedanke an Paris erinnerte Piłsudski auch immer an das tragische Schicksal seines Bruders Bronisław. Der hatte sich im Mai 1918, vereinsamt und depressiv, in die Seine gestürzt. Zu seinem Begräbnis waren vor allem Vertreter der Nationaldemokraten gekommen. In einem seiner letzten Briefe an Maria hatte Bronisław ihr von einem Treffen mit Dmowski geschrieben und dessen Grüße an sie ausrichten lassen. Die alte Flamme war wohl nicht völlig erloschen.

Eine andere Frage, die Piłsudski umtrieb: Wie schnell würden Lenin und seine Bolschewiki die Revolution in Deutschland zu nutzen suchen, um die Fackel der Weltrevolution nach Westeuropa zu tragen? Wenn ihnen das gelang, konnte er alle Hoffnungen auf ein freies, souveränes Polen aufgeben.

Der Zug war inzwischen längst auf polnischem Gebiet. Kurz bevor Piłsudski einschlief, hielt der Zug an einer kleinen Station, um Wasser zu tanken. Auf dem nahezu menschenleeren Bahnsteig war nur ein Musikant zu sehen. Der spielte auf seiner Geige eine Melodie, die Piłsudski nur zu vertraut war: »Wir, die erste Brigade« – das Lied der Legionen war zum Volkslied geworden. Ganz umsonst war ihr Einsatz also vielleicht doch nicht gewesen.

Erst weit nach Mitternacht war er in einen Dämmerschlaf gefallen. Als Piłsudski am Morgen des 10. November müde und zerschlagen in Warschau aus dem Zug kletterte, war es auf dem Bahnsteig noch dunkel. Der Warschauer *Morgenkurier* hielt die genaue Ankunftszeit des Zuges fest: 7.36 Uhr. Anders als im Dezember 1916 wurde Piłsudski diesmal nur von einer kleinen Gruppe von Menschen begrüßt. Keine jubelnde Menge, keine Blumen oder Ovationen. Nicht einmal ein Fotograf war zugegen.

Zu denen, die Piłsudski in Empfang nahmen, gehörte Fürstregent Zdzisław Lubomirski, der erst in der Nacht durch ein Telegramm aus Berlin von der bevorstehenden Ankunft des Kommandanten erfahren hatte. Adam Koc, den Führer der POW, hatte die Nachricht auf anderen Wegen erreicht, und auch er fand sich mit wenigen Gefährten ein. Dazu kamen Genossen der PPS mit Aleksander Prystor. Piłsudski straffte sich bei ihrem Anblick, schritt dann auf Adam Koc zu, der den »Bürger Kommandanten« in der Hauptstadt begrüßte, und umarmte schließlich seine alten Freunde. Der hinzutretende Lubomirski gab daraufhin seiner Freude über die endlich erfolgte Rückkehr Piłsudskis Ausdruck und lud diesen zum Tee ein. Eine alte polnische Sitte. Der Kommandant war froh, dass Lubomirski, den er von den drei Regenten am meisten schätzte, gekommen war, und nahm die Einladung an.

Die drei Regenten, die er kurz darauf traf, wirkten sehr unsicher. Unter dem Druck der Ereignisse hatte der Warschauer Regentschaftsrat gut drei Wochen zuvor, am 18. Oktober 1918, einen unabhängigen polnischen Staat proklamiert. In dem neu gebildeten Kabinett waren die Vertreter der Nationaldemokraten am stärksten vertreten. Wohl auch deshalb erhob das Polnische Nationalkomitee unter Dmowski in Paris den Anspruch, die eigentliche Regierung zu stellen. Doch auch Piłsudski gehörte dem Kabinett an, nachdem er ohne sein Wissen zum Chef der polnischen Streitkräfte berufen worden war. In der Magdeburger Festung hatte er davon erst erfahren, als ihm der diensthabende Wachoffizier die Magdeburger Tageszeitung mit der entsprechenden Meldung brachte. Natürlich hatte er sich gefragt, was das bedeuten mochte. Hatten die Deutschen etwa plötzlich ihre Haltung zu ihm geändert? Wieso hätten sie sonst seiner Berufung zugestimmt?

Als Reaktion auf die Schritte des Regentschaftsrates hatten die galizischen Sozialisten unter Ignacy Daszyński in der Nacht vom 1. auf den 2. November die Unabhängigkeit Polens in allen Teilungsgebieten ausgerufen. Sie bildeten eine Provisorische Regierung der Volksrepublik Polen, die sich am 8. November 1918 in Lublin am Sitz des österreichischen Generalgouverneurs konstituierte. In ihr waren Sozialisten, Sozialdemokraten und Repräsentanten der unabhängigen Bauernpartei vertreten. Sie strebten eine säkulare, parlamentarische Republik an, die entscheidende soziale Ziele verwirklichen sollte. Damit wollten sie ein Gegengewicht zu den in ihren Augen zerstörerischen volkspolnisch-bolschewistischen Kräften schaffen und sich zugleich der drohenden Dominanz der Konservativen und Rechten entgegenstemmen. Wincenty Witos, der Führer der Bauernpartei, zog sich allerdings schnell von dem Unternehmen zurück, weil er keiner sozialistisch geprägten Regierung angehören wollte.

In den Augen linker Sozialisten und der polnischen Anhänger der Bolschewiki war der Lubliner Vorstoß ein Ausverkauf der Interessen des polnischen Proletariats an die Bourgeoisie und die Gutsbesitzer. Sie sahen mit Bewunderung auf den Durchsetzungswillen Lenins und seiner Gefährten und strebten ein baldiges Zusammengehen mit diesen an.

Meuternde Soldaten, kommunistisch inspirierte Unruhen in verschiedenen Teilen des Landes, drohendes Chaos und Anarchie hatten Generalgouverneur Hans von Beseler und die Warschauer Regenten immer dringlicher nach Piłsudski rufen lassen. Dieser, so ihre Hoffnung, könnte für eine Übergangszeit als erfahrener Militär für Stabilität sorgen, um anschließend aber wieder den Politikern die Bühne zu überlassen. Die Regenten konnten nach wie vor alle ihre Entscheidungen nur in Abstimmung mit Beseler treffen. Der war in ständiger Verbindung mit Berlin und versuchte, die immer unruhiger werdenden deutschen Besatzungstruppen unter Kontrolle zu halten. Die Armeeeinheiten in Polen und das Millionenheer weiter im Osten sollten schließlich als Faustpfand für die Friedensverhandlungen mit der Entente dienen.

Der immer drängendere Ruf der Regenten nach der Rückkehr Piłsudskis hatte jedenfalls mehrere Gründe. Seine Anwesenheit würde ihre Rolle gegenüber Beseler aufwerten und die Rolle Warschaus gegenüber den anderen Zentren stärken, die wie Lublin eine polnische Unabhängigkeit anstrebten. Auch für die erhoffte allmähliche Loslösung von der deutschen Oberhoheit konnte ihrer Meinung nach die Autorität Piłsudskis von Nutzen sein. Um die Rolle aufzuwerten, die ihm bisher zugedacht war, boten sie ihm nun an, kooptiertes Mitglied im Regentschaftsrat zu werden. Falls sie gehofft hatten, auf einen durch die Gefängnishaft zermürbten Kommandanten zu treffen, der zu jeder Übereinkunft bereit war, wurden sie enttäuscht. Piłsudski machte seinen Gesprächspartnern unmissverständlich klar, dass er für eine Statistenrolle nicht zur Verfügung stehe. Er wolle kein Diktator sein und strebe keine absolute Macht an. Die Situation sei jedoch so explosiv und gefährlich, dass nur schnelle und entschiedene Schritte Erfolg versprächen. Polen sei als souveräner Staat noch gar nicht vorhanden und doch bereits von äußeren Feinden umstellt. Und nicht zuletzt drohe es von inneren Kämpfen zerrissen zu werden. Nur wenn man ihm, Piłsudski, das militärische Kommando und alle politischen Vollmachten übertrage, könne er die innere Ordnung gewährleisten und den schnellen Aufbau einer schlagkräftigen Armee in die Wege leiten. Mit dieser Ankündigung – oder besser: Forderung – verließ er die Teerunde.

Daraufhin fuhr er zu der Wohnung, welche die Mitglieder der POW für ihn vorbereitet hatten. Ein Pensionat in der Moniuszkistraße, von einer Familie geführt, die den Sozialisten seit Jahren verbunden war. Hier wartete Sosnkowski auf ihn, der sich beim Empfang auf dem Bahnhof im Hintergrund gehalten hatte. Beide hatten aus Magdeburg nur ihre abgetragene Militärkleidung mitgebracht und keine Wäsche zum Wechseln.

Anschließend besprach er in einem vertrauten Kreis von Mitgliedern der POW die drängendsten praktischen Fragen. Noch standen 30 000 Soldaten und Offiziere der deutschen Garnison in Warschau und insgesamt 80 000 in Kongresspolen. In Posen war die Lage noch ruhig. Die Frage war nur, wie lange noch. Die Nationaldemokraten gewannen in der Stadt und der Region immer mehr an Einfluss, hofften auf eine friedliche Übernahme der Stadt und schielten misstrauisch auf die Unruhen im roten Warschau. Dort waren die POW, Kräfte der PPS und sonstiger linker Gruppierungen nur schwach vertreten. In anderen Regionen war die POW viel präsenter. Zahlreiche ihrer Mitglieder und Anhänger hatten außerdem wichtige Positionen in der Polnischen Wehrmacht und den bewaffneten Milizen inne. Bedeutsam war aber auch, dass ihre Leute viele Stellen in der zivilen Verwaltung besetzten, die unter dem Regentschaftsrat ausgeweitet wurde. In Warschau hatten Funktionäre der POW gute Verbindungen zum deutschen Militär und den sich bildenden Soldatenräten. Just am 10. November, dem Tag von Piłsudskis Rückkehr, konnten sie somit strategische Schlüsselpositionen wie die Post, das Telegrafenamt und einige Kommandanturen besetzen. Da Freiwillige, Studenten und sogar Schüler mit der Entwaffnung deutscher Soldaten begannen und es dabei zu Zwischenfällen kam, ging es jedoch darum, eine geordnete und friedliche Übergabe zu sichern. Als Piłsudski davon hörte, dass sich sogar Gymnasiasten an der Entwaffnung beteiligten, musste er an seine eigenen Abenteuer als Schüler denken. Jetzt ging es aber um mehr. Die Übernahme der Polizeigewalt in der Hauptstadt musste zügig erfolgen.

Eine erste Gruppe von Sozialisten, mit denen er ebenfalls am Nachmittag des 10. November zusammentraf, erlebte eine herbe Enttäuschung. Die Veteranen unter ihnen hatten noch den Genossen Wiktor vor Augen, der an der Spitze der Partei kämpfte. Einen Genossen, der als Kommandant militärische Formationen der PPS aufbaute und sich mit allen politischen Gegnern anlegte. Jetzt aber trat ihnen ein Militär und Staatsmann gegenüber, von dem nur eine Botschaft ausging: »Ich gehöre jetzt keiner Partei mehr an, ich vertrete die gesamte Nation.« Piłsudski war sich bewusst, welche Wirkung die Proklamation Daszyńskis und seiner Anhänger bei den Konservativen und Nationaldemokraten haben musste. Dort sah man das rote Gespenst am Horizont. Genau mit diesen Kräften brauchte er aber einen Kompromiss, wenn er seine Ziele erreichen wollte. Vielem, was die Sozialisten anstrebten, fühlte er sich weiter verbunden. Auch ihm ging es um eine polnische Republik, die unterschiedlichen Konfessionen, Traditionen, Nationen und politischen Optionen Toleranz gewährte, die sich für soziale Gerechtigkeit und sozialen Ausgleich einsetzte. Eine Annäherung an die Rätesozialisten und die Kommunisten lehnte er ab.

In den Folgetagen sollte es immer wieder zu Begegnungen mit verschiedenen Gruppen der Sozialisten kommen. Dort entstand das später häufig kolportierte Bild von der Roten Straßenbahn, in der er mit seinen Gefährten gesessen habe, um sie dann ausgerechnet an der Haltestelle Unabhängigkeit zu verlassen. Ganz so einfach war es nicht. Mit mindestens einem Bein fuhr er immer noch in dieser Straßenbahn mit. Einmal stellte er sich fast widerwillig unter das Banner der PPS, das ihm auf dem Balkon des Rathauses entgegengereckt wurde. Irgendwann war er es leid, den Genossen ständig erklären zu müssen, warum und wozu politische Kompromisse notwendig seien, und er warf ihnen politische Unfähigkeit vor. Mit Teresa und Feliks Perl hatte er abends ein langes Gespräch. Auf dem Weg nach Hause bemerkte Teresa bekümmert zu ihrem Mann, dass sie den Genossen Wiktor wohl endgültig verloren hätten. Feliks war anderer Meinung. Für ihn hatte Piłsudski Verantwortung übernommen. In den Räumen der *Gazeta Polska,* der Polnischen Zeitung, entstand unter Feliks Perls Leitung die erste Nummer des *Robotnik* in einem freien Polen.

Von der Ankunft Piłsudskis hatte Aleksandra erst am Vormittag des 10. November erfahren. Das Gemüselager, in dem sie mit ihrer Freundin Teresa Perl arbeitete, befand sich in der Warschauer Vorstadt Praga. Mit den wenigen Vorräten, die sie abzweigen konnten, unterhielten sie eine Garküche zur Versorgung der Ärmsten im Stadtviertel. Dort lag auch die Wohnung, die sie mit Teresa und Feliks Perl teilte. Janina Prystor, eine enge Freundin, überbrachte ihr die Nachricht, und da bemerkte sie auch die immer größer werdende Menschenmenge vor dem Haus. Es war Sonntag, viele Arbeiter der Vorstadt waren zu Hause, und die Nachricht von der Ankunft »ihres Piłsudski« hatte sich wie ein Lauffeuer verbreitet. Aleksandra erwartete Józef in der Wohnung. Es war ein unbeschreibliches Gefühl für ihn, als er sie und seine Tochter Wanda endlich in den Arm nehmen konnte. Nur für einen Moment hatte er sich von dem Berg an Aufgaben lösen können, der ihn zu erdrücken drohte. Das sollte in den nächsten Tagen, Wochen und Monaten auch weiterhin so bleiben.

An eine gemeinsame Wohnung war aus verschiedenen Gründen nicht zu denken. So schnell ihn das Schicksal zum faktischen Staatsoberhaupt gemacht hatte, so wenig konnte er seine Gefährtin und Geliebte als die anerkannte Frau an seiner Seite präsentieren. Nicht zuletzt standen dem auch die Erinnerungen an die geliebte verstorbene Stieftochter und die Zeit mit seiner ersten Frau im Weg. Aleksandra bezog daher bald eine eigene Wohnung im Stadtzentrum, und sie konnten sich öfter sehen, aber ihr wirkliches Familienleben sollte erst ein paar Jahre später, nach Marias Tod, beginnen. Bis dahin blieb Maria die offizielle erste Frau im Staat, auch wenn sie sich weitgehend aus der Öffentlichkeit zurückhielt. Bei aller Freude über ein neues freies Polen konnte sie den Schmerz über den Verlust der Tochter und die zerrissene Bindung zu ihrem Mann und Kampfgefährten nicht vergessen.

Vor und nach seinem ersten kurzen Besuch bei Aleksandra und Wanda umgaben Piłsudski der Jubel und die Hochrufe der Menschen auf den Straßen. Wer weiß, wie viele von diesen Begeisterten dann wohl den widerwärtigen Gerüchten glaubten, die schon bald über Piłsudski und seine Familie kursierten. Politische Gegner und Antisemiten behaupteten etwa, er sei der heimliche Geliebte von Teresa Perl. Der Weg vom Podest in den Schmutz war im damaligen Polen sehr kurz.

Als am späten Abend des 10. November der Strom der Besucher abebbte, ging Piłsudski todmüde zu Bett. Kaum eingeschlafen, wurde er von einer Ordonnanz der POW, die für seine Sicherheit sorgte, geweckt. Eine Delegation des deutschen Soldatenrates müsse ihn dringend sprechen. Piłsudski warf sich den Militärrock über und traf auf die deutschen Vertreter, die im Vorzimmer warteten. In einigen Kasernen und Objekten der deutschen Garnison hatten bereits Soldatenräte das Kommando übernommen und ihre Offiziere unter Arrest gestellt, andere blieben unter dem Kommando kaisertreuer Offiziere und verbarrikadierten sich in den Kasernen. Die Mitglieder der Delegation gehörten zum zentralen Soldatenrat, der den revolutionären Signalen folgen wollte, die aus Berlin zu ihnen drangen. Sie hofften auf Piłsudski als Sozialisten und Verbündeten. Ihnen trat ein Militär gegenüber, vor dem sie unwillkürlich Haltung annahmen.

Piłsudski stellte den Soldaten, den Zivilbeamten und ihren Familien einen sicheren Abzug in Aussicht. Was die Soldaten mit ihren Offizieren in Deutschland anstellten, sei ihre Sache – auf polnischem Boden hätten sie sie jedoch anständig zu behandeln und sich an die militärische Disziplin zu halten. Für den nächsten Tag wurde eine Zusammenkunft im Quartier des zentralen Soldatenrates verabredet. Als seinen ständigen Verbindungsoffizier zu den Soldatenräten und dem deutschen Militär benannte Piłsudski Ignacy August Boerner, einen seiner engsten POW-Vertrauten. Boerner hatte lange in Deutschland gelebt und ein ganzes Verbindungsnetz zu den deutschen militärischen Kräften in Warschau und Kongresspolen geknüpft. Es galt nun, die friedliche Entwaffnung und die schnellstmögliche Rückführung der militärischen und zivilen Kräfte der Deutschen zu sichern. Ihre schweren Waffen, Teile der Ausrüstung, Kommunikationstechnik und Lebensmittelvorräte wurden dringend gebraucht und sollten in Warschau verbleiben.

## Ein Staat entsteht

Im Quartier des zentralen deutschen Soldatenrates herrschte eine explosive Stimmung, als Piłsudski und Boerner am nächsten Morgen dort eintrafen. Die versammelten Soldaten hatten den Bericht ihrer Delegation mit sehr gemischten Gefühlen aufgenommen. Was hatte das militärische Auftreten des Sozialistenführers zu bedeuten? Wie weit gingen seine Forderungen, und welches Mandat hatte er dafür? Was würde sie bei ihrer Rückkehr nach Deutschland erwarten?

Piłsudski suchte nach einer raschen Verständigung, zumal er wusste, wie schnell die Kunde dieses Zusammentreffens nach Berlin dringen würde. Boerner und er waren entschlossen, ihre ganze Autorität einzusetzen. Piłsudski wandte sich an die Soldaten als Vertreter der polnischen Nation, die ungeachtet dessen, was sie durch die deutsche Besatzung erlitten hatte, keine Rachegelüste hege. Es sei bereits genug Blut geflossen. Er habe gehört, dass deutsche Soldaten ihre Handfeuerwaffen und Maschinengewehre auf dem polnischen Schwarzmarkt an zweifelhafte Elemente verkauften. Derlei sei eines Soldaten unwürdig. Er erwarte, dass alle Soldaten und Offiziere diszipliniert in die Heimat zurückkehrten. Hauptmann Boerner werde als sein bevollmächtigter Vertreter alle berechtigten Beschwerden entgegennehmen.

Das Wagnis gelang. Bis auf wenige Zwischenfälle und Übergriffe schafften es die Kräfte der POW und neu entstandener Milizen, in den folgenden Wochen den Rücktransport Zehntausender militärischer und ziviler Personen und ihrer persönlichen Habe zu organisieren.

Die dringend benötigten Waffen wie überhaupt die militärische und zivile Infrastruktur der deutschen Besatzung blieben zurück. In dem von Revolutionswirren geschüttelten Berlin nahm man die Nachrichten von den ersten Schritten Piłsudskis mit ungläubigem Staunen auf. Der ehemalige Gefangene von Magdeburg hatte in kürzester Zeit alle Pläne für eine länger anhaltende deutsche Präsenz in Polen durchkreuzt und sich in einen ernst zu nehmenden, selbstbewussten, wenn auch verständigungsbereiten politischen Akteur verwandelt. Unübersehbar war ein souveräner polnischer Staat im Entstehen.

Mit der Meuterei beziehungsweise der Kapitulation der deutschen Soldaten war auch das Schicksal von Generalgouverneur Beseler besiegelt. Am 12. November 1918 verließ er als Arbeiter verkleidet Warschau auf einem Schiff der Weichselflotte, das ihn nach Thorn brachte. Piłsudski hatte für sicheres Geleit gesorgt. In Deutschland war Beseler dann heftigen Attacken nationalistischer Kreise ausgesetzt, die ihm zu große Duldsamkeit und ein zu schnelles Nachgeben im Konflikt mit den Polen vorwarfen. Die eigene Niederlage und die infamen Angriffe machten Beseler zu einem gebrochenen Mann. Er starb nur drei Jahre später, 1921, in Potsdam.

Die zögerlichen Regenten schreckten angesichts der sich überstürzenden Ereignisse vor der eigenen Verantwortung zurück und übertrugen Piłsudski am 12. November alle Vollmachten als militärischen Oberbefehlshaber. In einem zweiten Schritt ernannten sie ihn am 14. November 1918 zum polnischen Staatsoberhaupt bis zu den Wahlen, die möglichst schnell zu organisieren waren. Die Übergabe der Vollmachten erfolgte durch den Regenten und Warschauer Erzbischof Aleksander Kakowski.

Piłsudski hatte nunmehr das Recht, den Ministerpräsidenten zu ernennen und diesen mit der Regierungsbildung zu beauftragen. Gesetzgebungsakte und das Budget bedurften seiner Bestätigung. Alle Befugnisse als Staatsoberhaupt galten bis zur Einberufung eines verfassunggebenden Parlaments (Sejm), das am 14. Februar 1919 zusammentreten sollte. Bis dahin galt es, die Wahlen dafür zu organisieren und eine Wahlordnung aufzustellen.

Auf die Loyalität Ignacy Daszyńskis hatte Piłsudski zu Recht gesetzt: Als diesem klar wurde, dass seine eigene provisorische Regierung in Lublin am Widerstand der Rechten scheitern würde, trat er als deren Vorsitzender zurück. Piłsudski konnte so mit Jędrzej Moraczewski einen seiner engsten Vertrauten mit der Regierungsbildung beauftragen. Moraczewski galt als gemäßigter Sozialist, der von den Konservativen und Nationalisten besser gelitten war. Leon Wasilewski übernahm das Amt des Außenministers und sollte in den kommenden Monaten gemeinsam mit Stanisław Thugutt die polnische Delegation bei den Pariser Friedensverhandlungen komplettieren. Thugutt wurde als Mitglied einer linken Bauernpartei Innenminister. An der Regierung beteiligte sich auch Wincenty Witos, der den Eintritt in das neue Machtzentrum nicht verpassen wollte. Als Minister für Post und Telegrafie nahm der ehemalige Posträuber Tomasz Arciszewski eine Schlüsselrolle im Kabinett ein. Ksawery Prauss wurde Minister für religiöse Bekenntnisse und öffentliche Bildung. In der Regierung gaben die linken Kräfte den Ton an, obwohl Piłsudski Gespräche mit Vertretern des gesamten politischen Spektrums führte. Die Einzigen, die sich diesen Gesprächen verweigerten, waren die Vertreter des organisierten linken Flügels der PPS.

Die Aufgaben, die auf die erste Regierung warteten, waren riesig, und sie leistete durchaus beachtliche Arbeit. Der Großteil des Landes, über den die Walze des Krieges mehrfach hinweggerollt war, lag am Boden. Fabriken waren ihrer Maschinen und ihres Inventars beraubt. Landwirtschaftliche Flächen waren verwüstet, Verkehrswege und die dazugehörige Infrastruktur zerstört. Arbeitslose, Hungernde und andere völlig aus der Bahn geworfene Menschen bildeten Banden, raubten Lebensmittel und plünderten. Krankheiten und Seuchen grassierten. Es galt, die grundlegende Versorgung zu sichern, die innere Ordnung wiederherzustellen, elementare Verwaltungsaufgaben zu erledigen. Der Finanzminister musste ein wahrer Zauberkünstler sein. Die Staatskasse war leer, es gab kaum Möglichkeiten der Kreditaufnahme, an reguläre

Einnahmen durch eine einheitliche Finanzverwaltung und eine Steuerbehörde war vorerst nicht zu denken. Vier Währungen waren im Umlauf. Das von der POW geknüpfte zivile Netz und der Einsatz Freiwilliger konnten eine Unterstützung sein, aber keine Institutionen ersetzen.

Entscheidend wurden die Wirtschafts- und Verwaltungsfachleute in den Ministerien und der aufopfernde Einsatz von Technikern, Wissenschaftlern und Ingenieuren. Sie stammten aus den verschiedenen Teilungsgebieten oder waren aus der Emigration zurückgekehrt. Im besten Falle stellten sie politische Präferenzen hinter die gemeinsamen Aufgaben zurück. Sehr hilfreich war, dass sie sich auf Analysen, Studien und intellektuelle Vorarbeiten stützen konnten, die noch vor Ausbruch des Krieges entstanden waren – damals schon mit der Hoffnung auf einen künftigen Staat. Die tiefgreifenden regionalen Unterschiede und die jahrzehntelange Zerrissenheit mussten nicht zum unüberwindbaren Hindernis werden, konnten aber zu neuen Gräben und Konflikten führen. Galizische Beamte in Westpolen, zentralpolnische Fachleute im Osten und umgekehrt schufen oft Barrieren der Verständigung und der Akzeptanz. Es war offen, ob das Experiment gelingen konnte.

In ihrem politischen Programm hatten die Sozialisten mit Daszyński eine Reihe von Vorentscheidungen getroffen, die jetzt von der Regierung Moraczewski in Rechtsakte und Gesetze gefasst wurden. Dazu gehörte die Gleichstellung aller Bürgerinnen und Bürger ohne Ansehen der Herkunft, des Glaubens und der Nationalität, grundlegende bürgerliche Freiheiten, eine starke Stellung der Gewerkschaften, die Einführung des Achtstundentages, Arbeitsschutzverordnungen, Gesundheitsschutz sowie eine Arbeitslosen- und eine Rentenversicherung. Polen, das noch kaum auf den Beinen stand, wurde so zu einem der fortschrittlichsten Sozialstaaten im damaligen Europa. Dazu kam das aktive und passive Wahlrecht auch für Frauen.

Piłsudski wusste, wie viel Arbeitslast er Moraczewski zumuten und zutrauen konnte. Eine von dessen ersten und dringlichsten Aufgaben war die Ausarbeitung einer Wahlordnung, die binnen Wochenfrist vorlag. In gleichen, geheimen, direkten, allgemeinen und proportionalen

Wahlen sollten in den bereits vom polnischen Staat kontrollierten Gebieten die Mitglieder einer verfassunggebenden Versammlung gewählt werden. Parallel dazu setzten die Arbeiten an einer Verfassung ein, über die dann entschieden werden sollte.

Auf den größten Widerstand bei den Konservativen stießen die Forderungen der Sozialisten nach einer Bodenreform und der Verstaatlichung von Schlüsselindustrien. In der Frage der Verstaatlichung wurden immer wieder Kompromisse gefunden. Das Problem der Bodenreform wurde hingegen von Regierung zu Regierung verschoben.

Piłsudski teilte seine Aktivitäten in Warschau zwischen dem Belvedere, dem Sitz des Staatsoberhauptes, und dem Generalstab am Sächsischen Platz auf. Aleksandra und Tochter Wanda bekam er nur selten zu Gesicht. Neben den militärischen Aufgaben und der Verbindung zur Regierung stürmte eine Flut von Besuchern auf ihn ein. Sosnkowski wich nicht von seiner Seite.

Größte Sorgen bereitete Piłsudski die Situation in Lemberg, wo bereits Anfang September 1918 Kämpfe ausgebrochen waren. Ukrainische Unabhängigkeitskräfte sahen sich nach den Vereinbarungen von Brest-Litowsk als Herren von ganz Ostgalizien, auch der Territorien, die mehrheitlich von Polen bewohnt waren. Im November 1918 entstand die Westukrainische Volksrepublik als neuer ukrainischer Teilstaat. Er wurde von bewaffneten Verbänden geschützt, die aus der sich auflösenden österreichischen Armee kamen. Anhänger der Bolschewiki gründeten zudem ukrainische Milizen, die umgehend in blutige Konflikte mit in Lemberg lebenden Polen gerieten. In der Stadt mit 200 000 Einwohnern gab es zu dem Zeitpunkt nur einige Hundert polnische Verteidiger, darunter Studenten und Schüler, zu denen auch Frauen und Mädchen gehörten. Sie konnten der anfänglichen Übernahme der ganzen Stadt durch die Ukrainer nur wenig entgegensetzen. Einheiten der POW, die beileibe nicht nur eine sozialistische Orientierung hatten, kamen ihnen deshalb zu Hilfe. Die polnische Rechte machte die Kämpfe um Lemberg sofort zum Gegenstand scharfer Attacken gegen Piłsudski, warf ihm Untätigkeit vor und behauptete, dass der Litauer bereit sei, die Stadt den Ukrainern auszuliefern. Auf Befehl Piłsudskis brachen polnische Einheiten daraufhin von Krakau aus auf. In Przemyśl wurde ein Panzerzug zusammengestellt, der mit voller Besatzung, Waffen und Ausrüstung nach Lemberg rollte.

Die Ukrainer mussten sich schließlich unter hohen Verlusten zurückziehen. Einige jüdische Selbstverteidigungsmilizen in der Stadt, die sich auf ihre Seite geschlagen hatten, wurden nun zu Opfern polnischer Vergeltungsaktionen, die in ein bestialisches Pogrom ausarteten. Misshandlungen und Morde trafen nicht nur bewaffnete Milizionäre, sondern auch die jüdische Zivilbevölkerung der Stadt. Polnische Militärangehörige, fanatische Antisemiten, aufgestachelte Nationalisten, Marodeure und Plünderer richteten ein Blutbad an, dem mehrere Hundert jüdische Mitbürgerinnen und Mitbürger auch in anderen Städten der Lemberger Region zum Opfer fielen. Die Nachrichten darüber verbreiteten sich schnell, doch die gesamte polnische Presse, die keiner Zensur mehr unterlag, schwieg. Stattdessen feierte sie die polnischen Helden von Lemberg. Die einzige Ausnahme war der von Feliks Perl herausgegebene *Robotnik*. Dort berichtete Andrzej Strug über die Vorfälle, ein sozialistischer Schriftsteller, Publizist und Legionär. Strug sah die Pogrome als Ausdruck eines tiefsitzenden, unerträglichen polnischen Antisemitismus, mit dem er sich während der gesamten Zeit der Zweiten Polnischen Republik auseinandersetzen sollte.

Die Nachrichten über die Pogrome gelangten auch zu Piłsudski, der jeden Antisemitismus verurteilte und ein Ende der Ausschreitungen forderte, aber nicht konsequent einschritt. Gleichwohl erwartete er von den Juden als »Kindern der gleichen Erde« bedingungslose Loyalität gegenüber dem gerade erst entstehenden polnischen Staat. Wie sollte das aber angesichts der Bestialität in Lemberg möglich sein? Für Piłsudski hatten die bevorstehenden Wahlen und der Aufbau einer starken Armee Priorität, und dafür suchte er einen nationalen Konsens. Seine beschämende Zurückhaltung sollte ihn allerdings schnell einholen. Die Berichte über die Lemberger Pogrome verbreiteten sich bald in ganz Europa und verstärkten das Bild von Polen als Land der Antisemiten und Judenmörder.

Leon Wasilewski als neuer Außenminister war sich im Klaren darüber, was die unversöhnlichen Kämpfe mit den Ukrainern und die Pogrome an den Juden bedeuten konnten. Die Härte der Konflikte und Übergriffe und erst recht die Morde drohten all das, wofür er eintrat und mit seiner Arbeit warb, zunichtezumachen. Falls die polnischen, ukrainischen, litauischen und baltischen Nationalisten die Oberhand gewannen, falls ihr Hass aufeinander siegte und ihre jeweiligen territorialen Forderungen unvereinbar waren, brauchte er seine Arbeit erst gar nicht aufzunehmen.

Noch gab er jedoch nicht auf. Es galt, an alte Kontakte im Ausland anzuknüpfen, die neue, völlig veränderte Situation im östlichen Raum genau zu betrachten und Verbündete für eine Verständigung zu suchen. Wie Piłsudski sah er die größte Gefahr in der langfristigen Strategie der Bolschewiki. Diese machten sich die nationalen Ambitionen in den neu entstehenden kleineren und größeren neuen Staaten zunutze und hatten dort überall ihre Anhänger. Bis Mitte Dezember 1918 gab es von den Bolschewiki inspirierte oder gesteuerte Regierungen und Revolutionskomitees in der Ukraine, in Belarus, Lettland und Litauen. Ihnen standen nationalistische Kräfte gegenüber, die in den baltischen Staaten und der Ukraine von den deutschen Truppen unterstützt wurden oder sich wie in Estland gegen beide Seiten zur Wehr setzten.

Wo deutsche Truppen in Vorbereitung ihres Abzugs Territorien räumten, rückten Einheiten der Roten Armee vor. Wenn es um die Zukunft Polens ging, bestanden ihre Verbände zum Teil aus polnischen Mannschaften und trugen die Namen polnischer Städte. Es gab die Warschauer, die Siedlcer und die Lubliner Division. Im Januar 1919 besetzten rote Einheiten Wilna und unterstützten die gerade erst entstandene litauische Sowjetregierung gegen litauische Nationalisten. Der Einfluss bolschewistischer Kräfte in Polen selbst war für Piłsudski genauso gefährlich wie das Vorrücken der Roten Armee. Die im Dezember gegründete Kommunistische Partei Polens war zwar politisch noch bedeutungslos und boykottierte die Wahlen zum verfassunggebenden Sejm, aber sie wurde von einer großen Zahl Moskauer Instrukteure unterstützt und angeleitet. Vor allem hielten ihre Mitglieder engen Kontakt zum linken Flügel der PPS.

Während der Zeit in Magdeburg hatte Piłsudski die Entwicklung in Russland nur in der deutschen Presse verfolgen können, ergänzt durch eigene Gespräche und Beobachtungen. Berichte und Dossiers seiner Vertrauten brachten ihn nach der Rückkehr jedoch schnell auf den aktuellen Stand. Leon Wasilewski hatte sich ab Frühjahr 1917 zu Geheimgesprächen mit den Bolschewiki, Vertretern der Menschewiki, den Sozialrevolutionären und Kadetten getroffen. Kazimierz Pużak, der die Arbeit der POW in Russland koordinierte, hatte zur gleichen Zeit direkte Gespräche mit Lenin und Trotzki geführt. Ihre Berichte waren ernüchternd. Keiner Friedensofferte und keinem Kompromissangebot der Bolschewiki war zu trauen.

Tadeusz Hołówko war als Verbindungsmann der POW in den Territorien der Ukraine und in Moskau unterwegs gewesen. Auf gefahrvollen Wegen hatte er sich zwischen den Fronten bewegt. Nach seiner Rückkehr nach Lemberg und Lublin war er zusammen mit Stanisław Thugutt Autor des Manifestes der Lubliner sozialistischen Regierung gewesen. In dem Manifest wurde an die litauische, belarusische, ukrainische, tschechische und slowakische Nation appelliert, mit den Polen zu einer Gemeinschaft der Freien und Gleichen zu finden.

Zwei weitere Personen stießen in dieser Zeit zum engsten Kreis um Piłsudski hinzu: Bolesław Wieniawa-Długoszowski und Józef Beck. Wieniawa-Długoszowski hatte als Adjutant Piłsudskis die Eidesleistung gegenüber dem deutschen Kaiser verweigert, war dafür aber nicht interniert, sondern vom Dienst in den Legionen ausgeschlossen worden. Er suchte in Russland Kontakt zu dem ehemaligen Terroristen Boris Sawinkow, der unter Kerenski stellvertretender Kriegsminister war und mittlerweile gegen die Bolschewiki kämpfte. Zusammen mit einer Gruppe von POW-Aktivisten verhaftet, wurde Wieniawa-Długoszowski in die Moskauer Zentrale der »Außerordentlichen Allrussischen Kom-

Józef Beck als Kriegsminister, 1928

mission zur Bekämpfung von Konterrevolution, Sabotage und Spekulation« (Tscheka) gebracht. Im März 1918 hatten die Bolschewiki ihre Regierungszentrale von St. Petersburg nach Moskau verlegt, da die Front zu sehr an die bisherige Hauptstadt heranrückte. In unmittelbarer Nähe zum Kreml, am Lubjanka-Platz, besetzte die Tscheka einen Moskauer Prachtbau der Sezessionszeit, das Verwaltungsgebäude der Allgemeinen Russischen Versicherungsgesellschaft. In den Kellern der Lubjanka wurde ein großes Untersuchungsgefängnis eingerichtet, in dem auch Massenerschießungen an Häftlingen stattfanden. Wieniawa-Długoszowski hatte Glück, denn ihm blieben Erniedrigung, Folter oder Schlimmeres erspart. Feliks Dzierżyński, der treue, opferbereite Bolschewik, war zum Leiter der Tscheka aufgestiegen. Im Frühjahr 1917 aus der sibirischen Lagerhaft befreit, war er sofort an die Seite Lenins geeilt und im Dezember 1917 nach der Machtergreifung der Bolschewiki mit dem Aufbau und der Leitung des künftigen Terrorapparates betraut worden. Er nahm sich dieser Aufgabe mit voller Hingabe an, konnte jedoch eine gewisse Sentimentalität gegenüber seinen polnischen Landsleuten nicht unterdrücken. Das kam Wieniawa-Długoszowski zugute, der nach langen Gesprächen in aller Stille freigelassen wurde. In künftigen Geheimgesprächen und Verhandlungen der Polen mit den Bolschewiki sollte er eine wichtige Rolle spielen.

Józef Beck wiederum entstammte einer flandrischen Familie, die vor Generationen nach Polen eingewandert war. Sein Vater war Beamter in Galizien. Als Student am Wiener Polytechnikum hatte er Kontakt zu den polnischen Schützenverbänden und trat als Angehöriger des österreichischen Heeres den Legionen und der POW bei. Er verließ die österreichische Armee und wurde für die geheimen Missionen der POW eingesetzt. Von Julian Stachiewicz, dem Lemberger Kommandanten der POW, wurde er Anfang 1917 beauftragt, bei der Rückführung polnischer Militäreinheiten, die auf ukrainischen und russischen Territorien stationiert waren, mitzuwirken. Im Oktober 1918 nach Warschau zurückgekehrt, wurde er kurz darauf zu einem der engsten Mitarbeiter Piłsudskis.

In den Sommer und Herbst 1918 fielen Ereignisse, welche die gerade erst erkämpfte Macht der Bolschewiki bedrohten. Im Winter 1917/18 hatten diese eine Atempause benötigt, um sich auf den drohenden Bürgerkrieg vorzubereiten, und deshalb einem Waffenstillstand mit Deutschland zugestimmt. Die folgenden Friedensverhandlungen im Grenzort Brest-Litowsk zogen sich bis Mitte März 1918 hin. In diese Zeit fiel nun die Auflösung der Konstituierenden Versammlung Anfang Januar 1918, nach der es zu einer Koalitionsregierung der Bolschewiki mit den Sozialrevolutionären, dem »Rat der Volkskommissare«, kam. Trotzki wurde zum Volkskommissar des Äußeren berufen. Zunächst wollte er von dieser Funktion nichts wissen, um sich ihrer dann jedoch mit immer größerer Leidenschaft anzunehmen. Ihn unterstützten dabei erfahrene zaristische Diplomaten, die schnell die Seiten gewechselt hatten.

Die Verhandlungen in Brest-Litowsk fanden anfänglich noch in einer ausgesprochen entspannten Atomsphäre statt. Man nahm die Mahlzeiten zusammen ein, trank abends gemeinsam Champagner, ein weibliches Mitglied der russischen Delegation spielte Schumann auf dem Klavier. Als die Sozialrevolutionärin Anastassija Alexandrejewna Bizenko von ihrem Attentat auf den Generaladjutanten Sacharow, den »Schlächter von Saratow«, erzählte, erzeugte das bei einigen deutschen Teilnehmern den gebührenden Schauder. Die Stimmung unter den Teilnehmern veränderte sich erst im Januar 1918, als die Militärs mehr und mehr den Ton angaben und immer schärfere Forderungen stellten. In diesem Moment versuchte Trotzki, auf Zeit zu spielen, und gab die vieldeutige Formel »Weder Krieg noch Frieden« aus. Um die sowjetrussische Seite unter Druck zu setzen, zog der deutsche Verhandlungsführer, General Max Hoffmann, die ukrainische Karte. Er drohte einen Separatfrieden mit Vertretern der ukrainischen Regierung an, die eine eigene Verhandlungsdelegation nach Brest-Litowsk schickten. Vertreter Polens wurden nicht hinzugezogen, obwohl es bei den Verhandlungen auch um Gebiete ging, welche die polnische Seite für sich beanspruchte. Angesichts riesiger Gebietsverluste – die deutschen Truppen rückten trotz der Verhandlungen weiter tief auf ukrainische Territorien und in weite Teile des Baltikums vor – wollten einige Genossen das Verhandlungsergebnis nicht akzeptieren. Dann lieber ein Kampf auf Leben und Tod. Lenin versicherte allen Zweiflern und Kritikern in den eigenen Reihen, dass ihr Rückzug nur von kurzer Dauer sei, und tönte, er werde die Kapitalisten an dem Strick aufhängen, den sie ihm verkauften.

Die finanzielle Unterstützung der Bolschewiki durch die deutsche Seite setzte sich nach Brest-Litowsk fort. Falls deren Gegner siegten, fürchtete die Oberste Heeresleitung den Beginn einer neuen russischen Offensive. Im Mai und Juni 1918 flossen so mehr als 40 Millionen Reichsmark in Richtung der Bolschewiki. Einen nicht unerheblichen Teil dieser Mittel setzte Lenin für den Aufbau kommunistischer polnischer Kräfte ein.

Der deutsche Botschafter in Moskau, Wilhelm Graf von Mirbach-Harff, war gemeinsam mit dem russischen Geschäftsmann Alexander Parvus an der Abwicklung der Transaktionen beteiligt. Mirbach-Harff wurde im Juni 1918 Opfer eines Attentats durch ein Terrorkommando der Sozialrevolutionäre. Schon im März hatten diese ihre Mitwirkung im Rat der Volkskommissare wieder aufgekündigt, weil sie die Politik der Bolschewiki als Verrat an den Zielen der Revolution betrachteten. Die Ermordung des deutschen Botschafters sollte der Auftakt eines Aufstands gegen die Bolschewiki sein, der jedoch misslang. Lenin, der die Deutschen noch brauchte, überschlug sich mit Entschuldigungen. Am 30. August 1918 wurde er selbst Opfer eines Anschlags der Anarchistin und Sozialrevolutionärin Fanny Kaplan und überlebte schwer verletzt. Sämtliche Gegner der Bolschewiki wurden daraufhin mit einer Terrorwelle bisher unbekannten Ausmaßes überzogen. Die Tscheka mit dem »blutigen Felix« an der Spitze war in ihrem Element.

Für Piłsudski konnten Erfahrungsberichte und Dossiers eine professionelle Aufklärung und Abwehrarbeit nicht ersetzen, wie sie gegenüber einem Gegner wie den Bolschewiki und anderen unbequemen Nachbarn nötig war. Seine intensiven Kontakte zu Angehörigen des österreichischen Evidenzbüros halfen ihm, diese Schwachstelle zu beseitigen. Er hatte seinen vormaligen Krakauer Ansprechpartner, Kapitän Józef Rybak, als polnischen Patrioten schätzen gelernt. Am 13. Dezember empfing er ihn im Beisein von Generalstabschef Stanisław Szeptycki. Der inzwischen aus österreichischen Diensten ausgeschiedene Offizier wurde nun mit dem Aufbau des polnischen Geheimdienstes betraut. Sein Stellvertreter wurde Ignacy Matuszewski. Er kam aus der russischen Armee, war POW-Mitglied und kannte sich sowohl im zaristischen Geheimdienst als auch im Militärgeheimdienst aus. Auf der russischen Seite hatte er für die POW bereits ein gut funktionierendes Nachrichtensystem eingerichtet. Rybak und Matuszewski bauten in der Folge im Generalstab eigene Abteilungen auf, die sich der Spionage und der Gegenspionage widmeten. Diese wurden später durch entsprechende Abteilungen im Kriegsministerium und im Innenministerium ergänzt. Bis zum Ende der Zweiten Republik Polens gehörten die polnischen Dienste zu den besten Geheimdiensten Europas.

In den Gesprächen, die Piłsudski noch vor Jahresende führte, und in den Interviews, die er für ausländische Zeitungen und Zeitschriften gab, sagte er voraus, dass die militärische Konfrontation mit Sowjetrussland unvermeidlich bevorstünde. Er konnte dabei mit genauen Zahlen zur gegnerischen Truppenstärke sowie mit Aufmarschplänen und militärischen Planungen der sowjetrussischen Seite aufwarten.

Für die Arbeit im Außenministerium musste möglichst schnell qualifiziertes Personal gewonnen werden. Zu den ersten Bewerberinnen gehörte Kazimiera Iłłakowiczówna, die sich, wie schon erwähnt, im Herbst 1914 als Adjutantin Piłsudskis beworben hatte. Sie hatte das Grauen des Krieges als Krankenschwester in Feldlazaretten erlebt und sich während der Machtübernahme der Bolschewiki in St. Petersburg aufgehalten. Sie wurde Zeugin der Ausschreitungen, fand aber ein sicheres Versteck. Nach dem Abschluss der Verhandlungen in Brest-Litowsk kehrte knapp eine halbe Million Polinnen und Polen aus Russland in ihre Heimat zurück, so auch Iłłakowiczówna. In Warschau nutzte sie ihre Bekanntschaft mit Tytus Filipowicz, der den Aufbau des Außenministeriums leitete. Er wusste um ihre Sprachenkenntnisse und ihr intellektuelles Format. Für eine Frau damals ungewöhnlich, wurde sie von Beginn an Referentin in einer der Abteilungen des Ministeriums. Sie fertigte die französische Fassung erster Depeschen an, in denen der polnische Staat sein Entstehen international ankündigte. In der Regel waren Frauen in den Behörden und Ministerien nur als Schreibkräfte, Sekretärinnen oder Telefonistinnen tätig. Iłłakowiczówna, war sich ihrer Sonderstellung bewusst und tat alles, um den damit verbundenen Aufgaben gerecht zu werden. In der spannungsvollen Atmosphäre der ersten Wochen konnte sie von Zeit zu Zeit durch eine offene Tür einen Blick auf Piłsudski erhaschen, wenn der sich gerade im Ministerium befand. Die Poesie hatte sie nicht aufgegeben, aber sie rechnete sich nicht dem Typus von Schriftstellerin zu, die einen täglichen Beruf nur als lästige Brotarbeit empfanden. Zur selben Zeit nahm ihre Freundin, die Schriftstellerin Maria, die Arbeit in einer Behörde auf, die sich mit Fragen der Agrarreform befasste.

# 9 REGIERUNGSGESCHÄFTE

## Graf Kesslers Mission

In Berlin erhielt Harry Graf Kessler am Abend des 18. November 1918 ein Schreiben, das ihn zum diplomatischen Vertreter des Reiches in außerordentlicher Mission bei der polnischen Regierung ernannte. Die deutsche Regierung hatte sich zur faktischen Anerkennung der Eigenstaatlichkeit Polens entschlossen und akzeptierte Piłsudski als Staatsoberhaupt – jemanden, der noch Wochen zuvor in deutscher Festungshaft gesessen hatte. Harry Graf Kessler sollte den Abzug der noch in Warschau befindlichen deutschen Zivilisten und Soldaten sichern und die Rückführung der deutschen Truppen aus der Ukraine vorbereiten. Für die Fahrt nach Warschau am 20. November 1918 erhielt Kessler einen Sonderzug mit Salon-, Schlaf- und Speisewagen, der ihm auch für die Zeit seiner Gesandtschaft zur Verfügung stand. Van Gülpen war wieder an seiner Seite, dazu kam diplomatisches Personal und militärische Begleitung, alles in allem etwa zwanzig Personen. An der Grenze machten der Vorsitzende des dortigen deutschen Soldatenrates und ein polnischer Offizier gemeinsam Meldung.

Piłsudski sah die schnelle Ankunft Kesslers als gutes Signal und sorgte für die Unterbringung des Gesandten und seiner Begleitung im berühmten Warschauer Hotel Bristol. Bereits am nächsten Tag kam es zu einer Begegnung der beiden. Piłsudski war über den Hintergrund und die Probleme der Entsendung seines wolhynischen und Magdeburger Gesprächspartners sehr gut informiert. Der Apparat der POW auf der deutschen Seite funktionierte und gab ihm aktuelles Material an die Hand.

Am 9. November 1918, dem Tag seiner Abreise aus Berlin, hatten sich dort die politischen Ereignisse überschlagen. SPD und Vertreter der USPD bildeten daraufhin eine paritätisch besetzte Übergangsregierung, den Rat der Volksbeauftragten, dem bürgerliche Fachminister zur Seite stehen sollten. Friedrich Ebert übernahm provisorisch das Amt des Reichskanzlers. Die Mehrheitssozialdemokraten um Ebert und Scheidemann strebten Wahlen zu einer verfassunggebenden Versammlung für eine parlamentarische Republik an, während sich ein radikaler Teil der USPD für die Errichtung einer Räteherrschaft nach sowjetrussischem Vorbild aussprach. Diese Forderungen trugen die Handschrift Liebknechts und der Revolutionären Obleute. Dahinter standen grundverschiedene Vorstellungen über die künftige Wirtschafts- und Sozialordnung wie auch die politische Verfasstheit einer künftigen Deutschen Republik.

Gemäßigte Vertreter der USPD, die letztlich die Oberhand behielten, akzeptierten bürgerliche Minister als technische Gehilfen, stellten ihnen aber je ein Mitglied der beiden sozialdemokratischen Parteien als Kontrolleure zur Seite. Von dieser Vereinbarung war die Mission Kesslers abhängig, von den damit verbundenen Problemen wurde sie erschwert und letztlich zum Scheitern gebracht. Bereits seine Abfahrt verzögerte sich, weil die zur Ausfertigung seiner Papiere notwendigen Unterschriften der sozialdemokratischen Kontrolleure im Außenministerium nicht beizubringen waren. Die betreffenden Personen waren schlichtweg nicht aufzutreiben.

Bei Kessler selbst war die Phase seiner militärischen Begeisterung nach den Erlebnissen an der West- und der Ostfront einer immer größeren Ernüchterung gewichen. Seine wachsende Sympathie für pazifistische und sozialistische Ideen hatten ihm bei manchen bereits den Titel »der Rote Graf« eingetragen. Auch davon wusste Piłsudski, der sich darauf einstellte, seinem Gesprächspartner einige Illusionen zu nehmen.

Kessler wurde von Piłsudski im Palais am Sächsischen Platz empfangen, seinem Dienstsitz im Generalstab. Mit seinem blassen und eingefallenen Gesicht wirkte Piłsudski auf Kessler zwar abgespannt, vermittelte aber zugleich den vertrauten Ausdruck von Energie und Güte. Sein Auftreten war bereits das eines Staatsoberhauptes, wobei Piłsudski im Laufe des Gesprächs immer lebhafter wurde. Wenn beide davon sprachen, aus der alten Feindschaft beider Länder eine neue Freundschaft zu machen, klang dies nicht wie eine Phrase. Piłsudski versicherte Kessler, dass er die irreguläre Macht, die ihm zugefallen sei, so bald wie möglich wieder abgeben und den Weg für eine demokratisch gewählte Regierung frei machen wolle. Bereits am nächsten Vormittag stattete Piłsudski dem deutschen Gesandten einen überraschenden Gegenbesuch ab, was nicht ganz den üblichen Gepflogenheiten von Staatsoberhäuptern gegenüber Botschaftern entsprach. Beide wussten jedoch genau, was auf dem Spiel stand.

Die weiteren Gespräche der deutschen und polnischen Unterhändler über den möglichst schnellen und sicheren Rücktransport des deutschen Millionenheeres aus den Ostgebieten machten Fortschritte. Kessler benötigte jedoch für jede konkrete zeitliche und logistische Vereinbarung das Einverständnis und neue Instruktionen aus Berlin. Auf seine chiffrierten Depeschen und Telegramme erhielt er aber keine Antwort. Bald wurde ihm auch klar, warum. Solange die Truppen im Osten standen, konnten sie als Verhandlungsmasse gegenüber der Entente dienen. Im Ober-Ost genannten Kommando der deutschen Truppen unter General Max Hoffmann war man nicht bereit, Kessler Vollmachten für die Rückführung zu erteilen. Für Hoffmann waren Polen Angehörige einer minderwertigen Rasse, unfähig, einen eigenen Staat zu erhalten. Er drohte damit, einen deutschen Rückzug durch Polen zu organisieren, bei dem man unterwegs alles kurz und klein schlagen würde. Piłsudski wollte keine Konfrontation, andererseits aber auch keine Zugeständnisse machen, die zu weit gingen. Für die polnische rechte Presse und die Nationaldemokraten war er nämlich schon jetzt der Deutschenfreund und Deutschenknecht.

Wenn Kessler in diesen Tagen, mit oder ohne Begleitung, in Warschau unterwegs war, begegnete er überall Zeichen des Umbruchs. Zahlreiche Gebäude wurden einer neuen Nutzung zugeführt, Behörden und Ministerien zogen in aller Eile um. Er fand den Außenminister Leon Wasilewski inmitten von Aktenstapeln, die den gesamten Fußboden bedeckten. Überall wurden Möbel hin und her getragen. Gerade mal acht Tage zuvor hatte hier noch die Presseabteilung des deutschen Generalgouverneurs ihren Sitz gehabt. In Wasilewskis Begleitung war dessen Unterstaatssekretär Tytus Filipowicz. Kessler wurde mit aller Freundlichkeit empfangen, spürte aber die tiefe Verunsicherung seiner Gesprächspartner angesichts der angespannten Situation in der Stadt. Kessler berichtete Wasilewski von Warnungen aus dem Hotel Bristol. Dort könne man die Sicherheit der im Hotel untergebrachten Gesandtschaft nicht mehr gewährleisten. Der Außenminister sicherte zu, sich um den Schutz der Gesandtschaft und ein geeignetes Gebäude für deren Arbeit zu kümmern.

Kurze Zeit später kam es zu einem Besuch Kesslers bei Erzbischof Kakowski. Der Erzbischof residierte in einem großen, altmodisch möblierten Palais, in dem es nach Chlor roch. In seinen Erinnerungen stellte Kakowski die Übertragung der Macht an Piłsudski später als staatsmännische Geste und größtes Ereignis seines politischen Lebens dar. Gegenüber Kessler trat er anders auf. Er machte aus seiner Verachtung für den sozialistischen Emporkömmling und militärischen Autodidakten kaum ein Hehl. Das Volk brauche nun einmal Helden, ließ er süffisant auf Französisch fallen. Erst durch seine Verhaftung sei Piłsudski zum Märtyrer und Nationalhelden geworden.

Jetzt sollten die Deutschen auch noch daran schuld sein, dachte sich Kessler, der die Reaktion Kakowskis als Konkurrenzneid um Märtyrer und Heilige wertete. Kakowski gab Piłsudski keine Zukunft, nannte aber verschiedene Personen in dessen militärischem Umkreis, auf die künftig zu zählen sei. Der Volkstribun gebe im Moment nur seinen Namen und seine Popularität, lautete demnach das von Kakowski ausgehende Signal.

Am Abend setzte eine erregte Menge zum Sturm auf die Räume der Gesandtschaft im Bristol an. Selbst der tapfere Rittmeister van Gülpen, der zunächst mit gezogenem Degen den Weg in den Hotelflur versperrte, musste den Rückzug antreten. Zum Glück hatte der umsichtige Hoteldirektor das Gepäck der Gesandtschaftsangehörigen bereits an einen sicheren Ort bringen lassen. Nun erklärte er aufgeregt, dass Kessler das Hotel am nächsten Morgen verlassen müsse, sonst werde man ihn, den Direktor, erschießen. Wie sich später herausstellte, wollte die Menge gar nicht den Grafen Kessler vertreiben, sondern folgte einem Gerücht, wonach der deutsche Gesandte Piłsudski in seine Gewalt gebracht habe.

Es hätte allerdings auch ein rechter Mob sein können, der sich des Verbündeten von Piłsudski entledigen wollte. Kessler alarmierte noch in der Nacht Außenminister Wasilewski und bekam am nächsten Tag ein anderes Quartier zugewiesen, allerdings kein Palais, wie es ihm zugestanden hätte, sondern eine zentral gelegene Mietwohnung. Zum Schutz vor erneuten Überfällen rückte eine Maschinengewehrabteilug an, die Kessler im Salon der Wohnung unterbringen musste, weil es nur aus dessen Fenstern freies Schussfeld auf die Straße gab.

Inzwischen war Piłsudski ins Belvedere gezogen, das zum traditionellen Sitz der polnischen Präsidenten werden sollte. Dort empfing er Kessler erneut. Es war Abend, Schnee war gefallen, die hellen Lichter des kleinen Schlosses tauchten den Vorplatz und die Auffahrt in ein romantisches Licht. Diesmal hatte Piłsudski etwas so Staatsmännisches, dass er Kessler völlig in seinen Bann zog. Er entschuldigte sich für die Vorfälle der letzten Tage und versicherte, alle Angriffe richteten sich genauso gegen ihn wie gegen Kessler. Bisher habe er Geduld gehabt, jetzt aber er sei er entschlossen, die Provokationen auch mit Gewalt zu unterdrücken. Er habe Befehle gegeben, die zu Blutvergießen führen könnten. Die Nationaldemokraten hätten es schließlich nicht anders gewollt. Er werde den Bolschewismus von rechts genauso niederhalten wie den Bolschewismus von links.

Kessler hatte erneut den Eindruck, dass Piłsudski einen Mittelweg suchte und auf einen Ausgleich mit Deutschland setzte. Als sie sich voneinander verabschiedeten, hofften beide noch auf ein Gelingen der Mission des Gesandten. In der ersten Dezemberhälfte sollte sich diese

Hoffnung jedoch endgültig zerschlagen. Kesslers Unterhändler brachten mit den Vertretern der polnischen Seite die Einigung auf einen Zeitplan für den Abzug der Truppen Ober-Ost zustande und legten auch die sichersten Routen dafür fest. Zum größten Teil sollten sie über Ostpreußen führen, das unruhige Warschau würde also gar nicht berührt. Das völlige Chaos in Berlin und der Widerstand, den es dort gegen diese Einigung gab, ließen Kesslers Bemühungen am Ende aber ins Leere laufen. Das Auswärtige Amt antwortete entweder gar nicht oder nicht rechtzeitig und blockierte so die Ratifizierung der Vereinbarung. Dasselbe galt für die ignoranten Militärs mit General Hoffmann an der Spitze.

In Warschau musste Kesslers Gesandtschaft noch zweimal das Quartier wechseln, weil immer wieder Überfälle drohten. Piłsudski griff mit den ersten Polizeikräften, die ihm zur Verfügung standen, wie angekündigt durch und konnte so die Unruhen in der Stadt eindämmen. Es gab dennoch weiterhin Demonstrationen, auf denen gegen ihn, den Atheisten, Judenknecht und Lohndiener der Deutschen, gehetzt wurde. Im Hintergrund setzten ihn die Nationaldemokraten unter Druck. Er solle von Deutschland die sofortige Räumung Oberschlesiens, Posens und Westpreußens mit Danzig fordern. Piłsudski lehnte das ab, wusste aber, dass er letztlich auf eine Verständigung mit den Konservativen und Rechten angewiesen war. Die nahezu unterschriftsreifen Vereinbarungen liefen sich an Formalien fest. Für das Scheitern der Verhandlungen und die Aufforderung an Kessler, Polen zu verlassen, gaben sich beide Seiten die Schuld. Piłsudski drückte dem Gesandten sein tiefes Bedauern aus, war insgeheim aber auch froh, dass er Kessler möglicherweise das Schicksal des Grafen Mirbach-Harff in Moskau erspart hatte. Die Fanatiker lauerten auf allen Seiten. Der Sonderzug setzte sich am 15. Dezember 1918 erneut in Bewegung und brachte das Personal der deutschen Gesandtschaft zurück nach Berlin. Kessler sollte diese Wochen in Warschau fest in seiner Erinnerung behalten.

Am selben Wochenende, als Kessler Warschau verließ, konstituierte sich in einem Warschauer Gewerkschaftsgebäude die Kommunistische

Partei Polens. Diese Zusammenkunft hatte eine eigene Vorgeschichte. Anfang August 1918 war es in Moskau zu einem Treffen von Kommunisten aus Polen, der Ukraine, Litauen, Lettland und Estland sowie einer jüdischen kommunistischen Sektion gekommen. Dabei hatte man beschlossen, ein Koordinierungszentrum für die Vorbereitung der Revolution in diesen Ländern einzurichten. In deren Folge sollten sie sich mit Sowjetrussland vereinigen, wobei der Bolschewismus nicht als nationale, sondern als internationale Bewegung definiert wurde. In der Nacht vom 10. auf den 11. November, Piłsudski war kurz vorher in Warschau eingetroffen, kamen nun dort in einer Wohnung je drei Vertreter der SDKPiL und der Linksfraktion der PPS zusammen. Sie vereinbarten die zügige Vereinigung zu einer gemeinsamen Partei, entsprechende Auftritte in den Betrieben und die Wahl von Arbeiterräten. Zur besseren Bewaffnung ihrer Kampfgruppen wollten sich die Kommunisten Zugang zu den Arsenalen der Besatzungstruppen verschaffen. Dabei kamen ihnen jedoch die Aktivisten der POW zuvor. Als am nächsten Morgen Mitglieder beider Parteien auf der Sitzung des zentralen Soldatenrates auftauchten, hatten dort Boerner und Piłsudski bereits die Übergabe der Waffen vereinbart. Piłsudski konnten sie nur noch die Zusicherung abringen, dass er die Waffen nicht auf Warschauer Arbeiter richten werde. Diese Zusicherung gab er ihnen in dem Wissen, sehr wohl zwischen Warschauer Arbeitern und bewaffneten kommunistischen Milizen unterscheiden zu können. Letztere verstärkten ihre Ausrüstung auf anderen Wegen, heizten die Konflikte in der Stadt an und fieberten dem Eintreffen der Roten Armee entgegen.

Anfang Dezember fand dann in Warschau der XV. Parteitag der PPS statt, erstmals unter den Bedingungen der Legalität organisiert. Die große Mehrheit der Delegierten unterstützte die Regierung Moraczewski und sprach sich für die Vorbereitung von Wahlen aus. Sie wollten für ihre sozialistischen Ziele und in Konkurrenz zu den Kommunisten um den Einfluss unter den polnischen Arbeitern kämpfen. Was sich links von ihnen vorbereitete, wussten die wenigsten von ihnen genau.

So eng die Zusammenarbeit zwischen den Mitgliedern der SDKPiL und der linken PPS im November bereits war, ohne den Segen Luxemburgs und ihrer anderen fernen Führer konnten und wollten sie nicht zur förmlichen Vereinigung schreiten. Des Einverständnisses von Feliks Dzierżyński, Julian Marchlewski und Karl Radek in Moskau konnten sie sicher sein. Was aber war mit Rosa Luxemburg und Leo Jogiches in Berlin?

Mit Józef Ciszewski fand sich schließlich ein Genosse, der den gefahrvollen Weg nach Berlin Ende November 1918 auf sich nahm. Dort suchte er die Redaktion der *Roten Fahne* auf, in der sich die Zentrale des Spartakusbundes befand. Leo Jogiches konnte ihm eine Zusammenkunft mit Rosa Luxemburg für den nächsten Tag in Aussicht stellen. Luxemburg interessierte sich für die Situation in Warschau nach der Ankunft Piłsudskis, sein Verhältnis zu den Sozialisten und deren Einfluss. Vor allem lag ihr an den Chancen der legalen Existenz einer neuen Partei. Die Kommunistische Partei Polens gründete sich am Ende knapp vierzehn Tage vor ihrer deutschen Schwesterpartei.

## Staatsbildung

Piłsudski drohte die Doppelbelastung durch die Tätigkeit im Generalstab und die Begleitung der Regierungsarbeit zunehmend aufzureiben, und so entwickelte er ein eigenes System der Arbeitsteilung. Für die Verbindung zur Regierung und koordinierende Aufgaben wurde ihm sein Adjutant Kazimierz Świtalski unersetzlich. Dieser hatte die Schützenverbände absolviert und den Weg der Legionen in Stäben und an der Front begleitet. Piłsudski kannte ihn noch aus dessen Zeit als Gymnasiallehrer in Lemberg. Im November hatte Świtalski dabei geholfen, die ersten polnischen Truppenkontingente dorthin zu bringen, und war anschließend nach Warschau zurückgekehrt. Walery Sławek und Bolesław Wieniawa-Długoszowski blieben seine engsten Mitarbeiter. Sosnkowski hielt die Stellung im Militärapparat an der Seite des Generalstabschefs. Aleksander Prystor, aus der sibirischen Verbannung zurückgekehrt, wurde sein persönlicher Adjutant. Vor allem aber Józef Beck sollte immer wichtiger für Piłsudski werden.

Mit Wasilewski als Außenminister und Moraczewski als Premier bildete Piłsudski eine enge Dreiergruppe. Er selbst trieb tagsüber die Arbeiten zum Aufbau der Armee im Generalstab voran und empfing dort zahlreiche Besucher. Der Ministerrat unter Vorsitz von Moraczewski trat seinerseits von 18.00 Uhr bis häufig nach Mitternacht zusammen, und erst im Anschluss daran begaben sich Moraczewski und Wasilewski zum Belvedere, wo Piłsudski bereits auf sie wartete. Er empfing sie im Schlafzimmer zum Tee, und manchmal lag er schon im Bett. Zu nächtlicher Stunde besprachen sie dann zu dritt noch lange die wichtigsten Probleme und Entscheidungen und bereiteten Instruktionen für die Arbeit des Regierungsapparates vor. Morgens um 9.00 Uhr warteten die ministeriellen Schreibtische auf die Mitarbeiterinnen und Mitarbeiter.

Bei seinen Gesprächen mit den immer zahlreicheren Gästen – Journalisten, Diplomaten, Politikern, Geschäftsleuten, Parteifreunden und -gegnern – entwickelte er Angewohnheiten, die sich nach und nach immer stärker ausprägten. Oft lief er während der Unterhaltung auf und ab, nicht selten redete nur er, und selbst gegenüber ausländischen Gästen kam er meist sehr schnell zur Sache. Konventionen waren für ihn sekundär. Klatsch spielte in der Regel keine Rolle, es sei denn, dahinter verbargen sich wertvolle Informationen. Loyalität hatte für ihn einen besonders hohen Stellenwert. Er wollte wissen, wem er vertrauen konnte, denn regelmäßig ging es um Informationen von höchster Bedeutung, bis hin zu Staatsgeheimnissen.

Wenn Besucher von ihm Antworten auf Fragen erwarteten, zu denen er sich noch nicht äußern wollte, oder unbedingt ein eigenes Thema anzubringen suchten, schaffte er es, sie so lange mit spannenden Geschichten und Anekdoten aus seinem Leben zu füttern, bis die Gesprächszeit abgelaufen war und er sie auf ein andermal vertrösten musste

Nachdem am 11. November 1918 in einem Eisenbahn-Salonwagen im nordfranzösischen Compiègne der Waffenstillstand zwischen dem Deutschen Reich und Vertretern der Entente unterzeichnet worden war, wurde für den 18. Januar 1919 eine Friedenskonferenz einberufen. Sie fand dann in verschiedenen Pariser Vororten statt, zog sich über mehrere Monate hin und wurde am Ende nach ihrem wichtigsten Tagungsort »Versailler Konferenz« genannt. Polen war auf ihr mit einer eigenen Delegation vertreten. Deren Zusammensetzung änderte sich allerdings aufgrund der Entwicklungen in Warschau. Roman Dmowski hatte auf seine westlichen Kontakte und das Gewicht des Polnischen Nationalkomitees in Paris gesetzt. Für eine Reihe von Vertretern der Entente war damit die künftige polnische Regierung vorgegeben. Dem Sozialisten, Russenfeind und Deutschenfreund Piłsudski traute man dagegen nicht recht über den Weg.

In den für die innenpolitische Entwicklung so entscheidenden Monaten zwischen November 1918 und Januar 1919 hätte Dmowski nach Warschau zurückkehren können, um sich dort dem Kampf um die Macht im Staat zu stellen. Er scheute jedoch die offene Konfrontation, setzte auf seinen Einfluss bei den Pariser Verhandlungen und hoffte, die sich abzeichnenden Wahlen im Land würden ihm eine Mehrheit verschaffen, sodass er die Regierung übernehmen konnte. Auf der anderen Seite war er Realist genug, um zu wissen, dass die Musik in Warschau und nicht an der Seine spielte und dass dort die Popularität von Piłsudski ziemlich stark war. Sein Zaudern hatte andere Gründe. Er setzte auf die Popularität Ignacy Paderewskis, der aus den USA ebenfalls nach Polen zurückkehrte und den er als seinen Anhänger, als sein politisches Werkzeug sah. Piłsudski sollte dagegen definitiv lediglich als Mann des Übergangs fungieren.

Der zeitweilige Hausherr im Belvedere wiederum schrieb Dmowski höfliche Briefe nach Paris, lobte dessen Arbeit und sandte eigene Leute in die Pariser Delegation, die dort aufgenommen wurden. Seine wichtigsten Unterhändler, Wasilewski und Thugutt, erhielten genaue Instruktionen für ihr dortiges Vorgehen und Verhalten. Dmowski, der

Józef Piłsudski im Park des Belvedere, 1919

sich die Blamage zweier offen widerstreitender Komitees nicht leisten wollte, musste sich in dieses Modell fügen. Piłsudskis Abgesandte waren zwar Teil der gemeinsamen Delegation, trafen sich aber zu eigenen Sitzungen und verfassten gesonderte Berichte und Memoranden. Aufmerksamen britischen und amerikanischen Vertretern konnte auf Dauer nicht verborgen bleiben, dass sie es eigentlich mit zwei Delegationen zu tun hatten.

Piłsudski hatte gegenüber Kessler geäußert, dass es in Posen wohl noch eine Weile ruhig bleiben würde, weil dies der Natur der Westpolen entspreche. Damit hatte er sich freilich verschätzt. Der Beginn des dortigen Aufstands wurde durch die Ankunft Ignacy Paderewskis am 26. Dezember 1918 ausgelöst. Er kam auf einem britischen Kriegsschiff in Danzig an. An Heiligabend hatte er an Bord noch in der Offiziersmesse ein Konzert gegeben. Als er Posen mit dem Zug erreichte, wurde er von den Einwohnern als Patriot mit Begeisterungsstürmen empfangen. Bis dahin waren alle Versuche, die Verwaltung der Stadt und der Region von den Deutschen zu übernehmen, mehr oder weniger im Sande verlaufen. Jetzt aber schlugen die Demonstrationen in einen Aufstand um. Auf politischer Ebene wurde er von Anhängern der Nationaldemokraten angeführt, die zivilen und militärischen Kräfte der POW standen jedoch unter dem Einfluss Piłsudskis. Dieser schickte Truppen unter dem Kommando von General Julian Stachiewicz in die Region. Die Stadt und der größte Teil der Provinz befanden sich bald in polnischer Hand. Die deutsche Seite, von der schnellen Entwicklung überrascht, stellte sich den Aufständischen mit Einheiten der deutschen Heimatwehr und Kräften der Reichswehr entgegen. Nach einer Intervention der Siegermächte wurde schließlich eine Demarkationslinie vereinbart. Diese sollte bis zur endgültigen Festlegung der polnischen Westgrenze auf der Pariser Friedenskonferenz gelten. Die Ereignisse rund um Posen gingen als Großpolnischer Aufstand gegen Deutschland in die polnischen Geschichtsbücher ein.

Anfang Januar 1919 reiste Paderewski weiter nach Warschau, wo er wie selbstverständlich im Warschauer Königsschloss residierte. Hier

Der Komponist, Pianist und erste Ministerpräsident der Zweiten Polnischen Republik Ignacy Jan Paderewski, Anfang der 1920er Jahre

und im Belvedere fanden auch die Begegnungen zwischen ihm und Piłsudski statt. Der kosmopolitische, aristokratische und konservative Musiker passte so gar nicht in die Rolle eines Politikers, für den ihn Dmowskis Anhänger in Paris hielten. Paderewski merkte schnell, dass sein Gegenüber ganz anders war, als es dessen Ruf in rechten Kreisen vermuten ließ. Der vermeintlich ungehobelte sozialistische Litauer verfügte über Manieren, kannte sich im europäischen Kunstbetrieb aus und bewies eine erstaunliche Geschmeidigkeit. Die beiden kamen sich schnell näher. Was auch immer Paderewski mit Dmowski verband, er verstand sich als flammender Patriot, war aber kein Nationalist. Wenn es um den Osten ging, um die künftigen Beziehungen zu Litauen und zur Ukraine, konnte er sich mit den Vorstellungen Piłsudskis von einer Föderation gleichberechtigter Nationen durchaus anfreunden.

Die stundenlangen Gespräche in Paderewskis luxuriöser Residenz wurden nur durch die ständigen Interventionen von Paderewskis Frau beeinträchtigt, die ihren Mann mit einer Mischung aus Fürsorge und Kontrolle umgab. Um ihren Nachstellungen zu entgehen, flüchteten die Männer regelrecht von Salon zu Salon. Manchmal mussten sie sich im Bad einschließen, um dort die Gespräche fortzuführen.

In der Nacht vom 4. auf den 5. Januar 1919 versuchten Oberst Mariusz Januszajtis, der ursprünglich mit den Legionen verbunden war, und Fürst Eustachy Sapieha, der dem Polnischen Nationalkomitee angehörte, mit einem Militärputsch die Macht in Warschau an sich zu reißen. In ihren Augen stellten das Vorgehen der Sozialisten, die Politik des Kabinetts Moraczewski und die Person Piłsudskis eine Gefahr für die katholische Nation dar. Nicht nur die Aufstellung linker Volksmilizen empfanden sie als Affront, sondern auch das Entfernen von Kreuzen aus öffentlichen Gebäuden, die »wilde« Nationalisierung von Fabriken und das Vorgehen gegen Gutsbesitzer. Die größte Zumutung aber war für sie der polnische Adler als Wappenvogel ohne Krone. Ein säkulares, sozialistisches Polen stand am Horizont und war unbedingt zu verhindern.

Die Verschwörer hielten den Zeitpunkt für günstig, da Anfang Januar kaum Truppen in Warschau vorhanden waren, die den Legionären nahestanden, und weil sie einige der stationierten Einheiten auf ihrer Seite wähnten. Falls der Putsch gelang, sollte Piłsudski entmachtet werden, und die Regierungsgeschäfte würden an Paderewski übergehen, hinter dem freilich Dmowski die Fäden zöge.

Eine Gruppe der Putschisten versuchte, sich des Rathauses zu bemächtigen, eine zweite Gruppe besetzte eine Reihe von Ministerien. Vor allem Innenminister Thugutt, der als besonders gefährlich galt, sollte ausgeschaltet werden. Eine dritte Gruppe drang zum Belvedere vor, wurde dort aber überwältigt. Wie sich herausstellte, hatte Piłsudski rechtzeitig Informationen von den Plänen der Putschisten bekommen und seine Vorkehrungen getroffen. Binnen weniger Stunden war der Putschversuch mithilfe regierungstreuer Truppen beendet. Die festgesetzten Minister wurden befreit, darunter Wasilewski und Moraczewski.

Piłsudski waren Gefühle der Rache keineswegs fremd, aber in diesem Fall entschied er sich gegen eine harte Bestrafung der erfolglosen Putschisten und beließ es dabei, sie dem öffentlichen Gespött preiszugeben. Er sprach abfällig von einer schlechten Theateraufführung und brüllte deren Anführer als Dilettanten und Schwachköpfe zusammen. Januszajtis wurde kurzzeitig in den Ruhestand versetzt und fand sich später auf einem anderen Posten wieder. Sapieha wurde nach nicht allzu langer Zeit Botschafter in London. Die anderen Verschwörer kamen durch eine Amnestie bald wieder auf freien Fuß.

Für die Beziehung zu Paderewski hatte das Ganze sein Gutes. Piłsudski konnte den Maestro, der sich nach Krakau zurückgezogen hatte, um den Ausgang des Ganzen abzuwarten, davon überzeugen, welche Gefahren ein möglicher Bürgerkrieg für das Land bedeuteten. Ihre Beziehung hatte sich so weit gefestigt, dass er in den folgenden Monaten auf Paderewskis Loyalität zählen konnte. Auch Moraczewski konnte er davon überzeugen, dass das Land jetzt eine Regierung brauche, in der alle politischen Richtungen vertreten seien.

Am 16. Januar 1919 trat Jędrzej Moraczewski deshalb zurück, und am 17. Januar wurde Ignacy Paderewski zum neuen Ministerpräsidenten ernannt. Zu seinem Kabinett, in dem er gleichzeitig Außenminister war, zählten Minister der Sozialisten, der Nationaldemokraten, der Konservativen und der verschiedenen Bauernvereinigungen. Außerdem waren darin die parteilosen Fachleute aus dem Kabinett Moraczewski vertreten. Stanisław Wojciechowski, der das Innenministerium übernahm, wurde zum Stabilitätsanker des neuen Kabinetts. Er trieb den Aufbau einer Staatspolizei voran, die sich aus Angehörigen der kommunalen Polizei und Mitgliedern der im November und Dezember entstandenen Volksmilizen zusammensetzte. Im März setzte er das Verbot der Kommunistischen Partei Polens durch, da diese die Rechtmäßigkeit des polnischen Staates nicht anerkannte.

Zwei Tage vor dieser Kabinettsumbildung, am 15. Januar 1919, wurden in Berlin Karl Liebknecht und Rosa Luxemburg von Freikorpsbanden ermordet. Harry Graf Kessler hatte die um Weihnachten stattfindenden blutigen Kämpfe um Schloss und Marstall erlebt und war Zeuge der als »Spartakusaufstand« bezeichneten Januarkämpfe (5.–12. Januar) im Berliner Zeitungsviertel geworden. Karl Liebknecht hatte zum Sturz der Regierung Ebert-Scheidemann aufgerufen. Er wollte die Wahlen zur verfassunggebenden Versammlung verhindern und den Weg für eine Diktatur des Proletariats ebnen. Da die sozialdemokratischen Unterstützer der Regierung zu schwach waren, wollte der Rat der Volksbeauftragten rechte Freikorps und andere Militäreinheiten einsetzen. Friedrich Ebert, der dem Rat de facto vorsaß, zögerte jedoch, den entsprechenden Befehl zu erteilen, sodass die Aufgabe dem neu in den Rat eingetretenen Gustaf Noske zufiel. Mit den Worten »Einer muss der Bluthund sein« organisierte er den Einsatz der rechten Freikorpsgruppen.

Kessler war hin und her gerissen. Bereits Piłsudski hatte versucht, ihm zu erklären, was hinter den Friedensbeteuerungen Lenins und seiner Bundesgenossen steckte. Im Sommer 1918 hatte ihm der Diplomat Adolf Joffe als Leiter der sowjetrussischen Vertretung in Berlin imponiert, mit dem er Gespräche über Folgepunkte der Vereinbarungen von Brest-Litowsk führte. Anfang November musste dann jedoch das gesamte Personal der Vertretung, die sich in eine Filiale des bolschewistischen Geheimdienstes verwandelt hatte, Berlin verlassen. Noch im November tauchte Karl Radek in Berlin auf und versuchte, die Gründung der Kommunistischen Partei Deutschlands voranzutreiben. Rosa Luxemburg konnte dem Radikalismus Karl Liebknechts immer weniger entgegensetzen, wenngleich ihre Gründe der Zurückhaltung andere sein mochten als die des Taktikers Jogiches. Beide teilten ein tiefes Misstrauen gegen die Usurpationsgelüste der Bolschewiki. Auf dem Gründungsparteitag der Kommunistischen Partei vom 30. Dezember 1918 bis zum 1. Januar 1919 in Berlin setzten sich schließlich die radikalen Kräfte durch, die ihre sowjetrussischen Verbündeten als Vorbilder sahen. Als Revolutionärin stellte Luxemburg ihre Bedenken zurück, schrieb nahezu täglich flammende Texte in der *Roten Fahne*. Während der schon erwähnten Januarkämpfe wurden Liebknecht und sie polizeilich gesucht und von Versteck zu Versteck gehetzt. Nachdem sie denunziert und gefasst worden waren, wurden sie noch am selben Tag ermordet. Leo Jogiches blieb die bittere Pflicht, ein Telegramm an

Lenin abzusenden, in dem er schrieb, Karl und Rosa hätten ihre letzte Pflicht als Revolutionäre erfüllt. Er rückte in die Führung der KPD ein und kämpfte für die Aufklärung der Morde und für die Bestrafung der Schuldigen. Im März 1919 wurde er dann selbst in seiner Neuköllner Wohnung festgenommen und im Untersuchungsgefängnis ermordet.

Kessler konnte keinen dieser Morde gutheißen. Er sah, auf welch schwachen, schwankenden Beinen die deutsche Demokratie stand und wohin der kaiserliche Beamtenapparat, die Militärs und ein Großteil der politischen Eliten strebten. Wie schnell der Mythos der Dolchstoßlegende geboren wurde, mit dem sich Hindenburg und Ludendorff von aller Verantwortung freisprachen. Mit seinen Kriegserfahrungen setzte sich Kessler für Frieden, Völkerverständigung, Anerkennung des neuen polnischen Nachbarn und die Aussöhnung mit ihm ein. Damit stand er ziemlich allein. Die deutschen militärischen und zivilen Eliten ignorierten den gerade erst entstandenen polnischen Staat, sprachen von ihm als »Versailler Bankert« und bekämpften ihn mit allen Mitteln. Hans von Seeckt, Chef des Truppenamtes der neu gegründeten Reichswehr und damit eigentlich Generalstabschef, sprach der »polnischen Missgeburt« jedes Überlebensrecht ab und beförderte sehr früh die verdeckte militärische Zusammenarbeit mit der Roten Armee. Durch die Festlegungen der Entente unterlag die Reichswehr strengen Restriktionen bezüglich Truppenstärke und Ausrüstung, die sie auf diese Weise zu unterlaufen suchte.

Für eine solche Zusammenarbeit stand unter anderem Karl Radek, dem das Schicksal von Liebknecht, Jogiches und Luxemburg erspart blieb. Nach seiner Verhaftung im Februar 1919 saß er in einer komfortabel eingerichteten Moabiter Gefängniszelle und wurde dort zu einer Art inoffiziellem sowjetrussischen Botschafter. Der Besucherstrom in seine Zelle riss nicht ab. Dort drängten sich Journalisten, Politiker, Militärs und Industrielle. Natürlich fand Radek auch für das Schicksal von Luxemburg und Jogiches leidenschaftliche Worte. In einem langen Nachruf würdigte er ihre revolutionären Taten und ihre Verdienste um Polen. Dort herrsche ja mittlerweile die reaktionäre Militärclique um

Piłsudski. Mithilfe ihrer russischen Klassenbrüder werde aber bald die Stunde der Befreiung für das polnische Proletariat schlagen. Dann sei auch der Moment für ein besonderes Geschenk gekommen. Leo Jogiches sei zutiefst mit dem revolutionären Kampf in Deutschland verbunden gewesen, ihn könnten die deutschen Proletarier nicht hergeben. Die Polin Rosa Luxemburg solle ihre letzte Ruhestätte hingegen auf den Wällen der Warschauer Zitadelle finden, neben den Helden der polnischen Aufstände.

## Wahlen und verfassunggebende Versammlung

Die Wahlen zum verfassunggebenden Sejm am 26. Januar 1919 konnten noch nicht in allen Regionen abgehalten werden. In der nach wie vor umkämpften Provinz Posen wurden sie nachgeholt, sodass die dortigen Kandidaten erst im Frühjahr 1919 in den Sejm, das polnische Parlament, einzogen. Bei einer hohen Wahlbeteiligung, die nirgends unter 60 Prozent lag, zeichnete sich ein eindeutiger Sieg der Rechten ab. Die Kandidaten der Nationaldemokraten erhielten knapp 40 Prozent der Stimmen, die Sozialisten schnitten schlechter ab als erhofft und blieben knapp unter 10 Prozent. Zusammen mit ihrem Bündnispartner, der linken Bauernpartei, kamen sie dennoch auf rund 30 Prozent. Es war eine Kräfteverteilung, die eine Reihe folgender Wahlen und die damit verbundenen Turbulenzen bestimmen sollte: Relativ starken Flügeln auf der rechten und der linken Seite stand eine schwache und in sich noch einmal zersplitterte Mitte gegenüber. Bereits das erste verfassunggebende Parlament zählte 18 parlamentarische Klubs (Fraktionen). Davon ließ sich nur eine Minderheit als stabile Partei bezeichnen. Die nationalen Minderheiten waren im ersten Parlament noch unterrepräsentiert, sollten später stärker werden und in entscheidenden Momenten aber noch das Zünglein an der Waage spielen.

Piłsudski sah sich angesichts des für ihn und die PPS enttäuschenden Wahlergebnisses in seiner Skepsis bestätigt. Er hatte Ignacy Daszyński bereits im November vorgehalten, die Unterstützung, welche die Sozialisten in großen Städten und einigen Gebieten erführen, dürften sie nicht dazu verleiten, den Rest des Landes aus dem Blick zu verlieren. Der überwiegende Teil der Kirche, vor allem Angehörige des niederen Klerus, stand auf Seiten der Nationaldemokraten. Die Bauern hielten sich eher an die Bauernparteien, selbst wenn sie mit den sozialen Forderungen der Sozialisten sympathisierten. Besonders ernüchternd fiel das Ergebnis der nachgeholten Wahl in Posen für die PPS aus: Dort erhielten die Nationaldemokraten weit über 90 Prozent der Stimmen.

Die Sozialisten blieben dennoch eine der wichtigsten Stützen der jungen Zweiten Republik. In ihrer Mehrheit widersetzten sie sich dem Schulterschluss mit den polnischen Kommunisten und dem revolutionären Radikalismus. Dringlicher und erfolgversprechender waren ihrer Überzeugung nach soziale Reformen, der Ausbau des polnischen Genossenschaftswesens von Erzeugergenossenschaften über Genossenschaftsbanken bis zu Wohnungsbaugenossenschaften sowie der Wiederaufbau des Landes trotz widrigster Umstände.

Piłsudski hatte den Willen zur Übergabe seiner Vollmachten als Staatsoberhaupt an den Sejmpräsidenten erklärt und hielt sich daran. Zur konstituierenden Sitzung des Parlaments sprach er von der Erfüllung eines anderthalb Jahrhunderte währenden Traums, der sich auf ein freies Polen richtete. Die Abgeordneten beschlossen anschließend einstimmig, Piłsudskis militärische Vollmachten bis zur Verabschiedung einer Verfassung zu verlängern Für den Übergangszeitraum – er sollte dann tatsächlich erst im März 1921 enden – verabschiedeten die Abgeordneten Eckpunkte einer sogenannten Kleinen Verfassung. Danach übte der Sejm die Macht des Souveräns im Namen der Nation aus. Das Staatsoberhaupt realisierte die Beschlüsse des Sejms und setzte in Übereinkunft mit ihm eine Regierung ein. Gemeinsam mit dieser Regierung war das Staatsoberhaupt gegenüber dem Sejm verantwortlich. Es besaß keine eigenen Gesetzgebungskompetenzen, und seine Rechtsakte bedurften der Gegenzeichnung der jeweils zuständigen Minister.

Hier zeigte sich bereits das Dilemma der künftigen polnischen Gewaltenteilung. In ihrem Misstrauen untereinander und aus Furcht vor der starken Persönlichkeit Piłsudskis war den Abgeordneten an einem weitgehend machtlosen Staatsoberhaupt gelegen. Piłsudski wollte sich nicht in alle Regierungsgeschäfte einmischen, sich umgekehrt aber auch nicht mit der Rolle eines bloßen Repräsentanten zufriedengeben. Im Moment war es ihm jedoch vor allem wichtig, freie Hand in Sachen Militär und Außenpolitik zu haben. Er wusste, dass er sich in außenpolitischen Fragen mit Paderewski verständigen konnte. In Paris standen schließlich wichtige Entscheidungen an. Auf der dortigen Friedenskonferenz gehörten die Fragen, die Polen betrafen, vielleicht nicht zu den zentralsten, aber allemal zu den kompliziertesten Punkten, die es zu klären galt.

Politikern wie Lloyd George, dem liberalen englischen Premierminister, fehlte jedes Verständnis für die östliche Hälfte des Kontinents. In Polen sah er eine Nation, die ihre staatliche Existenz durch Anarchie und Misswirtschaft selbst verspielt hatte.

Als Liberaler war er nicht unbedingt ein Freund Lenins und der Bolschewiki, konnte sich Sowjetrussland aber dennoch als künftigen Bundesgenossen vorstellen. Die Bolschewiki, so seine Überzeugung, würden sich mit der Zeit beruhigen und bürgerlich werden. Wandel durch Handel würde hier das Seine tun. Schärfster politischer Widersacher Lloyd Georges in den eigenen Reihen wurde der konservative britische Kriegsminister Winston Churchill. Er hielt die Bolschewiki für eine große Gefahr und sprach sich dafür aus, »den bolschewistischen Säugling bereits in der Wiege zu erwürgen«.

Georges Clemenceau, der französische Ministerpräsident, verfügte über Eigenschaften und politische Überzeugungen, die einen Vergleich mit Piłsudski zuließen. Der ehemalige radikale Sozialist trat für einen säkularen starken Staat ein und war nach einer wechselvollen politischen Karriere erst 1917 erneut zum Ministerpräsidenten berufen worden. Während des Weltkrieges hatten ihn Durchhaltewillen und militärische Entschlossenheit ausgezeichnet. Seine lange politische Laufbahn hatte ihn Realismus gelehrt. Der amerikanische Präsident Wilson glaubte grundsätzlich an das Gute im Menschen, Clemenceau hingegen hatte seine starken Zweifel daran. Er war kein ausgesprochener Freund Polens, aber ihm schwebte eine europäische Nachkriegsordnung vor, die ein Bündnissystem mit östlichen Partnern einschloss. Das Wiedererstarken eines expansionistischen Deutschlands war seine größte Sorge.

Gegenüber den Vertretern der Großen Vier mussten die Mitglieder der polnischen Delegation eine eigene Strategie entwickeln. Roman Dmowski nutzte seine Kontakte zu zahlreichen Politikern, Journalisten und Diplomaten, zeigte sich gern gemeinsam mit dem allseits beliebten Paderewski. Gleichzeitig trug er mit seinem Auftreten dazu bei, den Erfolg der Delegation zu gefährden. Auf Sitzungen überzog er regelmäßig die Redezeiten, war rechthaberisch und arrogant. Problematisch für das Ansehen Polens wurde sein unverhohlener Antisemitismus. Einen starken, antisemitisch geprägten Staat in der Mitte Europas wollten viele einflussreiche Delegierte nicht akzeptieren.

Über ihre Vorstellungen von der Größe und der regionalen Gliederung des gemeinsamen Staates mussten sich die Mitglieder der polnischen Delegation erst einmal selbst klar werden. Polen brauchte einen Zugang zum Meer, der mit einem Seehafen und Teilen Pommerns verbunden sein sollte. Für den Wiederaufbau der Industrie und das wirtschaftliche Überleben war außerdem die Nord-Süd-Verbindung zu den mittel- und südpolnischen Industriegebieten entlang der Weichsel, die sogenannte Weichselschiene, von größter Bedeutung. Damit ergab sich das Problem des »Korridors«, die Verbindung des deutschen Reichsgebietes mit Ostpreußen, der bis 1939 unablässiger Gegenstand deutscher Forderungen und Interventionen bleiben sollte. Die Demarkationslinie, die nach dem Ende der Kämpfe in der Provinz Posen entstanden war, nahm einen Teil der künftigen polnischen Westgrenze vorweg. In Schlesien sollte das oberschlesische Industrierevier mit seinen Kohlevorkommen zu Polen gehören. Jahrhundertelang hatten polnische und deutsche Einwohner in diesem Gebiet zusammengelebt, der schlesische Dialekt wies Elemente beider Sprachen auf.

Besonders strittig unter den Mitgliedern der polnischen Delegation war die Frage nach der künftigen polnischen Ostgrenze. Die von den Alliierten im Dezember 1918 vorgeschlagene vorläufige Demarkationslinie zwischen Polen und Sowjetrussland lehnten beide Seiten ab. Nach einhelliger Meinung der polnischen Delegation hätte diese Grenzziehung Polen einem wenig vertrauenerweckenden östlichen Gegenüber ausgeliefert und das Land in einen relativ bedeutungslosen Mittelstaat verwandelt.

Für Roman Dmowski und seine Leute kam es darauf an, alle Gebiete einzugliedern, in denen die ethnisch-polnische Bevölkerung stark präsent war. Dort lebende Ukrainer, Belarusen, Litauer und die jüdische Bevölkerung sollten entweder zur schnellen sprachlichen, konfessionellen und kulturellen Assimilation genötigt oder zur Auswanderung bewegt werden. Gelingende Nachbarschaft mit einer unabhängigen Ukraine oder einem unabhängigen Belarus beziehungsweise Litauen konnten sich die Nationaldemokraten nicht vorstellen, schließlich waren diese ihrer Ansicht nach gar keine echten Nationen. Als östlichen Nachbarn sahen sie stattdessen ein »weißes« oder »rotes« Russland, mit dem man sich arrangieren würde.

Für die Klärung der Grenzen Polens wurde in Paris schließlich eine eigene Kommission eingerichtet, deren Mitglieder immer wieder neues historisches Material bestellten und Karten über Karten aufeinanderhäuften. Ein erster Bericht der Kommission ließ die Bedingungen für Polen günstig aussehen. Interventionen Lloyd Georges und anderer entscheidender Personen sorgten jedoch dafür, dass die endgültige Vorlage der Kommission ungünstiger ausfiel. Danzig erhielt danach den Status einer freien Stadt unter Aufsicht des Völkerbundes, aber in Zollunion mit Polen. Der Korridor verengte sich, über strittige Gebiete in Ermland und Masuren sollten Plebiszite entscheiden. Das Gleiche galt für Oberschlesien, wo es dann schon bald zu Aufständen kam – mit dem Ergebnis, dass Oberschlesien am Ende zwischen Deutschland und Polen geteilt wurde.

Was die östlichen Territorien Polens anging, blieb die Pariser Kommission ratlos. Angesichts der anhaltenden Kämpfe an den dortigen Grenzen und dem Bürgerkrieg im Innern Russlands konnten sich die Alliierten hier auf keine klare Empfehlung verständigen. Vertreter der Unabhängigkeitskräfte der Ukraine, Litauens, Estlands, Lettlands, Belarus, später auch der transkaukasischen Republiken waren in Paris anwesend, ohne einen offiziellen Status als Delegationen zu besitzen.

In der Frage Sowjetrusslands blieb Georges Clemenceau hartnäckig. Für ihn stand fest, dass Lenin und seine Leute durch den Sonderfrieden von Brest-Litowsk und dessen Auswirkungen auf Frankreich ihre Teilnahme an der Konferenz verwirkt hatten. Wie immer sah das Lloyd George anders. Die Bolschewiki schienen doch kompromissbereit zu sein. Anders als Polen. Ein zu großes Polen wäre ein dauernder Unruheherd und würde die liberale Nachkriegsordnung gefährden. Wilson pflichtete dem britischen Premier bei. Auch er sah nur Platz für ein kleines Polen und träumte von einem demokratisierten Russland als wichtigem Eckpfeiler des Völkerbundes.

Winston Churchill war angesichts dieser Fantastereien außer sich vor Wut. Er saß als britischer Kriegsminister nicht an den Tischen der Verhandelnden und im Rat der Vier. Für ihn war die bolschewistische Tyrannei von allen bisherigen Tyranneien der Geschichte die schlimmste, die destruktivste und die menschenunwürdigste. Dementsprechend trat er entschieden dafür ein, durch ein koordiniertes Vorgehen des Westens die davon ausgehende Gefahr im Frühstadium zu stoppen, sah sich jedoch mit dem Unwillen und der Unfähigkeit seiner politischen Gegner sowie seiner Konservativen Partei konfrontiert.

In der Zwischenzeit schuf die sowjetrussische Seite Monat für Monat militärische und politische Fakten. Von Dezember 1918 an begannen die Angriffe auf die Territorien der Ukraine, welche die bolschewistische Seite in zaristischer Tradition als heilige russische Erde betrachtete. Ukrainische Unabhängigkeitskräfte wurden von ihr nur dann akzeptiert, wenn sie sich ein- und unterordneten. Im Januar 1919 wurden im Norden litauische Unabhängigkeitskräfte von einer Räteregierung abgelöst. Im April stand die Rote Armee am Zbrutsch, der die Zentralukraine von den westukrainischen Territorien trennte, auf die auch Polen historische Ansprüche erhob.

Für den weltweiten Zusammenschluss sozialistisch-kommunistischer Kräfte wurde die in Moskau stattfindende Gründung der Kommunistischen Internationale (Komintern) von entscheidender Bedeutung. Im März 1919 versammelten sich dort 51 Delegierte aus 29 Ländern. Das verabschiedete Programm der Komintern war unmissverständlich. Im ersten Paragrafen wurden der Sturz des Kapitalismus, die Errichtung der Diktatur des Proletariats und einer internationalen Sowjetrepublik als Ziele angeführt. In der Anfangszeit der Komintern ging eine Reihe beteiligter Parteien noch von einem gleichberechtigten Zusammenschluss aus. Es gab sogar Überlegungen, die Komintern-Zentrale nach Berlin oder Paris zu verlegen. Zwischen dem I. Weltkongress 1919 und dem IV. Weltkongress 1922, die alle noch zu Lebzeiten Lenins stattfanden, wurde die Komintern dann jedoch zu einem von Moskau gesteuerten Apparat zur Durchsetzung sowjetrussischer imperialer Machtansprüche.

# 10
# SIEGE UND NIEDERLAGEN

## Eine Armee aus dem Nichts

Piłsudski hatte nach Kriegsende nur wenige Monate zur Verfügung, um eine reguläre Armee aufzubauen. Es gab die in Warschau stationierten Teile der Polnischen Wehrmacht, Teile der Legionen, die sich von Neuem formierten, sowie polnische Truppenteile, die aus Russland, dem Kaukasus und Sibirien zurückkehrten. Zum Ende des Jahres 1918 hatten die polnischen Streitkräfte eine Truppenstärke von 30 000, die dann in den ersten Monaten des Folgejahres auf rund 100 000 bis Ende 1919 und bis Mitte 1920 sogar auf 700 000 Mann anstieg. Im April 1919 traf die nach der Farbe ihrer Uniformen benannte »Blaue Armee« mit voller Bewaffnung und Ausrüstung aus Frankreich ein, teilweise auf dem Landweg in plombierten Waggons, ein anderer Teil auf dem Seeweg über den Hafen Danzig. Für die vier sehnlichst erwarteten Divisionen war Piłsudski sogar bereit, deren Kommandeur General Józef Haller in Kauf zu nehmen.

Haller kam aus einer streng religiösen katholischen Familie, avancierte in der österreichischen Armee zum Berufsoffizier und spielte in den Kämpfen der Legionen eine wichtige Rolle. Er war Mitglied dubioser klerikaler Orden und entschiedener Antisemit. Haller zählte zur Minderheit der Legionäre, die den Nationaldemokraten nahestanden, und ein Großteil seiner Einheiten geriet nach dem Friedensvertrag von Brest-Litowsk vom März 1918 in deutsche Gefangenschaft. Mit einem Teil der Truppen konnte er sich über Moskau und Murmansk nach Westeuropa durchschlagen. In Paris stellte er seine Truppen Roman

Dmowski zur Verfügung. Dieser sah Haller dann als künftigen Oberbefehlshaber aller polnischen Truppen für den Fall, dass es gelang, Piłsudski zu verdrängen. Aus Hallers Truppen und polnischen Freiwilligen, die aus französischen Gefangenenlagern kamen, wurde die sogenannte Blaue Armee formiert.

Haller und die von ihm befehligte Blaue Armee wurden von einer ganzen Reihe französischer Offiziere begleitet, die beim Aufbau der polnischen Streitkräfte helfen sollten. Neben den Militärmissionen der Alliierten in Warschau zählten sie zur teils offiziellen, teils verdeckten Unterstützung Frankreichs für die polnische Seite. Zu diesen Offizieren gehörte auch der junge Charles de Gaulle, der sich für die polnische Sache begeisterte. Er wirkte als militärischer Ausbilder, hatte häufigen Kontakt zu Piłsudski und nahm 1920 an der Schlacht um Warschau teil. In seinen freien Stunden verkehrte er in den Salons der Hauptstadt und verliebte sich dort in eine polnische Gräfin. Angeblich betrieb daraufhin die besorgte Mutter de Gaulles seine rechtzeitige Rückreise nach Frankreich, weil sie einen unguten Ausgang der Liebesaffäre befürchtete. Für die künftigen polnisch-französischen Beziehungen sollte der Aufenthalt Charles de Gaulles ungeachtet dessen noch eine Rolle spielen.

Die Ausgaben für das Militär verschlangen einen Großteil des polnischen Staatsbudgets. Der Wiederaufbau nach den Verheerungen des Krieges setzte erst ein, überall herrschte Mangel und bitterste Not. Die Versorgung mit Lebensmitteln war dabei eines der dringendsten Probleme. Während des Krieges hatte die Landwirtschaft rund die Hälfte des Viehbestandes verloren. Anbau und Ernte von Getreide und Kartoffeln waren in vergleichbarem Umfang gesunken.

Während des gesamten Jahres 1919 existierte das Staatsbudget eigentlich nur auf dem Papier. Statt einer eigenen Währung waren Gutscheine und Obligationen im Umlauf. Steuereinnahmen fehlten, weil die organisatorischen und personellen Voraussetzungen zu ihrer Erfassung noch nicht existierten. Die Ausgabenpolitik der einzelnen Ministerien überschritt jede realistische Grenze. Binnen weniger Monate wechselten sich mehrere Finanzminister ab. Selbst Leon Biliński, ein

Józef Piłsudski mit dem amerikanischen Botschafter in Warschau Hugh Gibson, Mai 1919

galizischer Konservativer, der als ehemaliger österreichischer Finanzminister über die meiste Erfahrung verfügte, hatte das Amt nur von August bis November 1919 inne. Er versuchte, das Chaos mit harter Hand zu bändigen, und schuf immerhin die Grundlagen für die erfolgreiche Währungs- und Finanzpolitik seines Nachfolgers Władysław Grabski. Er selbst scheiterte jedoch an seinem eigenen Anspruch, eine Aufgabe, deren Bewältigung viele Monate in Anspruch nehmen musste, binnen kürzester Zeit zu lösen.

Sein Rücktritt trug entscheidend zum Rückzug Paderewskis bei. Der gab im Dezember 1919 entnervt auf. Seine Rolle auf der Pariser Friedenskonferenz und seine Arbeit als Ministerpräsident waren von allen Seiten infrage gestellt worden. Innenpolitische Probleme, die kaum zu bewältigen waren, und die ungewöhnliche außenpolitische Situation Polens ließen eine Reihe von Ministern in schneller Folge zurücktreten. So hatten die Alliierten Ostgalizien unter polnische Verwaltung gestellt, allerdings mit der Auflage, dort eine Volksabstimmung durchzuführen (und mit dem Vorbehalt, erst in fernerer Zukunft über das Schicksal der Region zu entscheiden). Aufseiten der polnischen Rechten löste das einen Proteststurm aus. Sie gaben Paderewski die Schuld dafür und warfen ihm vor, vor den Westmächten zu kapitulieren. Die Frage nach dem Schicksal Litauens war ihnen dagegen gleichgültiger. Wenn die Alliierten die polnischen Ansprüche auf das Gebiet von Wilna anerkannten, kam das vor allem Piłsudski zugute.

Piłsudski blieb nichts anderes übrig, als die Rücktrittsentscheidung Paderewskis, den er zu schätzen gelernt hatte, zu akzeptieren. Nach komplizierten Gesprächen und Verhandlungen betraute er Leopold Skulski mit der Bildung einer neuen Regierung. Der Ingenieur und Chemiker Skulski kam eigentlich aus dem Lager der Nationaldemokraten, schätzte aber die Notlage des Staates realistisch ein und kooperierte mit dem Staatsoberhaupt. In der Zeit seiner Regierung überstand die polnische Republik die schwersten Monate ihres erst kurzen Bestehens. In Moskau höhnte man, was das denn für ein Staat sei, der von Pianisten und Chemikern geführt werde.

Worauf es Piłsudski am meisten ankam, war, freie Hand beim Aufbau der Armee zu haben und die militärischen Entscheidungen eigenständig treffen zu können. Mitte 1919 hatte die Armee bereits eine Stärke von 200 000 Mann erreicht. Deren Bewaffnung und Ausbildungsstand waren allerdings noch immer unzureichend.

Wie wichtig die Truppen waren, zeigte sich sehr schnell. An der gesamten Flanke Polens im Osten, in Litauen, Wolhynien und Galizien, gab es Geplänkel, Gefechte und Auseinandersetzungen mit den Bolschewiki, die nach Brest-Litowsk wieder zu Kräften gekommen waren und nun den sukzessiven Rückzug der deutschen Truppen aus den litauischen, belarusischen und galizischen Gebieten für sich zu nutzen suchten. Binnen weniger Monate hatten sie aus den Trümmern der zaristischen Armee und eigenen roten Milizen ein neues Millionenheer geformt, die Rote Armee. Ihrer Selbstdarstellung nach handelte es sich dabei um eine Armee neuen Typs, ein Arbeiter- und Bauernheer. Die

Wirklichkeit sah anders aus. Zehntausende zaristischer Offiziere bis hin zu Generälen und Armeeführern hatten sich den Roten angeschlossen. Ihre früheren Waffenkameraden, die inzwischen zu den verschiedenen Weißen Armeen gehörten und gegen die Bolschewiki kämpften, waren in ihren Augen Verlierer. Großrussischen Nationalismus, so ihre Überzeugung, konnte man auch unter rotem Vorzeichen haben, das heilige Russland ging nicht unter, sondern entwickelte imperiale Ansprüche, nur eben unter neuem Vorzeichen. Fähige Truppenführer wie Michail Tuchatschewski und andere jüngere Offiziere rückten schnell in führende militärische Positionen auf. Dafür akzeptierten sie die bolschewistischen Kommissare, die jedem Truppenkommandeur an die Seite gestellt wurden, sowie die Tscheka und die NKWD-Einheiten hinter der Front.

Piłsudski verfolgte die bedrohlichen Bewegungen der Rote Armee mit Argusaugen, versuchte, den Aufbau der eigenen Truppen zu beschleunigen, und traf weitere Maßnahmen. Seit dem Sommer 1919 gab es antibolschewistische, aber demokratisch orientierte russische Gruppen in Warschau. Sie traten öffentlich aber kaum in Erscheinung. Piłsudski war vorsichtig und alles andere als vertrauensselig, unterstützte jedoch den freiwilligen Einsatz russischer Offiziere auf polnischer Seite. Auch hier legte er sich mit den Nationaldemokraten an. Optimisten erblickten in diesen Gruppen Verbündete gegen die Bolschewiki, die Vorhut eines künftigen demokratischen Russlands. Für Dmowski und seine Anhänger war diese Art der Zusammenarbeit mit russischen Kräften jedoch ein Spiel mit dem Feuer.

Geheimgespräche, die Piłsudski mit Vertretern Lenins an verschiedenen Orten führen ließ, dienten für die polnische Seite verschiedenen Zielen. Vor allem wollte Piłsudski, der nicht an ehrliche Vereinbarungen, Kompromisse oder auch nur ein taktisches Bündnis seitens der Bolschewiki glaubte, auf Zeit spielen und Signale in verschiedene Richtungen aussenden. Die Tatsache, dass und von wem die Gespräche geführt wurden, war der westlichen Seite und den antibolschewistischen weißen Generälen natürlich bekannt. Die Alliierten in Paris sollten durchaus wissen, dass der polnische Militärführer verschiedene Optionen hatte. Man konnte erfolgreich gegen die Bolschewiki kämpfen, aber auch Frieden mit ihnen schließen. Alexander Koltschak und Anton Denikin, die beiden wichtigsten weißen Generäle, so eine weitere Botschaft, sollten ihren Nationalismus zügeln und versuchen, auf die Polen zuzugehen.

Im Sommer 1919 gelang es den roten Truppen zwar, Koltschaks Einheiten nach Sibirien zurückzudrängen, doch dafür konnten Denikin und Pjotr Wrangel mit ihren Leuten Charkow und Zarizyn (das spätere Stalingrad) einnehmen. Insgesamt aber gewannen die Roten schon bald die Oberhand, und binnen Jahresfrist sollte sich das Schicksal aller weißen Generäle und ihrer Truppen entscheiden. Die Gründe für ihre Niederlage waren vielfältig. Die Truppenstärke aller weißen Formationen ging nie über eine halbe Million hinaus, während die mit erbarmungsloser Disziplin zusammengehaltene Rote Armee bald zwischen fünf bis sechs Millionen Soldaten zählte. Trotz ihrer Verbindungstäbe fanden die weißen Kommandeure außerdem nie zu einer wirklichen Koordination und übten sich bis zum Schluss in Rivalität und Konkurrenz. Auch die sporadische Hilfe für die Weißen vonseiten des Westens – Churchill hatte sich nicht durchgesetzt – konnte die strategischen Vorteile der roten Seite nicht aufwiegen. Im Herbst 1919 geriet Koltschak in Sibirien immer weiter in die Defensive, und im Januar 1920 musste er sich schließlich mit seinen verbliebenen Truppen und mit Angehörigen der Alliierten Militärmission in Sibirien ergeben. Er wurde an Einheiten der Roten Armee ausgeliefert und endete vor einem Exekutionskommando.

Denikin träumte noch im Sommer 1919 davon, Moskau zu erobern, und verlangte nach alliierter und polnischer Hilfe. Seine Truppen machten ukrainische Territorien unsicher und mussten sich im Laufe des Herbstes immer weiter in den Süden zurückziehen. Um die Jahreswende stand er mit den Resten seiner Militärformationen am Ufer des Schwarzen Meeres und hatte nur noch die Krim als Ausweg. Dort übergab er das Kommando über seine Truppen an General Pjotr Wrangel, mit dem er lange in Konkurrenz gestanden hatte, und begab sich anschließend vom Hafen Feodossija aus ins Exil.

Denikin hatte es im Westen lange erfolgreich verstanden, seine Rolle hochzuspielen und sich als Retter vor dem Bolschewismus zu präsentieren. Sir Halford John Mackinder, von 1919 bis 1920 britischer Hochkommissar in Südrussland, machte im Dezember 1919 auf dem Weg zur Krim in Warschau Station. Er traf dort mit Piłsudski zusammen, der ihm deutlich machte, dass er nicht daran dächte, für russische Nationalisten die Kastanien aus dem Feuer zu holen. Die Situation Denikins schätzte er viel realistischer ein als sein englisches Gegenüber. Der Westen konnte vielleicht das Experiment riskieren, die Entwicklung in Russland abzuwarten, doch Polen konnte sich diesen Luxus nicht erlauben, erst recht, weil die Westarmee der Roten inzwischen um etliche Divisionen und Brigaden verstärkt wurde, die nach ihren Erfolgen an den Fronten in Sibirien und Zentralasien verfügbar waren.

Piłsudski kämpfte um die Lieferung von Waffen und Ausrüstung und war dabei oft gezwungen, verdeckt vorzugehen. Damit setzte er sich nicht nur Angriffen seitens der Nationaldemokraten, sondern auch der von früheren Genossen aus. Alle fragten sich misstrauisch, was seine Pläne bedeuteten. War er zu einem Zyniker geworden, der sein Spiel mit den Roten und den Weißen in Russland trieb und den Westen hinzuhalten suchte? Polnische Militäraktionen in Richtung Wilna nährten jedenfalls Befürchtungen, dass er, der Litauer, bereit war, um romantischer Träume willen die Sicherheit Polens aufs Spiel zu setzen.

Dabei war Piłsudski weder ein vorsintflutlicher Romantiker, wie ihn Dmowski gern darstellte, noch ein Zyniker, so hart und brutal manche seiner späteren Entscheidungen auch waren. Klarer als andere jedoch sah er das Dilemma, vor dem er selbst und vor dem Polen stand. Er war sowohl im eigenen Land als auch im Westen und im Osten mit Realitäten konfrontiert, die er nicht beliebig verändern konnte. Sein Ziel war es, Polen zu stärken, die roten und die weißen Imperialisten in Russland zu schwächen sowie die östlichen Nachbarstaaten als Verbündete zu gewinnen und aufzubauen. Bei alldem wollte er nicht auf die westliche

Unterstützung verzichten. Wie sehr hier das eine das andere ausschloss, sollte er schmerzhaft erfahren. Die nationalen Bewegungen im Osten meldeten Ansprüche an, die im Westen so gut wie niemand akzeptierte. Der Westen wollte wiederum nur einem schwachen Polen Hilfe zukommen lassen. Kräfte, die für ein demokratisches Russland standen, gab es, aber sie waren zu schwach und isoliert.

Wie scheinbar ausweglos das alles sein konnte, zeichnete sich bei den Kämpfen um Wilna ab, die Stadt, an der sein Herz hing. Zeitweise überlegte er, Wilna und das umliegende Gebiet einem eigenständigen litauischen Staat anzuvertrauen, mit dem man engste Beziehungen aufbauen könnte, um Nachbarschaftskonflikte auszuschließen. Polnische Nationalisten lehnten eine solche Lösung jedoch kategorisch ab wie auch der allergrößte Teil der polnischen Gesellschaft und die polnische Minderheit in Litauen selbst. Die Alternative, umgekehrt Wilna und das Wilnaer Gebiet an Polen anzuschließen und dem litauischen Rumpfstaat anschließend die Freundschaftshand auszustrecken, wäre letztlich genauso wenig vermittelbar gewesen.

Piłsudski bemühte sich dennoch nach Kräften darum, eine Brücke zwischen Polen und Litauen zustande zu bringen. Seine Emissäre, allen voran Wasilewski, hielten Ausschau nach Vertretern der litauischen Bewegung, die nicht dem deutschen oder bolschewistischen Einfluss erlagen und für die es in den Beziehungen zu Polen auch nicht bloß das Prinzip des Entweder-oder gab. Bei den ersten Gefechten und Kämpfen gegen bolschewistische Einheiten auf dem Boden von Litauen und Belarus von Januar bis März 1919 versuchte er, die Konfrontation mit litauischen Truppen zu vermeiden. Eine militärisch mögliche Besetzung von Kaunas, der zweiten litauischen Hauptstadt, lehnte er ab. Als es dann aber zur Besetzung der Stadt und der Region Wilna durch polnische Truppen kam, setzte sich Piłsudski an die Spitze der Einheiten und hielt auf dem Marktplatz der Stadt eine bewegende Ansprache.

Der litauische Jurist Michał Römer hatte in den Legionen gemeinsam mit ihm gekämpft. Er reagierte auf Piłsudskis Rede, indem er in seiner Erwiderung auf die Tragik und die aktuelle Unlösbarkeit des Konfliktes verwies. Das polnische Staatsoberhaupt, so Römer, habe seine Rede als Sohn der Stadt begonnen, mit deren Wurzeln und Geschichte er zutiefst verbunden sei. Er fühle sich als Pole und Litauer zugleich, habe er erklärt. Mit dem Amt des polnischen Staatsoberhauptes sei jedoch die Möglichkeit verwirkt, beides zu sein, wenn es um das Schicksal Wilnas gehe. Für die polnische Seite habe Wilna eine Bedeutung wie Lublin, Krakau oder Posen – es sei ein wichtiges Zentrum. Für Litauer aber sei Wilna die Hauptstadt, die man nicht aufgeben könne. Sie vom gerade erst entstandenen litauischen Staat zu trennen, stelle Piłsudski in die Reihe der polnischen Nationalisten. Im ersten Teil seiner Rede habe er sein Herz für Litauen gezeigt, im zweiten Teil habe er Litauen verraten. Seine Taten sprächen eine eindeutige Sprache, und an denen müsse er sich messen lassen. Wo wolle er nun seine Heimat haben?

Der Konflikt zwischen Polen und Litauen konnte bis zum Ende der Zweiten Republik nicht gelöst werden. Ein nach der Besetzung Wilnas und der Region organisierter Volksentscheid wurde von der litauischen Bevölkerung und einem Teil der jüdischen Einwohner boykottiert. Dadurch kam eine große Zustimmung für die Zugehörigkeit zu Polen zustande.

Einen anderen Charakter als die Kämpfe im Osten hatte der Streit zwischen Polen und Tschechien um das sogenannte Teschener Schlesien. In dem ehemals österreichischen Herzogtum lebten neben den Polen im ländlichen Osten und einem stärker industrialisierten Westen auch Tschechen und Deutsche. Während die Polen aufgrund ihrer Bevölkerungsmehrheit den größten Teil des Gebietes für sich forderten, wollte die tschechische Seite den Fluss Olscha als Grenzlinie, was ihr den Westteil belassen hätte. Militärische Auseinandersetzungen im Januar 1919 führten zur tschechischen Besetzung des gesamten Gebiets. In diesem Moment waren alle polnischen Kräfte im Osten und in Posen gebunden. Auf der Pariser Friedenskonferenz konnten sich die Polen nicht mit ihrer Forderung nach einem Plebiszit im Teschener Schlesien durchsetzen.

Mit Tomas Masaryk stand seit Dezember 1918 ein Intellektueller an der Spitze der neuen Tschechoslowakei, der sich als Europäer und Humanist sah und dessen Staatsvorstellungen und Gesellschaftskonzept sich nicht sehr von denen der polnischen Sozialisten unterschieden. Piłsudski schrieb noch im Dezember einen Brief an Masaryk, war aber von allen anderen Fragen so absorbiert, dass sie einen durchaus möglichen Kompromiss nicht erreichten. Polnische und tschechoslowakische Diplomaten bemühten sich in den Folgejahren um eine Annäherung beider junger Staaten, kamen dabei aber nicht wirklich voran. Masaryk selbst sah sich den Zwängen einer Koalitionsregierung ausgesetzt, in der ihn die Nationalisten regelmäßig unter Druck setzten. Eine Annäherung an Polen kam für sie nicht infrage.

Für die deutsche Seite gab es ein böses Erwachen. In den ersten Monaten des Jahres 1919 zerrannen alle Hoffnungen der Reichsregierung auf eine Teilnahme an den Friedensverhandlungen in Versailles. Sie hatte eine Menge Vorarbeiten organisiert, die sich jetzt als weitgehend nutzlos erwiesen. Bereits am 16. November 1918 gründete das Auswärtige Amt eine »Kommission zur Vorbereitung der Friedensverhandlungen«, der mehr als hundert Experten angehörten – Militärs, Ökonomen, Soziologen, Bankiers und Industrielle. In Form von Memoranden stellten sie Argumente zusammen, die Deutschland politisch, moralisch und vor allem finanziell entlasten sollten. Das Ergebnis ihrer Arbeiten umfasste sechs stattliche Kisten voller Akten. Nach dem Willen der Alliierten, vor allem der französischen Seite, sollten die Deutschen aber lediglich den vorbereiteten Vertragstext entgegennehmen und dazu Stellung beziehen. Die dazu entsandte Delegation führte die Aktenkisten zwar noch mit sich, deren Inhalt kam aber nicht zum Einsatz. Der Text des Vertrages war bereits geschrieben und wurde nur noch in einigen Details geändert. Der deutsche Delegationsleiter, der Diplomat Ulrich Graf Brockdorff-Rantzau, sollte den Tag der zeremoniellen Übergabe des Vertrages als den schwärzesten Tag seines Lebens bezeichnen. Für bestimmte Kräfte in Deutschland blieb jetzt nur noch die Anlehnung an die sowjetrussische Seite.

Da sich die rechtsnationalen deutschen Militärs unter Hindenburg und Ludendorff im November 1918 bei den Verhandlungen über einen Waffenstillstand nicht mit der Unterzeichnung einer Urkunde »beflecken« wollten, auf der die Niederlage des Deutschen Reiches besiegelt wurde, schoben sie den Schwarzen Peter einem Politiker zu. Leiter der deutschen Delegation für die Unterzeichnung des Waffenstillstands im französischen Compiègne wurde so der damalige Staatssekretär Matthias Erzberger. Der Zentrumspolitiker war Schwabe, Zivilist und gläubiger Katholik. Einzige Gemeinsamkeit mit seinem Gegenüber am Verhandlungstisch, Marschall Ferdinand Jean Marie Foch, war die Religionszugehörigkeit. An der Härte der Forderungen Fochs änderte das nicht das Geringste. Erzberger kehrte als Verlierer zurück und wurde allseits zum Sündenbock für die Niederlage gemacht. Ein jahrelanger Rufmord in rechtsnationalen Zeitungen endete mit seiner tatsächlichen Ermordung. In seinem Kurort in Bad Griesbach wurde Erzberger am 26. August 1921 von zwei Rechtsterroristen der Organisation Consul mit sechs Schüssen getötet.

## Der Marsch auf Kiew

Im Laufe des Jahres 1919 bestätigte Lew Borissowitsch Kamenew, der Oberbefehlshaber aller militärischen Kräfte der Roten Armee, die Pläne für den »Roten Marsch« nach Westen. Der Beginn der Offensive wurde auf den 14. Mai 1920 gelegt. Gleichzeitig lief die Friedenspropaganda auf Hochtouren. In der Moskauer Zentrale existierte ein Offensiv- und ein Defensivszenario. Ein revolutionärer Frieden wie auch ein revolutionärer Krieg passten in den vorbereiteten Rahmen. Erfolgreiche militärische Operationen konnten das gleiche Ergebnis bringen wie eine starke Position am Verhandlungstisch. Am Ende würde ein kleines, abhängiges Polen oder eine Räterepublik stehen. Berichte der polnischen Militäraufklärung, in denen die sowjetrussischen Offensivpläne und die schnell wachsenden Truppenzahlen im Norden benannt wurden, lagen im Februar und März 1920 vor. Jetzt schien es um alles zu gehen, und Polen musste sämtliche Kräfte mobilisieren. Paradoxerweise besaß der Oberbefehlshaber aller polnischen Streitkräfte keinen Dienstgrad in der eigenen Armee. Den Titel »Brigadier« hatten ihm die Österreicher verliehen, die unter Freunden verbreitete Bezeichnung Kommandant besagte alles und nichts. Militärische Vollmachten, die ihm übertragen wurden, waren politischen Ursprungs. Piłsudski einfach zum General zu ernennen, ging auch nicht. Darum griff man vonseiten der Regierung tief in die Kiste historischer Traditionen und zauberte den Titel eines Marschalls hervor.

Der frisch ernannte Marschall hatte die Wahl, dem russischen Gegner im Norden mit einer Gegenoffensive zuvorzukommen oder auf dessen eigentliches Ziel im Osten, die Ukraine, zuzugehen und diese beim Aufbau eines unabhängigen Staates zu unterstützen. Das Unternehmen, das dann als »Marsch auf Kiew« in die Geschichte eingehen sollte, führte ihn an die Seite von Symon Petljura. Der war, ähnlich wie Piłsudski, alles andere als der geborene oder in klassischer Weise ausgebildete Militär. In der Zentralukraine geboren und aufgewachsen, besuchte er ein geistliches Seminar. Als Mitglied einer geheimen ukrainischen Verbindung schlug er sich als politischer Schriftsteller und Literaturkritiker durch, ehe er immer mehr zum Berufsrevolutionär wurde. Er gehörte zum sozialistischen Teil der ukrainischen Unabhängigkeitsbewegung. Sie forderten eine freie ungeteilte Ukraine als Heimat aller auf ihren Territorien lebenden Nationen und Nationalitäten. Soziale Forderungen waren Teil des Programms. Im Parlament fanden sich heterogene politische und gesellschaftliche Kräfte sowie west- und zentralukrainische Bewegungen zusammen. Petljura war eines ihrer führenden Mitglieder und trat für eine demokratische Republik ein, die außer ernannten Ministern und ihren Proklamationen keine staatlichen Strukturen besaß. Dazu hätte es einer längeren Zeit solider ziviler Aufbauarbeit bedurft, eine Zeit, die Petljura nicht zur Verfügung stand. Er kommandierte als militärischer Oberbefehlshaber formal Truppen, die sich nicht seinem Kommando fügten. Neben wenigen regulären, disziplinierten Einheiten und ihren Kommandeuren, auf die er setzen konnte, gab es Anarchisten, bewaffnete Bauern und einfache Banditen. Zu diesem militärischen Flickenteppich kamen Kosakeneinheiten, die völlig unabhängig agierten, sowie die auf den Territorien der Ukraine operierenden feindlichen Truppen.

In den Jahren 1919 und 1920 kam es auf ukrainischem Gebiet zu etlichen Pogromen an der jüdischen Zivilbevölkerung. Daran waren auch Militäreinheiten beteiligt, die Petljura unterstanden. Obwohl sich dieser gegen alle Formen des Antisemitismus wandte, Übergriffe und Plünderungen untersagte und bei Nichtbefolgung rigorose Bestrafung ankündigte, war er nicht in der Lage, gegen die schlimmsten Untaten und Morde der eigenen Soldaten vorzugehen. Davor verschloss er die Augen, nur in einzelnen Fällen versuchte er durchzugreifen und ordnete die Erschießung der Täter und der Verantwortlichen an. Meist reichte seine Macht nur einige Dutzend Kilometer über sein Stabsquartier hinaus. Bereits im Winter hatte sich die militärische Situation Petljuras dramatisch zugespitzt. Die sowjetukrainischen Truppen hatten Kiew und weite Teile der Zentralukraine unter ihre Kontrolle gebracht. Petljura musste mit den ihm verbliebenen Truppen auf ein Territorium ausweichen, das die polnischen Truppen besetzt hielten.

Im Frühjahr 1920 trafen nun mit Piłsudski und Petljura zwei außergewöhnliche Charaktere, zwei Exzentriker zusammen, die sich in einen gemeinsamen Traum verrannten. Die Grundidee Piłsudskis für das gemeinsame Unternehmen war denkbar einfach. In einer schnellen Militäraktion polnischer und ukrainischer Einheiten sollte der Vorstoß auf Kiew erfolgen. Der Überraschungseffekt würde den Widerstandswillen des Gegners schwächen, während die erhoffte positive Reaktion der Bevölkerung die Position Petljuras stärken konnte. Nach kurzem Aufenthalt in Kiew und den zentralukrainischen Territorien würden sich die polnischen Truppen zurückziehen. Piłsudski wollte auf keinen Fall als Befreier der Ukraine gelten. Die Ukraine sollte nicht Puffer oder Satellitenstaat, sondern ein eigenständiger Partner werden. So ließ sich zumindest der eine Teil seiner Äußerungen und festgehaltenen Gedanken deuten. Andere Äußerungen und Handlungen liefen dagegen eher auf eine Föderation hinaus, in der Polen das eigentliche Sagen hätte. Dem Marschall war durchaus bewusst, dass er der weitaus stärkere Partner war.

In dem zivilen und teilweise geheimen militärischen Bündnisabkommen, das beide Seiten im April 1920 schlossen, waren die Fragen des künftigen genauen Grenzverlaufs weitgehend ausgeklammert. Sie sollten entschieden werden, sobald die ukrainische Unabhängigkeit gesichert war. Petljura musste akzeptieren, dass ganz Ostgalizien bis dahin in polnischer Hand blieb. Bei Piłsudski trat wieder das polnische Staatsoberhaupt vor den großherzigen Visionär. Ihm war klar, dass Petljura gar nicht anders konnte, als der Vereinbarung zuzustimmen. Es war aber nicht die Position eines polnischen Nationalisten, die ihn diese Situation ausnutzen ließ. Er wusste nur genau, wie viele Polen ihm jede Gebietsabtretung als Verrat ankreiden würden, und nahm Rücksicht darauf.

Der militärische erste Teil der Unternehmung gelang zu leicht und wurde ein Schlag ins Leere. Am 26. April begann der gemeinsame Vorstoß, und bereits in der Nacht zum 8. Mai konnte Kiew eingenommen werden. Die roten ukrainischen Verbände leisteten nur geringen Widerstand, wichen aus und zogen sich hinter die Dnjepr-Linie zurück. Im Hinterland stand die Reiterarmee von Semjon Budjonny, die im Juni die rote Offensive anführen sollte.

In einem seiner ersten Aufrufe an die Bevölkerung erklärte Piłsudski, dass die Armee der Republik Polen allen Einwohnern der Ukraine ohne Unterschied des Standes, der Herkunft oder der Konfession Schutz und Unterstützung zusichere. Er verzichtete außerdem bewusst darauf, an der Siegesparade in Kiew teilzunehmen. Beim Zusammentreffen mit Petljura in der zentralukrainischen Stadt Winnyzja sandte er seine wichtigste Botschaft aus: Beide Nationen hätten die Last der Unfreiheit und des Terrors durchlebt. Ein freies Polen könne nicht frei sein, solange in seiner unmittelbaren Nachbarschaft Unfreiheit und Terror herrschten. Im Namen Polens wolle er ausrufen: »Es lebe die freie Ukraine!«

Große Worte, die für lange Zeit ein Wunschtraum blieben. Für die Massen der ukrainischen Bauern, ob in Galizien oder der Zentralukraine, bedeutete die polnische Präsenz in diesen Gebieten eine Existenz als Untertanen und Gutsknechte, eine Missachtung der eigenen Sprache als Bauerndialekt und die Unterdrückung des orthodoxen Glaubens. Kein Wunder, dass das, was die Bolschewiki versprachen – Glaubensfreiheit, eine Bodenreform und Frieden sowie Anerkennung des Ukrainischen –, dagegen enorm attraktiv klang. Davon, dass die Nationalitätenpolitik Lenins nur für einen Übergang gedacht war, war da noch keine Rede. Im Übrigen hielten sich nicht alle polnischen Einheiten an das Versprechen Piłsudskis, für den Schutz und die Sicherheit der Zivilbevölkerung zu sorgen. Es kam zu Plünderungen und Übergriffen, was die Unterstützung für das gemeinsame Unternehmen erst recht in Grenzen hielt.

Nach der Besetzung Kiews wurde der Marschall in Warschau als Sieger gefeiert. Er habe die polnischen Adler erneut in das Land der alten Adelsrepublik fliegen lassen. Piłsudski wusste mittlerweile, was er von solchen Huldigungen zu halten hatte. Heute würde man ihn mit Blumen und Ovationen empfangen, bei der nächsten Niederlage dann aber wieder mit Steinen bewerfen oder ihm vor die Füße spucken. Dennoch konnte und wollte er sich der triumphalen Rückkehr in die polnische Hauptstadt nicht entziehen. Die nächsten Prüfungen standen bevor, und er war auf breite Unterstützung angewiesen. Als er in Warschau eintraf, wurde er mit Ehrungen und Ovationen überhäuft. Triumphbögen, die an römische Vorbilder und das Goldene Tor in Kiew erinnerten, waren errichtet worden. »Warschau ist besoffen vor Begeisterung«, notierte Charles de Gaulle in seinem Kriegstagebuch. In den Kirchen wurden Messen zelebriert, ein akademischer Chor sang das »Te deum laudamus«, und Parlamentspräsident Wojciech Trąpczyński verglich den Marschall mit dem Piastenherrscher Bolesław dem Kühnen. Der hatte einst im 11. Jahrhundert Kiew tatsächlich eingenommen, allerdings nicht für die Ukrainer, sondern für die Polen.

Kurz vor Piłsudskis Ankunft aus Kiew war Dmowski nach vielen Jahren in Paris nach Warschau zurückgekehrt. Sollte er einen ähnlich triumphalen Empfang erwartet haben, wie ihn sein Konkurrent schon einige Male erlebt hatte, so wurde er enttäuscht. Nur wenige seiner engsten Anhänger waren gekommen. Nach der Anspannung während der Friedenskonferenz hatte ihn eine Lungenentzündung niedergeworfen. Mehrere Kuraufenthalte folgten.

Zwar war er in Abwesenheit in die verfassunggebende Versammlung gewählt worden, hatte dort aber aus der Ferne kaum aktiv sein können. Andere rechte Politiker hatten sich vor Ort deshalb längst nach vorn geschoben. Dafür sah er sich nun von einer Menge zweifelhafter Freunde umgeben. Piłsudski konnte für vieles, was ihm selbst fehlte, auf die Angehörigen seiner alten Gruppe und auf loyale Anhänger zählen. Derlei konnte Dmowski kaum von sich behaupten.

Nach einigem Zögern suchte Dmowski das direkte Gespräch mit dem Hausherrn des Belvedere. Es wurde ihre erste Begegnung seit jener in Tokio im Juni 1904, und auch diesmal gab es keine direkten Zeugnisse ihrer Unterredung. Bekannt wurde lediglich, sie hätten sich über die Frage der Ukraine fundamental zerstritten. Dmowski dürfte dabei die Unterstützung des nationalen Lagers seit Kriegsbeginn angeführt haben, nur um im Gegenzug zu hören, welche Hetze dem Marschall vonseiten der Rechten entgegenschlug. Enttäuscht zog er sich auf sein Landgut Drozdow zurück und grübelte über das weitere Vorgehen nach.

Die Nachrichten, die in den folgenden Tagen und Wochen aus der Ukraine eintrafen, erstickten schnell jegliche Triumphstimmung. Piłsudski hatte einige seiner engsten Vertrauten zur Unterstützung für den Staatsaufbau der ukrainischen Volksrepublik nach Kiew geholt, darunter Kazimierz Sosnkowski und Walery Sławek. Ihre Berichte waren mehr als ernüchternd. Der Zustrom von Freiwilligen für die ukrainischen Streitkräfte blieb aus, die Rekrutierung lief nur schleppend an. Das Land war von den Kriegsjahren und Folgekonflikten erschöpft, das Misstrauen gegenüber den als Okkupanten betrachteten polnischen Militärs und Zivilisten hielt an. Misstrauen und Ablehnung wurden zudem von ukrainischen Nationalisten und linken Kräften befeuert, die sich auf die sowjetukrainische Seite schlugen. Der Aufbau einer funktionierenden Verwaltung würde sich noch über viele Monate hinziehen, mit ungewissem Erfolg. Angesichts dieser Nachrichten traf Piłsudski eine klare Entscheidung: Die Polen konnten dort nicht ewig bleiben und die polnische Hilfe nicht ewig andauern. Er war bereit, die Ukraine über den Sommer hinweg mit allem, was er vermochte, zu unterstützen. Dann musste sie selbst auf die Beine kommen. Am Ende musste er sich freilich noch früher als geplant, nämlich schon Anfang Juni 1920, mit den polnischen Streitkräften zurückziehen. Sein Rückzug hinterließ ein Vakuum, in das die roten Kräfte mit Erfolg hineinstießen.

Der polnische Vorstoß auf Kiew hatte dem Propaganda-Apparat der Bolschewiki eine einzigartige Chance geboten. Die Großoffensive in Richtung Warschau, der Todesstoß für ein unabhängiges Polen, konnte nun als Reaktion auf den polnischen Überfall auf das friedliebende Sowjetrussland, ja als Akt der Selbstverteidigung ausgegeben werden. Diese Moskauer Version der folgenden Kriegsereignisse wurde über den Apparat der Komintern auch international verbreitet.

Bereits Mitte Juni 1920 rückten die Einheiten der sowjetischen Südfront erneut vor. Sie besetzten Kiew, bedrängten die abziehenden polnischen Formationen und die Truppen Petljuras. General Budjonny, der Oberbefehlshaber der Südfront, dem Josef Stalin als Politischer Kommissar an die Seite gestellt war, wollte die Lorbeeren des Sieges nicht mit Tuchatschewski teilen. Er wollte Lemberg, Krakau und Südpolen befreien.

## Entscheidung an Weichsel und Njemen

Nach der Rückkehr Piłsudskis im Mai nach Warschau schlugen angesichts des schnellen Vormarsches der Roten Armee Euphorie und Begeisterung schnell in Enttäuschung und Panik um. Die plötzlich drohende Niederlage brauchte einen Schuldigen. In ihren Angriffen auf den »Abenteurer« Piłsudski wurde die rechte Presse immer lauter.

Am 1. Juli 1920 wurde ein Nationaler Verteidigungsrat ins Leben gerufen. Er setzte sich aus neun Vertretern der wichtigsten im Parlament vertretenen Parteien sowie drei Militärs zusammen und sollte über grundsätzliche Fragen des militärischen und politischen Vorgehens entscheiden. Für den zivilen Bereich blieb die Regierung zuständig. Im Verteidigungsrat sah sich Piłsudski jetzt mit seinen ärgsten Gegnern konfrontiert, darunter Roman Dmowski, der dort die Nationaldemokraten vertrat. Dmowski nutzte bei der ersten Zusammenkunft des Rates die Gelegenheit, um sich für die im letzten Gespräch erfahrene Zurückweisung und Kränkung zu rächen. Es kam zu endlosen Streitereien und Schuldzuweisungen, zu absurden Vorschlägen. Das Schicksal Polens sollte in die Hände der Alliierten gelegt werden, man wollte den Völkerbund einschalten oder zu einer Verhandlungslösung mit der sowjetrussischen Seite kommen. Realistisch war das alles nicht.

Aus einer Situation der Schwäche heraus mit der sowjetischen Seite zu verhandeln, hätte das Ende Polens als souveräner Staat bedeutet. Für einen Waffenstillstand und ihren Rückzug forderte die Gegenseite nicht weniger als eine Begrenzung der polnischen Armee auf eine Stärke von 50 000 Mann, die Übergabe der überschüssigen Waffen und die Liquidierung der Kriegsindustrie.

Piłsudski setzte sein wirksamstes Mittel ein, um handlungsfähig zu bleiben: Er drohte mit dem Rücktritt. Wenn man einen Sündenbock brauche, stünde er als Vertreter der Kriegspartei zur Verfügung. Nach seinem Rücktritt könne man ja zu Verhandlungen schreiten, die er in diesem Moment jedoch für unehrenhaft halte. Natürlich dachte er nicht ernsthaft an Rücktritt und schloss Verhandlungen mit den Bolschewiki nicht prinzipiell aus. Sein Auftritt erzielte die erhoffte Wirkung: Man bat ihn zu bleiben, und er appellierte daraufhin in dramatischen Aufrufen an die Entschlossenheit der Bevölkerung und der Armee. Die an der Front kämpfenden Soldaten sähen sich keiner normalen Armee gegenüber, sondern brutalen Horden von Angreifern, die keinen Unterschied zwischen Bewaffneten und Unbewaffneten machten, Verwundete töteten, weder Frauen noch Kinder verschonten und eine grauenhafte Spur der Verwüstung hinterließen. Die Appelle wirkten. In den Rekrutierungsbüros kam es tatsächlich zu einem Andrang von Freiwilli-

Józef Piłsudski
als Marschall, 1920

gen. Daneben gab es Meldungen für den Sanitätsdienst, Spenden für die Armee, und in den Betrieben formierten sich Arbeiterbataillone. In der zweiten Julihälfte wurde eine Reservearmee gebildet, falls es zum direkten Sturm auf Warschau kommen sollte. In ihren Reihen waren zahlreiche Studenten und Schüler zu finden.

Jetzt zahlte sich auch der schnelle Aufbau der polnischen Geheimdienste aus. Der Funkaufklärung war es möglich, chiffrierte Depeschen und Befehle, die von Moskau aus an die Frontstäbe gingen, schneller zu dechiffrieren als die Empfänger in den Stäben selbst. Kenntnisse über die Entwicklung der sowjetischen Angriffspläne waren das eine. Wichtiger noch war, dass sich der Gegner durch die immer deutlichere Rivalität zwischen Tuchatschewski und Budjonny/Stalin selbst schwächte. Stalin gönnte dem »Roten Napoleon« Tuchatschewski nicht den alleinigen Sieg. Er wollte Lemberg erobern und dann nach Westgalizien und Südpolen vorstoßen. Hätten beide Armeegruppen koordiniert an der Weichselfront operiert, wäre die Lage der Polen aussichtslos gewesen. So stieß Tuchatschewski im Juli schnell weiter nach Westen vor und wusste seine rechte Flanke durch das deutsche Ostpreußen gedeckt.

Seine linke Flanke, an der er die Einheiten der Süd-Armee erwartete und brauchte, war offen. Der riskante und zugleich genial einfache Operationsplan Piłsudskis, an dem er im August gegen alle Widerstände festhielt, nutzte diese Erkenntnisse – und wurde zur Grundlage des polnischen Sieges.

Inzwischen war die Truppenstärke auf 700 000 Mann angewachsen, aber es fehlte an allem. Und selbst wenn Waffen und andere dringend benötigte Güter beschafft werden konnten, hieß das doch lange nicht, dass sie problemlos und schnell verfügbar waren. So konnte beispielsweise in England entsprechende »Ware« nicht verladen werden, weil die Hafenarbeiter unter dem Einfluss ihrer sozialistischen Gewerkschaft streikten. Das Polen der Junker und Militaristen sollte keine Unterstützung in seinem Kampf gegen die friedliebende Arbeiter- und Bauernmacht in der Sowjetunion erhalten. Die deutschen Hafenarbeiter Danzigs verweigerten wiederum die Entladung endlich eintreffender englischer Waffen. Hier setzte der Kommandeur des englischen Kriegsschiffes kurzerhand die eigenen Soldaten zum Entladen ein.

Sorgen bereitete Piłsudski auch ein Teil der eigenen Kommandeure. Sosnkowski war unersetzlich und hatte im Generalstab sowie in einzelnen Abteilungen des Kriegsministeriums hervorragende Leute platziert. Świtalski arbeitete im unmittelbaren Umfeld des Marschalls und hielt ihm den Rücken frei. In den Armeestäben und bei den Feldkommandeuren sah es jedoch anders aus. Unter den kommandierenden Generälen konnte er immerhin auf Edward Rydz-Śmigły und Stanisław Szeptycki setzen, den er nicht umsonst zu seinem Stellvertreter ernannt hatte. Ihm selbst machten Herzprobleme zu schaffen, und er wollte für den Fall der Fälle eine Katastrophe in der engsten Führung verhindern. General Tadeusz Rozwadowski schätzte er trotz gelegentlicher Eigenmächtigkeiten. Anders war es mit Władysław Sikorski und Józef Haller. Sikorski vertrat die Gruppe der »Österreicher« im Offizierskorps, die mit den Legionären konkurrierten und sich in die Politik einmischten. Haller lauerte nur auf eine Gelegenheit, um dem Marschall in den Rücken zu fallen.

Auf einer dramatischen Sitzung des Verteidigungsrates am 19. Juli 1920 nutzte Dmowski die Gelegenheit, dass einige der politischen Anhänger Piłsudskis an der Front waren, und stellte die Machtfrage. Er warf Piłsudski militärische Unfähigkeit vor und forderte seine Absetzung. Kompetente Militärs sollten an dessen Stelle treten. Piłsudski wehrte sich. Niemand könne im Verlauf von zwei Jahren eine perfekte Armee aufbauen. Der Einsatzwille und die moralische Haltung der Soldaten und der Bevölkerung seien entscheidend und könnten die Mängel der technischen Ausstattung ausgleichen. Er habe einen Plan, sei aber nicht bereit, ihn preiszugeben. Entweder gebe man ihm das Vertrauen, oder man solle eine andere Person wählen. Er hoffe nur, dass die dann besser behandelt werde als er selbst. Mit diesen Worten verließ Piłsudski den Sitzungssaal. Die beiden anderen militärischen Vertreter des Verteidigungsrates folgten ihm. Die Diskussion der verbliebenen Mitglieder des Rates dauerte bis tief in die Nacht, dann wurde über die Vertrauensfrage abgestimmt. Bis auf einen leeren Zettel gab es nur Zustimmung für den Marschall. Wie Roman Dmowski abstimmte und wann er die Sitzung verließ, wurde nicht bekannt. Nach dieser Niederlage mied er die weiteren Sitzungen des Verteidigungsrates.

Am 24. Juli ernannte Piłsudski eine Regierung der Nationalen Einheit mit dem Bauernführer Wincenty Witos als Premierminister und Ignacy Daszyński als dessen Stellvertreter. Einen Tag später traf eine militärisch-diplomatische Mission des Hohen Rates der Alliierten ein. Mit dem französischen General Maxime Weygand an der Spitze sollte sie offiziell der polnischen Unterstützung dienen. Der wahre Zweck der Mission war ein anderer. In Pariser Kreisen hatte Dmowski nach Kräften die Vorurteile geschürt, die es ohnehin gegen den Sozialisten und militärischen Abenteurer Piłsudski gab. Dmowskis wichtigster Mann in Paris, Władysław Grabski, hatte den Franzosen angesichts der jüngsten Entwicklungen ganz offen erklärt, Piłsudski sei verrückt geworden. Es gab folglich einen Plan, General Weygand mit der eigentlichen Führung der polnischen Armee zu betrauen, mindestens aber Piłsudski durch einen geeigneteren Kandidaten zu ersetzen.

Weygand stellte nach seiner Ankunft fest, dass er im polnischen Generalstab bestenfalls als Berater akzeptiert war – und auch das nur widerwillig. Die Autorität Piłsudskis war ungebrochen, und der Marschall hatte Weygand schon bei der Begrüßung ironisch gefragt, wie viele Divisionen er denn mitbringe. In den Augusttagen entwickelte sich zwischen beiden eine Beziehung eigener Art. Die wechselseitige Achtung voreinander wuchs.

Piłsudskis Plan, den er mit Weygand diskutierte, sah vor, Tuchatschewski nicht direkt zu stellen, sondern ihn zu täuschen, zu umgehen und ihm dann in den Rücken zu fallen. So lange wie möglich wollte der Marschall den Eindruck erwecken, alles auf die Verteidigung der Hauptstadt zu konzentrieren und im Norden präsent zu sein. In einer schnellen Umgruppierung sollten jedoch südlich von Warschau entscheidende Kräfte in den Rücken Tuchatschewskis vorstoßen. Die Entscheidung würde nicht an der Weichsel, sondern am Narew fallen. Weygand stützte sich auf seine Erfahrungen in der Marne-Schlacht und lehnte den Plan als viel zu riskant ab. Auch Generalstabschef Rozwadowski zögerte zunächst. Was, wenn die Verteidigungslinien vor Warschau nicht lange genug standhielten, wenn die berüchtigten Reiterschwadronen in die Hauptstadt eindrangen und dort ein Blutbad anrichteten? Und was, wenn es den roten Truppen im Norden gelang, die Verteidiger noch weiter zurückzuwerfen, sodass sie Warschau von der ungeschützten westlichen Seite angreifen konnten?

Piłsudski war sich des hohen Risikos voll bewusst, stützte sich aber auf die Kriegserfahrungen Napoleons. Dessen Geheimnis eines Sieges mit zahlenmäßig unterlegenen Kräften war die schnelle Umgruppierung und Konzentration von Truppen an einem strategisch entscheidenden Ort. Dort zu einer bestimmten Zeit die Übermacht zu haben, destabilisierte die Gesamtkräfte des Gegners und konnte zum Erfolg führen.

Weygands anfängliche Ablehnung und Skepsis verwandelten sich allmählich in zögernde Zustimmung. Hier stand jemand vor ihm, der an das scheinbar Unmögliche glaubte und es auch durchsetzen wollte.

In den folgenden Tagen ergänzte er den Operationsplan mit seinen militärischen Erfahrungen. Vor allem blieb er in den kritischen Tagen in Warschau, um dann Piłsudski an die Front zu begleiten, während sich die übrigen Mitglieder der französischen Militärmission auf Anweisung aus Paris nach Łódż absetzten.

Kurz vor den entscheidenden Tagen machte Piłsudski auf dem Weg an die Front einen Umweg, um sich von Aleksandra und den beiden Töchtern zu verabschieden. Die kleine Jadwiga, im Februar 1920 geboren, war erst wenige Monate alt. Sein Vertrauter Wladysław Baranowski war einer der Ersten, der ihn mit der Jüngsten sah. Auf die Frage des Freundes, ob er sich nicht lieber einen Sohn gewünscht hätte, antwortete der nicht mehr ganz junge Vater, dass es besser so sei. Hätte er einen Sohn bekommen, würde den sein ganzes Leben lang die Last begleiten, an der Größe des Vaters gemessen zu werden. Wie schwer diese Last sein könne, zeigten historische Beispiele. Wieder einmal war schwer zu sagen, ob Piłsudski hier seine wahren Gefühle versteckte oder mit der Geschichte spielte. Im Moment des Wiedersehens merkte Aleksandra ihm die physische und psychische Anspannung überdeutlich an. Es konnte ein Abschied für immer sein.

Am 13. August wurde um die östlich von Warschau gelegene Kleinstadt Radzimin gekämpft, die aus einer Hand in die andere ging. Es gab Gerüchte, dass der direkte Sturm auf Warschau in der kommenden Nacht losbrechen würde und dass sich Piłsudski nach Süden abgesetzt habe, um sich mit den dort stehenden Truppen nach Tschenstochau zurückzuziehen. Eine Quelle dieser Gerüchte, die ihre Wirkung nicht verfehlten, waren Angehörige des polnischen und des französischen Militärstabes, welche die Lage als verloren ansahen. In Warschau brach Panik aus. Während die Verteidiger der Stadt alles taten, um die Stellungen zu befestigen, packten andere bereits die Koffer. Ein Großteil des diplomatischen Korps setzte sich nach Posen ab. Weygand blieb und mit ihm der päpstliche Nuntius Achille Ratti, der spätere Papst Pius XI.

In Posen bereitete Roman Dmowski den nächsten Putsch vor. Er hielt sich schon seit dem 4. August in der Hochburg der nationalistischen Rechten auf, hatte dort zahlreiche politische Treffen und sprach auf mehreren großen Veranstaltungen. In Warschau hatte er keine Aufgabe mehr, der Sejm tagte nicht. Er kam mehrere Tage vor seinem 56. Geburtstag in der Stadt an, war aber nicht in Feierlaune. Noch nicht. Posen war voll von Flüchtlingen und Botschaftspersonal. Sollte es zur Besetzung Warschaus durch die Bolschewiki kommen, wäre hier die Hauptstadt, das Herz Polens. Vielleicht konnte es zur Hauptstadt einer westpolnischen Republik werden?

Beunruhigt von den Ereignissen oder vielmehr davon, dass er von der neuen Machtzentrale ausgeschlossen sein könnte, traf am 13. August auch Premierminister Wincenty Witos in Posen ein. Er vermied alle direkten Angriffe auf Piłsudski, sprach aber immer wieder von den schweren Fehlern und den Verantwortlichen dafür, traf mit Klerikern wie dem erzreaktionären Priester Stanisław Adamski zusammen und fand auch noch Zeit für einen kurzen Besuch in Gnesen, um dort am Grab des heiligen Adalbert zu beten. Der Bauernführer hielt sich alle Türen offen. Kurze Zeit später verschaffte sich eine Abordnung aus Posen in Warschau Zutritt zum Verteidigungsrat. Als der Delegationsleiter Adamski dort Piłsudski vor sich sah, hob er die Hand zu einer theatralischen Geste und sagte: »Der Verrat, welcher unser Land heimsucht, hat einen Namen, und ich sehe diesen Namen vor mir.« Dabei zeigte er auf den Marschall, der sich schweigend umwandte. Das bittere Wort von der stolzen Nation, die so viele Strolche und Lumpen hervorbrachte, kam ihm nicht nur einmal über die Lippen.

Ein im ostpolnischen Siedlce gedrucktes und verteiltes Flugblatt verkündete voreilig, dass Warschau am 15. August 1920 eingenommen worden sei. Den polnischen Arbeitern wurde zugesichert, dass die Stadt nach Vertreibung der weißen Banditen in ihre Hände überginge wie auch die noch zu befreienden Städte Krakau und Posen. Das gesamte zivile Leben solle seinen geordneten Lauf nehmen und werde von den neuen revolutionären Organen gesichert. Jeder Angriff auf die Kräfte der Befreier werde mit den härtesten Strafen belegt. Einwohner besetzter Städte, in denen diese Flugblätter bereits geklebt wurden, brachen in Tränen aus. Künftige Historiker sollten hier einen schönen Beleg für den Wahrheitswert schriftlicher Dokumente erhalten.

Schon im Juli 1920 hatte man auf dem II. Kongress der Kommunistischen Internationale die Weichen für das künftige Polen gestellt. Eine polnische Revolutionsregierung war vorbereitet und wartete in Białystok auf ihren Einsatz. Im Tagungssaal der Internationale hing eine Karte, vor der sich jeden Tag die Delegierten drängten, um die neuesten Fortschritte der roten Truppen zu bejubeln oder selbst die Fähnchen umzustecken. Mitte August wurde in Moskau eine Botschaft verkündet, deren Schlusssätze lauteten: »Warschau ist gefallen, und mit ihm ist das bisherige Polen zur Geschichte geworden. Heute ist es nur noch eine Legende, und was existiert, ist die rote Wirklichkeit. Es leben die Sowjets. Es lebe die unbesiegbare Rote Armee.« Auf der Sitzung des Politbüros am 19. August hielt man die Angelegenheit Polen bereits für erledigt.

Der Siegesgewissheit Lenins und seiner Genossen schloss sich in den Juli- und Augusttagen auch die deutsche Seite an. Einheiten der Reichswehr standen bereit, um in Großpolen und ins Ermland einzurücken sowie den Korridor zu besetzen. Tuchatschewski hatte durch Ostpreußen nicht nur seine rechte Flanke gesichert. Von dort aus wurde ihm auch Hilfe durch Freiwillige und Ausrüstung zuteil. In Schlesien brach der nächste Aufstand los, diesmal auf deutscher Seite. Er wurde von Freikorpstruppen unterstützt. Rechte Abenteurer und Nationalbolschewisten träumten von einem weiteren Vordringen der Roten Armee und einem gemeinsamen Marsch auf Paris.

Die wichtigsten Vorstöße und Gefechte, die den Sieg der polnischen Truppen, den Rückzug und die panische Flucht der Armeen Tuchatschewskis bewirkten, fielen in die Zeit zwischen dem 17. und dem 22. August 1920. Piłsudski, der immer wieder von Weygand begleitet wurde, besuchte in den Tagen vor und während der Schlacht verschiedene Einheiten. Er machte klar, was auf dem Spiel stand, rüttelte die Soldaten auf und übernahm an einzelnen Abschnitten selbst das Kommando. Die durch Rückzug und Niederlage deprimierten Kämpfer schöpften mit einem Mal neuen Mut: Sie nahmen ungewöhnliche Strapazen auf sich, fassten den Gegner in der ungedeckten Flanke, drangen in seinen Rücken vor.

Im September standen die polnischen Truppen an Bug und Njemen. Tuchatschewski und seine Kommandeure konnten nicht fassen, dass ihnen der schon sicher geglaubte Sieg aus den Händen geglitten war. In der ersten Augusthälfte war ein Teil des polnischen Operationsplanes bei einem gefallenen Ordonnanzoffizier gefunden worden und zu Tuchatschewski gelangt. Der hatte ihn aber schlicht für zu abenteuerlich gehalten, um ihn ernst zu nehmen. Der Plan musste eine Finte sein. Noch am 20. August nahm der rote Oberbefehlshaber die spätere Losung von Stalingrad vorweg: »Keinen Schritt zurück.« Doch da waren die Würfel bereits gefallen. Tuchatschewski sollte in seinen Erinnerungen festhalten, dass es Stalin und der »Analphabet Budjonny« waren, die in Galizien ihren Privatkrieg geführt hätten. Stalin konnte sich solche Schuldzuweisungen sehr gut merken. Im Jahre 1937 war Tuchatschewski der ranghöchste hingerichtete Militärführer.

Mit der Abwehr des sowjetrussischen Vordringens auf Warschau hatte der Krieg noch nicht seinen Abschluss erreicht. Die nach Norden und Osten zurückgewichenen roten Divisionen stellten weiter eine Bedrohung dar. Einheiten Tuchatschewskis hatten sich auf ostpreußisches Territorium begeben und konnten sich dort in aller Ruhe umgruppieren und neu ausstatten. Für die folgenden entscheidenden Kämpfe trat der Njemen an die Stelle von Narew und Weichsel. Im Verlauf des Septembers wurde ganz Ostgalizien von den polnischen Truppen erobert, auf den Territorien Wolhyniens und Belarus näherte sich die Kampflinie der Front von 1916. Damit lag sie weit östlich der von den Alliierten noch im Sommer geforderten Curzon-Linie an San und Bug als Ostgrenze Polens.

# 11
# LANDSCHAFT NACH DER SCHLACHT

## Waffenstillstand

Den Vertretern Lenins war jetzt an einem möglichst schnellen Waffenstillstand und einem Friedensschluss gelegen, der die Existenz einer unabhängigen Ukraine verhinderte. Dabei setzten die sowjetischen Verhandlungsführer auf die gegensätzlichen Positionen innerhalb der polnischen Delegation. Piłsudskis Vertraute waren im Generalstab oder an der Front gebunden oder auf einzelne Ministerien verteilt. Die wichtigste Gruppe der Verhandler wurde schließlich von den Klubs und Fraktionen des Parlaments bestimmt und mit sehr verschiedenen Aufträgen betraut. Dort gab es unter anderem Vertreter des Zentrums (Piast), der Sozialisten und der Nationaldemokraten mit Stanisław Grabski. Der Vorsitzende der Delegation, Jan Dąbski von der Bauernpartei, war ein Mann mit vielen Ambitionen und wenig Erfahrung. Er setzte auf die Fähigkeiten des in Verhandlungen erfahrenen Professors Grabski. Der Nationaldemokrat wurde damit zum eigentlichen Delegationsführer und verstand sich im Zuge der Verhandlungen immer besser mit seinem sowjetrussischen Gegenüber Adolf Joffe. Die beiden klärten entscheidende Fragen des Waffenstillstands und späteren Friedens im kleinen Kreis der Verhandlungsführer und ihrer Sekretäre. Erst dann wurden sie der gesamten Delegation vorgelegt. Gegen den Widerstand einer Minderheit setzte sich so beim endgültigen Friedensschluss in Riga im März 1921 die Linie Roman Dmowskis und der Nationaldemokraten durch.

Piłsudski tobte, als ihn die ersten Zwischenergebnisse von den Verhandlungen erreichten, jedoch waren ihm zunehmend die Hände gebunden. Über den Außenminister Eustachy Sapieha konnte er Grabski mit der Abberufung drohen und die Minderheit seiner Anhänger in der Delegation zur Blockade der Beschlüsse aufrufen. Leon Wasilewski, der wusste, was auf dem Spiel stand und warum sich ein Teil der Sozialisten von der anderen Seite überzeugen ließ, protestierte vergeblich. Die sowjetische Seite konnte auf Ostgalizien, Teile Wolhyniens und Podoliens verzichten, denn sie behielt den übergroßen Teil der Ukraine, den östlichen Teil Wolhyniens und das östliche Belarus in ihrer Hand.

Mit der Anerkennung einer »Unabhängigen Sowjetukraine« erst durch Polen und dann auch durch die Alliierten war Petljura verloren. Die Vereinbarungen von Riga sahen auch die Entwaffnung und Auflösung aller unabhängigen ukrainischen, belarusischen und russischen Einheiten vor, die zusammen mit den Polen gekämpft hatten. Es war ein glatter Verrat an der Vereinbarung zwischen Piłsudski und Petljura.

Tadeusz Hołówko vertrat die Auffassung, es hätte im Oktober 1920 nur zwei weitere Wochen polnisch-ukrainischer militärischer Anstrengungen bedurft, um wieder bis nach Kiew zu gelangen und die sowjetische Seite zur Anerkennung der Unabhängigkeit der Ukraine und Belarus zu nötigen. Es war freilich nicht das militärische Gewicht, das über die Chancen für eine unabhängige Ukraine entschied. Bei allen Hoffnungen und Erwartungen Petljuras fehlten ihm doch die Fähigkeiten zu einem erfolgreichen zivilen Aufbau und die Unterstützung der ukrainischen Bevölkerung. Der Widerstand ukrainisch-sowjetischer Kräfte, die Abwehr polnischer konservativer Kreise und Nationalisten, die völlig ungewisse, ungestaltete Situation in Belarus wirkten zusammen und ließen das Projekt scheitern. Die Truppen Petljuras waren immer weiter in die Defensive geraten. Einzelne seiner Einheiten hatten die polnische Verteidigung in Galizien aufopfernd unterstützt, die Mehrzahl war jedoch in einem desolaten Zustand. Sie zogen sich hinter die Demarkationslinie zurück, die dem Waffenstillstand vorausging. Ihnen folgten die zivilen Mitglieder von Petljuras Regierung.

Ein großer Teil der auf polnisches Territorium zurückgenommenen

Einheiten der Ukrainer war in einem Lager in der Nähe von Kalisz untergebracht. Sie hatten dort größtmögliche Freiheiten, wurden versorgt und konnten das Lager selbst verwalten, sahen aber einer ungewissen Zukunft entgegen. Einige von ihnen nutzten später die Möglichkeit, sich repatriieren zu lassen, andere kehrten in die Heimat zurück.

Als Piłsudski seine ehemaligen Kampfgefährten besuchte, quälte ihn ein furchtbar schlechtes Gewissen. Im Kreis der ukrainischen Offiziere, die ihn mit Freude und Tränen in den Augen begrüßten, verneigte er sich und bat sie um Verzeihung. Das Scheitern der Hoffnungen auf eine unabhängige Ukraine setzte ihm bis an sein Lebensende zu. Einem Teil der Ukrainer konnten die alten Netzwerke der POW helfen. Petljura begründete im westgalizischen Tarnów eine ukrainische Exilregierung. Dieser Status konnte aber nicht auf Dauer gehalten werden. Wasilewski und andere POW-Aktivisten sorgten mit Unterstützung Piłsudskis dafür, dass Einrichtungen geschaffen wurden, die der Sache der Ukrainer dienten. Dazu gehörte das »Ostinstitut«, eine wissenschaftliche Einrichtung zur Erforschung der Geschichte, Kultur und politischen Entwicklung in den östlichen Nachbarländern Polens, eine Zeitschrift namens *Osten* und ein ukrainisches Kulturinstitut.

Die offizielle polnische Außenpolitik stand mit Außenminister Konstanty Skirmunt immer stärker unter dem Einfluss der Nationaldemokraten und begründete ihre Annäherung an die Führung der Sowjetukraine mit wirtschaftspolitischen Argumenten. Im Jahr 1924 musste Symon Petljura schließlich auf Druck nationalistischer Kreise Polen verlassen. Er setzte sich daraufhin in verschiedenen europäischen Hauptstädten, zuletzt in Paris, für eine demokratische Unabhängigkeitsbewegung ein und stand damit in scharfem Gegensatz zu monarchistischen und rechtsnationalistischen Organisationen und Zentren der ukrainischen Emigration.

Im Mai 1926 wurde Petljura in Paris von dem ukrainisch-jüdischen Anarchisten Sholom Schwartzbard auf offener Straße niedergeschossen und erlag kurz darauf seinen Verletzungen. Der Attentäter hatte einen großen Teil seiner Familie bei den antijüdischen Pogromen von 1919 verloren und gab Petljura die Schuld dafür. Er wurde von einem Pariser Gericht freigesprochen, das Hinweisen, hinter dem Attentat könnte der sowjetische Geheimdienst stecken, nicht nachging. Petljura war nicht der einzige ukrainische, osteuropäische und russische Oppositionspolitiker, der auf diese Weise sein Leben verlor. Der sowjetische Geheimdienst griff bei der Unterwanderung von Emigrationskreisen und beim Einsatz von Agenten und Attentätern auf ein Arsenal verschiedenster Methoden zurück. Giftmorde waren eine bevorzugte Spezialität. Vertreter von gemäßigten, liberalen, demokratischen antikommunistischen Bewegungen wurden diskreditiert und aus dem Weg geräumt.

Einige Wochen nach dem Ende der Kämpfe stattete Piłsudski im Februar 1921 Frankreich einen offiziellen Staatsbesuch ab, wo man ihn mit allen zivilen und militärischen Ehren empfing. Keine zehn Jahre war es her, dass Piłsudski als Führer der polnischen Sozialisten in Paris den bevorstehenden Krieg von 1914 und das Wiederauferstehen Polens vorausgesagt hatte. Jetzt kehrte er als Repräsentant eines Staates wieder, der seinen Platz in der Nachkriegsrealität zu finden suchte. Auf einer Begegnung mit Staatspräsident Alexandre Millerand, den der Marschall noch von den Treffen der Sozialistischen Internationale kannte, folgte ein Austausch mit Marschall Foch, der am 11. November 1918 die Unterzeichnung des Waffenstillstands durch die deutsche Delegation um Matthias Erzberger entgegengenommen hatte. Der gemeinsame Besuch der Militärschule St. Cyr und des Schlachtfelds von Verdun schloss sich an. Beiden stand dabei vor Augen, was für eine grauenvolle Katastrophe der Weltkrieg auch im Westen Europas bedeutete. Wichtigstes Ergebnis der Visite war der Abschluss eines französisch-polnischen Bündnisvertrags, dem einige Tage später eine Militärkonvention folgte. Polen sicherte Frankreich seine Unterstützung im Falle eines deutschen Angriffs zu und umgekehrt Frankreich Polen seine Unterstützung im Falle eines Angriffs von sowjetrussischer Seite. Die beiden Abkommen waren die bedeutendsten, welche die junge polnische Republik überhaupt abschließen konnte. Piłsudski hatte auch der englischen Seite Interesse an einem Besuch und an möglichen Abkommen signalisiert. Von dort blieb eine Reaktion jedoch aus. England sollte auch in den Folgejahren abweisend bleiben. Polen, wie immer es sich verhielt, blieb der lästige Störenfried auf dem europäischen Tableau.

Im August 1921 starb Maria. Sie hatte schon lange an einer Herzschwäche gelitten und war mit einer Lungenentzündung ins Krankenhaus eingeliefert worden, die sie nicht überstand. Sie und Józef hatten sich nach 1916 kaum noch gesehen. Der Kontakt zu den Verwandten und zu wenigen Freunden konnte Marias zunehmende Einsamkeit und Schwermut nicht wirklich mindern. Sie wollte ihre letzte Ruhe bei der Familie und neben ihrer Tochter Wanda im heimatlichen Wilna finden. Der Weg des Trauerkondukts führte über Lida. Dort konnte Piłsudski, der sich in der Nähe befand, privat Abschied nehmen.

Bei der Trauerfeier in Wilna vertrat Piłsudskis Bruder Jan die Familie. Zur Teilnahme an der Trauerfeier in Wilna konnte er sich nicht entschließen. Nur zwei Monate später, im Oktober, heiratete er Aleksandra. Sie zog mit den beiden Töchtern ins Belvedere und war von nun an bei allen offiziellen Anlässen an seiner Seite. Die heimliche Konversion in der härtesten Stunde der wolhynischen Kämpfe erleichterte ihm die formale Rückkehr in den Schoß der katholischen Kirche. Für die meisten Kleriker war er nach wie vor kein wirklich guter Pole. Sie überzogen ihn und seine Familie immer wieder mit Verleumdungen.

## Verhandlungsergebnisse

Nach dem Rigaer Friedensschluss mit Sowjetrussland vom März 1921 und der Bestätigung der polnischen Grenzen durch den Botschafterrat der Entente umfasste der neue Staat Polen ein Territorium von knapp 400 000 Quadratkilometern. Von seiner Ausdehnung und seiner Bevölkerungszahl her war das Land nun der sechstgrößte Staat in Europa, ein ungeteilter souveräner Staat, der das Potenzial für eine eigene Entwicklung besaß.

Die Bevölkerung wuchs von 27 Millionen im Jahr 1921 auf 32 Millionen im Jahr 1931. Die nationalen Minderheiten machten davon knapp ein Drittel aus. Unter ihnen waren die Ukrainer mit 3,7 Millionen die größte Gruppe, gefolgt von 2,7 Millionen Juden, gut über einer Million Belarusen und rund einer Million Deutscher. Zwei Drittel der Bevölkerung waren römisch-katholisch, das restliche Drittel bildeten Anhänger orthodoxer, griechisch-katholischer, jüdischer und protestantischer Glaubensrichtungen.

Theoretisch wurden die Rechte der Minderheiten durch Artikel der im März 1922 verabschiedeten Verfassung und den Minderheitenvertrag von Versailles geschützt. Allerdings legten die verschiedenen politischen Kräfte die Verfassung sehr unterschiedlich aus. Den Versuchen einer ausgleichenden Nationalitätenpolitik durch die Sozialisten und ihre Verbündeten setzten die Konservativen und Rechten hohen Ausgrenzungs- oder Assimilationsdruck entgegen.

Langfristig musste der wirtschaftliche Rückstand des Ostens, insbesondere Ostgaliziens und Wolhyniens, durch staatliche Unterstützung und gezielte Investitionen überwunden werden. Bemühungen um eine konsequente Landreform, die Enteignung der großen Güter und die Entwicklung eines überlebensfähigen bäuerlichen Mittelstandes scheiterten überwiegend am Widerstand von Großgrundbesitzern und mit ihnen verbundenen polnischen Eliten. Piłsudski schob das ganze Paket immer wieder vor sich her, und über halbherzige Ansätze kam keine Regierung hinaus. Der Standesegoismus der polnischen Elite im Osten, aber auch der politische und kulturelle Assimilierungsdruck auf die dortige ukrainische und belarusische Bevölkerung waren stärker. Polnische und ukrainischen Nationalisten arbeiteten sich wechselseitig in die Hände und schürten so Konflikte, die sich im weiteren Verlauf der Zweiten Republik immer gewalttätiger entluden.

Anders lagen die Fragen, wenn es um die Situation der deutschen Minderheit ging. Im Gegensatz zu den Ukrainern und Belarusen im Osten waren die Deutschen in Westpreußen, im Ermland und zum Teil auch in Oberschlesien häufig Teil der ansässigen Elite. In der wilhelminischen Zeit dorthin versetzte Beamte waren gut organisiert und überwiegend von der »Minderwertigkeit« der Polen überzeugt. Sie waren weiterhin eng mit Reichsdeutschland verbunden und sollten Vorposten einer deutschen Revisionspolitik werden.

Die lautstarken Stimmen auf deutscher Seite gegen das »Schanddiktat von Versailles«, gegen den polnischen Bankert und den Saisonstaat, der nicht überlebensfähig sei, sorgten dafür, dass die polnischen Stimmen, die sich für eine Verständigung mit Deutschland aussprachen, zunehmend verstummten. Das vor allem von den Nationaldemokraten propagierte Bild vom Erbfeind suchte und fand seine Bestätigung.

Dazu kamen die Sünden der polnischen Seite. Beamte, Militärs und Lehrer, die in die neu gewonnenen Gebiete entsandt wurden, verwalteten und arbeiteten häufig nur nach Vorschrift oder schikanierten die Deutschen zusätzlich. Der forcierte Ausbau des Schulwesens, der für die gesellschaftliche und ökonomische Modernisierung so wichtig war, wirkte auf die Deutschen wie der Versuch einer Polonisierung. Die deutsche Minderheit verfügte über ein dichtes Netz an Vereinen und Kultureinrichtungen, die aber kaum einem Miteinander zwischen Deutschen und Polen zugutekamen. Das mehr oder weniger gleichgültige oder feindselige Nebeneinander überwog.

Die Konflikte um Oberschlesien waren von besonderer Brisanz. Nach dem Ende des dritten schlesischen Aufstands im Juli 1921 kam es aber immerhin zu einem wirklichen Autonomiestatus für den schlesischen Teil Polens. Während der Kämpfe besetzten die Polen weite Teile des ostoberschlesischen Industriegebiets. Offiziell verurteilte Warschau zwar den Aufstand und zog den Plebiszitkommissar Wojciech Korfanty, der als harter Nationalist bekannt war, zurück. Mit Freiwilligen und Waffenlieferungen wurden die polnischen Aufständischen jedoch faktisch unterstützt. Im Ergebnis setzten die Alliierten eine Vereinbarung durch, die Oberschlesien zu einem Drittel an Polen und zu zwei Drittel an Deutschland fallen ließ. Im polnischen Teil lag die übergroße Zahl der Kohle-, Eisenerz- und Zinkgruben und die Mehrzahl der verarbeitenden Betriebe. Durch die abschließenden Abkommen und Verträge erhielt der schlesische Teil Polens ein eigenes Regionalparlament und eine eigene Regionalregierung. Das schlesische Industrierevier wurde zu einem der wichtigsten Standorte für die industrielle Entwicklung der Zweiten Polnischen Republik.

Deutschland wollte sich mit dem Verlust nicht abfinden, konnte aber an den Verträgen zunächst nicht rütteln. Überhaupt war es angesichts der eigenen Instabilität darum bemüht, die Folgen der Weltkriegsniederlage und insbesondere die Last der Reparationen zu mildern. Im Januar 1922, auf einer Konferenz der Siegermächte und Deutschlands zur Frage der Reparationen im französischen Cannes, erklärte Walther Rathenau als Leiter der deutschen Delegation, dass sein Land die ihm auferlegten Zahlungen nicht leisten könne. Er erreichte eine vorläufige Stundung, aber allen Beteiligten war klar, dass damit das grundsätzliche Problem weiterhin bestand. Das Gespenst wachsender Inflation mit all ihren Folgen hing über einer Reihe von Ländern.

Von April bis Mai 1922 fand dann in Genua eine Weltwirtschaftskonferenz statt, an der 34 Staaten teilnahmen. Mit Ausnahme der USA waren alle Staaten vertreten, die am Ersten Weltkrieg teilgenommen hatten. Hauptziel der Konferenz war die Wiederherstellung der durch den Krieg zerrütteten Wirtschafts- und Finanzsysteme. Ein entscheidendes Thema war dabei der Wiederaufbau der Wirtschaften in Mittel- und Osteuropa und die heikle Frage der künftigen Einbindung des sowjetischen Gesellschaftssystems.

Der britische Premier Lloyd George hegte immer noch seinen alten Traum, die sowjetische Seite durch Wirtschafts- und Handelsbeziehungen in das westliche System »einzugewöhnen und einzuspinnen«. Dafür war es sogar bereit, noch einmal die Frage der polnischen Ostgrenze aufzurollen. Für die Sowjetunion, die erst im Dezember 1922 als föderativer Einheitsstaat entstand, bedeutete die Teilnahme an der Konferenz einen weiteren Schritt hin zur internationalen Anerkennung. Ihren Vertretern gelang darüber hinaus ein spektakulärer Coup.

Die beiden als Kriegsverlierer und verfemte Außenseiter betrachteten Konferenzteilnehmer Deutschland und Sowjetunion legalisierten in einer Blitzaktion ihre längst existierenden engen Beziehungen und hoben sie damit auf eine neue Stufe. Unweit von Genua, in Rapallo an der ligurischen Küste, unterzeichneten die beiden Länder am 22. April 1922 einen Vertrag, der die Weichen für die künftige enge Zusammenarbeit stellte. Es gab Zeitgenossen, die das positiv sahen und von wechselseitiger Anerkennung und Entspannung sprachen. Der deutsche Schriftsteller Sebastian Haffner sollte später zu einer anderen Einschätzung gelangen. Er stellte den Vertrag in die Kette deutsch-sowjetrussischer verdeckter und offener Zusammenarbeit, die von 1917 bis 1939 reichte, und sprach mit Blick auf die Gesamtheit der Verabredungen von einem Teufelspakt. Die längst angelaufene militärische Kooperation wurde im Vertrag von Rapallo nur indirekt erwähnt, dafür aber in einem geheimen Zusatzabkommen vom August 1922 festgehalten.

Piłsudski sah sich durch den Vertrag in seinen schlimmsten Befürchtungen bestätigt. Es blieb ihm nichts anderes übrig, als weiterhin auf die Bündnisverträge mit Frankreich zu setzen. Allerdings kam ein weiterer potenzieller Bündnisgenosse dazu. Noch im Frühjahr 1922 folgte er einer Einladung nach Rumänien, die er mit mehreren Mitgliedern der Regierung wahrnahm. Rumänien hatte vom Zerfall der Habsburger Monarchie profitiert und war nach dem Weltkrieg zur konstitutionellen Monarchie geworden. In der von Moskau abhängigen Sowjetukraine an seiner Nordgrenze sah das Land jedoch eine Bedrohung und suchte deshalb die Nähe zu Polen.

In Rumänien fühlte sich Piłsudski wie erlöst, befreit von den politischen Zänkereien zu Hause, von dem Hass, der ihm immer wieder entgegenschlug. Er wurde von der rumänischen Königsfamilie mit aller Herzlichkeit empfangen, spazierte mit Königin Maria durch die Bergwelt der Karpaten und traf mehrmals mit dem diplomatischen Korps zusammen. Der Sohn des rumänischen Königs schilderte den Eindruck, den der Marschall auf seine Gastgeber machte. König Ferdinand war ein

Ausbund an Lässigkeit, der selbst bei offiziellen Anlässen die brennende Zigarette in der Hand behielt. Als Piłsudski den Raum betrat, bemerkte der Sohn, wie sein Vater instinktiv Haltung annahm, sich straffte und die Zigarette unauffällig verschwinden ließ. Genauso bezeichnend ist aber auch ein Foto der beiden, wie sie vertraut am Geländer einer Holzbrücke lehnen – mit den unerlässlichen Zigaretten in der Hand.

Zurück in Warschau, sah sich Piłsudski mit drängenden ungelösten Verfassungsfragen konfrontiert. Der neue Staat stand noch immer auf wackligen Beinen. Im November 1922 sollte es zu Parlamentswahlen und der Wahl des Staatsoberhauptes kommen. Die Arbeiten an der Verfassung hatten sich über zwei Jahre hingezogen, diverse Expertengremien und Kommissionen beschäftigt und eine Reihe widerstreitender Entwürfe hervorgebracht. Es war nicht so, dass Polen keine soliden Juristen und Verfassungsrechtler besaß, das Problem war vielmehr prinzipieller Natur. Die nach langen Verhandlungen zustande gekommene sogenannte Märzverfassung vom März 1922 trug die Grundlagen für eine dauerhafte Instabilität und Schwäche der Zweiten Republik in sich.

Vor allem auf Drängen zahlreicher Abgeordneter war darin die Stellung des Parlaments gegenüber der Regierung und dem Staatsoberhaupt auf eine Weise gestärkt worden, dass das Land im Ernstfall unregierbar zu werden drohte. Die Regierung unterlag danach einer engmaschigen Kontrolle durch die erste Kammer des Parlaments. Im wesentlich kleineren Senat, der zweiten Kammer, konnte die Gesetzgebung lediglich durch ein aufschiebendes Veto geringfügig beeinflusst werden. Der für sieben Jahre gewählte Staatspräsident nominierte den Ministerpräsidenten, dessen Bestätigung und die aller Regierungsmitglieder erfolgte aber wiederum über den Sejm. Die Befugnisse des Staatsoberhauptes waren rein repräsentativer Art. Alle seine Rechtsakte bedurften der Gegenzeichnung durch den zuständigen Minister. Eine uneingeschränkte Immunität der Abgeordneten öffnete zudem Korruption und Amtsmissbrauch Tor und Tür.

Bei den Verhandlungen über die Märzverfassung prallten grundsätzlich verschiedene Interessen aufeinander. Vertreter der Linken hatten volksrepublikanische Elemente vor Augen. Sie votierten für ein Einkammerparlament, die Direktwahl des Staatspräsidenten und die Möglichkeit von Volksbefragungen. Die Rechte und das Zentrum setzten jedoch ein Parlament aus zwei Kammern und die Wahl des Staatspräsidenten durch die Nationalversammlung durch, die aus Sejm und Senat bestand. Immerhin: In der Beschränkung der Macht des Staatsoberhauptes trafen sich die Interessen der parlamentarischen Rechten und eines Teiles der Linken, die Piłsudski oder eine andere starke Person an der Spitze des Staates fürchteten.

Eine Demokratie mit stabilen Parteien und Institutionen konnte durch eine starke Position des Parlaments mit seinen umfangreichen Kontroll- und Mitwirkungsrechten nur gewinnen. In Polen trat das Gegenteil ein. Ein Wahlrecht mit niedriger Prozenthürde hatte die immer stärkere Zersplitterung des Parteiensystems zur Folge. Der aus knapp 20 Fraktionen zusammengesetzte Sejm arbeitete mit zahlreichen Unterausschüssen und Untersuchungsausschüssen, die sich um Einzelheiten der Regierungsarbeit kümmerten. Misstrauensanträge gegen einzelne Minister und andere Mitglieder der Regierung häuften sich. Die Vielzahl der Fraktionen sorgte ständig für gegenseitige Blockaden und machte die wechselnden Regierungen immer öfter handlungsunfähig.

Das Entscheidende aus Piłsudskis Sicht war die Tatsache, dass die Märzverfassung zwar bereits in Kraft war, seine bisherigen Befugnisse als Staatsoberhaupt und Oberster Militärführer aber bis zu den für den November 1922 vorgesehenen Neuwahlen unangetastet ließ. Die entscheidende Machtprobe stand damit also noch bevor.

## Ein Präsident wird ermordet

Auf der schon erwähnten Rumänienreise war Piłsudski unter anderem von Gabriel Narutowicz begleitet worden, und die beiden Männer waren sich bei der Gelegenheit nähergekommen. Piłsudski hatte Narutowicz bereits als Minister für Öffentliche Arbeiten schätzen gelernt und sich bei der letzten schwierigen Regierungsbildung für ihn als Außenminister eingesetzt. Die Kompetenz, die Sachlichkeit und der ausgleichende Charakter von Narutowicz beeindruckten ihn. Durch seine langjährige Tätigkeit als Ingenieur im Ausland besaß dieser einen europäischen Horizont, der den meisten polnischen Politikern und Diplomaten fehlte. Zudem ließ er sich von keinem der konkurrierenden politischen Lager vereinnahmen.

Wozu extreme Kräfte innerhalb dieser Lager fähig waren, erfuhr Piłsudski immer schmerzhafter. Die Hass- und Verleumdungskampagne gegen ihn und seine Familie hatte einen neuen Höhepunkt erreicht. So sollte er angeblich während aller Kämpfe über eine direkte Standleitung in telefonischer Verbindung mit Trotzki gestanden und seine Befehle aus Moskau erhalten haben. Als Herrscher Polens strebe er nach der Königskrone für sich, seine Frau und seine Töchter. Die historischen Krönungsinsignien der polnischen Herrscher habe er bereits heimlich stehlen lassen.

Die Novemberwahlen zu Sejm und Senat hatten ein weiteres Erstarken der Rechten zur Folge, die auf über ein Drittel der abgegebenen Stimmen kamen. Die Linksparteien verharrten bei rund einem Viertel, und dazwischen lag ein zersplittertes Zentrum. Mit einem Stimmenanteil von weniger als drei Prozent kamen die umbenannten Kommunisten auf lediglich zwei Mandate. Aus den zahlreichen Wahllisten und den ihnen entsprechenden Klubs formierten sich im Sejm 17 Wahlblöcke, die zumeist gemeinsam abstimmten. Die gewählten Vertreter der Nationalen Minderheiten bildeten einen eigenen Wahlblock, der rund 20 Prozent der Abgeordnetenmandate umfasste. Sozial und politisch waren die Mitglieder des Blocks der Minderheiten ausgesprochen heterogen, sie reichten von Landarbeitern bis zu Gutsbesitzern, von Nationalkonservativen bis zu Sozialisten. Im Sejm teilten sie sich zwar in nationale Fraktionen, stimmten aber in einigen Fragen einheitlich ab und wurden in einer entscheidenden Situation zum Zünglein an der Waage.

Die Nationaldemokraten weigerten sich, die gleichberechtigte politische Existenz der Vertreter der Minderheiten zu akzeptieren, und lehnten jede parlamentarische Zusammenarbeit mit ihnen ab. Ihrer Meinung waren diese keine wirklichen Polen und sollten deshalb von relevanten Abstimmungen ausgeschlossen sein.

Angesichts dieser Ausgangssituation wurde die anstehende Wahl des Staatsoberhauptes zu einem makabren Verwirrspiel. Anlässlich der feierlichen Eröffnung des Parlaments forderte Piłsudski alle politischen Klubs und Fraktionen zur loyalen Zusammenarbeit auf, doch sein Appell verhallte weitgehend ungehört. Zuerst versuchten die Nationaldemokraten, die Beteiligung der Minderheiten an der Wahl des Staatspräsidenten zu verhindern. Die Rechten wie die Linke gingen davon aus, dass der Marschall selbst für das höchste Staatsamt kandidieren werde und ihm eine Mehrheit sicher sei. Für die Rechte war die Sache klar: Als künftiger Repräsentant der Nation ohne wirkliche Befugnisse würde Piłsudski ihrer politischen und gesellschaftlichen Dominanz nichts mehr entgegensetzen können. Die Sozialisten und die Linke wiederum hofften, durch eine Unterstützung seiner Kandidatur die Chancen für ein parlamentarisches Mitte-Links-Bündnis und damit für einen stabilen und sozial ausgleichenden Staat zu steigern.

Piłsudski hatte jedoch nicht die mindeste Lust, ohne wirkliche Befugnisse einen Staat zu repräsentieren, der von den Intrigen und schmutzigen Auseinandersetzungen unreifer, egoistischer Parlamentarier und Politiker beherrscht wurde. Er hatte gehofft, dass die Wiedergeburt Polens dieses Erbe der Vergangenheit, der Teilungen, der Rückständigkeit aufheben würde. Er hatte an die Vertreter einer tapferen und stolzen Nation appelliert, nur um festzustellen, dass Hader, Zwist und Niedertracht weiterhin allgegenwärtig waren. Wie sollte er sich damit arrangieren?

Wenn er die Verantwortung nicht völlig aus der Hand geben wollte, blieb ihm nur ein Weg: Er musste die Führung der Armee in den Händen behalten. Für ihn war sie ein Anker überparteilicher Stabilität. Dazu musste er sich den Beschränkungen eines repräsentativen Staatsoberhauptes entziehen.

Am 4. Dezember traf er sich mit den Führern der Parteien und Klubs, die seine Kandidatur unterstützten, und eröffnete ihnen, dass er keine Kandidatur anstrebe. Die durch die Verfassung gegebenen Befugnisse seines Amtes seien zu begrenzt, um wirklichen Einfluss auf die Geschicke des Staates nehmen zu können. Roman Dmowski verzichtete gleichfalls auf seine Kandidatur. Er zog es vor, der Führer der stärksten Parlamentsfraktion zu bleiben. Wie der größte Teil der Rechten hoffte er auf die Übernahme der Macht durch das Parlament und die Regierung.

Für die Wahl der Nationalversammlung hatte die Rechte Graf Maurycy Zamoyski, den größten Gutsbesitzer im Land und polnischen Gesandten in Paris, als ihren Kandidaten aufgestellt. Zamoyski hatte sich um die polnische Bewegung im Ausland verdient gemacht. Gegen ihn traten Stanisław Wojciechowski, Gabriel Narutowicz und Ignacy Daszyński an, die jeweils von Vertretern der Mitte, der Linken und der PPS vorgeschlagen wurden. Die Abgeordneten der Nationalen Minderheiten schlugen einen eigenen Kandidaten vor.

Piłsudski hätte zwar Wincenty Witos als möglichen Kompromisskandidaten in Kauf genommen, unterstützte aber die Kandidatur Wojciechowskis. Dem zögernden Narutowicz hatte er wiederum zunächst von der Kandidatur abgeraten. Ihm stand zu deutlich vor Augen, was einem vermeintlichen Ausländer, der als areligiöser Kosmopolit galt und dem man Sympathien für die Juden nachsagte, in diesem Amt erwarten konnte. Andererseits wusste er genau, was für Narutowicz sprach und worauf er nach dessen Wahl hoffen konnte. Der Ingenieur besaß die Gabe des »leichten Ganges und der festen Hand«, die ihm abging. Er verband Konsequenz und Nachdruck mit Verbindlichkeit und Kompromissbereitschaft. Aufgestellt und zur Kandidatur ermutigt wurde Narutowicz durch die linke Bauernpartei, die auf weitere Stimmen aus dem Mitte-Links-Lager hoffte.

Nach vier Wahlgängen, in denen alle weiteren Kandidaten der Reihe nach ausgeschieden waren, kam es zur Stichwahl zwischen Narutowicz und Zamoyski. Entschieden wurde die Wahl durch die Stimmen

Der erste Präsident
der Zweiten Polnischen Republik
Gabriel Narutowicz, 1922

der Vertreter der Nationalen Minderheiten. Auf Narutowicz entfielen am Ende 289 und auf Zamoyski 227 Stimmen. Die Rechten waren außer sich, denn sie hatten fest mit einer Mehrheit für ihren Kandidaten gerechnet. In den folgenden Tagen starteten sie eine regelrechte Kampagne gegen Narutowicz. Die Nationaldemokraten spielten die Bedeutung der Vertreter der Nationalen Minderheiten bei der Wahl hoch und stellten Narutowicz als einen Fremden dar, der sein ganzes Leben in der Schweiz verbracht habe. Nun werde er von Fremden und mithilfe jüdischen Geldes an die Macht gebracht. Es kam zu Massenaufläufen und Demonstrationen, bei denen die Linke zu Gegenaktionen mobilisierte. Vor der italienischen Botschaft feierten junge Nationaldemokraten frenetisch die Machtübernahme Mussolinis und riefen die Polen auf, es den Italienern gleichzutun. General Józef Haller wurde von den Anführern der Kampagne als neuer Mann der Vorsehung auserkoren und wäre auch bereit gewesen, diese Rolle zu übernehmen.

Angesichts der aufgebrachten Stimmung forderte Piłsudski als noch amtierendes Staatsoberhaupt den Einsatz außerordentlicher Mittel zur Abwehr eines womöglich drohenden Putsches. Zum Putsch kam es zwar noch nicht, dafür aber setzten es sich die Rechten zum Ziel, die für den 11. Dezember geplante Vereidigung des neuen Präsidenten mit allen Mitteln zu verhindern. An dem Tag besetzten ihre Anhänger die Straßen, die zum Parlament führten. Eintreffende Abgeordnete und Senatoren wurden am Weiterkommen gehindert, bedrängt oder gar verprügelt, sofern sie zu Parteien und Gruppierungen gehörten, die Narutowicz unterstützten. Bolesław Limanowski, der mittlerweile 87-jährige Senator, und Ignacy Daszyński, die beide von linken Abgeordneten geschützt wurden, gerieten in eine Massenschlägerei. Mit Mühe und Not konnten sie sich in eine Toreinfahrt retten.

Unzählige Demonstranten blockierten die Ujazdowski-Allee, auf welcher der gewählte Präsident ankommen musste. Narutowicz behielt die Nerven und stellte sich der Menge im offenen Wagen. Die Polizeieskorte konnte ihn nur mit Mühe schützen, geworfene Eisbrocken trafen die Autos und Schneebälle den designierten Staatspräsidenten.

Trotz aller Unruhen und Blockaden kam es am selben Tag zur Vereidigung des neuen Staatsoberhauptes und dann drei Tage später, am 14. Dezember, zur Amtsübergabe im Belvedere. Dort begrüßte Piłsudski den neuen Hausherren. Er fand ungewöhnliche Worte und Gesten, um seinen Respekt auszudrücken. In seiner langen Laufbahn als Soldat habe er noch nie vor einer anderen Person in dieser Form Haltung angenommen wie jetzt vor dem neuen Präsidenten. Auf diesem ruhe jetzt das Schicksal Polens.

Die verbalen Angriffe der rechten Parteien und die Hetze in der rechten Presse gegen Narutowicz verstummten auch nach der Amtsübernahme nicht. Am 16. Dezember, zwei Tage später, eröffnete Narutowicz in der berühmten Warschauer Kunsthalle Zachęta eine Ausstellung. Als Kunstfreund hatte er bewusst diesen Anlass gewählt. Kazimiera Iłłakowiczówna hatte im Außenministerium bereits mehrere Führungswechsel erlebt und sich in der Männerdomäne behauptet. Sie schätzte Narutowicz und nutzte daher die Möglichkeit, mit ihrem Kollegen Jan Henryk Rosen an diesem Morgen in die Galerie zu gelangen. Sie stand nicht weit vom Präsidenten entfernt, als sie plötzlich mehrere Schüsse hörte und sah, wie Narutowicz zusammenbrach. Der Schütze war der Maler Eugeniusz Niewiadomski, ein Sympathisant der Nationaldemokraten. Während alle um sie herum in Panik gerieten, kniete sich Kazimiera, die ausgebildete Krankenschwester war, neben den Präsidenten und bettete dessen Kopf in ihren Schoß. Kurz darauf traf ein Arzt des Ambulanzdienstes ein, der aber nichts mehr ausrichten konnte. Die Schüsse waren tödlich gewesen.

Der Attentäter, der sofort gefasst werden konnte, wurde schließlich zum Tode verurteilt und hingerichtet. Für manche Kreise der Rechten und der Kirche war Niewiadomski, der Täter, ein Held, ja durch seine Hinrichtung sogar ein Märtyrer. Für ihn wurden Messen gelesen. Die Suche nach möglichen Hintermännern des Attentats blieb ergebnislos.

Piłsudski traf die Ermordung Narutowiczs zutiefst. Der Schock wurde nicht geringer, als aus den Aussagen Niewiadomskis nach seiner Festnahme hervorging, dass das erste und eigentliche Ziel des Anschlags eigentlich er, der Marschall, gewesen war. Nur weil er auf die Kandidatur verzichtete, hatte der Attentäter das Ziel geändert. Piłsudski wie Narutowicz waren für ihn Fremde und Judenfreunde, Schuld am Elend Polens, bereit, ihr Vaterland an andere Mächte zu verkaufen. Ihnen durfte man daher keinesfalls das höchste Amt im Staate anvertrauen. Piłsudskis zunehmende Verbitterung, sein immer größeres Misstrauen und seine späteren selbstzerstörerischen Wutausbrüche sollten ihre tiefsten Wurzeln in dieser Tragödie haben.

Parlamentspräsident Maciej Rataj ergriff als amtierendes Staatsoberhaupt die Initiative und setzte, um der Unruhen Herr zu werden, eine Übergangsregierung ein. Mit General Władysław Sikorski fand sich ein geeigneter Übergangspremier, stand dieser im Militär doch irgendwo zwischen den Anhängern Piłsudskis und rechten Offizieren. Sikorski verhängte den Ausnahmezustand über Warschau. Sosnkowski wurde Kriegsminister und Piłsudski Chef des Generalstabs. Das passte zu dessen Absichten, die Kontrolle über das Militär zu behalten. Die Gefahr eines Bürgerkrieges war damit allerdings noch nicht gebannt.

Sozialisten und Piłsudski-Anhänger im Militär wollten sich der von den Rechten entfachten Konfrontation offensiv stellen. Bewaffnete Gruppen der PPS und Einheiten der POW riefen nach Rache und wollten die Anführer der Rechten zur Rechenschaft ziehen. An diesem Punkt griff jedoch Daszyński mit all seiner Autorität ein. Er beschwor seine Genossen, vom Weg der Gewalt und der Gegenverschwörung abzulassen, und drohte damit, sie notfalls aus der Partei auszuschließen. Dabei konnte er sich auf den gemäßigten Flügel der PPS und die ihnen nahestehenden Linken stützen. Piłsudski tat im Hintergrund seinerseits alles, um die Unruhen im Militär zu dämpfen.

Bei der nächsten Wahl des Staatspräsidenten am 20. Dezember 1922 setzte sich dann Stanisław Wojciechowski mit den Stimmen der Linken durch. Er sollte in seiner Amtszeit alles dafür tun, die gefährdete Stabilität der Republik zu erhalten.

Im Frühjahr 1923 trafen Vertreter der Nationaldemokraten, der Christdemokraten und einer rechten Bauernpartei nach mühsamem Ringen eine programmatische Vereinbarung. Nach dem Ort ihres Zustandekommens wurde sie der »Pakt von Lanckoron« genannt. Man strebte weder einen Putsch noch sonst eine gewaltsame Machtübernahme an, sondern eine Veränderung des Staatscharakters durch eine gemeinsam zu bildende Parlamentsmehrheit. Es ging um eine stärkere Rolle der katholischen Kirche, um eine Regierung, die ausschließlich durch ethnische, katholische Polen gebildet werden sollte, um eine intensivere Polonisierung der östlichen Regionen und um einen Bildungsproporz, der die ethnischen Polen begünstigte. Eine Landwirtschaftsreform war so zu realisieren, dass die Interessen der Großgrundbesitzer gewahrt blieben. Piłsudski als Generalstabschef sollte trotz all seiner Befugnisse in völlige Abhängigkeit vom Parlament geraten. Das neutrale Militär, Garant der Stabilität des Staates, wäre den Interessenlagen wechselnder Koalitionen ausgeliefert. Ferner sollten Teile der Sozialgesetzgebung zurückgenommen werden.

Am 26. Mai 1923 nutzten die rechten Parteien eine Abstimmung im Sejm über den Haushalt des Premiers, um Władysław Sikorski zum Rücktritt zu zwingen. Unter Premierminister Witos wurde eine Regierung gebildet, hinter der die Gruppierungen des Paktes von Lanckoron standen. Aus Piłsudskis Sicht waren damit die Kräfte an der Macht, die letztlich für den Mord an Narutowicz verantwortlich waren. Angesichts dessen traf er eine Entscheidung, die wohl kaum jemand von ihm erwartete.

# 12 RÜCKZUG NACH SULEJÓWEK

## Leben als Schriftsteller

Im Juli 1923 gab Piłsudski öffentlich bekannt, er könne keiner Regierung dienen, welche die Hintermänner des Mordes an Narutowicz decke und unterstütze. Er legte daher das Amt des Generalstabschefs und des Vorsitzenden des engeren Militärrats nieder und erklärte sich zum Privatmann und freien Bürger. Legionäre hatten schon seit geraumer Zeit Geld für ihn gesammelt und damit den Erwerb eines Landhauses in der Ortschaft Sulejówek östlich von Warschau unterstützt. Dorthin zog er sich nun mit seiner Familie zurück, nachdem er die offizielle Dienstwohnung im Generalstab aufgegeben hatte.

Am 3. Juli 1923 gab der Marschall anlässlich seines Abschieds ein Bankett im berühmten himbeerroten Salon des Hotels Bristol. Rund 200 Personen waren geladen. Freunde und Vertraute versuchten sich an einer Würdigung. Piłsudski, dem nicht nach Huldigungen zumute war, schlug in seiner wie üblich weitgehend frei gehaltenen Rede andere Töne an. Vor allem nutzte er sie, um mit seinen Gegnern abzurechnen. Die Aufgaben und Rücksichten der Ämter hätten ihm bei öffentlichen Auftritten Zurückhaltung auferlegt, die er jetzt als einfacher Bürger nicht mehr nötig habe. Nach seiner Rückkehr aus der Festung Magdeburg habe er wie ein Diktator im altrömischen Sinne Verantwortung auf sich genommen. Lange bevor und nachdem die Republik von Neuem entstanden sei, in der Zeit der Kämpfe und der täglichen Arbeit, habe er aber auch den Schatten des anderen Polens neben sich gespürt. Den hässlichen Zwerg auf krummen Beinen, der ihn mit seinem dreckigen

Besucher in Sulejówek, 1924

Geifer überall bespuckt und auch weder die Familie noch persönliche Beziehungen noch ihm nahestehende Menschen verschont habe. Dieser Zwerg sei sein ständiger Begleiter geworden, habe ihn durch Höhen und Tiefen, Glück und Unglück, Siege und Niederlagen verfolgt.

Piłsudski führte in der Rede einige Beispiele an, die das Ausmaß der Niedertracht zeigten, das in diesen Angriffen steckte. So bezichtigte man ihn des Missbrauchs von Staatsgeldern, des Diebstahls der Krönungsinsignien und des Landesverrats. Zu all diesen Anschuldigungen und Gerüchten hatte es nie eine ordentliche Untersuchung oder den Versuch einer Aufklärung gegeben. Noch schlimmer war der Schmutz, der seine Familie traf. Ausschlaggebend für seine Entscheidung zurückzutreten, war jedoch das Schicksal von Gabriel Narutowicz. Ein Mensch, der Polen uneigennützig diente, wurde erst von einem unflätigen Mob umstellt und belagert und musste dann mit dem Leben bezahlen. Er, Piłsudski, konnte denjenigen, die diese Taten guthießen oder sie gar unterstützten, nicht als Soldat dienen.

Piłsudski sollte sich für fast drei Jahre nach Sulejówek zurückziehen. Das Anwesen selbst bestand aus zwei Grundstücken, die dicht beieinanderlagen. Auf einem stand das Wohnhaus, nicht allzu groß, aber mit zahlreichen Attributen eines polnischen Adelshauses versehen: Säulen vor dem Eingang, eine kleine Freitreppe, eine große Veranda, Gesellschaftsräume im Erdgeschoss und kleinere Privatzimmer im ersten Stock. Alles nicht übermäßig komfortabel, sondern eher auf traditionelle polnisch-litauische Art eingerichtet.

Das andere Grundstück war ein großer Garten. Piłsudski liebte die Natur, freute sich an Pflanzen, Sträuchern, Bäumen, beobachtete, ob und wie sie wuchsen, lauschte den Vögeln. Die Gartenarbeit war allerdings seine Sache nicht. Die blieb das Reich Aleksandras, die sich ab und zu Hilfe besorgte. Einmal versuchte Piłsudski dennoch, im Garten umzugraben, und bekam davon solche Rückenschmerzen, dass er einen halben Tag das Bett hüten musste.

In Sulejówek konnte er sich endlich seine Tage frei einteilen. Nach seiner Gewohnheit schlief er lange. Aleksandra, die viel früher aufstand, schon wegen der Kinder, brachte ihm das Frühstück ans Bett, dazu den *Morgenkurier* und das *Warschauer Tagblatt*. Nach deren Lektüre schlief er häufig noch ein oder zwei Stunden weiter.

In Sulejówek umgab ihn überall sein heimatliches Litauen. Das fing mit den Stimmen an, die manchmal aus der Küche zu ihm drangen, wenn sich Aleksandra mit der Köchin und der Zugehfrau unterhielt. Alle Personen, die zum Haushalt gehörten, stammten aus der Wilnaer Provinz und besaßen so die weiche Sprachmelodie der Heimat. Das Gleiche galt für die Ordonnanzen und den Gärtner. Piłsudski war kein Feinschmecker, liebte aber Gerichte und Spezialitäten der litauischen Küche. Mittagessen gab es gewöhnlich um 15 Uhr und in der Regel nur im Kreis der Familie. Vorher streifte er oft noch ein wenig durch den Garten und warf einen ersten Blick in die Post. Nach dem Mittagessen spielte er häufig mit den Kindern oder griff nach dem einen oder anderen Buch. Sulejówek verfügte über eine Bibliothek mit rund tausend Bänden. Vor allem schätzte er historische Werke und Biografien, immer wieder vertiefte sich er sich aber auch in die Briefe Napoleons. Seine Töchter Wanda und Jadwiga hatten ihn nun regelmäßig um sich, durften ihn sogar stören, wenn er im Kabinett beschäftigt war. Sie waren die Lieblinge der Ordonnanzen und Adjutanten, überall mit ihren Puppen und Teddybären unterwegs. Oft kamen auch Kinder von Freunden und Bekannten zum Spielen vorbei.

Der Rhythmus des Normallebens stand an jedem 15. März, dem Namenstag Piłsudskis, auf dem Kopf. Haus und Grundstück füllten sich mit Gästen. Im Garten spielten Kapellen verschiedener Militäreinheiten zur Feier des Tages auf. Verwandte, Freunde, Bekannte, Delegationen der POW und der Legionäre, aber auch Abordnungen aus den entferntesten Ecken des Landes kamen, um ihm ihre Referenz zu erweisen und ihre Verbundenheit zu zeigen. Die liebsten Gäste waren ihm allerdings Bauern und Fabrikarbeiter, von denen einige den Weg von Warschau nach Sulejówek zu Fuß zurücklegten. Die Bauern brachten Eier, Butter, Käse und selbst gemachten Wein mit, gelegentlich sogar lebende Tiere. Einmal erhielt Piłsudski zehn Kaninchen, zwei Hunde, einen Esel, eine Gans und einen kämpferischen Hahn. Gerührt und überwältigt von den Geschenken, brachte es Piłsudski nicht fertig, die Tiere sofort wieder abzugeben. So blieb Aleksandra es vorbehalten, die neuen Mitbewohner, die auf dem Grundstück und im Garten ihre eigenen Spuren hinterließen, nach und nach an Freunde und Bekannte abzugeben. Die beiden Hunde immerhin wurden feste Mitglieder der Familie und Spielgefährten für die Kinder. Unweit des Grundstücks war die geliebte Kasztanka untergebracht, eine braune Stute, die den Marschall durch die Zeit der Legionen begleitet hatte und nun ihr Gnadenbrot bekam.

Wenn Piłsudski arbeitete, dann bevorzugt am Abend und in der Nacht. Manches schrieb er mit der Hand, aber in der Regel diktierte er seine Texte Aleksandra. Dabei lief er gestikulierend im Zimmer umher, was er auch oft machte, wenn Gäste da waren. Kamen seine Brüder Jan und Adam zu Besuch, welche die gleiche Angewohnheit hatten, umkreisten die drei dann während ihrer Unterhaltung die ganze Zeit den Esszimmertisch. Das Diktieren und Schreiben ging häufig bis weit nach Mitternacht. Zigaretten und starker Tee gehörten zum Kummer der Ärzte immer dazu. Als die Schreibarbeit immer weiter zunahm, überlegten Aleksandra und er, eine Sekretärin einzustellen, für die sich Kazimiera Iłłakowiczówna anbot. Aber letztlich fehlte dafür das nötige Geld.

In den ersten Monaten in Sulejówek hatte Piłsudski das Gefühl, ewig so weiterleben zu können: endlich seine Möglichkeiten als Schriftsteller erproben, Zeit für Frau und Kinder haben, durch den Garten spazieren, wenn er darauf Lust hatte, Gäste nur in ausgewählter Zahl empfangen.

Die Erinnerungen an Gabriel Narutowicz entstanden im Sommer 1923 und wurden zu einem seiner persönlichsten Dokumente. Auf mehreren Dutzend Seiten gab Piłsudski mehr von sich preis, als ihm vielleicht bewusst war. Der Abschied von einem Freund, an dessen Tod er sich eine Mitschuld gab, die Schilderung ihrer letzten Gespräche, das Unvermögen, mit dem Verlust umzugehen – alles kam hier zum Ausdruck. Er beschrieb, wie Narutowicz und er sich angenähert hatten und immer vertrauter miteinander geworden waren. Wie sich herausstellte, waren sie über die Familie von Piłsudskis Mutter sogar weitläufig verwandt gewesen. In seiner PPS-Zeit erfuhr Piłsudski dann aus Emigrantenkreisen, dass sich der schon seit Langem in der Schweiz lebende polnisch-litauische Ingenieur Narutowicz für Kurse an der dortigen Offiziersakademie eingeschrieben hatte. Fast beneidete er ihn darum. Als er Narutowicz das später im Gespräch gestand, gab dieser zu, dass er umgekehrt Piłsudski um seinen militärischen Nimbus beneide. Beide mussten lachen.

Narutowicz hatte beruflichen Erfolg und ein angenehmes Leben in der Schweiz hinter sich gelassen, um, nicht mehr ganz jung, einen neuen Anfang in seinem Heimatland zu wagen und vor allem dazu beizutragen, dass Polen den Weg zu einer modernen europäischen Republik findet. Als er schließlich Außenminister wurde und immer öfter mit Piłsudski zu tun hatte, fiel diesem auf, wie leidenschaftlich Narutowicz alle Angestellten im Ministerium verteidigte, wenn sie von dritter Seite und vom Staatschef selbst Kritik erfuhren. Narutowicz war keineswegs blind für die Fehler und Schwächen seiner Leute, verwies aber immer wieder darauf, dass sie alles andere als einen leichten Start gehabt hätten und unter einer enormen Arbeitsbelastung litten. Fast alle seien im Grunde Idealisten, ehrlich und integer. Bei passender Gelegenheit zeigte ihm Piłsudski allerdings, wie so mancher der »integren« höheren Chargen versucht hatte, ihrem eigenen Minister an höherer Stelle hinterrücks ein Bein zu stellen.

Ein Mensch wie Narutowicz, der immer nur das Gute in seinen Gegenübern sehen wollte, war bereit, in Gruben zu steigen, die häufig genug von Schlangen wimmelten, und nahm Schmähungen und Verleumdungen auf sich, weil er weiterhin daran glaubte, dass er in dem Amt, das er bekleidete, etwas zum Guten bewirken könne. Als Piłsudski merkte, wie viel Kraft in dem anfangs zögerlich wirkenden Narutowicz steckte, sicherte er ihm alle Unterstützung zu. Und dann dieses Ende.

Im Anschluss begann Piłsudski mit den Arbeiten an seinem Buch über die Ereignisse, politischen Hintergründe und militärischen Operationen des Jahres 1920. Sie sollten sich über die ersten Monate des Jahres 1924 hinziehen. Der eigentliche Auslöser für das Buch war ein Vorlesungszyklus, den sein großer russischer Gegenspieler Michail Tuchatschewski im Sommer 1923 unter dem Titel »Der Marsch zur Weichsel« an der Moskauer Militärakademie hielt. Gegen Ende des Jahres erschienen die Vorlesungen dann in Buchform. Tuchatschewski versuchte darin, die Ursachen für die Niederlage der eigenen Truppen zu erklären. Dabei verstieg er sich im militärischen Teil zu jeder Menge falscher Behauptungen und beschrieb Polen als bürgerlich-feudales Relikt ohne Überlebenschance. Piłsudski war für ihn ein Werkzeug in den Händen der Bourgeoisie und des internationalen Kapitals. Während Piłsudski derlei demagogische Zerrbilder nicht weiter beachtete, fühlte er sich durch einen anderen Teil von Tuchatschewskis Vorlesungen so herausgefordert, dass er darauf reagieren wollte. So tauchten dort jede Menge militärhistorischer und -theoretischer Exkurse auf, und es wurden detailliiert Operationen beschrieben, die sich nach Piłsudskis Erinnerung vollkommen anders abgespielt hatten. Sehr oft ging es dabei um die Frage nach Verantwortung und Versagen einzelner Generäle und Kommandeure.

Für seine geplante Replik sammelte Piłsudski sein eigenes Material, ehe er mit der Niederschrift begann. Sein Kampfgefährte General Julian Stachiewicz unterstützte ihn nach Kräften dabei, Dokumente und Unterlagen zu ordnen und zu vervollständigen. Stachiewicz war zu dem Zeitpunkt Chef des historischen Büros des Generalstabs. Im Zuge der Niederschrift wuchs sich die Replik zu einer eigenen umfangreichen Arbeit aus. Nicht zuletzt mit Statistiken, zahlreichen Karten und Zeichnungen offenbarte Piłsudski darin Grundzüge seines eigenen militärischen Denkens. Er enthüllte die Hintergründe strategischer Entscheidungen, schilderte, wie seine Entschlüsse zustande gekommen waren, sparte eigene Zweifel nicht aus, beschrieb das hohe Risiko einzelner Operationen. Auf diese Weise bot er nicht nur seinem Gegner Tuchatschewski Paroli, sondern auch zahlreichen polnischen Kritikern, die ihm immer wieder militärische Kompetenz abgesprochen hatten. Vor allem konnte er deutlich machen, welch große Rolle das Überraschungsmoment in seinen Operationen gespielt hatte. Um dessen Erfolg nicht zu riskieren, hatte er sogar zahlreiche seiner Kommandeure mit fertigen Entscheidungen konfrontieren müssen.

Bücher und publizistische Texte, die in Sulejówek entstanden, dienten nicht nur dem Lebensunterhalt der Familie. Einen Teil seiner Amtsbezüge und der Honorare setzte Piłsudski ein, um in Not geratene Familien von Legionären und Waisen zu unterstützen. Er freute sich, dass er durch seine Popularität als Publizist höhere Honorare fordern und dadurch wirksamer helfen konnte. Im Kreis seiner alten Kampfgefährten fühlte er sich nach wie vor am wohlsten. Folglich besuchte er die jährlichen Treffen der Legionäre und nutzte Veranstaltungen zur Erinnerung an die polnischen Aufstände für seine Auftritte.

Vor allem der Aufstand von 1863/64 war in den Vorträgen und Vorlesungen, die er in diesen Jahren hielt, immer wieder Thema. So beschrieb Piłsudski, wie er als Kind den Aufständischen zu Füßen saß und gebannt ihren Berichten und Erzählungen lauschte. Er schilderte die Hoffnung zu Beginn eines Kampfes wie auch die Verzweiflung und die Stille nach der Niederlage. Am wichtigsten für ihn war aber jenes Gefühl von Energie, das angesichts des gemeinsamen großen Ziels für einen Moment entstand und den Menschen half, Kleinmut und Schwäche zu überwinden. Auch die gesammelten Vorlesungen dazu erschienen am Ende als eigenes Buch.

Piłsudski nutzte jede Gelegenheit, bei der an die Aufstände erinnert wurde, um die Beteiligung verschiedener Nationen daran zu unterstreichen, darunter auch die enge Gemeinschaft von Polen und Juden. Wenn er zu einer entsprechenden Veranstaltung fuhr, nahm er meist den Zug, fuhr zweiter Klasse und trug den einfachen Uniformrock der Legionäre. Seine Gegner höhnten, dass er damit doch nur den eigenen Mythos befördern wolle, seine Anhänger aber verehrten ihn dafür umso mehr.

## Familie und Freunde

Die idyllische Abgeschiedenheit von Sulejówek erwies sich schon bald als trügerisch. Die wenigen Wachen konnten nicht jede verdächtige Gestalt, die sich in der Nähe der Gebäude herumtrieb, kontrollieren. Manchmal wurde das Haus nachts auch mit Steinen beworfen. Das Gefühl der Gefährdung wuchs jedenfalls. Aleksandra trug, während der Gartenarbeit und wenn sie mit den Kindern spielte, den Revolver daher stets bei sich. Und wenn sie schliefen, lag immer eine geladene Waffe griffbereit auf Piłsudskis Nachttisch.

Einer der regelmäßigen privaten Gäste war Walery Sławek. Er liebte die litauische Küche, und Aleksandra verwöhnte ihn mit Hering und eingelegten Pilzen. Fast immer umgab ihn ein Zug von Schwermut, als wenn der Schatten der frühen Tragödie – der in seinen Händen explodierenden Bombe und des Verlustes der Verlobten Wanda – weiter auf ihm läge. Frauen näherte er sich mit ausgesuchter Höflichkeit, aber es war so, als habe er bereits die Hoffnung auf eine eigene Familie aufgegeben. Mit umso größerer Hingabe stand er an der Seite des Kommandanten. Im Unterschied zu anderen ehemaligen Revolutionshelden, die ständig mit ihren Heldentaten prahlten, war er von äußerster Bescheidenheit und Zurückhaltung. Piłsudski wusste das zu schätzen. An eine Handvoll Vertrauter schickte er Exemplare des Buches über 1920 mit einer persönlichen Widmung. Jene für Sławek war eine der berührendsten.

Natürlich bezog Piłsudski seine Informationen nicht nur aus der täglichen Zeitungslektüre und den Berichten einzelner Gäste. Auch seine Quellen im Außenministerium, im Generalstab und in den Geheimdiensten versorgten ihn weiterhin regelmäßig mit Material. Neben der Entwicklung im eigenen Land war es vor allem der Blick auf Sowjetrussland und auf Deutschland, der für ihn wichtig blieb.

In Polen sah sich derweil die Mitte-Rechts-Regierung unter Wincenty Witos mit dem Problem der verschleppten Finanzreformen und der sich verschärfenden Inflation konfrontiert. In den Monaten nach Witos' Amtsübernahme fiel der Kurs der polnischen Mark ins Bodenlose. Den dadurch ausgelösten massiven sozialen Unruhen suchte Witos mit einer Politik der harten Hand zu begegnen. Er scheiterte jedoch und musste im Dezember 1923 zurücktreten. Die Regierungsbildung lief nun auf Władysław Grabski zu. Der Roman Dmowski nahestehende Ökonom war der Bruder von Stanisław Grabski. Als nicht parteigebundenem Fachmann traute man ihm zu, die Hyperinflation wirksam zu bekämpfen. Grabski stellte ein Kabinett aus Fachleuten zusammen und beließ Sosnkowski als Kriegsminister im Amt. Vor allem aber verlangte er Sondervollmachten. Alle Kompetenzen des Sejms in finanz- und steuerpolitischen Fragen, einschließlich der Steuergesetzgebung, sollten für einen bestimmten Zeitraum ihm übertragen werden. Grabskis finanzpolitische Maßnahmen trafen am Ende alle Klassen und Schichten. Er führte neue Steuern ein, setzte Zwangsanleihen durch, erhöhte Steuern und strich Subventionen. Der Beamtenapparat wurde um mehrere Zehntausend Personen reduziert. Im Februar 1924 ließ Grabski die Notenpresse stoppen und führte als neue Währung den polnischen Złoty ein.

Infolge all dieser Maßnahmen drohten erneut soziale Unruhen, nur dass diesmal die gemäßigte Linke die Situation zu befrieden half. Als soziale Gegenleistung ließ sie sich dafür die Einführung der Pflichtversicherung gegen Arbeitslosigkeit zusichern. Letztlich gelang es, die Hyperinflation zu überwinden. Nach anfänglichen Krisen sollte sich der Złoty bis 1939 zu einer im internationalen Vergleich »harten« Währung entwickeln, und Grabski sollte im Nachhinein für seine Leistungen und als Integrationsfigur der Zweiten Republik gewürdigt werden. Damals, 1924, hatte er allerdings mit enormem Widerstand zu kämpfen. Für einen Teil der Linken blieb er Helfershelfer und Bundesgenosse der herrschenden Ausbeuterklasse. Die Rechte sah ihn umgekehrt als eine Art verkappten Sozialisten an, der sich durch Zwangsabgaben und Vermögenssteuern am Privateigentum vergriff.

Beim Gesetz über die Bodenreform, einem zweiten Großvorhaben von Grabski, zeigte sich, dass es schier unmöglich war, die Interessen von Großgrundbesitz und Kleinbesitz auf dem Land miteinander zu vereinbaren. Der unsicheren und von Banditentum geprägten Situation in den östlichen Regionen hätte mit einer schnelleren, durchgreifenden Bodenreform wirksam begegnet werden können. Der Widerstand der regionalen Eliten dagegen sorgte jedoch dafür, dass die ungelöste Landfrage zu einem dauerhaften Konfliktherd der Republik wurde.

In Deutschland wurde im August 1923 der Nationalliberale Gustav Stresemann zum Chef einer von den Sozialdemokraten mitgetragenen bürgerlichen Mehrheitsregierung. Der Außenpolitiker stand im Ruf, für Ausgleich und Verständigung mit den europäischen Nachbarn einzutreten. Das galt jedoch nicht gegenüber Polen. Hier vertrat Stresemann eine »friedliche« Revisionspolitik, die Polen durch wirtschaftlichen und politischen Druck zum völligen Nachgeben in allen strittigen Grenzfragen zwingen sollte. Sein Credo ließ sich in der Formel zusammenfassen: »Polen muss erledigt werden – auf dieses Ziel hin ist meine Politik eingestellt.« Natürlich war hier »erledigt« in zivilem Sinne gemeint.

Stresemann wurde zu einem der Architekten der Vereinbarungen von Locarno, die im Oktober 1925 zwischen Vertretern Deutschlands, Großbritanniens, Frankreichs. Belgiens, Polens und der Tschechoslowakei getroffen wurden. Sie sollten Deutschland aus der internationalen Isolation befreien und den deutschen Beitritt zum Völkerbund vorbereiten, ohne die Revisionspolitik gegenüber Polen aufzugeben.

Für eine Revision der Ostgrenze wollte sich Stresemann alle Optionen offenhalten. Zusammen mit dem schon 1922 geschlossenen Vertrag von Rapallo und der daraus folgenden immer intensiveren deutsch-russischen Verständigung entstand ein für Polen gefährliches Ungleichgewicht. Alle Bemühungen seitens der polnischen Diplomatie, mit Frankreich oder mehreren Westmächten zu einem »Ost-Locarno« als ergänzender Sicherheitsvereinbarung zu kommen, liefen ins Leere.

Das war der Punkt, der Piłsudski am meisten beunruhigte. Nach der überwundenen Inflation und angesichts des wirtschaftlichen Aufschwungs in Polen hatte er die Chance auf eine Ausgleichspolitik mit dem deutschen Nachbarn gesehen. Für alle strittigen Fragen – die Situation der deutschen Minderheit, die Probleme mit Danzig und dem Korridor, die Situation in Ostpreußen und Oberschlesien – hätten sich seiner Überzeugung nach Kompromisse finden lassen, die den eingetretenen territorialen Status nicht infrage stellten. Wirtschaftliche Beziehungen und Handelsverkehr hätten sich erfolgreich entwickeln können. Mit Blick auf das Ungleichgewicht, das der Vertrag von Locarno schuf, boten die bisherigen Verträge mit Frankreich nun aber keine wirkliche Sicherheitsgarantie mehr.

Über die Frage der nationalen Sicherheit stritt sich Piłsudski auch mit Staatspräsident Stanisław Wojciechowski, der die Lage wesentlich optimistischer beurteilte, weshalb ihm der Marschall Naivität unterstellte. Aleksandra zufolge kehrte ihr Mann einmal von einem seiner Gespräche mit Wojciechowski zurück und lief wütend kreuz und quer durch den Salon. Während er mit den Armen fuchtelte, wiederholte er das Gespräch und imitierte Wojciechowski: »Frankreich ist stark, Frankreich wird uns verteidigen.« Er dagegen war sich sicher, dass sie einen Teufel tun würden, wenn es darauf ankäme. Ebenso wenig glaubte er an die Interventionskraft des Völkerbundes im Falle eines Konflikts. Wenn es freilich gelänge, internationale Streitkräfte zu schaffen, um die Beschlüsse des Völkerbundes durchzusetzen, würde er sich als Generalstabschef zur Verfügung stellen, hatte er einmal im Gespräch geäußert. Im Moment blieb Polen jedoch auf sich allein gestellt.

Mit großer Aufmerksamkeit verfolgte Piłsudski im November 1923 die Meldungen vom Münchner Hitlerputsch. Rechte, völkische Kräfte, an deren Spitze Ludendorff stand, leisteten immer stärkeren Widerstand gegen die Politik Stresemanns, die auf den Ausgleich mit Frankreich abzielte. Nach dem Vorbild von Mussolinis »Marsch auf Rom« im Oktober 1922 planten sie den Marsch auf Berlin, die »marxistische, verjudete« Stadt, und die Errichtung einer nationalen Diktatur. Ausgangspunkt sollte München sein, da es dort starke reaktionäre, separatistische Bestrebungen gab. In der Vorbereitung des Putsches näherte sich Ludendorff Adolf Hitler an, einem zu dieser Zeit noch weithin unbekannten Provinzpolitiker. Hitler verfügte gemeinsam mit Ernst Röhm und Hermann Göring über rechtsradikale Kampfverbände und war bereit, Ludendorff als Anführer der Bewegung anzuerkennen. Nach mehreren fehlgeschlagenen Versuchen begann der Putsch schließlich am 8. November bei einer Versammlung im Münchner Bürgerbräukeller. Am Folgetag, dem 9. November, setzte sich eine Kolonne der Putschisten mit Hitler, Hermann Göring, Ernst Röhm und weiteren Teilnehmern an der Spitze in Bewegung, um in Richtung Innenstadt zu marschieren. Im Hintergrund standen Einheiten der Reichswehr und Wehrverbände zur Unterstützung bereit.

Die bewaffnete Kolonne durchbrach mehrere Polizeisperren, wobei einige Ordnungskräfte durch Schüsse fielen, und wurde erst nahe der Feldherrnhalle von einer Abteilung der bayerischen Staatspolizei aufgehalten. Bei einem Schusswechsel starben mehrere Polizisten und Putschisten, Göring und Röhm wurden verletzt. Hitler blieb unverletzt – sein Leibwächter hatte sich schützend vor ihn gestellt und war von elf Kugeln tödlich getroffen worden. Hitler erhielt eine verhältnismäßig milde Haftstrafe, die er in der Festung Landsberg verbüßte. Dort entstand der erste Teil seines Buches *Mein Kampf*.

Piłsudski sollte sich den Namen Hitler merken. Sein Eindruck war, dass es sich bei dem Mann nicht bloß um einen hysterischen Possenreißer handelte. Außerdem glaubte er, dass Deutschland nicht nur vorübergehende Erschütterungen einer jungen erstarkenden Demokratie erlebte, sondern dass da tiefere Gefahren lauerten.

Stresemann trieb, wie schon angedeutet, eine Außenpolitik voran, die auf den Ausgleich mit dem Westen und die Stärkung Deutschlands gerichtet war. Noch vor den Vereinbarungen von Locarno wurde er im Februar 1925 mit dem überraschenden Tod des Staatspräsidenten Friedrich Ebert konfrontiert. Ebert hatte wider alle Aufstände und Putschversuche von rechter und linker Seite versucht, die Weimarer Demokratie auf einem Kurs der Mitte zu halten. Vor allem die Rechte hatte ihn deshalb jahrelang mit einer gnadenlosen Schmutz- und Verleumdungskampagne überzogen. Für Teile der Sozialdemokaten und der Kommunisten blieb er dagegen der Arbeiterverräter und Büttel der Reaktion. In mehr als 200 Verleumdungsprozessen wehrte Ebert sich gegen diese Angriffe, scheiterte aber zumeist an der noch aus der kaiserlichen Zeit übernommenen Justiz. Im Januar 1925 verschleppte er im Verlauf eines dieser Prozesse eine dringend notwendige Blinddarmoperation und verstarb im Alter von nur 54 Jahren an einer Appendizitis. Der Sieg Paul Hindenburgs bei der folgenden Reichspräsidentenwahl im Mai 1925 sollte den Beginn eines spürbaren Rechtsrucks der Weimarer Republik markieren.

Im Januar 1924 starb Lenin. Er hatte sich von den Folgen eines Attentats im August 1918, bei dem er durch zwei Schüsse verletzt worden war, nie wirklich erholt und war nach mehreren Schlaganfällen zum Schluss an den Rollstuhl gefesselt gewesen. Nach dem Tod Lenins bahnte sich Stalin seinen Weg an die Macht und räumte einen Konkurrenten nach dem anderen aus dem Weg. Leo Trotzki sprach in Anlehnung an die Französische Revolution davon, dass der Thermidor der Russischen

Revolution angebrochen sei und blutig zu werden verspreche. Dazu hatte er aber bereits selbst seinen Teil beigetragen. Als im Jahre 1920 die Matrosen von Kronstadt eigene Sowjets unter Führung von Anarchisten bildeten, ließ er eine große Anzahl von ihnen ermorden. Die entscheidenden Angriffe auf die aufständischen Matrosen wurden auf Befehl Trotzkis dabei von Michail Tuchatschewski ausgeführt.

So angenehm die Zeit in Sulejówek auch war, so sehr beschäftigten Piłsudski dort doch weiterhin die außen- wie innenpolitischen Geschehnisse. Vor allem die polnischen Querelen hielten ihn nicht bloß in Atem, sondern belasteten ihn auch. Umso mehr genoss er die glücklichen Sommer in Litauen, wo er von 1924 an viele Wochen und manchmal ganze Monate verbrachte. Selbst nach Zeiten höchster Anspannung und zermürbender politischer Kämpfe sorgte der Zauber der litauischen Heimat dafür, dass er schon bald wieder heiter, verträglich und entspannt wurde. Einer seiner Lieblingsorte, die er immer wieder aufsuchte, war der Kurort Druskienniki, malerisch am Ufer des Njemen und eines seiner Nebenflüsschen, der Rocianka, gelegen. Die Nähe zu Grodno und Wilna sowie die Heilkräfte seiner Quellen machten den Ort zur beliebten Sommerfrische von Eliten und Künstlern.

Piłsudskis Ärzte empfahlen ihrem Patienten mit Blick auf dessen häufig angeschlagene Konstitution den Besuch der Bäder und Wassertherapien, die dort immer mehr in Mode kamen. Und so verbrachte der Marschall über mehrere Jahre einen Teil der Sommermonate in Druskienniki, manchmal gemeinsam mit der Familie, häufiger aber allein, nur von engsten Vertrauten begleitet. Stundenlang konnte er an den Steilhängen des Njemen liegen und die Landschaft bewundern. Oder er unternahm lange Spaziergänge durch die Wälder und am Ufer des Flüsschens Rocianka entlang. Dort hatte er auch seine Lieblingsbänke. Die Badeeinrichtungen und Therapiezentren besuchte er häufig. Tagsüber konnte man ihn lesend im Garten finden. Aber auch abends vertiefte er sich im Schein einer Petroleumlampe in Bücher und Manuskripte, die er bei allen Aufenthalten dabeihatte. Meist mietete er sich

Piłsudski am Ufer des Njemen, 1926

in einer der kleinen Villen am Rand des Kurortes ein, um dem Trubel im Zentrum zu entgehen. Alle Versuche der örtlichen Administratoren, ihm eine repräsentativere Bleibe anzuempfehlen, wehrte er freundlich ab. Aus der nahe gelegenen Garnison wurden Ordonnanzen und Adjutanten abgestellt, die für seinen Schutz sorgen sollten.

Was Besucher anging, war er wählerisch. Sie mussten sich vorher anmelden, und nicht für alle war er zu erreichen. Ein gern gesehener Gast war Władysław Baranowski, ein früherer Musiker und Gefährte in den Legionen, den Piłsudski später immer wieder mit delikaten diplomatischen Missionen betraute. Auf ihn konnte er sich verlassen. Bei einem seiner Besuche war Baranowski überrascht, nur einen einzelnen jungen Soldaten als Wache vorzufinden, der ihm mitteilte, Piłsudski sei gerade am Ufer des Flusses unterwegs. Als Baranowski den Marschall dort antraf, fragte er ihn vorsichtig, ob er denn keine Angst habe, die Litauer, mit denen Polen nach wie vor fast im Kriegszustand war, könnten ihn entführen. Schließlich liege doch am anderen Ufer des Njemen die Grenze. Piłsudski lachte und meinte, die armen Litauer hätten weit größere eigene Probleme, als ausgerechnet ihn zu entführen. Außerdem hielten sie ihn ja eigentlich für ihren Freund. Er habe gehört, die Litauer würden überlegen, ihn zu sich zu holen, falls er einmal genug von dem ganzen polnischen Theater habe. Sie wollten ihn zu ihrem Führer erklären oder sogar zum König krönen. Dann bliebe ihm wohl nichts anderes übrig, als aus Wilna kommend Polen zu erobern und an Litauen anzuschließen. Interessant wäre nur, ob eine solche Annexion blutig oder unblutig verlaufen würde. Baranowski verschlug es ob solcher Gedankenspiele dann doch etwas die Sprache.

Bei seinem ersten Aufenthalt in Druskienniki im Jahr 1924 begleiteten ihn Aleksandra und die Kinder. Auf langen Spaziergängen erkundete das Paar die Umgebung. Piłsudskis Gesundheit wirkte in diesem Sommer stabil, und dennoch setzte ihm eines Tages ein besonders langer Fußmarsch so zu, dass er am Abend nach einer plötzlichen Herzschwäche zusammenbrach. Aus dem Kurhaus in der Nähe kam eine junge Ärztin herbeigeeilt, Eugenia Lewicka, die nur wenige Wochen zuvor ihre neue Stelle in Druskienniki angetreten hatte. Sie kam ursprünglich aus Kiew, wo sie auch ihr Medizinstudium absolviert hatte. Danach hatte sie in verschiedenen Warschauer Kliniken praktiziert. Die 28-Jährige hatte sich schließlich in dem beliebten Kurort beworben, weil sie sich leidenschaftlich für moderne, alternative Heilmethoden interessierte. Eugenia war eine leidenschaftliche Sportlerin, machte täglich Gymnastik und leitete selbst Gymnastikkurse.

Ohne dass sie sich besonders für Politik interessierte, wusste sie natürlich genau, wen sie nun als Patienten vor sich hatte. Piłsudski selbst war vom ersten Moment an von Eugenia fasziniert. Die zierliche, energische junge Frau strahlte Tatkraft und Optimismus aus. Vor allem aber gefiel ihm, dass sie ihn nicht anhimmelte. Natürlich war sie dennoch von seiner Person und seiner Ausstrahlung beeindruckt. In den folgenden Tagen und Wochen entwarf sie ein Gesundheitsprogramm für ihn, und auf langen gemeinsamen Spaziergängen am Njemen sprachen sie darüber, welche Bedeutung moderne Methoden der Gesundheitserziehung für Polen haben könnten. Daneben unterhielt er sie mit zahlreichen Geschichten und Anekdoten aus seinem Leben.

Aleksandra dürfte geahnt haben, dass sich hier mehr als das enge Verhältnis eines Patienten zu seiner Ärztin entwickelte, aber sie setzte auf die Wirkung der Familie, seine Liebe zu den Töchtern und den Altersunterschied zwischen den beiden. Wenn Piłsudski in den Folgejahren nach Druskienniki zurückkehrte, tat er das freilich ohne seine Familie. In einem der Briefe, die er von dort an Aleksandra schrieb, versuchte er, sie zu beruhigen. Er habe gehört, dass die sympathische junge Ärztin sich auf ihre Hochzeit vorbereite. Piłsudski sorgte dafür, dass Eugenia in Warschau eine anspruchsvolle Aufgabe bekam. Im Stadtteil Bielany entstand das Zentrale Institut für Körperkultur, Eugenia Lewicka wurde Mitglied in dessen wissenschaftlichem Vorstand.

## Stille vor dem Sturm

Der Vertrag von Locarno und die Wahl Hindenburgs zum Reichspräsidenten verschärften die deutsche Revisions- und Erpressungspolitik gegenüber Polen. Deutschland hatte seine internationale Stellung gestärkt, Polen hingegen blieb der isolierte Außenseiter. Wirtschafts- und handelspolitische Bestimmungen des Versailler Vertrages, die Polen eine Reihe von Chancen im Warenverkehr mit Deutschland gesichert hatten, liefen aus. Als Teil des »friedlichen Revisionsdrucks« konnte die deutsche Seite daher nun den Zoll- und Handelskrieg gegen den östlichen Nachbarn verstärken. Unter anderem richtete er sich gegen den Hauptexportartikel Polens, schlesische Steinkohle, aber auch gegen die Ausfuhr landwirtschaftlicher Produkte.

Nach dem Rücktritt des Kabinetts Grabski im November 1925 rückte die bisher schwerste Krise der Polnischen Republik immer näher: Es drohte erneut eine Regierung, die von den Rechten dominiert wurde, und entsprechend groß waren die Sorgen aufseiten der PPS. In der Warschauer Wohnung von Kazimierz Świtalski trafen sich häufig Vertraute des Marschalls. Piłsudski selbst stieß von Zeit zu Zeit dazu. Er wollte auf dem Laufenden bleiben, die Stimmung testen und die Entwicklung genauestens verfolgen. Mit aller Macht darauf zu drängen, wieder im Mittelpunkt des Geschehens zu stehen, war für ihn keine Option. Das Privatleben in Sulejówek sagte ihm schließlich zu, und seine erfolgreiche Arbeit als Autor füllte ihn aus.

Andererseits: Vielleicht ergab sich für ihn ja eine Rolle als Mentor und Ratgeber? Warum sollte er nicht eine solide arbeitende Regierung, eine Armee, die sich ihren Aufgaben gewachsen zeigte, ein Land, das sich den äußeren Herausforderungen stellte, auf diese Weise begleiten? Konnte er angesichts der Lage tatsächlich einfach zur Seite treten und nur unbeteiligt dabei zuschauen, wie die noch junge Republik gefährlich ins Schlingern geriet? Solange er diese Fragen nicht sicher für sich beantworten konnte und eine Entscheidung vor sich herschob, sandte er lediglich mehr oder weniger vage Signale aus. Dazu gehörte ein Treffen in Sulejówek am 15. November 1925. Anlässlich des Jahrestags der Staatsgründung kamen dort mehrere Hundert Offiziere zusammen. Piłsudski nutzte diese Gelegenheit, um seine Unterstützung seitens des Militärs zu demonstrieren und dem Staatspräsidenten und der Regierung zugleich zu zeigen, dass mit ihm zu rechnen sei, falls sie ihre Pflichten nicht erfüllten. Ungefähr zur gleichen Zeit erhielt er privaten Besuch von seinen alten Freunden Ignacy Daszyński und Feliks Perl, die seinen Rat einholen wollten. Er beschwor sie, ihren Einfluss bei den Sozialisten geltend zu machen, damit diese sich für den Zusammenhalt des Staates einsetzten und nicht dessen Zerfall riskierten.

General Sikorski als politischer Konkurrent des Marschalls wusste, mit welchen Hoffnungen die Treffen der Offiziere für viele Beteiligte verbunden waren. Er reagierte auf das bestehende Machtvakuum in der Regierung nach Grabskis Rücktritt, indem er Militärkontingente, die ihm unterstanden, nach Warschau verlegte. Die Frage war nur: Auf welche Seite würde er sich letztlich stellen?

Die Gespräche zur Bildung einer neuen Regierung fanden in einer aufgeheizten Atmosphäre statt. Als der Versuch, eine Mitte-Links-Regierung zu schmieden, scheiterte, lief es schließlich im April 1926 erneut auf das Kabinett einer großen Koalition unter Führung des konservativen Politikers Aleksander Skrzyński hinaus. Die PPS erklärte sich bereit, dieser Koalition beizutreten, mit der Begründung, sie wolle den Staat und die arbeitenden Klassen vor der Katastrophe eines Staatsverfalls schützen, der das wirtschaftliche Leben der Nation bedrohe. Mit einer solchen Koalition konnte Piłsudski leben.

Richtungskämpfe unter den Sozialisten ließen das Bündnis jedoch schon bald wieder zerbrechen, und noch im April 1926 zog die PPS ihre beiden Minister aus dem Kabinett zurück. Skrzyński war mit seinem Latein am Ende und reichte den Rücktritt bei Staatspräsident Wojciechowski ein. Vertreter eines Mitte-Rechts-Blocks boten daraufhin an, erneut eine Regierung unter Wincenty Witos zu bilden. Wojciechowski bemühte sich um eine Reihe anderer Kandidaten. Als diese alle absagten, gab er schließlich dem Drängen der Rechten nach und beauftragte Witos mit der Regierungsbildung. Piłsudski und Sosnkowski drängten auf ein Kabinett parteipolitisch unabhängiger Fachleute, weil sie wussten, dass mit Witos und rechten Ministern der Pakt von Lanckoron auf die Tagesordnung kommen würde. Alle Linksparteien im Sejm kündigten ihren bedingungslosen Kampf gegen die neue Regierung an. In einer Erklärung der PPS wurde die Erinnerung an die Entwicklung von 1923 beschworen: »Die Regierung der blutigen Rechtskräfte ist aufs Neue entstanden. Der Faschismus steht vor den Toren.« Damals, 1923, war Witos rücksichtslos gegen Streiks vorgegangen und hatte zahlreiche Tote und Verletzte in Kauf genommen. Die Warnung nun, drei Jahre später, mochte übertrieben sein, aber die Stimmung in der Hauptstadt war dennoch extrem aufgeheizt.

Nicht verleugnen ließ sich die tatsächliche Gefahr. Ein beträchtlicher Teil der Sozialisten und ihrer Verbündeten träumte nach wie vor von einem polnischen Arbeiter- und Bauernstaat. Die Tür zu einem Bündnis mit den Kommunisten war für sie offen. Wohin es Roman Dmowski und einen Teil seiner Anhänger zog – nämlich weit über den parlamentarischen Weg hinaus –, konnte man aus seinen Auftritten und Schriften schließen. Er träumte von einer polnischen Version des schon erwähnten faschistischen Marschs auf Rom, wie überhaupt Benito Mussolini für ihn das größte Vorbild war. Die politische und parlamentarische Zersplitterung der rechten Kräfte sollte nach Dmowskis Überzeugung durch eine außerparlamentarische und überparteiliche Massenbewegung aufgehoben werden. Im Dezember 1926 entstand so das sogenannte Großpolnische Lager, das selbst für Vertreter der konservativen Rechten eine Zumutung war. Rund zehn Jahre später würden Vertreter dieses Lagers nach einem polnischen Hitler und nach einem Bündnis mit dem deutschen Führer rufen.

Auch in Moskau registrierte man aufmerksam die unruhige Lage in Polen, die ja nicht nur die Politik betraf, sondern auch auf die polnische Armee ausstrahlte.

Nach Lenins Tod im Januar 1924 setzten die Kämpfe um die Nachfolge im inneren Moskauer Machtzirkel mit voller Wucht ein. Grigori Sinowjew, Lew Kamenew und Nikolai Bucharin kamen aus den Reihen der alten Bolschewiki und waren die entscheidenden Konkurrenten Stalins. Der später dazugestoßene Trotzki wurde mit seinen Anhängern in die Opposition gedrängt. Stalin wirkte im Hintergrund und hielt zunehmend die Fäden des Parteiapparates in der Hand. Die sogenannte Neue Ökonomische Politik, welche die Bedingungen für privatwirtschaftliche Initiativen lockern und ausländisches Kapital anziehen sollte, schürte im Westen wieder Illusionen über eine mögliche politische Liberalisierung der Sowjetunion. An der offensiven außenpolitischen Strategie Moskaus änderte sich jedoch nichts. Der Apparat der Komintern arbeitete auf Hochtouren, und die kommunistischen Parteien Westeuropas waren mehr oder weniger Filialen der Moskauer Zentrale. Abweichler wurden noch nicht physisch liquidiert, aber als »Fraktionsmacher« diffamiert und aus der Partei gedrängt. Hatten sie bis dahin im Parteiapparat selbst gearbeitet, sahen sie sich nun ihrer sozialen Existenz beraubt. Besser war es, den Kopf einzuziehen und sich anzupassen.

Polen nahm nach wie vor eine Schlüsselstellung in der Moskauer Strategie ein. Dabei ging es nicht so sehr um die relativ bedeutungslose Kommunistische Partei Polens, sondern um den linken Flügel der Sozialisten, die linken Fraktionen der Bauernparteien und die Gewerkschaften. Ziel waren aber auch die Rechtskräfte um Roman Dmowski und die Interessenverbände der Konservativen. Dmowskis alte Nähe zu Russland und sein fast schon irrationaler Glaube an ein mögliches Bündnis mit Moskau waren hier mögliche Anknüpfungspunkte. Die konservativen Gutsbesitzer und Industriellen schließlich wurden mit Handelskonzessionen und einem erneuten Zugang zu den russischen Märkten gelockt. Dmowski traf mehrfach mit dem sowjetischen Gesandten in Warschau, Pjotr Wojkow, zusammen. Dieser konnte nur mutmaßen, wie weit der Einfluss und die Entschlossenheit Dmowskis für riskante Manöver reichten. Auf jeden Fall meinte er, dessen Bereitschaft zu spüren, ein Bündnis mit General Sikorski einzugehen.

Wojkows Person und seine Position als Diplomat waren anrüchig, da er Teil des Exekutionskommandos gewesen war, das den Zaren und seine Familie im Sommer 1918 ermordet hatte. Wojkow baute die sowjetische Gesandtschaft in Warschau zur Zentrale eines internationalen Spionagenetzes aus. Der polnischen Seite blieb das nicht verborgen, aber Interventionen halfen hier wenig. Für das intensive Ausspähen politischer, wirtschaftlicher und militärischer Interna nutzte die UdSSR nicht nur die Warschauer Kapazitäten. Auch die deutschen Kontakte, zum Teil lange vorher von Karl Radek und anderen Emissären geknüpft, waren dabei sehr wichtig. Analytisches Material zu Polen, das in Warschau entstand, konnte so mit vertraulichen Informationen verglichen werden, die aus Berliner Quellen stammten. Das entsprechende Material wanderte dann in die Moskauer Zentrale, wo es mit den Einschätzungen von Polen-Spezialisten aus dem Außenministerium, dem Apparat der Komintern und Emigranten aus Polen geprüft wurde. Auf diese Weise versuchte sich Moskau möglichst genau über die wichtigsten internen Spannungen, Konflikte und Krisenmomente auf dem Laufenden zu halten.

Umgekehrt funktionierte durchaus auch die polnische Spionage und Gegenspionage in Warschau, Berlin und Moskau, sodass Piłsudski von zahlreichen verdeckten Kontakten, Aktivitäten und Interventionen wusste und dieses Wissen nutzen konnte. Falsche Signale auszusenden und sich bedeckt zu halten, war für ihn nichts Neues. Wojkow stand nicht zuletzt deshalb unter Druck, denn in Moskau erwartete man von ihm ein genaueres Bild der Vorgänge in Sulejówek. Was führte Piłsudski im Schilde? Gab es dort einen geheimen Stab für die Organisation der Machtübernahme? Wie würde sich die Warschauer Garnison verhalten? Da der sowjetische Gesandte kein Gast in Sulejówek war, musste er für seine Berichte aus verschiedenen Quellen schöpfen. Danach stand die Mehrheit der Generalität eher aufseiten der Nationaldemokraten, die Mehrheit des Offizierskorps aber aufseiten Piłsudskis. Den Präsidenten Wojciechowski beschrieb Wojkow als traurige Fassadengestalt, was sich als fatale Fehleinschätzung erweisen sollte.

Die polnischen Kommunisten waren angehalten, den innerpolnischen Konflikt so zu vertiefen, dass es hoffentlich zu einem Bürgerkrieg käme. Moskau unterschätzte dabei jedoch ein entscheidendes Bedürfnis der polnischen Kommunisten. Offiziell immer noch verboten, wollten sie sich endlich aus der Illegalität lösen. Eine mögliche Legalisierung setzte aber voraus, dass sie sich zu einem souveränen polnischen Staat und zur polnischen Verfassung bekannten.

Keine sicheren Informationen hatte Wojkow, wenn es um die Mitte-Links-Kräfte Polens ging. Was sich aus neutraler Sicht rückblickend festhalten lässt: Piłsudski hatte keine eigene Partei, aber er konnte sich, sollte es zur Kraftprobe kommen, nicht nur auf Kräfte der Armee, sondern auf den patriotischen Teil der Sozialisten, linke Teile verschiedener Bauernparteien und einen entscheidenden Teil der Gewerkschaften stützen.

Aufklärung, Spionage, Zersetzung und politische Provokation – alles, was Moskau gegenüber Polen einsetzte, lief bei Feliks Dzierżyński zusammen. Das Schicksal Polens blieb bis zu seinem unerwartet frühen Tod eine seiner wichtigsten Missionen. Die Strapazen der tschekistischen Arbeit hatten seine Gesundheit ruiniert. Er starb im Juli 1926 an den Folgen eines Herzanfalls. Gerüchte, wonach Stalin seine Hand im Spiel hatte, sind mit hoher Wahrscheinlichkeit falsch. Das traf erst auf die Todesfälle hoher Genossen in späteren Jahren zu. Im Jahr 1926 hatte Stalin noch genug damit zu tun, die Konkurrenz der schon erwähnten Troika führender Genossen niederzuringen. Seine Schwester Aldona betete als gläubige Katholikin für sein Seelenheil.

## Tage im Mai

Witos war nicht das entscheidende Problem, als dem Staat im April und Mai 1926 ein Chaos drohte. Der Bauernführer plusterte sich als Regierungschef auf und provozierte Piłsudski, weil er nicht einschätzen konnte, was der wirklich vorhatte. In Witos' Bauernpartei gab es allerdings genügend Stimmen, die vor der Radikalität der rechten Kräfte in der Regierung warnten. Falls diese ihre Pläne durchsetzten, würden sie nämlich die militante Linke auf den Plan rufen.

Piłsudski standen die gemeinsamen Zeiten mit Wojciechowski vor Augen, ihre Abenteuer und Erlebnisse. Warum sollte es nicht möglich sein, ihn jetzt davon zu überzeugen, auf Witos einzuwirken? Wenn der nur einige andere Politiker in seine Regierung aufnähme, könnte er sein Gesicht wahren, und die Gefahr einer dramatischen Rechtsverschiebung wäre gebannt. Dazu musste man ihm nur genügend Druck machen. In diesem Sinne hatten auch Vertreter der Linken beim Staatspräsidenten interveniert. Wojciechowski aber war zunächst ausgewichen, weshalb die Sozialisten ihre Hoffnungen nun auf Piłsudski setzten. Der hatte inzwischen Militäreinheiten, die ihm ergeben waren, auf dem Militärgelände von Rembertów östlich von Warschau zusammengezogen. Nicht um sie einzusetzen, sondern um mit ihnen notfalls drohen zu können. Für den 14. Mai riefen die Sozialisten und die Gewerkschaften zum Generalstreik auf. Die Kommunisten erklärten aus taktischen Gründen ihre Unterstützung, obwohl sie an einer Konsolidierung des ungeliebten Staates nun wirklich nicht interessiert waren. Ein erfolgreicher Generalstreik konnte aber weiteren Bodengewinn für sie bedeuten.

Am Vormittag des 14. Mai versuchte es Piłsudski mit einem letzten direkten Vorstoß bei Wojciechowski. Er hoffte, mit einem ultimativen Gespräch durchzudringen. Bei seiner Abfahrt aus Sulejówek informierte er Aleksandra noch, dass er am Nachmittag zum Essen zurück sei. Im Belvedere traf er Wojciechowski dann jedoch nicht an. Der war auf seinem Landsitz in Spale, weil er annahm, dass es der alte Gefährte bei Drohungen belassen würde. Doch jetzt setzte der Marschall alles auf eine Karte. Er begab sich nach Rembertów und ließ die dortigen Einheiten in Richtung Warschau in Marsch setzen. Eine Demonstration militärischer Stärke sollte Wojciechowski zum Einlenken nötigen.

In Praga und an einzelnen strategisch wichtigen Punkten auf der anderen Weichselseite hatten Piłsudski-treue Truppen bereits Stellung bezogen, Bahnhöfe und Brücken besetzt. Andere Positionen wurden von Regierungstruppen gehalten.

Wojciechowski war inzwischen nach Warschau zurückgekehrt und rief angesichts der Entwicklungen den Ausnahmezustand aus. Außerdem appellierte er an die Loyalität des Militärs gegenüber dem Präsidenten und der Regierung. Zur Verstärkung der Warschauer Garnison wurden Truppenkontingente aus Großpolen und Krakau angefordert. Aus anderen Militärbezirken, etwa aus Ostpolen und Wilna, war wiederum Verstärkung für Piłsudski unterwegs. Die Poniatowski-Brücke war die wichtigste Verbindung zwischen dem Stadtteil Praga und dem westlichen Teil Warschaus. Auf ihr kam es am späten Nachmittag zur Begegnung der alten Kampfgefährten.

Wojciechowski hatte sich mit einer Abteilung Warschauer Offiziersschüler auf der Westseite der Brücke positioniert und verweigerte dem aus Richtung Praga ankommenden Piłsudski kategorisch die Weiterfahrt. Die beiden trafen sich schließlich auf der Mitte der Brücke. Der Marschall wurde von Bolesław Wieniawa-Długoszowski und mehreren Adjutanten begleitet. Wojciechowski hatten zwischenzeitlich Nachrichten erreicht, wonach sich regierungstreue Truppen Warschau näherten. Aus seiner Sicht stand Piłsudski somit auf verlorenem Posten. Vielleicht wollte er auch endlich aus dem Schatten des Kommandanten heraustreten. Jedenfalls lehnte er dessen Forderung, die Brücke überqueren zu dürfen, ab. Dabei berief er sich auf seine Amtsautorität, sprach von Ehre und forderte die ihm gebührende Loyalität ein. Empfindlicher konnte man Piłsudski nicht treffen. Er packte Wojciechowski hart am Arm und knurrte, der solle ihm nicht so kommen. Andere hätten mit ihrem Treiben dafür gesorgt, dass ihm selbst der Weg der Legalität versperrt sei. Jetzt gehe es um alles. Damit ließ er den Staatspräsidenten stehen und schritt auf die Offiziersschüler in dessen Begleitung zu. Der kommandierende Offizier, Major Porvit, sah sich unter dem Befehl des Staatspräsidenten und ließ die Kadetten ihre Gewehre durchladen. Dem geschockten Piłsudski stand plötzlich die Szene mit Napoleon vor Augen, der am Anfang seiner hundert Tage die schussbereiten Gewehre kaisertreuer Truppen vor sich hatte. Mit einer theatralischen Geste hatte er sich damals den Uniformrock aufgerissen und gerufen: »Soldaten, schießt auf euren Kaiser!« Die überwältigten Soldaten hatten ihre Gewehre fallen lassen und sich ihrem Kaiser schluchzend zu Füßen geworfen. Piłsudski, dem nicht nach einer Wiederholung des Theaters zumute war, machte auf dem Absatz kehrt und verließ die Brücke mit seinen Adjutanten. Einzig Wieniawa-Długoszowski blieb zurück, um noch einen letzten Vermittlungsversuch zu unternehmen, wurde dann aber prompt von Angehörigen der Militärgendarmerie in Arrest genommen.

Piłsudski erreichte mit seiner Eskorte die nächste Militärunterkunft in Praga und zog sich für die nächsten Stunden komplett zurück, ohne dass irgendjemand wusste, was er nun vorhatte. Der Ernstfall, mit dem er nicht gerechnet hatte, trat nun tatsächlich ein: Die ersten Schüsse aus Richtung der Innenstadt waren bereits zu hören. Eine ihm leidvoll bekannte Erstarrung hatte ihn erfasst, und er brauchte mehrere Stunden, um sich wieder zu fangen. Ein überzeugter oder gar triumphierender Putschist sah jedenfalls anders aus.

Irgendwann im Laufe des Tages hatte er gesagt, dass er abends im Königsschloss schlafen wolle. Einige seiner Offiziere, die das wörtlich nahmen, ließen die vorhandenen Truppen über die Kierbedz-Brücke vordringen, die von Praga direkt in die Altstadt führte. Auf dem Schlossplatz kam es zu den ersten Schusswechseln mit den Regierungstruppen, es gab Verwundete und Tote. Die Truppen Piłsudskis konnten immerhin das Gebäude des Generalstabs am Sächsischen Platz sowie Telefonzentralen und Telegrafenstationen besetzen.

Der Staatspräsident und die Mitglieder der Regierung zogen sich angesichts der eskalierenden Situation in das Regierungsviertel und das Belvedere zurück. Auf beiden Seiten beteiligte sich eine hohe Zahl bewaffneter Zivilisten an den Kämpfen, darunter reaktivierte Mitglieder der POW, Kampfgruppen der Sozialisten, aber auch rechte Freiwillige, welche die Regierungstruppen unterstützten. Den ungefähr 2000 Militärangehörigen, auf die Piłsudski in Warschau setzen konnte, standen etwas über 1000 Mann auf der Regierungsseite gegenüber. Viele Soldaten und Offiziere sahen sich in einem schier unlösbaren Konflikt gefangen: Sie waren mit Eid und Disziplin dem legitimen Präsidenten und der Regierung verpflichtet, aber ihr Herz hing an Piłsudski. Der Marschall wollte weiteres Blutvergießen verhindern und schickte noch in der Nacht Emissäre in das Belvedere. Wojciechowski war wie Piłsudski über die Entwicklung bestürzt und zögerte, ob er sich auf Verhandlungen einlassen sollte. Die übrigen Mitglieder der Regierung und anwesende Generäle lehnten diese jedoch eindeutig ab. Sie wollten den Übervater ein für alle Mal loswerden und entmachten. Sobald die Verstärkungen aus Krakau und Großpolen eintrafen, würde sich das Blatt wenden. Sie zählten auch auf Sikorski, der die polnischen Truppen in Lemberg befehligte. Der wollte sich aber lieber alle Optionen offenhalten. Er sei bereit, Truppen zur Unterstützung der Regierung zu entsenden, könne diese aber derzeit nicht in Bewegung setzen. Dafür sei die Gefahr eines Aufstands der Ukrainer in der Region zu groß.

Am Morgen brachen die Kämpfe in verschiedenen Teilen der Stadt mit neuer Heftigkeit aus. Inzwischen kamen auch Maschinengewehre, Artillerie und Panzerfahrzeuge zum Einsatz. Zum Glück für den Marschall blockierten die Eisenbahner durch den Generalstreik entscheidende Bahnverbindungen. Da Piłsudskis Leute so gut wie alle Telefon- und Fernmeldezentralen unter Kontrolle hatten, blieb den Regierungstruppen nur die Funkstation auf dem von ihnen gehaltenen Flugplatz in Mokotów. Wie lange würde es dauern, bis die Kämpfe auf die Provinz übergriffen? In Warschau selbst kam es derweil bereits zu Plünderungen, unbeteiligte Passanten und Schaulustige wurden getötet.

Piłsudski wusste, dass es nur eine Frage der Zeit war, bis die im Moment noch unterlegene Regierungsseite größere Verstärkungen erhielt. In der folgenden Nacht scheiterte ein weiterer Vermittlungsversuch. Am Morgen des 15. Mai rückten die Einheiten des Marschalls in Richtung Regierungsviertel vor und näherten sich dem Belvedere. Dort hatte sich Wojciechowski dem Vorschlag von Offizieren widersetzt, die Regierung nach Posen zu evakuieren. Das hätte einen landesweiten Bürgerkrieg bedeutet. Aufgeben wollte er jedoch noch nicht, und so ordnete er am Nachmittag den Rückzug der Regierung in das am südlichen Stadtrand gelegene Schloss Wilanów an.

Dort traten der Ministerrat und die Militärführung umgehend zusammen und beschlossen nach einer stürmischen Sitzung die Kapitulation. Witos und die Mehrzahl der Regierungsmitglieder hielten das Risiko, dass sich die Kämpfe sonst unkontrolliert ausweiteten, für zu hoch. Nachdem die Minister ihren Rücktritt gegenüber Wojciechowski erklärt hatten, dankte auch dieser selbst als Staatsoberhaupt ab und ernannte den anwesenden Parlamentspräsidenten Maciej Rataj zu seinem kommissarischen Stellvertreter. Rataj ordnete den sofortigen Rückzug von Militäreinheiten an, die noch auf Regierungsseite eingreifen wollten.

Am folgenden Tag, dem 16. Mai, wurde eine Erklärung verkündet, die das Vorgehen Piłsudskis legalisierte und ihn bereits als Staatsoberhaupt apostrophierte. Der Marschall dachte allerdings gar nicht daran, diktatorische Vollmachten zu übernehmen, sondern erkannte die Verfassungskompetenzen Ratajs an. Dem Parlamentspräsidenten oblagen die Bildung einer neuen Regierung und die Vorbereitung von Neuwahlen für das Amt des Staatspräsidenten.

Aleksandra hatte die unruhigen Tage mit den Töchtern in Sulejówek verbracht. Als sie ihren Mann danach zum ersten Mal wiedersah, wirkte er um Jahre gealtert.

# 13 ZURÜCK AUF DER BÜHNE

## Der Preis des Staatserhalts

Im Verlauf der Kämpfe waren in Warschau über 200 Soldaten und Offiziere sowie mehr als hundert Zivilisten getötet worden; die Zahl der Verletzten lag bei über 900. Polen war gerade noch einmal einem Bürgerkrieg entkommen. Die Ereignisse hatten jedenfalls gezeigt, wie labil die Republik war. Der Riss zwischen den Anhängern, Konkurrenten und politischen Feinden Piłsudskis ging ebenso durch das Offizierskorps und die Kommandostäbe.

Kazimierz Sosnkowski kannte Piłsudskis Naturell wie kaum ein anderer – seinen Mut und seine Entschlossenheit, aber auch seine Launen, seine Geheimniskrämerei und die Bereitschaft, seine engste Umgebung vor vollendete Tatsachen zu stellen. Letztere hatte er etwa im September 1914 bewiesen, als er eine nicht vorhandene Nationalregierung aus dem Hut zauberte und ihn, Sosnkowski, zum Komplizen gemacht hatte. Gemeinsam mit Piłsudski war Sosnkowski enorme Risiken eingegangen, und seit den ersten Tagen der Unabhängigkeit im November 1918 hatte er in der Umgebung des Marschalls gewirkt. Intensiver als dieser war er jedoch um eine Vermittlung zwischen den politischen Lagern bemüht, sodass sich ihrer beider Verhältnis deutlich abgekühlt hatte. 1925 setzte sich Piłsudski dafür ein, dass Sosnkowski zum Kommandeur des Wehrbezirks Posen, einer Hochburg der Nationaldemokraten, ernannt wurde – eine besonders heikle Mission.

Die Nachricht von den Warschauer Ereignissen erreichte Sosnkowski erst mit Verzögerung. Sein nationaldemokratischer Stellvertreter

General Edmund Hauser reagierte auf eigene Faust und teilte ihm am 13. Mai mit, dass er auf Weisung des Staatspräsidenten Truppen zur Verteidigung der Regierung nach Warschau entsandt habe. Sosnkowski erfuhr in Posen, welche Kommandeure und Truppenteile sich auf die Seite Piłsudskis gestellt hatten, und wusste, was sein alter Freund von ihm erwartete. Aus Loyalität zum Staatspräsidenten Wojciechowski entschied er zwar, den Befehl Hausers nicht zu widerrufen. Zugleich war er aber über die damit verbundene Illoyalität gegenüber Piłsudski so verzweifelt, dass er noch am selben Tag einen Selbstmordversuch unternahm. Dabei stellte er sich mit dem Revolver so ungeschickt an, dass er mit einem Lungendurchschuss überlebte. In den Folgejahren sollte Sosnkowski als wichtiger Verteidiger der demokratischen Republik in den Hintergrund rücken. An seine Stelle traten bedingungslose Gefolgsleute Piłsudskis, denen die kritische Distanz und die Fähigkeit zum Abwägen fehlten, die General Sosnkowski auszeichneten.

Für den zurückgetretenen polnischen Staatspräsidenten Stanisław Wojciechowski bedeuteten die Maitage 1926 das Ende seiner Freundschaft mit Piłsudski. Von da an mied er konsequent jeden weiteren Kontakt. Piłsudski wusste sehr wohl, was er ihm angetan hatte, und versuchte sich mit ihm zu versöhnen. Vergebens. Auch Bemühungen von Freunden, zwischen den beiden zu vermitteln, scheiterten. Als Wojciechowski von seiner Tochter nach den Gründen gefragt wurde, erklärte er, dass er sich mit Piłsudski in einem anderen Leben versöhnen werde und dafür keine fremde Hilfe benötige. Es ginge nicht darum, was der Marschall ihm als Freund, sondern darum, was er ihm als Präsidenten Polens angetan habe. Wojciechowski wandte sich schließlich wieder seinem Engagement für das polnische Genossenschaftswesen zu. Mit seinen Impulsen und Projekten – er wurde in den 1930er-Jahren Mitbegründer der Warschauer Handelshochschule und zahlreicher genossenschaftlicher Stadtsiedlungen – sollte er einer der Wegbereiter der sozialen Marktwirtschaft in Polen werden.

Wincenty Witos war durch seine lange politische Laufbahn mit den sozialen Klüften in der polnischen Bauernschaft bestens vertraut. Die Interessen der Kleinbauern und landlosen Tagelöhner waren grundsätzlich verschieden von denen der wohlhabenden Großbauern und Gutsbesitzer. Um die Stimmen der bäuerlichen Bevölkerung kämpften Kommunisten, Sozialisten, Konservative und Nationaldemokraten. Als geschickter Populist verstand es Witos, sich zwischen den Fronten zu bewegen, zugleich musste er aber stets Rücksicht auf die Heterogenität seiner eigenen Anhängerschaft nehmen. Angesichts der politischen Zerrissenheit der polnischen Rechten und eines starken linken Flügels seiner bäuerlichen Anhänger sah er sich zum Lavieren gezwungen. Noch im Frühjahr 1926 hatte es nach einem politischen Übergewicht der Rechten ausgesehen, und er war bereit gewesen, sich damit zu arrangieren. Jetzt aber hatte sich das Blatt gewendet, und er konnte nicht einfach erneut umschwenken. Bei seinem Rücktritt vom Amt des Premierministers erklärte er sich zum Opfer eines Militärputsches unter Führung Piłsudskis. Für die Zukunft war er zu neuen Bündnissen und einer Rückkehr auf die politische Bühne bereit.

Für Józef Beck wurden die Tage im Mai zur entscheidenden Bewährungsprobe. Nach diversen diplomatischen Posten, einer letzten Mission in Rumänien und einem Kurs an der Generalstabsakademie hatte er seinen Platz in der Aufklärungsabteilung des engeren Militärrates gefunden, eine diskrete Umschreibung für Spionage- und Gegenspionage.

An jenem schicksalhaften Abend des 14. Mai befand er sich in der unmittelbaren Umgebung Piłsudskis im Warschauer Stadtteil Praga. Piłsudski musste die militärische Machtdemonstration, auf die er sich eingelassen hatte, binnen kürzester Zeit in einen Kampf um die Macht im Staat verwandeln. Ihm standen militärische und politische Gegner gegenüber, die nicht zögern würden, seine Anhänger und auch ihn selbst wegen Hochverrats vor ein Kriegsgericht zu stellen. Als er sich in den späten Abendstunden aus der ersten Erstarrung löste, brauchte er Leute an seiner Seite, die Autorität besaßen, schnell handeln und sich auf die neue Situation einstellen konnten. General Orlicz Drescher ernannte er daraufhin zum provisorischen Stadtkommandanten und Józef Beck, dessen Fähigkeiten er noch in sehr guter Erinnerung hatte, zum Chef des ebenso provisorischen Operativstabes. Beck zögerte keinen Moment. Einer seiner ersten Anrufe sorgte dafür, dass Wieniawa-Długoszowski aus dem Arrest der Militärpolizei freikam. Dann galt es, Informationen über die Standorte der gegnerischen Truppen und die Verteilung der eigenen Kräfte einzuholen. Wie schnell konnte welche Seite mit Verstärkungen rechnen? Alles, was er für seine Arbeit brauchte – Karten, Mappen, Kuriere, Nachrichtenverbindungen –, musste so schnell wie möglich beschafft werden. Noch in der Nacht kam es zu einer Unterredung mit dem Vorsitzenden der Gewerkschaft der Eisenbahner über den Stand der Blockade der Truppentransporte. Nach zwei Tagen der Kämpfe, in denen er nicht aus den Sachen kam, wurde Beck mit der nächsten heiklen Mission betraut. Er gehörte zu den Unterhändlern, welche die Politiker und Militärs, die sich um Wojciechowski im Warschauer Schloss Wilanów versammelt hatten, zur Aufgabe bewegen sollten. Sie versprachen ihnen, dass kein Rachefeldzug zu befürchten wäre. Daraufhin trat Wojciechowski als Präsident zurück. Becks Einsatz und seine Loyalität in diesen atemlosen Maitagen sollten sich in jedem Fall auszahlen, denn er wurde von da an einer der wichtigsten Vertrauten Piłsudskis und übernahm in den folgenden Jahren entscheidende Ministerämter.

Was den Marschall selbst anging, so lösten seine Entscheidungen in der zweiten Maihälfte 1926 sowohl unter seinen Anhängern wie auch unter seinen Gegnern Rätselraten und Kopfschütteln aus. Nach dem Rücktritt Wojciechowskis standen Neuwahlen für den Staatspräsidenten an, und Parlamentspräsident Maciej Rataj, der das höchste Amt kommissarisch innehatte, konnte nur eine Übergangsregierung einsetzen. Alle rechneten damit, dass sich Piłsudski diesmal zur Wahl stellen und auf erweiterte Kompetenzen drängen würde. Die verfassunggebenden Wahlen von 1919 und die Wahl des Staatspräsidenten 1923 hatten gezeigt, dass eine handlungsfähige demokratische Republik auf stabile Parteien und Bündnisse angewiesen war. Sie wurden vor allem in der politischen Mitte dringend gebraucht, damit sie zwischen den sich wechselseitig radikalisierenden Flügeln und Rändern von links und rechts für Ausgleich sorgten. Anders gesagt: Es brauchte Parteien, die für einen stabilen, aber nicht zwingend autoritären Staat standen, deren gewählte Abgeordnete sich einer Parteidisziplin fügten und die mit wirksamen Regeln gegen illegitime Bereicherung und Korruption vorgingen.

Piłsudski war sich all dessen durchaus bewusst, schob die damit verbundenen Aufgaben aber vor sich her. Er setzte stattdessen auf seine Anhänger, auf integre und überparteiliche Fachleute, die für eine solide Regierungsarbeit standen. Im Hintergrund wollte er mit seiner Autorität präsent sein, sich auf die Armee und die Außenpolitik konzentrieren. Falls die äußeren Gefahren fortbestanden, hing in seinen Augen davon das Überleben der polnischen Republik ab. Bei seinen nächsten Schritten stützte er sich insbesondere auf den früheren Sozialisten und Eisenbahningenieur Kazimierz Bartel. Der hatte seine Fähigkeiten zur überparteilichen Regierungsarbeit schon in mehreren Kabinetten bewiesen und war nach Piłsudskis Einschätzung keiner politischen Intrigen verdächtig.

Am 31. Mai 1926 trat die Nationalversammlung schließlich zur Wahl des neuen Präsidenten zusammen. Als Kandidat der parlamentarischen Linken trat Piłsudski gegen einen Vertreter der Rechten an, den Abgeordneten und Gouverneur (Woiwoden) von Posen Adolf Bniński. Mit seiner Kandidatur wollte Piłsudski im Grunde sein Vorgehen im Mai nachträglich parlamentarisch legitimieren. Das Ganze sollte zudem ein wichtiges Signal an das Ausland senden, dass Polen keineswegs schon wieder in Anarchie und Chaos versunken oder gar zu einer Diktatur geworden war. Die Klubs der Linken stellten keinen eigenen Kandidaten auf und ließen ihre Abgeordneten frei abstimmen. Im Ergebnis wurde Piłsudski mit den Stimmen der Linken und eines Teils des Zentrums gewählt. Mit ungläubigem Staunen erlebten die Abgeordneten dann jedoch eine Art Déjà-vu: Piłsudski erklärte nämlich, dass er die

Wahl annehme und sich für das Vertrauen bedanke, das Amt aber nicht antreten könne. Seine Verantwortung für Polen müsse er auf andere Weise wahrnehmen. Damit schlug er das höchste Staatsamt im Grunde schon zum zweiten Mal aus.

Dieses scheinbar widersprüchliche Manöver Piłsudskis hatte letztlich mit einer Verfassungsnovelle zu tun, die just in den letzten Maitagen verabschiedet worden war. Sie konnte die Defizite und Widersprüche der Märzverfassung von 1921 zwar nicht beheben, räumte dem Präsidenten immerhin aber einige zusätzliche Kompetenzen ein. Was Piłsudski jedoch eindeutig anstrebte, war der durch die Novelle neu geschaffene Posten eines Generalinspekteurs aller Streitkräfte der Armee. Dieser sollte nämlich weder dem Sejm noch der Regierung gegenüber rechenschaftspflichtig sein und allein dem Präsidenten unterstehen. Keine Kabinettsumbildung und keine neue Parteienkonstellation würden an dieser Unabhängigkeit etwas ändern können. In Kriegszeiten würde der Generalinspekteur im Übrigen automatisch zum Oberbefehlshaber der Streitkräfte.

In Abstimmung mit Rataj wurde Kazimierz Bartel zum neuen Regierungschef berufen. Er sollte dieses Amt in wechselnden Kabinetten über mehrere Jahre ausüben. Für das weiterhin offene Amt des Staatspräsidenten standen Piłsudski mehrere Kandidaten vor Augen. Wer immer gewählt würde, sollte repräsentieren können und die Gewähr bieten, sich nicht von Parteikoalitionen manövrieren oder vereinnahmen zu lassen. Bartel empfahl Piłsudski am Ende den in der politischen Öffentlichkeit bis dahin weithin unbekannten Ignacy Mościcki, einen Professor der Chemie. Der Marschall war sofort einverstanden.

Mościcki lag bereits im Bett, als gegen Mitternacht das Telefon klingelte. Er war völlig überrascht, als ihm Bartel das Präsidentenamt in Aussicht stellte. Der Sozialist und Chemiker, der seine Ausbildung unter anderem in der Schweiz absolviert hatte, war ein bedeutender Erfinder auf dem Gebiet der Stickstoffproduktion und hatte beim Aufbau der chemischen Industrie in der jungen polnischen Republik eine tragende Rolle gespielt. Er war es auch gewesen, der Gabriel Narutowicz

1919 zur Rückkehr nach Polen ermutigt hatte. Während der Kämpfe Mitte Mai 1926 hatte er das Vorgehen Piłsudskis unterstützt, weil ihm klar war, was auf dem Spiel stand. Nie wäre es ihm in den Sinn gekommen, einmal das höchste politische Amt zu bekleiden. Die Tätigkeit als Hochschullehrer und Industriemanager füllte ihn völlig aus. Nachdem er eine Nacht lang über den Vorschlag nachgedacht hatte, stimmte er dennoch zu.

Kurz darauf wurde Mościcki zum Staatspräsidenten gewählt, der er bis zum Ende der Zweiten Republik bleiben sollte. Sein Hang zur Repräsentation, ja sein fast monarchisches Auftreten täuschten viele über das politische Gewicht seines Wirkens als Präsident hinweg. Er vermittelte zwischen den verschiedenen Fraktionen des Regierungslagers und der Opposition, nutzte seine Nähe zu Piłsudski, um Konflikte zu entschärfen, setzte sich mit seinem Hintergrund als Techniker und Naturwissenschaftler weiterhin für die wirtschaftliche Entwicklung Polens ein.

In einer der Stickstofffabriken, die Mościcki nach 1921 geleitet hatte, war Eugeniusz Kwiatkowski tätig, ein überaus fähiger Techniker und Manager. Mościcki sorgte dafür, dass Kwiatkowski im ersten Kabinett Bartel die Ressorts für Wirtschaft und Handel bekam, die er als Minister bis 1930 bekleiden sollte. Als Sozialist war er sich seiner sozialen Verantwortung sehr bewusst. Seiner Überzeugung nach sollten polnische Eliten und Politiker sich dafür einsetzen, den Millionen Menschen im Land, die unter den erbärmlichsten Lebensumständen litten, zu Arbeit und Auskommen zu verhelfen. Jeder wirtschaftliche Entwicklungsplan und jede soziale Strategie sollte außerdem das Ziel verfolgen, die regionale Zerrissenheit des Landes und das gewaltige Entwicklungsgefälle zwischen Ost und West zu überwinden. Kwiatkowski setzte sich daher für staatliche Eingriffe in Wirtschaftsfragen und bei den notwendigen Reformen in der Landwirtschaft ein, lehnte aber das sowjetische Entwicklungsmodell grundsätzlich ab. Der Staat hatte für ihn die Aufgabe, wirtschaftliche und soziale Rahmenbedingungen zu setzen, die Privateigentum und unternehmerische Aktivitäten beförderten, nicht behinderten oder gar abschafften. Er bot andere Lösungen als Wojciechowski an, wurde aber wie dieser ein entscheidender Wegbereiter der sozialen Marktwirtschaft in Polen. Sein Plädoyer für einen handlungsfähigen Staat bedeutete nicht, dass er für eine Politik der harten Hand eintrat. Um die Stabilität des Landes zu erhalten, forderte er einen verstärkten Dialog mit der Opposition und legte sich dafür sogar immer wieder mit verschiedenen Vertretern des Regierungslagers an.

Piłsudski kümmerte sich im Allgemeinen nicht allzu viel um Fragen der Wirtschaft, aber er wusste, welche Bedeutung diese für die Entwicklung der polnischen Rüstungsindustrie und die Verteidigungsfähigkeit des Landes hatte. Kwiatkowskis Art, das scheinbar Unmögliche anzustreben und durchzusetzen, imponierte ihm.

Eine über drei Jahre anhaltende gute Konjunktur sollte die Leistungen Kwiatkowskis und anderer Industriepioniere zusätzlich unterstützen und für ein zweistelliges Wirtschaftswachstum sorgen. Bezogen auf das Tempo der Produktivitätssteigerung, lag Polen in dieser Zeit mit an der Spitze Europas. Zwar war man immer noch weit entfernt vom Niveau westeuropäischer Länder, schickte sich aber an aufzuholen. Die Zahl der Arbeitslosen sank auf ein Drittel gegenüber der Krisenphase, und eine beträchtliche Steigerung der Reallöhne belebte den Binnenmarkt. Streiks der englischen Bergarbeiter halfen Polen dabei, sich die skandinavischen Länder als Exportmarkt für Kohle zu erschließen.

Es kam zur Steigerung ausländischer Investitionen in Polen und zur Gründung zahlreicher gemischter polnisch-ausländischer Gesellschaften. Den Arbeitern kamen der Ausbau des Arbeitsschutzes und der Arbeitsgesetzgebung zugute. Die gute Konjunktur wirkte sich auch positiv auf die polnische Landwirtschaft aus. Deren Reform kam allerdings kaum voran, da ihre grundlegenden Probleme zwischen den Interessengruppen hin und her bewegt und in regionalen Verwaltungen und Kommissionen vor sich hergeschoben wurden.

Am 6. Juni 1926 gab es im Warschauer Großen Theater aus Anlass der Amtseinführung des Staatspräsidenten Mościcki einen Empfang für das Diplomatische Korps. Darunter war auch der sowjetische Gesandte Pjotr Wojkow. Dieser hatte schwere Wochen hinter sich. Unmittelbar vor dem 14. Mai hatte er auf den Erfolg der Rechten gesetzt, was er auch in seinen Berichten nach Moskau zum Ausdruck gebracht hatte. Als dann die Kämpfe ausgebrochen waren, hatte er seine Rapporte grundlegend revidieren müssen. Die Dynamik und Verkettung der Ereignisse überforderten ihn. Zeitweilig hatte er Piłsudski als willenloses Werkzeug in den Händen seiner Umgebung dargestellt. Und wie, um Himmels willen, sollte er eine gegen die rechten Kräfte, deren bewaffnete Abteilungen und einen Teil der Armee gerichtete Aktion, an der sich selbst die Kommunisten beteiligten, als Militärputsch schildern? Wie das Ergebnis einordnen? Einschätzungen aus Berlin, die Moskau erreichten und weitaus realistischer waren, setzten Wojkow in der Folge zusätzlich unter Druck. Er musste neue Ergebnisse liefern. Dieser Abend im Großen Theater war nun die Gelegenheit, endlich direkt an Piłsudski heranzukommen.

Der Marschall wusste natürlich, wie er Wojkow zu nehmen hatte. Von diesem auf Französisch angesprochen, antwortete er auf Russisch, und als ihn der verblüffte Wojkow dafür lobte, verwies er auf das hervorragende Wilnaer Gymnasium, das er einst besucht habe. In Anwesenheit des polnischen Außenministers August Zaleski tauschten die beiden weitere Höflichkeiten aus, und es gelang Wojkow tatsächlich, einen offiziellen Termin mit dem Marschall zu verabreden. Piłsudski war sogar bereit, ihm einen ganzen Abend zu widmen. Während des Gesprächs, das zwei Tage später stattfand, überschüttete er Wojkow förmlich mit Anekdoten aus seinem Leben, was der Gesandte als Zeichen von Höflichkeit und Sympathie für ihn deutete. Piłsudski schien in die Jahre gekommen zu sein und wurde wohl geschwätzig.

Was die Mai-Kämpfe anging, versuchte Piłsudski, den russischen Gesandten zu beruhigen. Die Zahl der Opfer, die er zutiefst bedauere, zeigten, dass es sich hier nur um eine kleinere Auseinandersetzung gehandelt habe. Polen befinde sich in einem stabilen Zustand, und an seinem Verhältnis zu Sowjetrussland habe sich nichts geändert. Er selbst habe einen militärischen Sieg errungen und folglich keinerlei Interesse an Revanche. Er suche den Frieden und strebe an, Polen so stabil zu entwickeln, dass es jedem Druck von außen standhalten könne.

Wojkow sah nun die Gelegenheit gekommen, das Thema anzubringen, das in den folgenden Jahren die beiderseitigen Gespräche bestimmen sollte: Es ging um einen Nichtangriffspakt, mit dem Stalin bis zur Festigung seiner eigenen Machtbasis die immer noch offene Situation an der polnischen Ost- und der sowjetischen Westgrenze festschreiben wollte. Offen war sie etwa in den jungen baltischen Staaten und in Litauen. Hier hatten sich Piłsudskis Emissäre Leon Wasilewski und Tadeusz Hołówko vergeblich bemüht, eine dauerhafte Verständigung mit Polen zustande zu bringen. Die sowjetische Seite war wiederum daran interessiert, mit den einzelnen Ländern separat zu verhandeln, ihnen die Unabhängigkeit zuzugestehen, aber für die Zukunft dort den eigenen Einfluss zu sichern.

Indem Wojkow gegenüber Piłsudski von Polen und Russland als großen Nationen sprach, machte er klar, dass sie über die Köpfe der kleinen Nationen hinweg verhandeln sollten – ein Standpunkt übrigens, den die polnischen Nationaldemokraten teilten. In seinem Bericht an Moskau musste Wojkow festhalten, dass der Marschall konkrete Formulierungen vermied, wenn es um Litauen ging, was aber eigentlich kein Wunder war. Die litauische Seite hatte sich bislang geweigert, mit Polen zu einem Friedensvertrag zu kommen, denn die dortigen Nationalisten wollten Wilna als Hauptstadt sehen. Piłsudski war sehr an einem solchen Friedensvertrag gelegen, wollte sich hier aber nicht in die Karten blicken lassen.

## Erster unter Ungleichen

Einige Tage nach Ende der Mai-Kämpfe wurde Józef Beck zum Marschall zitiert. In Absprache mit Ministerpräsident Bartel hatte Piłsudski neben seiner Funktion als Generalinspekteur der Streitkräfte auch das Kriegsministerium übernommen. Er eröffnete Beck, dass er sein Kabinettsdirektor – eine Art Büroleiter – werden sollte. Beck wusste genau, an welche Schaltstelle er damit gelangte. Allerdings würde es eine Aufgabe sein, die ihn überwiegend zur Schreibtischarbeit verdammte. Nach einem Tag Bedenkzeit nahm er den Posten an. Außer seinen sonstigen Fähigkeiten sprach für ihn, dass er zu keinem inneren Zirkel der langjährigen Anhänger Piłsudskis zählte. In den folgenden mehr als vier Jahren hatte er als Kabinettsdirektor direkten, uneingeschränkten Zugang zu Piłsudski. Durch seine Hände gingen alle militärischen und politischen Dokumente und Vorgänge, die zum Marschall gelangten. In der Regel erhielt er sie dann zur Rückbearbeitung und verteilte sie weiter. Wer immer Zugang zu Piłsudski suchte, musste sich zunächst an ihn wenden. Ausnahmen gab es nur für Piłsudskis Familie, für Wieniawa-Długoszowski und den engsten Vertrautenkreis. Wieniawa-Długoszowski hatte sich jeder Büroverantwortung mit dem Hinweis entzogen, er tauge nicht zur Schreibtischarbeit und sei von Temperament und Lebensart nun einmal Truppenoffizier. Da half auch kein Machtwort Piłsudskis.

Beck arbeitete eng mit Walery Sławek, Aleksander Prystor, Kazimierz Świtalski, Tadeusz Hołówko und vielen anderen Personen des engeren Kreises um Piłsudski zusammen. Was seine eigenen Kompetenzen anging, so ließen die sich in keinen formalen Rahmen pressen. Er war Stabschef, Adjutant, Abgesandter für Sondermissionen, Berater und Mitarbeiter in einer Person. Ihm oblag es, die Arbeit mehrerer Dutzend Offiziere und Angestellten im Kriegsministerium anzuleiten und zu koordinieren. Da Fragen des Militärs und der Außenpolitik eng miteinander verbunden waren, konnte Beck seine Fähigkeiten auch auf diesem Gebiet einsetzen. Er merkte bald, dass Piłsudski ihn auf künftige außenpolitische Aufgaben und Herausforderungen vorzubereiten suchte. In der ersten Zeit drehte sich viel um die Abstimmung mit Außenminister August Zaleski und mit Stanisław Patek, der als Rechtsanwalt und Sozialist schon früh Kontakt zu Mitgliedern der späteren sowjetischen Führungsriege gehabt hatte. Nach mehreren diplomatischen Missionen sollte Patek von 1927 bis 1932 als polnischer Botschafter in Moskau fungieren, wo er den Sturz Trotzkis, die Verfolgung seiner Anhänger und anderer Oppositioneller sowie den Aufstieg Stalins zur Alleinherrschaft aus nächster Nähe verfolgen konnte. Seine Erfahrung und sein Verhandlungsgeschick würden am Ende helfen, den östlichen Teil der außenpolitischen Strategie Piłsudskis zu sichern, der im polnisch-sowjetischen Nichtangriffspakt von 1932 mündete.

So gut wie alle Dokumente, die vonseiten des Außenministeriums zu Piłsudski gelangten, liefen also durch die Hände Becks. Viele von dessen Aufgaben und etliche Vorgänge, denen er sich widmete, waren jedoch in keinem Dokument festgehalten und blieben daher später zwangsläufig Gegenstand von Spekulationen. Kazimierz Świtalski, einer der ergebensten engen Mitarbeiter des Marschalls, führte ein detailliertes Tagebuch, in dem zahlreiche politische Vorgänge, Verabredungen und Personalentscheidungen erwähnt werden. Doch auch hier blieben die Einträge lückenhaft. Mündliche Befehle und Anweisungen, deren Erledigung nur mündlich bestätigt wurde, gab es häufig.

Beck sollte auch den Ausbau des Historischen Militärarchivs vorantreiben, das ab 1926 von General Julian Stachiewicz geleitet wurde. Dieses Büro sollte noch eine wichtige Rolle spielen, als es in den Folgejahren darum ging, autobiografische und biografische Dokumente zur Person Piłsudskis zu bearbeiten, um seinen Mythos zu festigen.

Beck und Piłsudski waren nicht nur durch die Arbeit im Kriegsministerium eng verbunden. Piłsudski hielt sich nur noch selten in Sulejówek auf und pendelte meist zwischen dem Belvedere, wo er mit der Familie einige Zimmer bewohnte, und seiner Dienstwohnung als Generalinspekteur der Streitkräfte, die er sich mit Adjutanten und seinem Arzt teilte. Becks neue Dienstwohnung befand sich ebenfalls in der Nähe. Alles spielte sich im Regierungsviertel ab, und die Wege waren kurz. Piłsudskis halbe Junggesellenexistenz in den folgenden Jahren hatte auch damit zu tun, dass der litauische Zauber nicht verflogen war. Er traf in Warschau häufiger mit Eugenia zusammen, verbrachte jeden Sommer in Druskienniki. Aleksandra, die nicht blind war, versuchte, damit zurechtzukommen, was ihr wohl nicht immer gelang. Beck war auch hier mindestens teilweise eingeweiht, denn er war einer der wenigen, die Piłsudski in Druskienniki besuchen durften.

Beck begleitete den Marschall dann auch, als im Dezember 1927 auf einer eigens einberufenen Sitzung des Völkerbundes in Genf die Beziehungen zwischen Polen und Litauen geordnet werden sollten. Der litauische Premier Augustinus Voldemarus, ein überzeugter Nationalist, war erst unter heftigem Druck Piłsudskis zu der Erklärung bereit, dass sich sein Land nicht im Kriegszustand mit Polen befinde. Schikanen der litauischen Verwaltung gegen die polnische Minderheit beantwortete die polnische Seite umgekehrt mit Schikanen gegen die litauische Minderheit im Wilnaer Gebiet, etwa indem sie die litauischen Schulen dort schloss. Geheimverhandlungen, die Piłsudski mit verständigungsbereiten Vertretern der litauischen Seite immer wieder anregte, sollten erst in den späteren 1930er-Jahren zur Aufnahme diplomatischer Beziehungen führen.

Für Gustav Stresemann war die litauische Frage kein bedeutendes Thema. Seine Ansprüche an Polen waren anderer Art. Ebenfalls in Genf führte Piłsudski ein längeres Gespräch unter vier Augen mit dem deutschen Außenminister. Die wichtigsten Punkte daraus teilte er anschließend Beck mit. Dessen phänomenales Gedächtnis erlaubte es ihm, auf der nächtlichen Zugfahrt von Genf nach Warschau ein umfangreiches Protokoll davon zu diktieren. Zu den zentralen Inhalten gehörte, dass beide Seiten entschlossen waren, den seit 1925 andauernden Zollkrieg zu beenden und Verhandlungen über ein Handelsabkommen aufzunehmen. In der Frage des polnischen Umgangs mit der deutschen Minderheit prallten Argumente und Gegenargumente aufeinander, ebenso wenn es um Danzig und den Polnischen Korridor ging. Piłsudski versuchte den deutschen Außenminister davon zu überzeugen, dass Polen keinerlei Ansprüche auf Ostpreußen erhebe. Auch nach Stresemanns frühem Tod im Oktober 1929 blieb die Grundhaltung deutscher Politik gegenüber dem »Saisonstaat« Polen unverändert. Die Würdigung Stresemanns als europäischen Verständigungspolitiker blendete seine negative Haltung gegenüber Polen aus.

In Moskau, Berlin und Paris registrierte man aufmerksam nicht nur Becks Nähe zum Marschall, sondern auch sein wachsendes außenpolitisches Gewicht. Für den Fall, dass das außenpolitische Vermächtnis Piłsudskis irgendwann in die Hände von Beck fiele, hielt man es daher für ratsam, sich intensiv mit dessen Person zu befassen. Die jeweiligen Nachrichtendienste, Diplomaten und Politiker wurden dazu angehalten, Material zu sammeln. Welche Schwachstellen ließen sich finden? Wie sah Becks Privatleben aus? Welche offenen und heimlichen Leidenschaften trieben ihn um? Vor allem in Moskau wurde frühzeitig an der negativen Legende Becks gearbeitet, die ihn über sein Lebensende hinweg verfolgen sollte.

Am 12. Mai 1926 wurde Kazimiera Iłłakowiczówna von Schüssen geweckt. Kugeln trafen das Haus im Stadtzentrum, in dem sie zur Untermiete wohnte. Mit ihrer Mitbewohnerin baute sie im Zimmer rasch eine provisorische Barrikade, um sich vor verirrten Kugeln zu schützen. Erst später trauten sie sich auf die Straße. Im Büro erwarteten sie verstörte Mitarbeiter. Sie selbst glaubte daran, dass Piłsudski in der Lage sein würde, das Land aus Chaos und Anarchie zu führen.

Einige Tage später wurde Iłłakowiczówna das Angebot des Marschalls übermittelt, für ihn im Kriegsministerium als persönliche Sekretärin zu arbeiten. Als sie ablehnte, zitierte er sie zum persönlichen Gespräch und ermahnte sie dringend, das Angebot anzunehmen. Sie behauptete, von Sekretariatsarbeit nichts zu verstehen, außerdem sei das Außenministerium ihre Heimat, sie habe keine andere. So viel Widerspruch war Piłsudski nicht gewohnt, und gerade das bestärkte ihn in seinem Vorhaben. Iłłakowiczówna konnte vorbringen, was sie wollte –

dass sie schon lange keine Sozialistin mehr sei, sondern in die Nähe der Konservativen rücke, dass sie zur Kirche und zur Beichte gehe, dass sie zeitweilig sogar mit den Nationaldemokraten zusammengearbeitet habe und deren Presse lese –, alles prallte an ihm ab. Erst als sie erklärte, das Militär nicht zu mögen, die Feldwebelmentalität, die dort herrsche, sei ihr als Zivilistin zuwider, geriet er etwas aus dem Gleichgewicht. Eine solche Haltung gegenüber dem Militär sei ein typisch polnischer Zug, meinte er dann, und den werde er ihr nicht durchgehen lassen. Er werde sie an einen weit entfernten Ort schicken und dort zur Hilfssekretärin machen. Nach dieser vermeintlichen Drohung lachte er herzlich. Jetzt konnte Iłłakowiczówna nur noch erwidern, dass sie sich erst mit den Kollegen beraten müsse. Das solle sie tun, erwiderte der Marschall, er wisse schon, wozu die ihr raten würden. Gleich morgen solle sie sich bei seinem Kabinettschef Józef Beck melden, der ihr die Arbeit erklären werde.

Beck sicherte ihr dann ein für ihre Verhältnisse fürstliches Gehalt zu und machte ihr klar, dass es bei ihrer Arbeit nicht um militärische Belange gehe. Sie sei auch nicht als persönliche Sekretärin des Marschalls vorgesehen, die dieser längst habe. Auf diesem Posten arbeitete mit Wanda Gertz eine erfahrene Veteranin aus der Zeit der Legionen. Auf Iłłakowiczówna wartete vielmehr eine andere Aufgabe: Sie sollte alle persönlichen Briefe, die an Piłsudski gingen, lesen und beantworten. Dabei ging es viel um Hilfe und Unterstützung bei diversen Problemen, um Beschwerden und Vorschläge verschiedenster Art, oft auch einfach um Dankschreiben. Bis dahin hatte sich Aleksandra darum gekümmert, aber mit der neuen Position ihres Mannes wuchs der Berg an Post enorm, und sie mussten für die Bearbeitung eine volle Stelle einrichten.

Iłłakowiczówna hatte damit eine absolute Vertrauensposition inne, denn sie beantwortete die Briefe in der Regel ohne Konsultation mit dem Marschall. Für die Überweisung konkreter Hilfen gab es einen eigenen Dispositionsfonds, den sie verwaltete. Nachdem offenkundiger Unsinn aussortiert war, verbrachte sie häufig Tag und Nacht damit,

Antworten auf die Briefe zu formulieren und Unterstützung zu organisieren. Damit wurde sie für Piłsudski eine Art Brücke zur zivilen Außenwelt, und nicht zuletzt konnte sie durch ihre Briefe an seinem Bild arbeiten: dem Bild des freundlichen älteren Herrn, der nur in Begleitung eines Adjutanten zu Fuß den Weg vom Generalinspektorat ins Belvedere zurücklegte.

Natürlich interessierte er sich auch für ihre Arbeit. In den zahlreichen Gesprächen, die Iłłakowiczówna mit Piłsudski über die Sorgen und Nöte führte, die sie aus den Briefen kannte, nahm sie sehr wohl ein waches soziales Gewissen bei ihm wahr. Meist fehlte ihm aber die Zeit und auch die Geduld, um sich intensiver damit zu befassen. Beck, Sławek oder Prystor brauchten ihn schon für andere, dringende Angelegenheiten. Immerhin aber sorgte er stets dafür, dass ihr Dispositionsfonds nicht kleiner wurde.

Bei aller Bescheidenheit duldete Piłsudski durchaus den Kult um seine Person und meinte, ihn zur Festigung des Staates und der Gesellschaft einsetzen zu können. Ein Mittel, dessen sich Diktatoren und Autokraten gern bedienten, das den tatsächlichen Zustand der Gesellschaft aber nicht wirklich verbessern konnte. Eigentlich hätte er wissen sollen, wie schnelllebig eine solche Verehrung sein konnte. Hatte er vergessen, wie rasch einem wieder Hass und Verachtung entgegenschlagen konnten? Die rechte Publizistik und Presse zeigten ihm schon bald, dass er nach wie vor nicht vor Angriffen gefeit war. Der hässliche, geifernde Zwerg wich nicht von seiner Seite. Piłsudski wehrte sich dagegen und griff in seiner Verbitterung zu immer übleren Beschimpfungen.

Auf jeden Fall begann Piłsudski, sich intensiver um die Darstellung seiner eigenen Geschichte zu kümmern, und spannte mit Wasilewski, Sławek, Prystor, Świtalski, Hołówko und Julian Stachiewicz dafür seine besten Leute ein. Sie steuerten ihre eigenen Archive bei und kümmerten sich darum, dass bedeutende Teile des PPS-Archivs, die immer noch in London lagerten, nach Warschau gebracht wurden. Außerdem verfassten sie Einleitungen, Vor- und Nachworte zu den gesammelten

Werken und Schriften Piłsudskis, die nach und nach erschienen. Jeder von ihnen war freilich auch mit zahlreichen anderen Aufgaben und Funktionen betraut, weshalb alsbald die Hilfe von Historikern und Archivaren nötig wurde.

Mit Władysław Pobóg-Malinowski fand sich schließlich ein Redaktionssekretär aus dem Militärhistorischen Institut, der nun mit seinen Mitarbeitern alle verfügbaren Archive und Nachlässe durchforstete, Zeitzeugen befragte und zum Motor der Redaktionsarbeit wurde. Der junge Pobóg-Malinowski hatte nach einigen Jahren beim Militär erkannt, dass seine eigentliche Bestimmung nicht der Dienst mit der Waffe, sondern der Dienst mit der Feder war. In seinen Lebenserinnerungen, die später unter dem Titel *Statt mit dem Säbel, mit der Feder* erschienen, berichtete er davon, wie in ihm dann der Wunsch entstand, auch selbst eine Biografie Piłsudskis zu schreiben. Dabei stieß er unter anderem auf zahlreiche Erinnerungen von Zeitzeugen der Bezdan-Aktion im Jahr 1908 und anderer bewaffneter Überfälle der PPS-Aktivisten. Seine Neugier war geweckt, und er wollte der Sache noch mehr auf den Grund gehen. In seiner Nähe gab es mit Sławek, Wasilewski und anderen weitere unmittelbar Beteiligte, die als Zeitzeugen infrage kamen. Piłsudski selbst war nicht unerreichbar, immerhin sah er ihn fast täglich in seiner Dienstwohnung im Generalinspektorat auf und ab wandern – sein Bürofenster befand sich gleich gegenüber auf der anderen Seite der Ujazdowski-Allee. Außerdem gab es da ja auch noch Piłsudskis Frau Aleksandra.

Pobóg-Malinowskis Bemühungen, mit aller Vorsicht und Diskretion Licht in das Dunkel um Ereignisse zu bringen, die schon Gegenstand von Legenden waren, endeten in einem völligen Fiasko. Piłsudski, der bald von den Ambitionen des jungen Historikers erfuhr, hatte ganz eigene Vorstellungen, wie seine Biografie aussehen sollte, und meinte, selbst am besten zu wissen, wer damals welche Rolle spielte. Aleksandra wiederum hatte keine Lust darauf, als Räuberbraut bei den bewaffneten Überfällen der PPS geschildert zu werden. Die Sache wurde nicht besser, als der unermüdliche Pobóg-Malinowski auf Dokumente stieß, welche die näheren Umstände der Heirat Józefs und Maria schilderten. Als dann auch noch auf Umwegen die verschollen geglaubten Briefe Józefs an Leonarda auftauchten, fehlte es Aleksandra womöglich an Toleranz, ihrem Mann eine solch tiefe Leidenschaft zuzugestehen. Sie tat daher alles, um dieses Kapitel in Piłsudskis Leben im Dunkeln zu lassen, und versuchte, die Arbeiten Pobóg-Malinowskis zu stoppen. Der wusste sich jedoch zu wehren, und die Auseinandersetzung eskalierte schließlich so, dass Aleksandra zu seiner unerbittlichen Feindin wurde. Der Kampf zwischen den beiden sollte sich über Jahrzehnte hinziehen.

Auf der Bühne der Regierungskämpfe überschlugen sich währenddessen die Ereignisse. Bartel stand als Ministerpräsident für Kontinuität und Ausgleich in den wechselnden Regierungen und versuchte mit größter Mühe, die Kabinettsdisziplin zu erhalten. Er und Sławek kannten sich schon sehr lange und schätzten einander. Im Unterschied zu dem stets optimistischen Bartel wurde Sławek mit der Zeit und den gemachten Erfahrungen immer konservativer und frustrierter. Seine unbedingte Loyalität zu Piłsudski bedeutete auch, dass er für eine Politik der harten Hand eintrat. Sławek war es auch, der sich im Herbst 1926 und im Frühjahr 1927 darum bemühte, eine Verbindung zu konservativen Adelskreisen, den als »Litauer Büffeln« bekannten ostpolnischen Gutsbesitzern und Kreisen der Industriellen, herzustellen. Auftritte Piłsudskis und Treffen mit ihm sollten die Bereitschaft signalisieren, auf die Interessen dieser Kreise einzugehen, wenn es um Fragen der Landreform und der Wirtschaftspolitik ging.

Der Marschall wusste, dass er damit Sozialisten und Linke vor den Kopf stieß, die ihn während der Mai-Kämpfe gerettet hatten. Andererseits entzog er mit diesem Manöver Dmowskis Nationalisten wichtige Unterstützung und mindestens einen Teil ihrer Wähler. Was die Rechten betraf, ging seine Rechnung auf, aber von linker Seite erntete er scharfe Reaktionen. Als Konservative und Rechte erneut Ministerämter erhielten, erklärten die Sozialisten im Dezember 1926, sie würden in die Opposition gehen und ihre Minister aus der Regierung zurückziehen.

Daszyński versuchte noch, den Bruch zu verhindern, drang aber damit bei den linken Sozialisten kaum durch. Hinzu kam, dass auch die Vertreter der Komintern zunehmend darum bemüht waren, Einfluss auf die linken Sozialisten und den linken Flügel verschiedener Bauernparteien auszuüben. In Moskau hatte man sich von dem Schock erholt, den der Erfolg des Marschalls im Mai ausgelöst hatte. Die polnischen Kommunisten wurden nunmehr dazu angehalten, ein Vorgehen, das sie selbst unterstützt hatten, als reaktionären Putsch der Piłsudski-Clique zu brandmarken.

Im April 1927 starb Feliks Perl. Sein Begräbnis in Warschau wurde zu einer eindrucksvollen Kundgebung der Sozialisten und ihrer Anhänger. Auf den Straßen der Innenstadt bewegte sich ein Trauerzug, der von Tausenden Arbeitern begleitet wurde. Der Sarg war mit einem roten Banner der PPS bedeckt, darauf die letzte Nummer des *Robotnik,* die er noch herausgegeben hatte. An der Spitze des Zuges schritten neben seiner Frau Teresa und ihrer Freundin Aleksandra alte Kampfgefährtinnen und -gefährten, unter ihnen Sławek, Wojciechowski und Rataj. Einer seiner engsten Gefährten, der Genosse Wiktor, also Piłsudski, fehlte.

Das Verhältnis zu Piłsudski wurde für viele Sozialisten immer mehr zu einer inneren Zerreißprobe. Sie hingen nach wie vor am ehemaligen Genossen und Kommandanten, hatten seinen zeitweiligen Rückzug nachvollziehen können und dann seine Rückkehr mit großen Hoffnungen begleitet. Angesichts seines Schwenks nach rechts überwog aber bald die Enttäuschung. Sollte man sich deshalb jedoch gleich in die Arme der Kommunisten treiben lassen?

Die Parlamentswahlen im März 1928 rückten näher, was unter Piłsudskis Anhängern lange Debatten über die Gründung einer eigenen politischen Partei auslöste. Bis dahin hatten sie sich mehr oder weniger gezielt auf verschiedene Parteien und Gruppierungen verteilt, um dort jeweils den eigenen Einfluss zu stärken. Diese Strategie barg mittlerweile allerdings zu viele Risiken. Nach längeren Diskussionen

Piłsudski mit seiner Frau Aleksandra und den Töchtern Jadwiga (links) und Wanda (rechts), 1928

im engeren Kreis um Piłsudski beschloss man, den »Parteilosen Block der Zusammenarbeit mit der Regierung des Marschalls Józef Piłsudski« (BBWR) ins Leben zu rufen. Ziel war es, damit eine breite Front von Unterstützern zu gewinnen. Aus den Werten, für die Piłsudski stand, und aus den Maximen, die er anmahnte, ließ sich durchaus eine Partei mit klaren Inhalten formen, auch ohne unbedingt auf seine Person fixiert zu sein. Kernpunkte waren ein auf das Gemeinwohl gerichteter kritischer Patriotismus und ein Staat als Garant von Freiheit und Gerechtigkeit, der die Gleichberechtigung von Weltanschauungen, Nationalitäten und Konfessionen garantierte. Disziplin und Ordnung, die der Marschall forderte, entsprangen seinen Erfahrungen mit Polen. Ein stabiler starker Staat, wie er ihm vorschwebte, war aber auf aktive Bürgerinnen und Bürger angewiesen, deren Rechte und Mitwirkungsmöglichkeiten von unabhängigen Institutionen geschützt wurden. Darüber hinaus bedurfte es politischer Inhalte, die einer republikanischdemokratischen Partei der Mitte entsprachen, das bedeutete aber auch: Inhalte, um deren Details sich Piłsudski am liebsten nicht kümmern wollte und die er deshalb wegdelegierte. Das Programm der neuen Partei sollte jedenfalls auch Aussagen zur angestrebten Wirtschafts- und Finanzpolitik, zur Balance zwischen Wohlfahrtsstaat und sozialen Belastungen, zur Familienpolitik, zu den schwierigen Fragen der Minderheiten sowie zur Garantie einer unabhängigen Justiz treffen.

Mit Bartel, Świtalski und Kwiatkowski standen durchaus fähige Leute für den Aufbau einer solch ambitionierten Partei bereit. Heraus kam am Ende aber nur ein BBWR, der außer patriotischen Maximen und der Botschaft von einem starken Staat kein wirkliches Profil aufwies. Der BBWR, in dem sich gemäßigte linke Kräfte, wenige Liberale, Politiker der starken Hand, klassische Militärs und Konservative zusammenfanden, wurde in der Folge eher zu einer Verteilungsmaschinerie für Posten und Einflüsse als zu einer auch nur halbwegs profilierten Parteiorganisation.

Bereits bei den Wahlen von 1928 sorgte die Staatsnähe des Blocks dafür, dass sich dessen problematischer Hang zum Einsatz administrativer Ressourcen bemerkbar machte. Woiwoden und Bürgermeister organisierten Auftritte mit den Kandidaten des Blocks, Porträts und Bilder des Marschalls waren allgegenwärtig. Immerhin konnten die anderen Parteien im Wahlkampf dennoch ungehindert agieren und ihre eigenen Ressourcen einsetzen. Die Pressefreiheit stand auch später zu keiner Zeit infrage. Der BBWR erhielt am Ende rund ein Viertel der Stimmen. Die Rechte und eine mit ihr verbundene Bauernpartei stürzten förmlich ab, während die Sozialisten der PPS Zugewinne verzeichneten. Dadurch konnten sie mit Ignacy Daszyński ihren Kandidaten für das Amt des Parlamentspräsidenten erfolgreich durchsetzen. Daszyński war einer der wenigen, die das Format hatten, Piłsudski die Stirn zu bieten, wenn der wieder einmal despotische Allüren zeigte.

Nach den Wahlen verständigten sich Bartel, Daszyński und Piłsudski auf eine Fortsetzung der gemeinsamen Regierungsarbeit. Daszyński hatte sich damit noch einmal gegen die starken Vorbehalte seitens der linken Sozialisten durchgesetzt. Eine solche gefestigte Verbindung hätte die Chance bieten können, in Krisenzeiten radikale rechte und linke Kräfte im Zaum zu halten, unumgängliche Kompromisse einzugehen und notwendige soziale Härten nicht auf die ohnehin Benachteiligten abzuwälzen. Diese Chance wurde jedoch vertan, noch bevor die nächste Krise ihren Höhepunkt erreichte.

Nach Jahren der Hochkonjunktur erlebte Polen von 1929 bis 1930, also bereits im Vorfeld der Weltwirtschaftskrise, einen dramatischen Wirtschaftseinbruch, der sich schnell auf die allgemeinen Lebensbedingungen auswirkte. Alle Regionen waren davon betroffen, wenn auch in sehr unterschiedlicher Weise. Während stärker entwickelte und industrialisierte Gebiete im Westen und im Zentrum des Landes durchaus in Nöte gerieten, spitzte sich die Lage vor allem im Osten des Landes extrem zu. Der Verfall der Preise für Landwirtschaftsprodukte und die Verteuerung von Industriegütern hatten dort dramatische Folgen. Von stabilen Zuwächsen der Industrieproduktion konnte keine Rede mehr sein. Der Binnenmarkt funktionierte nicht, und die Exportquote sank beträchtlich. Damit wuchs auch die Zahl der registrierten und erst recht die der nicht registrierten Arbeitslosen. Wer noch Arbeit hatte, war von sinkenden Reallöhnen betroffen. Die dramatische Situation auf dem Land, der Rückzug in die Subsistenz- und Naturalwirtschaft, die Rückkehr von Arbeitslosen in ihre Dörfer – all das verschärfte die angespannte soziale Lage noch weiter. Große Teile der Bauernbewegung radikalisierten sich. Bei Bauernstreiks und -demonstrationen sollte es dann Anfang der 1930er-Jahre Dutzende von Toten und Hunderte von Verletzten geben. Verschärft wurde die Lage im Osten zudem durch eine von den Nationaldemokraten dominierte Minderheitenpolitik, die radikale nationalistische Kräfte auf der ukrainischen Seite provozierte.

Auch 1929 brachten weitere Gespräche zwischen Daszyński, Bartel und Piłsudski keinen handlungsfähigen Mitte-Links-Block zustande, da sich der BBWR immer stärker als verlängerter Arm der Regierung sah. In der Folge kam es zu einem Bündnis der PPS mit einer linken Bauernpartei und anderen, ebenfalls vor allem linken Parteien und Gruppierungen, das als »Centrolew« bekannt wurde. Der Centrolew hatte den

Charakter einer Verhinderungskoalition, denn sein primäres Ziel war es, die Dominanz des BBWR und der Piłsudski-Anhänger zu brechen. Auf der rechten Seite des politischen Spektrums erkannte man, dass die Aktionen des Centrolew durchaus von Nutzen sein konnten. Das Ringen um die Kompetenzen des Parlaments und der Regierung ging damit auf einer neuen Stufe weiter. Piłsudski schimpfte über den Egoismus und die Cliquenmentalität der oppositionellen Parlamentarier, die sich dank ihrer Immunität alles erlauben könnten, und drohte damit, die Bande zum Teufel zu jagen. Die Abgeordneten beharrten aber auf ihren Rechten und warfen ihrerseits den Vertretern des BBWR vor, immer autoritärer zu agieren. Angesichts des Ausbruchs der Weltwirtschaftskrise und der wachsenden sozialen Spannungen im Land traten die Politiker des Centrolew immer militanter auf.

Auf einem »Kongress zur Verteidigung des Rechts und der Freiheit des Volkes«, der im Juni 1930 unter Federführung des Centrolew in Krakau stattfand, forderten manche Teilnehmer, parlamentarisch noch entschiedener vorzugehen, andere setzten auf friedliche Proteste, und wieder andere appellierten an die Macht der Straße. Begleitet wurde der auf dem Kongress geäußerte Protest von einer riesigen Demonstration mit Zehntausenden Teilnehmern. Für den September 1930 wurden weitere Massenauftritte in anderen Regionen und in Warschau angekündigt. Piłsudski und die aufgeschreckten Mitglieder der Regierung suchten ihr Heil daraufhin in der Auflösung von Sejm und Senat. Mitte November sollten Neuwahlen stattfinden. Diese drohten für den BBWR allerdings in einem Fiasko zu enden, solange die Aktionen des Centrolew nicht gestoppt werden konnten.

## Repressionen und Straflager

Es war schwer zu unterscheiden, welche der Meldungen und Informationen, die Anfang September 1930 kursierten, nun stimmten und welche übertrieben oder nichts als Gerüchte waren. Da war von geplanten bewaffneten Aufmärschen die Rede, von drohenden gewaltsamen Auseinandersetzungen und Provokationen. Woran glaubte Piłsudski selbst? Und was davon ließ sich für einen Befreiungsschlag nutzen? Dass die Lage jederzeit eskalieren konnte, war offenkundig: Immerhin verfügte die PPS-Lewica (PPS-Linke) über bewaffnete Formationen, und die ebenfalls bewaffneten Gruppen der Rechten hatten angekündigt, für »ihr Polen« zu kämpfen und sich den Roten entgegenzuwerfen. Hinzu kam, dass sich seit dem Spätsommer in den ukrainischen Regionen wieder die Überfälle und Sabotageakte prosowjetischer und nationalistischer Gruppierungen häuften.

Das Manöver, das Piłsudski jetzt vollzog, und die Maßnahmen, die er anordnete, sollten auf seine Amtsführung wie auch auf seine Lebensbilanz einen dunklen Schatten werfen. Als Kenner der französischen Geschichte waren ihm die Worte Saint-Justs durchaus vertraut, wonach niemand regieren könne, ohne schuldig zu werden. Aber was er jetzt vorhatte, war von erschreckender Gewissenlosigkeit: Er nutzte seine Macht, um nicht nur politische Gegner, sondern sogar ehemalige Freunde und Verbündete, die sich von ihm und seiner Politik entfernt hatten, zu demütigen. Er lieferte sie physischen Torturen und sadistischen Schlägern aus und verschloss die Augen vor dem, was ihnen angetan wurde. Ein ehrlicher, offener Kampf sah anders aus.

Die Auflösung des Parlaments bedeutete, dass alle Abgeordneten ihres bisherigen Status und damit ihrer Immunität beraubt waren. Unter dem Vorwurf der Anstiftung zum Aufruhr ließ Piłsudski 19 Abgeordnete verschiedener Oppositionsparteien verhaften und ohne Gerichtsurteil, nur auf Basis einer schriftlichen Anweisung des Innenministers, in der Festung Brest am Bug internieren. Unter den Festgenommenen waren sechs PPS-Abgeordnete, darunter Adam Ciołkosz, Hermann Lieberman, Adam Pragier, mehrere Abgeordnete aus linken Bauernvereinigungen, zwei Führer der Bauernpartei Piast, darunter der frühere Premier Wincenty Witos, sowie fünf ukrainische Abgeordnete verschiedener politischer Richtungen. Mit ihnen wurden auch zwei prominente rechte Politiker interniert, was nur die Bereitschaft signalisieren

Der Beraterkreis (v. l. n. r.): Julian Stachiewicz, Tadeusz Kasprzycki, Józef Piłsudski, Michał Sokolnicki (stehend), Walery Sławek, Bolesław Wieniawa-Długoszowski, 1916

sollte, sich auch gegen radikale Tendenzen auf der rechten Seite zu wenden. Auf der Liste fehlten zahlreiche Abgeordnete des Centrolew und Organisatoren des Krakauer Kongresses, die für ihr radikales Vorgehen bekannt waren. Adam Ciołkosz hatte zwar scharfe Worte bei seinen Auftritten gewählt, sich aber strikt für legale Formen des Widerstands eingesetzt. Einige Abgeordnete hatten sich durch persönliche Angriffe auf den Marschall hervorgetan. Wollte sich Piłsudski einfach doch vor allem an denen rächen, die ihm am schlimmsten zugesetzt hatten?

Oberst Wacław Kostek-Biernacki, der Kommandant der Festung, war bekannt für seine sadistischen Neigungen, und ein Teil seiner Leute stand ihm diesbezüglich in nichts nach. Prügel waren in Brest an der Tagesordnung. Die zum Teil betagten Häftlinge mussten auf den Knien die Gänge und Säle der Festung scheuern. Witos wurde gezwungen, Latrinen mit bloßen Händen zu reinigen. Es kam sogar zu Scheinhinrichtungen. Kostek-Biernackis sadistischer Erfindungsreichtum kannte keine Grenzen.

In den nächsten Wochen, während die Wahlkampagne lief, kam es zu weiteren Verhaftungen. Insgesamt achtzig ehemalige Abgeordnete aus dem gesamten Oppositionsspektrum waren davon betroffen. Offenbar waren aber auch sie willkürlich ausgewählt worden. Piłsudski, der jede Verhaftungsliste abzeichnete, entdeckte dabei einmal den Namen eines alten Kampfgefährten, der zu zaristischen Zeiten in der Festung Schlüsselburg gesessen hatte. Was würde es im Ausland wohl für ein Bild machen, wenn er solch einen Mann jetzt erneut in die Festung schickte? Mit grünem Bleistift strich er den Namen durch.

Proteste gegen die gesetzeswidrigen Verhaftungen und gegen die schlechte Behandlung der Gefangenen kamen von Intellektuellen, Schriftstellern und Künstlern, aber auch von Arbeiterorganisationen und Gewerkschaften der verschiedensten Richtungen. Einzig die Kommunisten ignorierten die Proteste, denn schließlich verprügele hier ja nur die Bourgeoisie ihre Lakaien.

Von einem normalen Wahlkampf und gleichen Chancen für die politischen Kräfte konnte unter solchen Bedingungen nicht mehr die Rede sein, und so konnte auch das Ergebnis der Wahlen niemanden überraschen: Der BBWR steigerte seinen Stimmenanteil beträchtlich und verfügte nun zusammen mit Gruppierungen, die ihn unterstützten, über die Mehrheit im Parlament. Eine mit solchen zweifelhaften Methoden errungene Mehrheit verschärfte jedoch die Auseinandersetzungen innerhalb des BBWR. In der Folge kam es zu zahlreichen Protesten und Austritten, linke Anhänger Piłsudskis gründeten sogar eine eigene Partei und versuchten, damit wieder näher an die PPS heranzurücken.

Im neuen Sejm musste sich Ministerpräsident Walery Sławek schließlich den Fragen der Abgeordneten zu den Vorgängen in Brest stellen. Dabei gab er eine miserable Figur ab. Er versuchte, den Spieß herumzudrehen, und beschuldigte die Opposition, mit ihren Vorwürfen das Ansehen Polens im Ausland zu beschädigen. Er habe die Angelegenheit untersucht und könne im Festungsregime weder Sadismus noch Erniedrigungen feststellen. Die Vertreter der Opposition würden lediglich Offiziere anschwärzen, die eine verdienstvollere Vergangenheit hätten als die Ankläger selbst. Sławek, der für seine Gründlichkeit bekannt war und Biernackis Naturell kannte, sagte hier offenkundig die Unwahrheit.

# 14
# DIE LETZTEN JAHRE

## Madeira

Dem Marschall hatten die aufreibenden Herbstmonate des Jahres 1930 schwer zugesetzt, und seine engsten Berater konnten ihn dazu überreden, für eine Weile kürzerzutreten, um wieder zu Kräften zu kommen. Sein Gesundheitszustand hatte sich schon seit einigen Jahren deutlich verschlechtert. Zu den immer wiederkehrenden grippalen Infekten und Bronchialkatarrhen kam ein chronischer Husten, der den Kettenraucher quälte. Eine fortschreitende Arteriosklerose hatte sogar bereits zu zwei leichten Schlaganfällen geführt, nach denen seine rechte Hand zeitweilig gelähmt war. Außerdem klagte er über rheumatische Beschwerden, und geschwollene Füße machten das Gehen schwerfälliger.

Piłsudski war alles andere als ein leichter Patient. Er wich den »Weißkitteln«, wie er sie nannte, nach Möglichkeit aus, verweigerte Behandlungen und meinte, sich selbst kurieren zu können. Der einzige Arzt, dem er vertraute, war Marcin Woyczyński, ein enger Freund noch aus der Zeit der Legionen. Er wohnte mit seiner Frau Ludwika Woyczyńska, einer Psychiaterin, in demselben Gebäude des Generalinspektorats der Streitkräfte, in dem auch Piłsudski seine Dienstwohnung hatte. Neben seiner Aufgabe als Leibarzt erfüllte er die Pflichten eines Adjutanten – er und seine Frau gingen dem Marschall in vielem zur Hand.

Józef Beck wurden schließlich die Vorbereitungen für einen mehrmonatigen Erholungsurlaub im Ausland übertragen. Die Wahl fiel auf Madeira, eine portugiesische Insel mit mildem Winterklima. Bereits im September 1930 hatte der Sohn des Staatspräsidenten Mościcki, der die

Insel gut kannte, am Rande der Hafenstadt Funchal eine Villa angemietet. Nun liefen die Planungen für die Reiseroute über Österreich, Tirol, Frankreich, Spanien und Portugal, und die notwendigen Sicherheitsmaßnahmen wurden diskutiert. Das war insofern nicht ganz unproblematisch, als dass Piłsudski von aufwendigen Sicherungen nichts wissen wollte. Seine einzigen Begleiter sollten Woyczyński und ein weiterer Adjutant sein. Nur wenn er bei kurzen Aufenthalten in Paris, Madrid und Lissabon den Präsidenten Frankreichs, Spaniens und Portugals seine Aufwartung machte, sollten ihm zusätzlich Vertreter der jeweiligen polnischen Botschaften zur Seite stehen.

Józef Beck wollte ausreichende Sicherheitsmaßnahmen auf der Insel garantieren, ohne dass sich Piłsudski belästigt fühlte. Im Rahmen seiner Tätigkeit als Kabinettschef hatte er den Offizier Mieczysław als Referenten schätzen gelernt. Lepecki hatte entweder als Offizier in dienstlichem Auftrag oder als privater Forschungsreisender bereits zahlreiche Reisen in verschiedene Länder Lateinamerikas unternommen und sich einen Namen als Reiseschriftsteller gemacht. Ihm vertraute Beck eine delikate Mission an. Lepecki sprach Portugiesisch und war schon einige Male auf Madeira gewesen. Er sollte dorthin vorausreisen, das Terrain sondieren und nach der Ankunft Piłsudskis zu dessen Gesellschaft stoßen, um ihn als weiterer Adjutant auf Madeira zu begleiten. Eine Aufgabe, die auf Lepecki wie zugeschnitten war: Dem Winter in Warschau entkommen, um auf Madeira, das er in schönster Erinnerung hatte, mehrere Monate an der Seite des Mannes zu verbringen, den er verehrte – was für ein Glücksfall! Er packte in Windeseile die nötigen Sachen und machte sich auf den Weg.

Piłsudski selbst begann sich schon während der langen Fahrt mit dem Zug nach Lissabon von Etappe zu Etappe besser und leichter zu fühlen. Sein Arzt und alter Freund war ein unkomplizierter Reisegefährte, alle Botschafter, Missionschefs und ausländischen Würdenträger empfingen ihn mit größtem Respekt. Als der Dampfer von Lissabon aus Richtung Funchal ablegte, meinte er, bereits den Duft der Blumen der Insel wahrzunehmen. Auf der Insel selbst tauchte er in eine Welt ein, in der er einfach ein gern gesehener Gast war. Die prachtvolle Villa *Quinta Bettencourt* war von Gärten umgeben, und aus den Fenstern bot sich ein wunderbarer Ausblick auf den Ozean. Die Umgebung und der nahe gelegene Hafen luden zu Ausflügen ein.

Die einzige größere Arbeit, die Piłsudski mitgenommen hatte, war ein Manuskript, zu dem er sich in den Wochen vor der Abreise entschlossen hatte. Auch erste Vorarbeiten waren schon erfolgt. Der Text, den er Woyczyński auf Madeira diktierte, sollte nach seiner Rückkehr die Mitarbeiter des Militärhistorischen Instituts und vor allem seinen Biografen Pobóg-Malinowski an den Rand des Nervenzusammenbruchs bringen und schließlich unter dem Titel *Historische Berichtigungen* als Buch erscheinen. Wichtigste Grundlage dieser *Berichtigungen* waren die bereits publizierten Erinnerungen Ignacy Daszyńskis aus der Zeit der Legionen und den Novembertagen 1918, die Piłsudski sich besorgen ließ. Seit einem Zusammenstoß im Parlament, bei dem Daszyński zu Piłsudskis Empörung dessen Eskorte von Offizieren den Zutritt verwehrt hatte, war ihre Beziehung auf einem Tiefpunkt. Die beiden hatten sich aber schon seit Längerem immer weiter voneinander entfernt. Entsprechend kritisch durchmusterte Piłsudski nun die Erinnerungen seines alten Freundes, und er meinte, jede Menge Fehler zu finden, was die dort erwähnten Daten und Begegnungen, aber auch, was die Einschätzung von Ereignissen betraf. Kurz vor seiner Abreise hatte er Pobóg-Malinowski sogar noch einmal eigens zu sich zitiert, der ihm mitten in der Nacht weiteres Material bringen musste.

Nun, auf Madeira, musste sich Piłsudski bei der Arbeit an dem Manuskript allerdings weitgehend auf sein Gedächtnis verlassen. Das ließ ihn häufig im Stich, und auch Woyczyński unterliefen bei der Niederschrift des Diktats jede Menge weiterer Fehler. Pobóg-Malinowski, der das Manuskript später mit der strikten Anweisung erhielt, es unverändert in den Druck zu geben, versuchte dann verzweifelt, die tatsächlichen Fehler Daszyńskis von den Fehlern Piłsudskis und den Diktatfehlern Woyczyńskis zu unterscheiden. Das Ergebnis war ein stark überarbeiteter Text. Wer traute sich, damit zum Marschall zu gehen,

Piłsudski im Garten seiner *Villa Bettencourt* auf Madeira, 1931

um ihn absegnen zu lassen? General Stachiewicz, Wasilewski, Sławek, Świtalski, Hołówko – zu allen mit dem Militärhistorischen Institut verbundenen Personen wanderten Pobóg-Malinowskis Korrekturen, und jeder zitterte bei dem Gedanken, damit Piłsudski unter die Augen zu treten. Endlich fand sich ein geeigneter Moment, in dem der Marschall mit etwas ganz anderem beschäftigt war – und zerstreut murmelte, sie sollten damit doch machen, was sie wollten. Die überarbeiteten Berichtigungen konnten daraufhin als Teil der gesammelten Werke in den Druck gehen.

Auf Madeira konnte sich Piłsudski den Tag so einteilen, wie es ihm entsprach. Er schlief lange, ging im Park und in den umliegenden Gärten spazieren, saß in einem bequemen Sessel auf der Terrasse, spielte Schach und legte Patiencen. Mit seiner Begleitung unternahm er gelegentlich Ausflüge mit dem Auto. In den Briefen an seine Töchter beschrieb er die Schönheiten der Insel und ihren exotischen Reiz. Er gestand aber auch, dass er kaum noch den Blick aus dem Fenster auf den Ozean werfe, denn der sei ihm doch zu eintönig. Mit Polen gab es regen Postverkehr. Um den 15. März 1931, den Namenstag des Marschalls, kamen solche Mengen an Glückwunschschreiben an, dass sie das Postamt von Funchal zum Erliegen brachten.

Als Mieczysław Lepecki Piłsudski einige Tage nach dessen Ankunft das erste Mal aufsuchte, fand er ihn in bester Laune und Verfassung vor. Piłsudski hatte von dem Forschungsreisenden gehört und sogar zwei seiner Bücher gelesen, fragte ihn aber gleich zu Anfang nach seiner militärischen Vergangenheit. Stolz erklärte Lepecki, dass er in der Ersten Brigade der Legionen gedient habe. Dann seien sie ja schon zwei in der Runde, schmunzelte Piłsudski. Doch nicht er selbst sei der Zweite, sondern Woycyński, denn der sei schließlich der Kommandeur aller Brigaden gewesen. Lepecki war damit in die Gesellschaft aufgenommen und durfte Piłsudski fortan auf Schritt und Tritt begleiten. Über die gemeinsame Zeit auf Madeira wie auch über die späteren Jahre, in denen er der wichtigste Adjutant Piłsudskis war, führte er ein Tagebuch. In seinen Aufzeichnungen erwies er sich als ein Meister der Diskretion. So lieferte er zwar umfangreiche Schilderungen von ihrem Aufenthalt auf der Insel, erwähnte jedoch mit keinem Wort einen weiteren Gast an der Seite Piłsudskis: Wie auch immer Eugenia Lewicka nach Madeira gelangte, sie war dort, obwohl sie offiziell nirgendwo genannt wurde. Zum unglücklichen Ausgang der Geschichte schwieg Lepecki natürlich auch. In der internationalen Presse erschienen nämlich Berichte über den Aufenthalt Piłsudskis auf der Insel. Dazu wurden Fotos abgedruckt, auf denen er gemeinsam mit Eugenia Lewicka zu sehen war.

In Polen bahnte sich deshalb ein Skandal an. Drohte hier ein neues Konkubinat des wichtigsten Mannes im Staate? Die Signale, die Piłsudski aus Warschau erreichten, waren jedenfalls sehr dringlich und ließen ihm keine Wahl. Eugenia Lewicka brach ihren Aufenthalt auf Madeira daraufhin ab und kehrte vorzeitig nach Warschau zurück. Piłsudski selbst und seine Begleitung verließen die Insel am 29. März 1931 auf einem Kanonenboot der polnischen Marine. Auf dem Seeweg erreichten sie schließlich Gdynia in der Danziger Bucht, wo Piłsudski von Aleksandra und den beiden Töchtern begrüßt wurde.

Nach Eugenias Rückkehr kam es zwischen ihr und Aleksandra zu einer Begegnung, über deren Inhalt niemals etwas bekannt wurde. In jedem Fall bedeutete sie aber für die junge Ärztin das Ende der Beziehung zu Piłsudski. Am 26. Juni 1931 wurde Eugenia Lewicka im Zentralinstitut für Körperkultur, in dem sie weiter tätig gewesen war, bewusstlos aufgefunden. Wie sich herausstellte, die Folge einer Überdosis eines Betäubungsmittels. Die Ärztin starb nach zwei Tagen, ohne noch einmal das Bewusstsein erlangt zu haben. Ihr Tod war umgehend Anlass für zahlreiche Spekulationen. Bei einer erfahrenen Ärztin konnte man die Einnahme eines falschen Medikaments oder eine versehentliche Überdosierung eigentlich ausschließen. Handelte es sich womöglich um einen Selbstmord aus Verzweiflung? Dem standen die Aussagen mehrerer Freundinnen und Bekannten entgegen, die Eugenia noch zwei Tage vorher voller Lebenslust erlebt und von ihren Zukunftsplänen gehört hatten. Sollte das Ganze von Regierungskreisen gesteuert worden sein, weil die Ärztin – oder, genauer gesagt, ihr Verhältnis zu Piłsudski – den Erhalt der Staatsräson bedrohte? Sofort tauchten auch alte Vermutungen wieder auf, die Eugenia Lewicka eine Verbindung zum sowjetischen Geheimdienst unterstellten. Ihr Tod blieb letztlich ein Rätsel.

An der Totenmesse für die Verstorbene nahmen neben Premierminister Prystor zahlreiche Regierungsvertreter teil. Gerade noch rechtzeitig erschien auch Piłsudski in Begleitung Wieniawa-Długoszowskis und nahm in einer der hinteren Reihen Platz. Die beiden verließen die Kapelle auf dem Powązki-Friedhof, wo Eugenia ihre letzte Ruhestätte fand, dann aber schon vor dem Ende der Messe wieder.

Kurz nach seiner Rückkehr aus Madeira traf Piłsudski mit Staatspräsident Mościcki zusammen und teilte ihm eine Entscheidung mit, die in den Monaten auf Madeira gereift war. Er werde sich von jetzt an ausschließlich auf Fragen der Armee und der Außenpolitik konzentrieren.

Mit seinen Kräften müsse er haushalten, und die Gefahren, vor denen Polen stünde, seien so groß, dass er nunmehr alle weiteren Schwerpunkte der Regierungsarbeit in andere Hände legen wolle.

Auf der Insel hatte er genügend Abstand und Muße gehabt, um grundsätzlich über die innere Verfassung Polens und seine eigene politische Rolle nachzudenken. Wer die Regierungsarbeit, das Funktionieren des Staatsapparates, der Verwaltung und der Legislative nach 1926 vor Augen hatte, musste erkennen, dass es hier nicht das eine Machtzentrum gab, in dem alles zusammenlief. So viel Macht zeitweilig auch in seinen, Piłsudskis, Händen gelegen hatte, er war nie mehr als der Erste unter Ungleichen gewesen. Da gab es die rivalisierenden Kommandeursgruppen der Armee, die Fachleute in der Regierungsarbeit, den Staatspräsidenten mit seiner Autorität und nicht zuletzt den Einfluss der Presse und der öffentlichen Meinung. Er hatte nie ein Diktator sein wollen und war es seiner eigenen Überzeugung nach auch nicht geworden, selbst wenn er manchmal hart durchgegriffen und dabei auch einigen Schaden angerichtet hatte. Er wollte die Zeit, die ihm noch blieb, nutzen, um sich den tödlichen Gefahren, die einem souveränen Polen drohten, entgegenzustemmen. Eine zentrale Rolle spielte dabei in seinen Augen die Armee.

## Die Bedeutung der Streitkräfte

Um 1930 zählte die polnische Armee mit ihren rund 300 000 Soldaten und 18 000 Offizieren von ihrer Größe her zu den stärksten in Europa. Der Verteidigungsetat und die Rüstungsausgaben machten mehr als ein Drittel der Staatsausgaben aus. In Krisenzeiten, wie sie aufgrund der wirtschaftlich schwierigen Situation seit 1929 herrschten, wurde das zu einer ungeheuren Belastung.

Im Offizierskorps bildeten die Legionäre nach wie vor eine eigene Gruppe. Die gemeinsame Zeit in den Schützenvereinen, den Kämpfen in den Brigaden und in der POW hatte sie zusammengeschweißt.

Viele von ihnen hatten zudem nachträglich eine höhere Ausbildung absolviert. Zu Recht galten sie als privilegiert und als Lieblinge des Marschalls. In den älteren Jahrgängen standen ihnen die sogenannten Österreicher gegenüber, ehemalige Offiziere der K.-u.-k.-Armee, die sich politisch häufig den Nationaldemokraten verbunden fühlten. Wie das Beispiel Becks zeigte, gab es hier aber auch einige Ausnahmen. Die »Österreicher« wollten eher in Kleinpolen und Großpolen dienen, wo die Nationaldemokraten ihre politischen Bastionen hatten, und fanden in den Generälen Władysław Sikorski und Józef Haller ihre politischen Leitfiguren.

Piłsudski tat alles, um den Riss in der Truppe zu kitten, der sich durch die Ereignisse vom Mai 1926 noch vertieft hatte. Er belobigte und beförderte fähige Offiziere, die gegen ihn gekämpft hatten, würdigte alle Opfer der damaligen Kämpfe gleichermaßen. Major Marian Porvit, der ihm auf der Poniatowski-Brücke den Übergang verweigert hatte und bereit gewesen war, auf ihn zu schießen, durfte ausdrücklich auf seinem Posten als Kommandeur einer Offiziersschule bleiben. Der entscheidende politische Rivale des Marschalls, General Sikorski, bekam allerdings Stabsoffiziere an die Seite gestellt, die Piłsudski ergeben waren.

Über ihren eigentlichen militärischen Auftrag hinaus sollte die Armee als moralisches Vorbild auf die Nation ausstrahlen – durch selbstlosen Einsatz, Dienst an der Allgemeinheit und strikte Neutralität in politischen Fragen. Solange Deutschland noch an die Rüstungsbeschränkungen des Versailler Vertrages gebunden war und die Sowjetunion militärisch noch nicht so schlagkräftig, stellte Polen mit seiner Armee einen ernst zu nehmenden Faktor in den europäischen politischen und militärischen Konstellationen dar. Die in Kreisen der Nationaldemokraten grassierende Megalomanie, Polen für alle Zeit den Status einer Großmacht zuzuschreiben, war ihm dagegen zutiefst fremd. Verbündete gewann man auf diese Weise nicht. Die Rolle, die Polen in Ostmitteleuropa spielen konnte, hing von den dortigen Nachbarn ab, die er als Partner erreichen wollte.

Wie weit die Vorstellungen hier auseinanderklafften, zeigte sich besonders deutlich, als es um die Präsenz und den Einsatz polnischer Truppen in den mehrheitlich von Ukrainern bewohnten ostgalizischen Territorien ging. In der zweiten Septemberhälfte 1930, noch während des Wahlkampfes, hatte die polnische Regierung dort eine sogenannte Pazifizierungsaktion angeordnet, bei der neben Polizei auch Einheiten der Armee eingesetzt wurden. Sie reagierte damit auf Bombenattentate durch radikale ukrainische Nationalisten, die daneben auch Überfälle auf öffentliche Einrichtungen sowie auf polnische Bauernhöfe und Güter verübt hatten. Im Zuge der Aktion war es zu zahlreichen Übergriffen auf die Zivilbevölkerung gekommen, zu Plünderungen und Vergewaltigungen, zur Zerstörung ukrainischer Genossenschaftseinrichtungen und Kulturzentren. Dem Wunschbild der polnischen Armee entsprach das sicher nicht, sehr wohl aber der Interessenlage der Nationaldemokraten und ihnen nahestehender Truppenkommandeure.

Der PPS-Abgeordnete Adam Ciołkosz nahm im Januar 1931 in einer Kommission des Sejm Stellung zu den Konflikten im Osten des Landes und insbesondere zu unverhältnismäßigen Übergriffen polnischer Polizei- und Militäreinheiten. Seine Rede wurde im *Robotnik* abgedruckt und fand weite Verbreitung. Für Ciołkosz stand fest, dass Polen angesichts seiner eigenen Teilungsgeschichte das größte Verständnis für die kulturellen und gesellschaftlichen Autonomiebestrebungen der Ukrainer haben sollte. Doch das Gegenteil sei der Fall. Selbst die ukrainischen Namen auf Landkarten und Bahnhöfen würden ausgelöscht, und die Zahl ukrainischer Schulen entspreche nicht dem ukrainischen Bevölkerungsanteil. Angesichts dieser und zahlreicher weiterer Diskriminierungen gerate ein Teil der jungen Ukrainer auf den Weg der Radikalisierung und schrecke auch nicht vor Sabotageakten zurück. Frieden, Ordnung und Ruhe dürften aber keine Friedhofsruhe bedeuten. Es gelte stattdessen, Lösungen zu finden, mit denen beide Seiten leben könnten. Während Ciołkosz' Rede auf große Zustimmung stieß, gab es doch auch viele Stimmen, die ihm vorwarfen, mit seinem Auftreten die Sicherheit des Staates zu gefährden.

Wie gefährlich es sein konnte, sich für eine ukrainische Verständigungspolitik einzusetzen, zeigte sehr drastisch das Schicksal von Tadeusz Hołówko. Der hatte bei den Wahlen im Herbst 1930 auf der Liste des BBWR kandidiert und erneut einen Parlamentssitz errungen. Neben seiner Arbeit im Außenministerium und im außenpolitischen Ausschuss des Sejm war er als Woiwode der Region Lemberg vorgesehen. Im August 1931 fiel er dann jedoch in dem ukrainischen Kurort Truskawiec einem Attentat zum Opfer. Die Täter waren zwei Mitglieder einer radikalen ukrainischen Militärorganisation. Womöglich wollten sie einfach nur einen Politiker, der sich um die Loyalität ukrainischer Bürger gegenüber dem polnischen Staat bemühte, aus dem Weg räumen. Allerdings passte ein solches Vorgehen strategisch nicht recht zu einer Klage, die ukrainische Auslandsorganisationen just zu der Zeit vor den Völkerbund gebracht hatten. Die Klage stand kurz vor der Verhandlung und sollte die Schuld der polnischen Seite wegen der Übergriffe von Militärkräften bei den Unruhen in der Ukraine belegen. Es konnte also nicht im Interesse der der Verfechter ukrainischer Unabhängigkeit liegen, ausgerechnet in dem Moment jemanden zu ermorden, der als international anerkannter Vertreter einer Politik der polnisch-ukrainischen Verständigung galt. Und tatsächlich lehnten die Anführer jener Militärorganisation jegliche Verantwortung für das Attentat vehement ab. Es ist durchaus denkbar, dass bei der Tat der sowjetische Geheimdienst über seine zahlreichen Agenten in den Kreisen der ukrainischen Nationalisten seine Finger im Spiel hatte. Informationen des polnischen Auslandsgeheimdienstes wiesen jedenfalls in diese Richtung. Doch wer auch immer letztlich dahintersteckte, für Piłsudski war die Ermordung Hołówkos ein schwerer Schlag.

Ein deutliches Beispiel für den Fehleinsatz der Armee und einander widersprechende Ziele der polnischen Politik war die von Henryk Józefski, einem Politiker und Freund Simon Petljuras, vorangetriebene proukrainische Politik in Wolhynien. Józefski hatte sich 1926 auf die Seite Piłsudskis gestellt und war danach am Aufbau des BBWR beteiligt gewesen. Er wollte die gefährdete Republik durch die Unterstützung und Gleichstellung der nationalen Minderheiten stabilisieren. Deren

Vertreter sollten sich politisch der polnischen Staatlichkeit annähern können, aber nicht durch Assimilation, sondern über eine Vielzahl eigener kultureller und gesellschaftlicher Organisationen, Vereine und Institutionen. Wie Hołówko stand auch für Józefski der Anspruch von Ukrainern und Belarusen auf eine eigene, künftig souveräne Staatlichkeit über dem Ziel einer dauerhaften Dominanz Polens in einer polnisch-ukrainischen-belarusischen Föderation. Das hieß dann aber auch, wechselseitig territoriale Kompromisse in Kauf zu nehmen.

Polnische Woiwoden in den östlichen Regionen waren die höchsten zivilen Beamten und Vertreter der Verwaltung und standen den Vertretern der Militärverwaltung gegenüber, die vonseiten der Armee bestimmt wurden. Józefski versuchte, sich gegen Übergriffe polnischer Polizei- und Militäreinheiten im Zuge von Pazifizierungsaktionen zu wehren, blieb jedoch weitgehend erfolglos. Das mit Józefskis Namen verbundene »wolhynische Experiment« eines gleichberechtigten Zusammenlebens der polnischen, ukrainischen und jüdischen Bevölkerung scheiterte letztlich.

Insgesamt wollte Piłsudski die Stärke der Armee für außenpolitische Ziele einsetzen, er wollte sie, wenn es sein musste, als Drohkulisse nutzen können. Weitaus wichtiger war ihm allerdings eine Außenpolitik, für die er Verbündete brauchte.

## Auf der Suche nach Verbündeten

Mieczysław Lepecki wurde kurz nach seiner Rückkehr aus Madeira in eine weit entfernte Garnison im wolhynischen Kowel abkommandiert. Irgendjemandem in der Militärhierarchie gefielen offenbar seine Nähe zu Piłsudski und seine enge Beziehung zu Beck nicht. Der stellvertretende Außenminister musste sich für seinen Schützling etwas ausdenken. Er sorgte dafür, dass Lepecki eine neue Mission an der Botschaft in Bukarest bekam und dort erneut mit Piłsudski zusammentraf, der im Frühjahr 1932 bei seiner Rückkehr von einem Aufenthalt in Ägypten in

Józef Piłsudski beim Patiencenlegen auf Madeira, 1931

Rumänien Station machte. Daraus ergab sich Lepeckis neue Aufgabe als engster Adjutant Piłsudskis im Generalinspektorat.

Was die Unterbringung betraf, überließ Piłsudski die Wahl Lepecki. Er könne seine bisherige Wohnung behalten und habe dann reguläre Dienstzeiten, oder er werde unmittelbarer Nachbar des Marschalls. Lepecki wählte Letzteres und bezog ein Zimmer direkt neben den Arbeits- und Schlafräumen Piłsudskis im Generalinspektorat. So wurde er bis zum Frühjahr 1935, als der bereits todkranke Marschall zur Familie in das Belvedere umzog, dessen Auge und Ohr, eine seiner wichtigsten Verbindungen zur Außenwelt. Er erfüllte diesen Dienst mit voller Leidenschaft, Gründlichkeit und Diskretion. Von den Inhalten der Gespräche, welche die zahlreichen Besucher mit Piłsudski führten, bekam er zwar nichts mit, aber dafür führte er gewissenhaft Protokoll über das Kommen und Gehen der Gäste.

Der Sitz des Generalinspektorats befand sich in der Aleja Ujazdowski, direkt gegenüber des Botanischen Gartens. Der vordere Eingang war stets verschlossen, den einzigen Schlüssel dazu hatte Lepecki. Jeder Besucher musste sich bei der Wache melden und wurde über ein Haustelefon dem diensthabenden Adjutanten gemeldet. Meist war es Lepecki, der dann herunterkam, die Tür aufschloss, den Besucher überprüfte und später wieder hinausbegleitete.

Das Gebäude selbst umfasste acht Zimmer auf zwei Etagen. Im Erdgeschoss lebte Dr. Woyczyński mit seiner Frau Ludwika Woyczyńska. Die beiden kümmerten sich weiterhin neben ihren ärztlichen Pflichten um die Küche und die Ordnung im Haus. Die Mahlzeiten für den Marschall kamen in der Regel aus dem Belvedere und wurden in der Küche vorbereitet.

Im oberen Stockwerk befanden sich am Ende eines langen Flurs die Räume des Marschalls, das Zimmer Lepeckis und ein Gästezimmer. Lepeckis Zimmer grenzte unmittelbar an die Tür, die zu Piłsudskis Wohnung führte. Sie stand immer einen Spalt weit offen, es sei denn, Piłsudski führte vertrauliche Gespräche. Der Marschall brauchte nur zu rufen, wenn er etwas brauchte, und schon war sein Schatten zur Stelle. Piłsudski hörte gern halblaute Unterhaltungsmusik, weil ihn das beruhigte. Wenn am Radiogerät eine Einstellung nicht stimmte, musste Lepecki es richten. Der Adjutant hatte seinen gesamten Lebensrhythmus auf Piłsudski abgestimmt. Meist schlief der bis in den späten Vormittag, arbeitete gern spät abends und unterhielt sich dann eine Weile mit Lepecki. Häufig plagte ihn Schlaflosigkeit, und so kam er kaum vor 2 oder 3 Uhr morgens zur Ruhe. Lepecki erlaubte es sich nicht, vorher einzuschlafen, obwohl er ein Frühaufsteher war und sich am Nachmittag häufig nur mit starkem Kaffee wach halten konnte. Durch den Türspalt hörte er oft weit nach Mitternacht die Stimme Piłsudskis, der sich mit imaginären Gegenübern auseinandersetzte, mal aufstöhnte, mal wütend wurde und mit der Faust auf den Tisch hieb. Wenn der Marschall endlich eingeschlafen war, machte der treue Lepecki seine letzte Runde. Er zog die Rollläden herunter und ließ nur eine kleine

Tischlampe brennen, die ein indirektes Licht gab und den Marschall beruhigte, wenn er noch einmal wach wurde.

Unter der Woche war der Tagesablauf im Generalinspektorat stets gleich. An den Wochenenden verbrachte Piłsudski jedoch meist einen Teil des Sonnabends, auf jeden Fall aber den Sonntag bei Aleksandra und seinen Töchtern im Belvedere. Manchmal kamen weitere Angehörige der Familie dazu. Den kurzen Weg zum Belvedere legte Piłsudski noch einige Zeit zu Fuß zurück, bis ihm auch das zu viel wurde und er sich fahren ließ.

Der häufigste Besucher war Józef Beck. Aber auch Sławek, Prystor, verschiedene Minister und Beamte sowie Mitglieder der Armeeführung kamen öfter zu Unterredungen oder um dem Marschall Bericht zu erstatten. Der stets gut gelaunte Wieniawa-Długoszowski kam ebenfalls oft vorbei. Immer wieder machten auch Botschafter und andere ausländische Repräsentanten Piłsudski ihre Aufwartung. Lepecki konnte jeweils genau einschätzen, wie es Piłsudski ging, beziehungsweise wie es um dessen Gemütszustand bestellt war. Wenn er auf Fragen der Besucher ein sorgenvolles Gesicht machte, war das kein gutes Zeichen. Je nach Tagesform oder Gegenstand des Gesprächs konnte es hinter der verschlossenen Tür dann sehr laut zugehen, und nicht selten kamen die Gäste mit verstörter Miene heraus. Es gab Zeiten, in denen sich die Wutanfälle Piłsudskis häuften. Dann konnte er Personen seiner Umgebung aus den nichtigsten Anlässen wüst beschimpfen und ihnen schlimmste Konsequenzen androhen. Lepecki, der von solchen Ausbrüchen verschont blieb, führte sie auf den sich verschlechternden Gesundheitszustand des Marschalls zurück.

Einige Ereignisse blieben Lepecki in besonderer Erinnerung. So der Abend des 6. November 1932. Bei den Reichstagswahlen in Deutschland hatten die Nationalsozialisten erhebliche Stimmenverluste hinnehmen müssen, blieben aber stärkste Fraktion. Hinzugewonnen hatten die Kommunisten. Noch am selben Abend klingelte spät das Telefon Lepeckis im Generalinspektorat. Es war die polnische Botschaft in Berlin mit den Wahlergebnissen. Der Adjutant brachte die Zahlen zum

Marschall. Der ging sie mit Lepecki durch und fragte ihn anschließend, wie er das Ganze denn einschätze. Mit Hitler gehe es wohl bergab, meinte Lepecki erleichtert. Doch Piłsudski schüttelte den Kopf: »Sein Weg wird nach oben führen, und das mithilfe Hindenburgs.«

Im November 1932 wurde Józef Beck zum Außenminister ernannt. Sein Vorgänger August Zaleski, der das Amt seit 1926 innegehabt hatte, verfügte zwar über internationale Erfahrungen und diplomatisches Geschick und hatte sich durchaus bewährt. Nach Meinung Piłsudskis war er jedoch in entscheidenden Verhandlungen zu nachgiebig aufgetreten. Beck sollte nun mehr Forschheit und Durchsetzungsvermögen in die diplomatischen Aktionen bringen. Die Zeit drängte, denn die Nachrichten aus Deutschland und der Sowjetunion boten immer mehr Anlass zur Sorge.

Piłsudski hatte schon sehr früh Hitlers *Mein Kampf* gelesen, auch den entscheidenden zweiten Teil, in dem Hitler seine Verachtung für alle slawischen Völker zum Ausdruck brachte, die gegenüber der nordischen Rasse minderwertig seien. Auch die Grundrisse von Hitlers späterem »Generalplan Ost« waren darin bereits zu erkennen: die Unterdrückung, Versklavung und Ermordung der Bevölkerung weiter Teile Osteuropas. Im Unterschied zu vielen anderen zeitgenössischen Beobachtern und Politikern hielt der Marschall Hitler für eine sehr ernst zu nehmende und bedrohliche politische Figur. Hitler war für ihn ein kühl kalkulierender Politiker, der es verstand, Freunde und Feinde an der Nase herumzuführen – eine völlig zutreffende Einschätzung, wie sich zeigen sollte.

Einerseits bereitete Hitler ein gewaltiges Rüstungsprogramm vor, andererseits spielte er sich als Friedensengel auf. Zeitweilig gab er sich sogar als Freund Polens aus, dem nur an einigen Zugeständnissen in der Frage Danzigs und des Korridors gelegen sei. Hindenburg war kein Freund des österreichischen Gefreiten. Er verachtete ihn und setzte auf die preußische Militär- und Junkerfraktion, deren Vertreter seine Arroganz gegenüber Hitler teilten. Wenn nötig, würden sie diesen als vorübergehendes Werkzeug einsetzen, um die Weimarer Demokratie in eine Präsidialdiktatur oder einen monarchistischen Ständestaat zu verwandeln. Hier existierten unter rechtskonservativen Politikern und Generälen sehr verschiedene Vorstellungen. Sie diskutierten im kleinen Kreis auch einen möglichen Putsch gegen Hitler, als Hindenburg seinen Widerstand gegen die Machtübertragung aufgab.

Als Hitler bereits Reichskanzler war, kämpfte er mit großer Energie um die Unterstützung der Reichswehrführung. Am 3. Februar 1933 folgte er einer privaten Einladung Generals von Hammerstein-Equord in dessen Dienstwohnung im Bendlerblock. Die Einladung war als Geburtstagsempfang für den Außenminister Konstantin von Neurath deklariert, zahlreiche hohe Militärs folgten ihr.

Hitler wusste, womit er die Runde beeindrucken konnte. In einer über zweistündigen, scheinbar aus dem Stegreif gehaltenen Grundsatzrede stellte er sein Konzept einer Neuordnung Europas vor. Dazu gehörte als erster Schritt die volle Souveränität Deutschlands durch das Aufheben der Beschränkungen des Versailler Vertrages und der forcierte Aufbau der Wehrmacht in einem Zeitraum von sechs bis acht Jahren. Ziel müsse die Gewinnung neuen Lebensraums im Osten Europas sein. Nur eine rücksichtslose Germanisierung könne solchen Lebensraum auf Dauer sichern. Die etablierten Mächte im Westen würden sich dann in jeden Kompromiss fügen. In späteren Auftritten wurde Frankreich als niederzuringender historischer Hauptfeind im Westen beschrieben.

General von Hammerstein-Equord galt als vergleichsweise liberal, und zwei seiner Töchter waren mit jungen Kommunisten liiert. Eine von ihnen, Helga von Hammerstein-Equord, fertigte heimlich ein eigenes Protokoll der Rede an und gab es an ihren Geliebten weiter. Mehrere Mitschriften der Rede gelangten so sehr schnell in die Hände des Geheimapparates der Komintern und erreichten auf anderen Wegen nicht nur westliche Geheimdienste, sondern auch den polnischen Geheimdienst. Eine der wichtigsten Quellen für Piłsudski war ein polnischer Militärangehöriger, Rittmeister Jerzy Sosnowski, der sich als reicher Lebemann in gehobenen Berliner Kreisen bewegte. Sosnowski gelang es mit Charme und dem Geld des polnischen Geheimdienstes, junge Frauen aus deutschen Adelsfamilien anzuwerben, die im Reichswehrministerium und anderen Behörden Aufstellungen über die Truppenstärke und die Aufmarschpläne der Wehrmacht beschafften.

Hitler musste damit rechnen, dass der Inhalt der Geheimrede seine Gegner erreichte. Für ihn war das kein großes Problem. Er konnte überall das Gegenteil behaupten, die Verwirrung steigern und sich weiter als Friedensapostel aufspielen. »Onkel Wolf«, wie sich Hitler von Kindern gern nennen ließ, war ein Meister der Camouflage. Piłsudski war ihm auf diesem Feld jedoch gewachsen.

Im Frühjahr 1933 reifte in Piłsudski ein Plan, der als »Präventivkrieg« ganz verschiedene Interpretationen seitens der Historiker erfuhr. Piłsudski setzte auf die Möglichkeit, Hitler, der sich noch nicht im Besitz der vollen Macht befand, zu provozieren und durch die Androhung eines gemeinsamen polnisch-französischen militärischen Vorgehens einzuschüchtern. Vielleicht ließ sich so Hitlers weiterer Aufstieg noch frühzeitig aufhalten. Hitlers fanatische Anhänger in Danzig wollten den Status der Stadt ändern und waren bereit, dafür Gewalt einzusetzen. Wenn Hitler dem nachgab und die polnische Seite hart und konsequent reagierte, würde ein gemeinsames Vorgehen der Polen und Franzosen Hitler in eine militärisch aussichtslose Lage bringen und zu Verhandlungen zwingen können. Für eine ausgewachsene militärische Konfrontation war Deutschland noch nicht gerüstet, und eine solche Niederlage würde Hitler politisch wohl nicht überleben. Alles kam darauf an, ob die französische Seite bei diesem Vorhaben mitspielen würde.

Beck wurde eingeweiht und wählte daraufhin eigene Kanäle, die an der polnischen Botschaft in Paris vorbeiführten. Sein und Piłsudskis enger Vertrauter Wieniawa-Długoszowski nutzte im März 1933 die Gelegenheit eines Kombattantentreffens in Paris, um vertrauliche Gespräche mit dem französischen Außenminister Paul Boncour und mit General Maxime Weygand zu führen. Würde Frankreich im Fall eines

Józef Piłsudski im Garten, 1933

militärischen Vorgehens der Polen den Bündnisfall anerkennen und die Mobilmachung beschließen?

Der Mission Wieniawa-Długoszowskis folgten noch zwei weitere Versuche von engen Vertrauten des Marschalls. Alle französischen Gesprächspartner, mit denen die polnischen Emissäre zusammentrafen, reagierten jedoch ausweichend. Maßgebliche französische Politiker unterschätzten die Gefahr, die von Deutschland ausging, und sahen in Hitler einen Politiker, der sich zähmen ließ. Sie wollten sich auf kein riskantes Bündnismanöver mit Polen einlassen.

Im Unterschied zu den Franzosen reagierte Hitler, der von den polnischen Überlegungen erfahren hatte, sehr schnell und sorgte dafür, dass sich seine fanatischen Danziger Anhänger von da an ruhig verhielten. Noch war die Stunde der Auslöschung Polens nicht gekommen. Vor allem musste er erst noch Ordnung in den eigenen Reihen schaffen. Im Juni 1934 entmachtete er im sogenannten Röhm-Putsch die plebejische Prügelgarde der SA, an deren Stelle dann Himmlers SS-Standarten traten. Kritische Kreise in der Reichswehr-Führung, die den Zugriff

Hitlers auf die Armee einschränken wollten, wussten nun, was sie erwartete, sollten sie seinen Plänen wirklich Widerstand leisten.

In den Folgemonaten enthielt sich Hitler aller lauten Töne gegenüber Polen und betonte seine Bereitschaft zu Ausgleich und Verständigung. So trieb er die Verhandlungen zu einem deutsch-polnischen Nichtangriffspakt voran, der im Januar 1934 abgeschlossen wurde. Dem war ein sowjetisch-polnischer Nichtangriffspakt vorausgegangen. Angesichts des Zögerns und der Verweigerungshaltung westlicher Bündnispartner hatte Piłsudski keine andere Wahl, als sich auf diese beiden Pakte einzulassen. Mehr konnte er in dem Moment nicht für die Sicherheit seines Landes herausholen.

Wer blieb ihm als Verbündeter? Auch nach der internationalen Anerkennung Polens und seiner Grenzen war es letztlich nicht gelungen, den Kreis stabiler Bündnispartner wirklich zu erweitern. In zahlreichen Ländern waren die bisherigen Vertretungen und Gesandtschaften zu Botschaften geworden, aber das sagte noch lange nichts über die Qualität der jeweiligen Beziehungen aus. Rumänien war offenbar der einzige verlässliche und enge Bündnispartner. Einem angestrebten Bündnis mit Ungarn stand allerdings just die rumänisch-ungarische Konkurrenz entgegen. Was die baltischen Staaten betraf, so gab es nur zu Estland engere Beziehungen. Mit Litauen hielten die ungeklärten Konflikte an. In Bezug auf die Tschechoslowakei holte Piłsudski die eigene Kurzsichtigkeit ein. Er hatte den stärksten Staat der Region für ein Kunstprodukt gehalten, das auf längere Zeit nicht überlebensfähig sei, und sich folglich nicht ernsthaft um eine polnisch-tschechoslowakische Allianz gekümmert. Nun hätte eine solche eventuell ein Gegengewicht zu den Interessenlagen der Großmächte bilden können. Frankreich, England und die Vereinigten Staaten als Versailler Vertragsmächte trafen ihre außenpolitischen Entscheidungen nicht immer zugunsten Polens. Polen galt ihnen als schwieriger Verhandlungspartner, vor allem wenn es um seine Unnachgiebigkeit im Verhältnis zu Moskau ging.

Polen war in jedem Fall auf die Unterstützung der westlichen Mächte angewiesen, konnte sich aber trotz aller außenpolitischen Bemühungen Piłsudskis nie sicher sein, wie weit ihre Unterstützung im Ernstfall gehen würde. Einen Lichtblick boten da einzig die guten Beziehungen zum Vatikan. Achille Ratti war während des polnisch-sowjetischen Krieges von 1920 päpstlicher Nuntius in Warschau gewesen und hatte damals als einziger Diplomat die Stadt nicht verlassen. Als Papst Pius XI. unterstützte er nunmehr die Politik Piłsudskis und sorgte dafür, dass bei der Ernennung von Bischöfen in Polen eher gemäßigte als rechtnationalistische Kandidaten zum Zuge kamen. Kurz nach den Mai-Ereignissen von 1926 hatte der Freigeist Piłsudski sogar einen speziellen päpstlichen Segen erhalten, was einen Teil des polnischen Klerus insgeheim zum Schäumen brachte.

## Der doppelte Weg

Piłsudski und seiner Familie blieben von 1931 bis 1934 noch mehrere Sommer in Litauen vergönnt. Nicht in Druskienniki, dort wogen andere Erinnerungen zu schwer, sondern in einem kleinen Anwesen etwa 20 Kilometer nördlich von Wilna, um das sich Aleksandra seit Ende der 1920er-Jahre gekümmert hatte. Es war ein bescheidenes Haus, ohne Stromanschluss, aber wunderschön gelegen und von einem Park mit herrlichen alten Bäumen umgeben. Durch diesen führte eine Allee zu einem See, der Piłsudski an seine Kinder- und Jugendzeiten erinnerte. Er liebte die Vögel, die diesen See bevölkerten, und setzte durch, dass die Vogeljagd dort verboten wurde – sehr zum Leidwesen der lokalen Fischer. Piłsudski hielt sich jeweils vier bis sechs Wochen dort auf. Mitunter begleitete ihn Adjutant Lepecki, doch manchmal durfte der in diesen Wochen auch seinen eigenen Urlaub genießen. Mit der Abfahrt des Marschalls in Richtung Wilna leerte sich jedes Mal ganz Warschau. In den Ministerien und Armeestäben wusste man, dass Piłsudski die Anwesenheit der Referenten, Abteilungsleiter und ihrer Vorgesetzten erwartete, solange er selbst in der Hauptstadt weilte. Hatte sich sein Zug in Bewegung gesetzt, schlug die Stunde der eigenen Freiheit.

In den beiden letzten Lebensjahren Piłsudskis zog sich die Schlinge um Polen immer enger zu. Hitler hatte sich, wie von Piłsudski vorausgesagt, mithilfe Hindenburgs den Weg an die Macht geebnet und seine Position gegen alle Widersacher und Gegner im eigenen Lager behauptet. Es war ihm zudem gelungen, die Rüstungsbeschränkungen des Versailler Vertrages zu unterlaufen und ein gewaltiges Aufrüstungsprogramm auf den Weg zu bringen. Die militärische Zusammenarbeit mit der Roten Armee lief auf Hochtouren. Für die Situation Polens bedeuteten angesichts dessen auch die mit Deutschland und der Sowjetunion abgeschlossenen Nichtangriffspakte keine wirkliche Sicherheitsgarantie. Nach dem Abschluss des Vertrages mit Deutschland im Januar 1934 meinte Aleksandra erleichtert zu ihrem Mann, dass nun doch wohl noch zehn Jahre Zeit wären. Piłsudskis Einschätzung war eine andere: Er glaubte, es werde höchstens noch fünf Jahre dauern, bis einer der beiden Feinde, Hitler oder Stalin, versuchen werde loszuschlagen. Anfang 1934 hatte er deshalb ein geheimes Büro für strategische Studien geschaffen, das den Decknamen »Laboratorium« trug. Es war neben der II. Abteilung des Generalstabs tätig, nutzte deren Materialien und erstellte darüber hinaus eigene Analysen. Seine Hauptaufgabe war es, militärische, politische und gesellschaftliche Informationen vor allem aus Deutschland zu bündeln und zu analysieren, von den Fortschritten im Rüstungssektor bis zur Stimmung in der Bevölkerung sowie in den militärischen und zivilen Eliten. Der Chef des Laboratoriums, Oberst Kazimierz Glabisz, war selbst häufig auf Erkundungsmission in Deutschland und den europäischen Nachbarländern unterwegs.

Gestützt auf die ersten Ergebnisse der Arbeit des Laboratoriums, lud Piłsudski am 7. März 1934 zu einem außergewöhnlichen Treffen in das Belvedere ein. Er folgte einer englischen Tradition und rief mit Bartel, Świtalski, Prystor und Sławek sogar ehemalige und aktuelle Ministerpräsidenten zusammen, um mit ihnen die schwierige und beunruhigende Lage, in der er Polen sah, zu beraten. Später sollten auch noch Józef Beck und Wieniawa-Długoszowski zu dem Kreis dazustoßen.

Das Gespräch drehte sich dann vor allem um die Frage, ob die

Nichtangriffspakte mit Deutschland und der Sowjetunion und der nach wie vor gültige Beistandspakt mit Frankreich die Sicherheit Polens für absehbare Zeit garantieren könnten. Piłsudski präsentierte den Anwesenden Informationen, die Aufschluss über die fieberhafte Aufrüstung Hitlers und Stalins gaben und die nachgiebigen Reaktionen des Westens zeigten. Würde man sich angesichts dessen alleine behaupten können, und wenn ja, mit welchen Mitteln? Piłsudski selbst sah in Stalin nach wie vor den gefährlicheren Gegner. Dessen fünfte Kolonne in Polen wurde immer stärker. Was Hitler anging, so war völlig offen, ob dessen weiteres aggressives Vorgehen eventuell doch noch Widerstand im Westen hervorrufen würde.

In der Runde gingen die Meinungen über die von Piłsudski favorisierte Strategie auseinander: Er hatte vorgeschlagen, eine Politik des Ausgleichs und der Machtbalance gegenüber Deutschland und der Sowjetunion zu verfolgen. Das klang für manche doch zu sehr nach Vabanquespiel. In Polen waren längst Stimmen zu hören, die zu einer Anlehnung an einen der beiden Nachbarn rieten. Vor diesem Hintergrund griff Piłsudski zu einem anschaulichen Bild: Die Anwesenden sollten sich alle einen zweibeinigen Schemel vorstellen. Wie könne man stabil auf dem sitzen? Nur dadurch, dass man mit beiden Beinen fest auf der Erde stünde. Sobald man eines der beiden Beine hebe und das Körpergewicht verlagere, kippe der Schemel um. Genauso sei die Situation Polens.

Die Versammelten erkannten durchaus das Gewicht von Piłsudskis Argumenten, gingen am Ende aber doch eher ratlos auseinander.

Im Frühjahr 1935 klagte Piłsudski über immer heftigere Magenschmerzen. Da die Warschauer Ärzte keine rechte Diagnose stellen konnten, ließ man ein Team von Spezialisten aus Wien kommen, das Piłsudski aber zunächst nicht vorlassen wollte. Als er dann doch endlich zu gründlichen Untersuchungen bereit war, wurde bei ihm sowohl Nieren- als auch Magenkrebs diagnostiziert, beides jeweils so weit fortgeschritten, dass eine Operation nicht mehr infrage kam.

Mit Familie und Freunden (v. l. n. r.): Czesław Kadenacy, Maria Juchniewicz, Aleksandra Piłsudska, Wanda Bułhakówna, Wanda Piłsudska, Józef Piłsudski, Jadwiga Piłsudska, 1934

Für Piłsudski wurde daraufhin ein Krankenlager im Belvedere eingerichtet. Sein Zustand verschlechterte sich in den folgenden Wochen zusehends – und irgendwann so dramatisch, dass man Beck informierte. Der war gerade auf einem Empfang zu Ehren des französischen Außenministers und eilte in Galauniform umgehend in das Belvedere. Als Piłsudski ihn mit all seinen Orden sah, versuchte er zu scherzen: »Schick siehst du aus, mein Junge, halt dich bloß weiter so.« Er wusste genau, welche Aufgabe er in die Hände seines Außenministers gelegt hatte, und fand noch die Kraft, sich eine ganze Stunde lang mit ihm über die Probleme mit Frankreich zu unterhalten.

Piłsudski war kein leichter Tod vergönnt. Der Todeskampf zog sich über mehrere Tage hin. Die Ärzte, Aleksandra und die Töchter harrten

Beerdigung von Piłsudskis Schwester Zofia Kadenacowa in Wilna, Februar 1935

an seinem Bett aus. Auch die Adjutanten waren stets in der Nähe. Später kam ein Priester dazu. Anfangs konnte Piłsudski sich noch verständlich machen, dann verlor er immer mehr das Bewusstsein. Der röchelnde Atem wurde schwächer, manchmal murmelte er noch Unverständliches. Am 4. Mai 1935, einem Sonntag, um 20.45 Uhr hörte sein Herz auf zu schlagen. Wenige Stunden nach seinem Tod, noch in der Nacht, traf der engste Führungskreis im Belvedere ein, um der Witwe und den Töchtern zu kondolieren. Dann zog man sich zurück – der Kampf um die Nachfolge hatte begonnen.

Piłsudski hatte seinen letzten Willen mehrfach festgehalten. Darin hatte er die Entscheidung für seinen doppelten letzten Weg, seine doppelte Ruhestätte bekräftigt. Als polnischer Staatsmann gehörte er auf den Wawel, in die Krypta der Krakauer Burg, neben die polnischen Könige. Aber ganz sollten ihn die Polen nicht bekommen, dazu hatten sie ihn, den Litauer, häufig nicht sehr gut behandelt. Sein Herz gehörte nach Litauen, nach Wilna. In die geliebte Stadt, in die Landschaft seiner Kindheit und Jugend. Dort sollte es zu Füßen seiner Mutter ruhen.

Wenige Monate nach seinem Tod, der Körper war bereits im Wawel beigesetzt worden, trat die Urne mit seinem Herzen ihren Weg nach Litauen an. Die sterbliche Hülle der Mutter wurde von ihrem vormaligen Begräbnisort mit militärischen Ehren auf den Friedhof Rosas in Wilna gebracht, wo auch Piłsudskis erste Frau Maria mit ihrer Familie ruhte. Dort setzte man den Sarg der Mutter und die Urne mit seinem Herzen in einem gemeinsamen Grab bei. Artilleriesalven ertönten. Sie waren ein Gruß an seine Soldaten, mit denen er in Wilna gekämpft hatte und deren Gräber ihn auf dem Friedhof umgaben. Überhaupt war diese Abschiedszeremonie noch einmal die Stunde der Veteranen und Freunde aus den Zeiten der PPS. Viele von ihnen hatten bei den Staatsfeierlichkeiten in Krakau keinen Platz für sich gesehen. Hier aber schlossen sie sich dem Trauerzug an, über ihren Köpfen das rote Banner der PPS.

# 15
# GRÖSSE UND WIRKUNG

## Der Kampf um das Erbe

Mit dem Tod des Marschalls waren weder die Frage seiner Nachfolge noch die nach der zukünftigen Verteilung der Macht an der Spitze des Staates geklärt. Noch im April 1934 hatte man nach langem Ringen eine neue Verfassung verabschiedet, die auf einen Mann zugeschnitten war, den es kurz darauf nicht mehr gab: Sie war auf einen starken Staat mit einem starken Präsidenten an der Spitze ausgerichtet. Damit wurde der demokratischen und parlamentarischen Republik ein Staatsmodell entgegengestellt, das zwar keine Diktatur war, ihr aber gefährlich nahekommen konnte. Dazu kam es jedoch nicht. Bis zum Ende der Zweiten Republik blieb der von außen immer stärker bedrohte Staat in einer prekären inneren Balance zwischen widerstreitenden politischen Kräften gefangen.

Der amtierende Staatspräsident Mościcki wollte bei der regulär anstehenden Wahl des Staatspräsidenten erneut antreten und berief sich dabei auf eine vertrauliche Zusage Piłsudskis, die aber nirgendwo festgehalten war. In der Annahme, noch ein paar Jahre vor sich zu haben, hatte Piłsudski mit Blick auf die nächste Präsidentschaftswahl aber keinen starken Konkurrenten neben sich mehr haben wollen und daher Walery Sławek für das Amt favorisiert. Darauf bezog sich nun, nach dem Tod des Marschalls, wiederum Sławek, doch er kapitulierte schon bald vor dem Anspruch Mościckis. Um den im Schloss residierenden alten und neuen Staatspräsidenten gruppierte sich bald die sogenannte Schlossfraktion, zu der vornehmlich Liberale und Technokraten aus verschiedenen Parteien gehörten. Sie suchten den Einfluss und die drohende Dominanz der Militärs einzugrenzen.

Für die Nachfolge als Generalinspekteur hätte Piłsudski am liebsten seinen fähigsten General Kazimierz Sosnkowski eingesetzt, doch am Ende hatte er selbst dafür gesorgt, dass dieser für lange Zeit in der zweiten Reihe blieb und von anderen Militärs ausgegrenzt wurde. General Sikorski wiederum, der allzu sehr mit der konservativen Opposition liebäugelte, sollte nach Piłsudskis Willen von der militärischen Führung ferngehalten werden. Generalinspekteur wurde stattdessen General Edward Rydz-Śmigły, und das vor allem deshalb, weil er als Militär keine politischen Ambitionen zeigte. Rydz-Śmigły holte sich dann allerdings Berater an die Seite, die ihm erfolgreich das Bewusstsein eigener Größe einflößten. Der General versuchte daraufhin, Piłsudski zu kopieren, und ließ sich 1936 sogar den Marschallsrang verleihen. Damit geriet er aber bestenfalls zu einer Parodie des wirklichen Marschalls.

Noch am besten war Piłsudskis außenpolitisches Erbe aufgehoben. Das hatte er in die Hände von Józef Beck gelegt, und der versuchte, es auch nach Kräften fortzuführen. Angesichts der Rivalitäten innerhalb der Regierung war das alles andere als leicht. Dabei nahm die äußere Bedrohung unübersehbar von Jahr zu Jahr zu.

Im Sommer 1935 tagte der VII. Kongress der Kommunistischen Internationale und aktualisierte die Strategie der Volksfront, also von Bündnissen linker Parteien, in denen Kommunisten zunehmend dominieren sollten. In Ländern wie Frankreich hatte man damit erhebliche Erfolge erzielt. Für die bereits dezimierten Kommunisten in Polen hieß das, auf alle Linkskräfte zuzugehen und für gemeinsame Aktionen gegen die »faschistische Bande der Sanacja-Regierung« zu werben. Ein Teil der jüngeren Sozialisten zeigte sich tatsächlich bereit, auf dieses Angebot einzugehen, und trieb die Zusammenarbeit mit den Kommunisten voran. Zu ihnen gehörte Wanda Wasilewska, die jüngste Tochter Leon Wasilewskis, die in späteren Jahren zum Liebling Stalins und zur führenden polnischen Kommunistin werden sollte. Leon Wasilewski, der

Ende 1936 starb, musste noch den Bruch mit seiner Tochter verkraften, nachdem er lange um sie gerungen und gleichzeitig versucht hatte, sie vor Verhaftung und Repressionen durch die polnischen Behörden zu schützen.

Im Rahmen der Volksfrontstrategie für Polen wurden auch führende Vertreter der linken Bauernbewegung als Bündnispartner umworben. Zu ihnen gehörte Stanisław Mikołajczyk, der in den verschiedenen polnischen Exilregierungen und der Anfangsphase Volkspolens nach dem Ende des Weltkrieges eine wichtige Rolle spielen sollte.

Ein solcher Weg kam für Adam Ciołkosz, Lidia Ciołkoszowa, Tomasz Arciszewski, Kazimierz Pużak und viele andere Sozialisten nicht infrage. Ciołkosz, der 1930/31 in der Festung Brest interniert gewesen war, hätte allen Grund zu harten Positionen gegenüber den erklärten Erben Piłsudskis gehabt. Seine konsequente Kritik an deren Vertretern bedeutete jedoch nicht, dass er die Nähe der Kommunisten suchte. Er rief vielmehr zur Verteidigung der sozialen und demokratischen Errungenschaften der Zweiten Republik auf und sah Polen durch Hitler und Stalin bedroht, aber auch durch all diejenigen, die ihnen aufseiten der polnischen Rechten und Linken nachstrebten. Auf das demokratische Erbe Piłsudskis konnten sie sich seiner Meinung nach jedenfalls nicht berufen. Im Oktober 1936 starb Ignacy Daszyński. Sein Begräbnis wurde zu einer der letzten großen Demonstrationen für eine demokratische Zweite Republik. Wie berechtigt die Warnungen von Adam Ciołkosz, aber auch von Liberalen und Wirtschaftsfachleuten waren, die um das internationale Ansehen Polens bangten, zeigte die Entwicklung bei den polnischen Rechten ab 1934. In der Nationalen Vereinigung als Sammelbecken rechter Kräfte hielten die Kämpfe zwischen den älteren traditionellen Nationalisten um Roman Dmowski und den jüngeren Radikalen weiter an. Nach außen blieb Dmowski, dessen Gesundheitszustand sich zunehmend verschlechterte, die gemeinsame Symbolfigur, während einige der Jüngeren immer stärker mit den faschistischen Bewegungen in anderen europäischen Ländern sympathisierten. Nur die traditionell deutschfeindliche Haltung der polnischen Rechten hielt eine Reihe von ihnen noch davon ab, sich offen zu Hitler zu bekennen.

Das Programm der jungen, radikalen Nationalisten, die aus dem Großpolnischen Lager (OWP) hervorgingen und im Mai 1934 das »Nationalradikale Lager« (Obóz Narodowo-Radykalny, kurz ONR) gründeten, orientierte sich am italienischen Faschismus. Die Sammlungsbewegung ONR forderte die Ein-Parteien-Herrschaft für ein hierarchisch-ständestaatlich aufgebautes katholisches Polen. Darüber hinaus sollten die bürgerlichen Rechte der jüdischen Bevölkerung eingeschränkt werden, und zwar nicht nur deren Berufsfreiheit. Für jüdische Studierende sollte ein Numerus clausus eingeführt werden, und in den Hörsälen sollten jüdische Studierende auf eigens gekennzeichneten Bänken sitzen. Das Ziel der ONR war letztlich ein Polen ohne Juden. Außerdem forderten sie die vollständige Assimilation der slawischen Minderheiten und die Überführung ausländischen und jüdischen Kapitals in die Hände polnischer Kapitalisten.

Zahlreiche militante Übergriffe der radikalen Nationalisten führten dazu, dass die Bewegung bereits im Juli 1934 verboten wurde. Die Organisation arbeitete jedoch im Untergrund weiter und zersplitterte in mehrere Fraktionen, deren größte die ONR-Falanga bildete. Bolesław Piasecki führte sie als polnisch-nationale Schlägertruppe. Das stilisierte Symbol der ONR-Falanga, die ihren Namen von der spanischen faschistischen Bewegung der Falangisten ableitete, war eine Hand, die ein Schwert hielt. Starken Zulauf fanden die Aktivisten der ONR an Hochschulen und in akademischen Vereinigungen. Obwohl sie bis zum Ende der Zweiten Republik keinen großen Einfluss gewinnen konnten, trugen sie entscheidend dazu bei, dass sich die gesellschaftlichen Spannungen und Lagerkämpfe verschärften.

Angesichts der wachsenden Zahl antisemitischer Übergriffe und Ausschreitungen in Polen nach dem Tod Piłsudskis und der immer größeren Gefahr, der sich Juden in Deutschland ausgesetzt sahen, forderte die zionistische Bewegung immer stärker einen eigenen jüdischen Staat in Palästina. In diesem Punkt waren die Mitglieder jüdischer Organi-

Walery Sławek, 1936

sationen in Polen gespalten. Ein Teil unterstützte die Zionisten, andere beharrten auf einer autonomen Stellung und gleichen staatsbürgerlichen Rechten in Polen.

Als die Neugründung des BBWR durch Walery Sławek scheiterte, wurde 1936 ein Neustart des Regierungsblocks unter dem Namen »Lager der Nationalen Vereinigung« (OZN) unternommen. Der Gründer und wichtigste Vertreter des OZN, Oberst Adam Koc, kam aus den Reihen der Legionäre und war einer der wichtigsten Führer der POW gewesen. Er gehörte außerdem zu den Unterstützern der Militärführung um Rydz-Śmigły. Sein Programm bestand aus einer Reihe patriotischer Appelle und war sehr allgemein formuliert. Es sollte Anhängern verschiedener politischer Richtungen die Möglichkeit geben, sich dem OZN anzuschließen. Diese Strategie ging jedoch nicht auf. Den Rechten war das Programm nicht autoritär und nationalistisch genug, weil es das gleichberechtigte Zusammenleben von Bürgern verschiedener Nationalität forderte und staatsbürgerliche Freiheiten festschrieb. Die Kritik der Sozialisten wiederum konzentrierte sich auf die fehlende soziale Gerechtigkeit, die anhaltende Arbeitslosigkeit, die Überbevölkerung auf dem Dorf und die wirtschaftliche Kluft zwischen Stadt und Land.

Adam Koc und ein Teil seiner Anhänger näherten sich schließlich immer stärker antisemitischen Positionen an und gewannen damit Unterstützung im rechten Lager. Den Großteil der Gemäßigten und Liberalen im Piłsudski-Lager stießen sie so jedoch ab. Keiner der ehemaligen Premierminister, bei denen angefragt hatte, trat dem ONZ bei. Nach anfänglich hohen Mitgliedszahlen lief das Unternehmen schon bald ins Leere. In der politischen Mitte Polens blieb somit weiter ein Vakuum.

Für Kazimiera Iłłakowiczówna bedeutete der Tod Piłsudskis einen tiefen persönlichen Einschnitt, aber zugleich eine positive berufliche Veränderung. Sie kehrte vom Kriegsministerium zurück ins Außenministerium. Iłłakowiczówna, die mehrere Fremdsprachen beherrschte und elegant aufzutreten wusste, sollte zur Stimme und Botschafterin der polnischen Republik in den skandinavischen Ländern, in Holland, Belgien, Frankreich und Italien werden. Einzelne ihrer Vorlesungen und Vorträge waren Piłsudski direkt gewidmet. Sie versuchte, die Bedeutung seiner Person in den Kontext der Zweiten Republik zu stellen, ging auf die Rolle Polens in Ostmitteleuropa ein, widmete sich aber auch den inneren Problemen des Landes. Das Auftreten radikaler rechter Kräfte und antisemitische Ausschreitungen ließen Polen in den Augen der öffentlichen Meinung Westeuropas immer mehr als Hort des Antisemitismus und rechten Nationalismus erscheinen. Iłłakowiczówna setzte ihre Intellektualität und ihren Charme dafür ein, die andere Seite Polens zu zeigen – jene des Verteidigers der demokratischen Republik und der europäischen Modernität –, und sie warb um Verständnis für die Herausforderungen und Gefahren, die sich vor ihrem Land auftürmten. Ihr Eintreten für ein gelingendes polnisch-jüdisches Miteinander brachte ihr vonseiten der polnischen Rechten den Vorwurf des Philosemitismus ein. Von jeder ihrer Reisen wie auch von allen ihrer ausländischen Begegnungen fertigte die Schriftstellerin umfangreiche Protokolle an, die für die Auslandsarbeit der polnischen Diplomatie von enormem Nutzen waren.

In Stockholm kam es nach einem ihrer Vorträge über Piłsudski zu einer ganz besonderen Begegnung. Man stellte ihr eine schwarz gekleidete ältere Dame vor, die sich tief gerührt zeigte. Wie sich herausstellte, handelte es sich um die sowjetische Botschafterin in Schweden, die legendäre Alexandra Kollontai. Die einstige Kampfgefährtin Lenins war nach dessen Tod auf das politische Nebengleis geraten und auf den Botschaftsposten in Stockholm abgeschoben worden. Nur deshalb blieb sie allerdings auch von den Säuberungen verschont, denen bereits Unzählige der frühen Bolschewiki zum Opfer gefallen waren. Aus ihrem Mund erfuhr Iłłakowiczówna jetzt ein völlig unerwartetes Lob. Diese habe den polnischen Staatsgründer so faszinierend dargestellt, dass sie sich immer wieder an ihren geliebten Wladimir Iljitsch Lenin erinnert fühlte. Der gleiche starke, tapfere Charakter, der gleiche gute Mensch. In den Augen der Botschafterin meinte Iłłakowiczówna Tränen gesehen zu haben.

Józef Beck war sich sehr bewusst, welches politische Vermächtnis in seine Hände gelegt worden war, und er verehrte Piłsudski auf geradezu mystische Weise. In seinem Dienstzimmer im Außenministerium stand hinter dem Schreibtisch eine große Wanduhr, deren Zeiger auf der Sterbestunde des Marschalls verharrten. Jenseits aller Mystik wusste Beck aber auch, worauf es nun ankam. Welche Drohungen und Annäherungsversuche von Deutschland und Sowjetrussland auch immer kamen, es galt, auf Äquidistanz zu bleiben und falschen Eindrücken von Nähe entgegenzuarbeiten, Verbündete zu halten und nicht zuletzt die ewig schwankenden, unentschiedenen politischen Kreise in Frankreich und Deutschland von einem gemeinsamen Vorgehen zu überzeugen.

Piłsudski hatte die direkte Begegnung mit Hitler vermieden, obwohl dieser sie durchaus gesucht hatte. Auf einer Fotografie war der Marschall, etwas verdrossen dreinblickend, neben Goebbels zu sehen. Beck konnte in seiner Funktion als Außenminister den führenden Köpfen des »Dritten Reiches« jedoch nicht dauerhaft ausweichen. Fotos zeigen ihn deshalb in Galauniform oder Frack neben Hitler, Göring, Goebbels und Außenminister Ribbentrop. An dem tiefsitzenden Misstrauen Becks in Bezug auf die wahren Absichten und Pläne Hitlers änderte das alles freilich nichts. Was aber, so fragte sich Beck, war von der Verehrung für den Marschall zu halten, die nach dessen Tod in Deutschland aufflackerte? Eine entscheidende Rolle spielten hier politische Berechnung und der Charakter Hitlers. Der war in zahlreiche historische Größen vernarrt und versuchte, sich in sie hineinzuversetzen. Er konnte etwa stundenlang vor dem Bildnis Friedrichs des Großen verharren, hielt in Friedrichsruh, dem Alterssitz Bismarcks, lange Zwiesprache mit dem Eisernen Kanzler und sollte sich später nach der Besetzung von Paris im Invalidendom einschließen, um dort dem Geist Napoleons nahe zu sein.

Nicht anders erging es ihm mit Piłsudski, den er als Heerführer, aber auch als Staatsmann geradezu anhimmelte. Das änderte freilich nichts an seinem Rassenhass und seiner Verachtung für alle Slawen. Piłsudski war für ihn eine Ausnahme bei einem ansonsten minderwertigen Volk. Nach dem Tod des Marschalls kondolierte er daher in aller Form und entsandte Göring zu den Beisetzungsfeierlichkeiten nach Warschau. Der Katholik Hitler ordnete außerdem in der Berliner St. Hedwigs-Kathedrale ein feierliches Hochamt für den Verstorbenen an, dem er persönlich beiwohnte. Neben Außenminister Konstantin von Neurath und Goebbels erschienen dort mit den Generälen von Blomberg, von Fritsch, von Reichenau, Milch und Raeder auch einige Militärs, die später den Polenfeldzug anführen sollten. Hitler ließ schließlich sogar eine mehrbändige deutschsprachige Ausgabe der Schriften des Marschalls herausgeben, die verschiedenen Größen des »Dritten Reiches« persönlich zugestellt wurde. Bereits die Auswahl der Schriften machte deutlich, worum es Hitler und der deutschen Seite dabei ging: Vorgestellt wurde ein Feldherr, der Soldatentum und militärische Tugenden beschwor. Die Auswahl selbst und der militärisch schnarrende Ton der Übersetzung ließen von dem liberalen polnischen Patrioten, dem Men-

Józef Beck (M.) auf Staatsbesuch in Berlin, links der polnische Botschafter Józef Lipski, rechts der deutsche Außenminister Konstantin von Neurath, 1936

schen, Schriftsteller und glänzenden Stilisten Józef Piłsudski freilich kaum etwas erahnen.

Andere Größen des NS-Staates taten das Ihre, um der internationalen Öffentlichkeit ein verzerrtes Bild von den deutsch-polnischen Beziehungen zu vermitteln. Göring verkehrte gern in den Warschauer Salons und wurde dort als Junker sogar hofiert. Als passionierter Jäger ließ er sich mehrfach mit dem polnischen Staatspräsidenten ablichten, wenn sie zu gemeinsamen Jagdausflügen unterwegs waren. Eine ganze Abteilung des Reichspropagandaministeriums arbeitete zeitweilig daran, Polen als möglichen partiellen Verbündeten darzustellen – ein Bild, das sofort verschwand, wenn sich Polen gegenüber den deutschen Wünschen nicht gefügig zeigte.

Beck schätzte die Bedrohung, die von der fieberhaften deutschen Aufrüstung ausging, sehr hoch ein. Mit dem Einmarsch von Truppenteilen der Wehrmacht in das entmilitarisierte Rheinland am 7. März 1936 stellte Hitler die Prinzipienfestigkeit und Verteidigungsbereitschaft der Westmächte dann erstmals auf die Probe. Eine sofortige französischen Gegenaktion, die auf deutschen Widerstand gestoßen wäre, hätte den französisch-polnischen Bündnisfall ausgelöst. Beck signalisierte dem französischen Botschafter die Bereitschaft seines Landes, in diesem Falle militärisch einzugreifen. Hitler, der sich des Gelingens seiner Provokation nicht sicher sein konnte, hätte sich unversehens in einem Zweifrontenkrieg befunden. Das hätte das Ende seiner Herrschaft bedeuten können, zumal sich ein Teil der Wehrmachtsführung immer noch gegen ein solches Abenteuer stellte. Sowohl die französische als auch die britische Seite gaben sich am Ende aber mit den Friedensbeteuerungen Hitlers zufrieden und beließen es bei verbalen Protestnoten. Der Konflikt um die Besetzung des Rheinlands war somit eine weitere verpasste Chance, Hitler aufzuhalten. Im Frühjahr 1938, als es um den Anschluss Österreichs ging, brauchte Hitler erneut Ruhe in Bezug auf Polen und schlug dementsprechend wieder versöhnliche Töne an.

Für Stalin blieb Polen der gefährlichste Nachbar und entscheidende Gegner. Seiner Rachsucht, seinem abgrundtiefen Misstrauen und seiner Furcht vor Spionage fielen nicht nur polnische Kommunisten zum Opfer, die sich in die Sowjetunion geflüchtet hatten oder aus der Emigration in Westeuropa zurückbeordert worden waren. Im Rahmen der »Polnischen Aktion« des Innenministeriums (NKWD), die im August 1937 anlief, wurden auch knapp 140 000 Sowjetbürger polnischer Abstammung verhaftet. Für eine Verhaftung genügte es schon, einen polnisch klingenden Namen zu haben, Kontakte nach Polen zu besitzen oder in Grenznähe zu wohnen. Die Betroffenen wurden der Sabotage, der Spionage oder der Mitgliedschaft in der geheimen Polnischen Militärorganisation (POW) bezichtigt, die ein ungeheures Netz in der Sowjetunion ausgespannt habe. Bis auf wenige kleine Gruppen gab es ein solches Netz in Wirklichkeit jedoch nicht, die Geständnisse wurden unter Folter erpresst. Mehr als 100 000 der im Rahmen dieser Aktion Verhafteten wurden am Ende ermordet. Unter allen »nationalen Aktionen« des NKWD war diese auf Polen gerichtete mit Abstand die größte.

Auch die letzten noch lebenden Mitglieder des Zentralkomitees der polnischen Kommunisten, derer man habhaft werden konnte, wurden 1938 liquidiert, darunter verdiente alte Bolschewiki. Verschont blieben nur polnische Kommunisten wie Zenon Nowak oder Bolesław Bierut, die selbst im Apparat des NKWD verankert waren und noch für weitere Aufgaben gebraucht wurden.

Mit dem Ziel, die Machtverhältnisse in Polen nach dem Tod des Marschalls besser zu erfassen und stärkeren Einfluss auf Teile der polnischen Eliten auszuüben, setzte die sowjetische Seite zahlreiche Agenten des Militärnachrichtendienstes (GRU) ein. So verkehrte der für den GRU angeworbene deutsche Journalist Rudolf Herrnstadt, der als Korrespondent des *Berliner Tagblatts* in Warschau tätig war, regelmäßig in Kreisen polnischer Intellektueller, Diplomaten und Politiker. Er sollte Warschau erst im August 1939 verlassen. Auch Ruth Werner, Oberst des GRU und zeitweilige Partnerin des sowjetischen Meisterspions Richard Sorge, war in den Jahren 1937 und 1938 in der sowjetischen Botschaft in Warschau tätig. Kommunistische Einflussagenten aus verschiedenen weiteren Nationen vervollständigten das Spionagenetz.

Im Frühherbst 1938, nach dem Anschluss Österreichs, setzte Hitler zum nächsten Schritt seiner Eroberungspläne in Europa an. Seine Forderung nach Abtretung des Sudetenlandes und die daraus resultierende Krise wurden zur nächsten großen Herausforderung für den polnischen Außenminister. Hitler hatte erneut alles auf eine Karte gesetzt. Im Sommer 1938 hatten sich führende Militärs, Diplomaten und Konservative gegen ihn gestellt. Ihr Ziel war zwar ebenfalls eine expansive Großmachtpolitik, allerdings eine im wilhelminischen Stil, und sie wollten die Zukunft Deutschlands nicht durch die Vabanquepolitik Hitlers aufs Spiel setzen. Der geplante Zeitpunkt für einen Kriegsbeginn schien ihnen verfrüht. Die verschwörerischen Überlegungen dieser Gruppe waren in Warschau bekannt und wurden auch nach London übermittelt, blieben dort aber ohne Gehör. England setzte gegenüber Hitler auf eine Politik des Appeasements, und Winston Churchill war einer der wenigen, die sich verzweifelt dagegen wehrten. Polen wäre an der Seite Englands in den Krieg eingetreten, und vermutlich hätte allein schon die Aussicht darauf Hitler stoppen können und ihn in die innenpolitische Niederlage getrieben. Stattdessen wurde eine weitere Chance vertan, ihn aufzuhalten.

Einen schweren Schatten auf Polen und die von Józef Beck vertretene Außenpolitik warf im Oktober 1938 die Besetzung des geteilten Teschener Olscha-Gebietes, auf das Polen bereits nach dem Ersten Weltkrieg Anspruch erhoben hatte. Damals hatte es jedoch den Grenzkrieg gegen die Tschechoslowakei verloren. Nachdem Letztere infolge des Münchner Abkommens vom Oktober 1938 das Sudetenland abtreten musste, blieb ihr auch kaum eine andere Wahl, als die polnischen Forderungen bezüglich des Teschener Landes zu akzeptieren. Ein tschechoslowakischer General, der die polnischen Kommandierenden empfing, bemerkte bitter, diese würden bald in der gleichen Situation sein wie die Tschechen jetzt. Noch herrschte aber in Warschauer Militärkreisen die Vorstellung von der unbesiegbaren eigenen Armee und somit von der Möglichkeit weiterer Arrangements. Ein solches schlug dann der deutsche Außenminister Joachim von Ribbentrop im Oktober 1938 vor: Polen solle dem Antikominternpakt beitreten. Damit würde es neben Japan und später Italien zum direkten Verbündeten Hitlers gegen Stalin. Beck mochte vielleicht auch Illusionen über die Verteidigungsfähigkeit Polens hegen, war aber Realist, was deutsche Vorschläge wie diesen betraf. Er schätzte, dass sich der daraus ergebende Vasallenstatus nur die Vorstufe zur endgültigen Auslöschung Polens sein würde, und verhinderte die Vereinbarung.

Den Jahreswechsel 1938/39 hatte Beck gemeinsam mit Wieniawa-Długoszowski in Monte Carlo verbracht, und auf seiner Rückreise folgte er einer Einladung Hitlers auf dessen Berghof in Berchtesgaden. Noch wusste Hitler Schmeicheleien und Drohungen gut zu dosieren, und so versuchte er, Beck mit einem weiteren Angebot zu locken. Er würde alle weiteren Forderungen zurückstellen und sich auf die mit Danzig verbundenen Fragen beschränken. Beck reagierte diplomatisch ausweichend. Skepsis und Warnungen, die er anschließend bei seiner Rückkehr nach Warschau verbreitete, stießen dort auf ein geteiltes Echo. Sollte man, so die Meinung einiger, in dieser Situation nicht vielleicht doch auf Zeit setzen und in der Danzig-Frage nachgeben? Die polnische Militärführung und die Vertreter der verschiedenen Parteien waren jedenfalls weiterhin zerstritten, sodass die Möglichkeit einer Regierung der Nationalen Einheit, wie sie General Kazimierz Sosnkowski favorisierte, ungenutzt blieb. Eine solche Regierung aus Teilen des Piłsudski-Lagers und verständigungsbereiten Vertretern der Opposition hätte vermutlich inakzeptable Zugeständnisse abgelehnt und nicht ausschließlich auf die militärische Karte gesetzt. Vor allem hätte sie die ökonomischen, politischen und militärischen Kräfte des Landes gegen die immer massivere äußere Bedrohung bündeln können.

Am 5. Mai 1939 hielt Józef Beck, konfrontiert mit deutschen Ultimaten und sowjetischen Drohungen, eine berühmt gewordene Rede im Sejm. Der Frieden und dessen Wahrung hätten einen sehr hohen Wert für seine Generation. Die polnische Tradition kenne jedoch nicht den Begriff des Friedens um jeden Preis. Höher als jeder solcher Friede stehe die Frage der Ehre als absoluter Wert.

Mitte Mai keimte dann noch einmal etwas Hoffnung auf. Der polnische Armeeminister Tadeusz Kasprzycki erhielt in Paris die Zusage, dass im Falle eines deutschen Überfalls auf Polen der militärische Einsatz der westlichen Alliierten spätestens 14 Tage danach erfolgen würde. So lange konnte sich Polen erfolgreich selbst verteidigen. In Warschau breitete sich Optimismus aus. Wider alle Realitäten sahen manche bereits polnische Ulanen durch das Brandenburger Tor reiten. In Wirklichkeit war die deutsche Übermacht zu diesem Zeitpunkt bereits erdrückend. Die deutschen Rüstungsausgaben hatten das 30-Fache des polnischen Militäretats erreicht. Massiv war die deutsche Übermacht vor allem, wenn es um moderne Panzerkräfte und neue Flugzeugtypen ging.

Der Frühsommer verstrich mit weiteren Unterhandlungen, Ultimaten und geheimen Missionen. Am 23. August 1939 schlug dann die Nachricht von der Unterzeichnung des deutsch-sowjetischen Nichtangriffspaktes durch die Außenminister Ribbentrop und Molotow in Moskau wie eine Bombe in Warschau ein – und nicht nur dort. Vom geheimen Zusatzabkommen, das die Teilung Polens besiegelte, wusste zu dieser Zeit noch niemand.

Am 1. September 1939 erfolgte schließlich der deutsche Überfall auf Polen. Während vonseiten Englands und Frankreichs noch um eine Friedenskonferenz gerungen wurde, stießen die motorisierten Divisionen der Wehrmacht tief ins Landesinnere vor und brachen den polnischen Widerstand. Es lag nicht allein an fehlender Tapferkeit der polnischen Verteidiger, dass sie sich binnen weniger Tage und Wochen mit einer unabwendbaren Niederlage konfrontiert sahen. Als fatal erwies sich auch, dass die erhoffte Hilfe aus dem Westen ausblieb. Dem Kriegseintritt Englands und Frankreichs, der durch den Überfall Deutschlands ausgelöst wurde, folgten nämlich zunächst keine militärischen Operationen.

Mitte September verstrich die Frist für das versprochene Eingreifen der westlichen Bündnispartner. Die Wehrmacht begann mit der Belagerung und der Bombardierung Warschaus. Der polnische Staatspräsident, die polnische Regierung, zahlreiche Ministerien und Behörden hatten sich zu dem Zeitpunkt bereits in den Südosten des Landes zurückgezogen. Am 17. September folgte der nächste Schock. Die sowjetische Armee rückte über die polnische Ostgrenze vor und traf auf polnische Truppen, die Befehl hatten, nach dieser Seite keinen militärischen Widerstand zu leisten. In der polnisch-rumänischen Grenzstadt Kuty kamen Staatspräsident Mościcki, Oberbefehlshaber Rydz-Śmigły, Premier Sławoj Składkowski und Außenminister Józef Beck zu einer letzten Beratung zusammen. Die Situation war aussichtslos. In der folgenden Nacht bewegte sich der Fahrzeugkonvoi mit den höchsten Repräsentanten des Staates über den Grenzfluss Tscheremosch auf die rumänische Seite. Das unabhängige Polen hatte aufgehört zu existieren. Die schlimmsten Voraussagen und Befürchtungen Józef Piłsudskis waren eingetroffen.

## Über den Abgrund hinaus

Die nach Rumänien geflohene polnische Regierung hatte auf das vom rumänischen König zugesagte freie Geleit vertraut. Von Deutschland stark unter Druck gesetzt, hielt Rumänien jedoch die polnischen Politiker fest. Der Weg nach Frankreich war somit versperrt. Dort hätte die Exilregierung als legale Repräsentanz des polnischen Staates ihre Arbeit aufnehmen sollen.

Mitte September 1939 wurde Sosnkowski Oberbefehlshaber der in Südostpolen verstreut kämpfenden polnischen Truppen, zog diese zusammen und leitete erfolgreiche Verteidigungsoperationen. Als Lemberg vor der Kapitulation stand, gab er seinen Truppen den Befehl, sich über die Grenze nach Ungarn abzusetzen, ehe er selbst mit gefälschten Papieren über die Karpaten und Ungarn Richtung Frankreich floh. Anfang Oktober traf er in Paris ein.

Staatspräsident Mościcki teilte das Internierungsschicksal der Regierungsmitglieder in Rumänien. In dieser Situation musste er einen Nachfolger ernennen, der im Rahmen der Exilregierung in Paris die Handlungsfähigkeit der Staatsorgane sichern sollte. Gegen seine ersten Vorschläge Wieniawa-Długoszowski und Sosnkowski legte die französische Regierung allerdings ihr Veto ein. Beide waren in ihren Augen zu selbstständig und unberechenbar. Sie setzte stattdessen auf Władysław Sikorski. Am Ende ernannte Mościcki seinen Anhänger Władysław Raczkiewicz, der sich bereits in Paris aufhielt, zum ersten Präsidenten der polnischen Exilregierung. Der einflussreichste Politiker dieser Regierung wurde jedoch Sikorski, der über hervorragende Verbindungen in die französische Regierung und Diplomatie verfügte. Er bemühte sich um eine gute Zusammenarbeit der Vertreter aus den verschiedenen politischen Lagern, versuchte aber zugleich den Einfluss der Anhänger Piłsudskis und der Sozialisten so klein wie möglich zu halten. Seinen gefährlichsten Rivalen sah Sikorski, der von jeher mit Winkelzügen und Intrigen arbeitete, in dem für seine Geradlinigkeit bekannten Sosnkowski. Dieser sollte auf keinen Fall ein wichtiges Ressort in der Exilregierung bekommen.

Mościcki kam schließlich der Umstand zugute, dass er Schweizer Staatsbürger war, und so konnte er im Dezember 1939 Rumänien verlassen. Von der Schweiz aus, wo er sich niederließ, sollte er bis zu seinem Tod 1946 aber kaum noch Einfluss auf den Gang der politischen Entwicklung haben.

Edward Rydz-Śmigły wurde von vielen die Hauptschuld an der Septemberniederlage gegeben. Dass er das Land verlassen hatte, während die Kämpfe noch andauerten, lastete man ihm als Verrat an. Er hingegen wollte kein Oberbefehlshaber sein, der die Kapitulationsurkunde noch unterzeichnen könnte. An wechselnden Internierungsorten in Rumänien festgehalten, gelang es ihm erst Anfang 1940, nach Ungarn freizukommen. Er wusste, dass er keine Chance hatte, eine wirkliche Rolle im Exil zu spielen, und entschloss sich zur Rückkehr nach Polen. Ab dem Herbst 1941 tauchte er in Warschau unter und versuchte dort, den Kontakt zur Führung der Untergrundarmee, der Heimatarmee, aufzunehmen. Sein Tod unter ungeklärten Umständen im Dezember 1941 sorgte für zahlreiche Spekulationen.

Józef Beck traf es noch schlechter. Mit seiner Frau und seiner Stieftochter wurde auch er in verschiedenen rumänischen Internierungsorten festgehalten. Freunde und Vertraute bereiteten seine Flucht vor, die dann aber erst aus dem Umfeld Sikorskis hintertrieben und dann aufgrund seines immer schlechteren Gesundheitszustands endgültig unmöglich wurde. Je Hitler-freundlicher das rumänische Regime wurde, desto schlimmer wurden die Umstände seiner Unterbringung. Beck starb im Dezember 1944 in einem kleinen rumänischen Dorf an Tuberkulose.

Während die polnische Führungsspitze in Rumänien festsaß und sich in Paris die Exilregierung konstituierte, gingen die Kriegsereignisse in Polen weiter. Sowjetische Unterwerfungspolitik und deutsche Vernichtungspolitik in den besetzten Gebieten nahmen zwischen 1939 und 1941 verschiedene Formen an, waren aber auf das gleiche Ziel gerichtet: die Ausplünderung der eroberten Territorien, Umsiedlungs- und Deportationspolitik größten Ausmaßes, Liquidierung der polnischen militärischen, politischen und intellektuellen Eliten. Jeder Gedanke an ein wiedererstehendes freies Polen sollte ausgelöscht werden. Józef Piłsudski, der die Erinnerung an ein freies Polen verkörperte, sollte zur Unperson werden. Wie wenig das funktionierte, zeigte der Umgang mit einem Aushang der deutschen Besatzungsbehörden, der im November 1939 die Eröffnung des Generalgouvernements bekanntgab. Er wurde von einer illegalen Warschauer Pfadfinderorganisation mit den Worten überklebt: »Der Kommandant Piłsudski würde hier sagen: Ihr könnt uns am Arsch lecken.«

Hitler ließ es sich nicht nehmen, nach der Kapitulation Warschaus im Beisein seiner Generäle einer Parade seiner Truppen im Zentrum der Hauptstadt beizuwohnen. Seiner Heldenverehrung bezüglich Piłsudski tat das keinen Abbruch. In Krakau, vor der Krypta im Wawel, in der die sterblichen Überreste des Marschalls ruhten, ließ er eine Ehrenwache aufziehen. Ein deutscher Offizier, der diesen Ort besuchte, bemerkte zu seinem Begleiter, dass sie wohl nicht hier wären, wenn dieser Mann noch lebte. Eine dreiköpfige polnische Ehrenwache, die auf dem Wilnaer Friedhof beim gemeinsamen Grab des Sohnes und der Mutter ausharrte, wurde dagegen nach der Besetzung Wilnas durch sowjetische Truppen auf der Stelle erschossen.

Nach der Kapitulation der letzten polnischen Militäreinheiten setzte der zivile und militärische Widerstand ein, der Polen über den weiteren Verlauf und den Ausgang des Zweiten Weltkrieges hinaus prägen sollte. Sämtliche Versuche der Deutschen, namhafte polnische Politiker zur Zusammenarbeit zu bewegen und ein polnisches Quisling-Regime zu installieren, scheiterten. Stanisław Wojciechowski erhielt ein solches Angebot. Sein Sohn, der Rechtsanwalt war, hatte sich für jüdische Kollegen eingesetzt und war deshalb verhaftet worden. Nun bot man Wojciechowski an, den Sohn freizulassen, wenn er, der Vater, im Gegenzug die polnische Exilregierung offiziell für illegitim erkläre. Er lehnte ab, sein Sohn kam in das Konzentrationslager Auschwitz und starb dort kurz darauf an Typhus.

Auch Wincenty Witos, den die Deutschen zur Bildung einer Kollaborationsregierung überreden wollten, verweigerte sich entschieden. Obwohl bereits schwer krank, unterstützte er den polnischen Untergrund. Nach der Machtergreifung der polnischen Kommunisten erhielt er von deren Seite das Angebot zur Zusammenarbeit, ließ sich aber auch darauf nicht ein.

Kazimierz Bartel, der erneut an der Lemberger Technischen Hochschule lehrte, wurde zusammen mit anderen polnischen Professoren verhaftet und lehnte das Angebot einer Zusammenarbeit mit den Deutschen ab. Er wurde im Juni 1941 mit 24 seiner Kollegen und zahlreichen Angehörigen von einer Sondereinheit der SS ermordet.

Aleksander Prystor, einer der engsten Gefährten des Marschalls, konnte sich im Herbst 1939 nach Litauen absetzen und beteiligte sich von dort aus an der Organisation des Widerstands. Nach der sowjetischen Besetzung Litauens geriet er in die Hände des NKWD, wurde brutal misshandelt und gefoltert. Er verstarb im Sommer 1941 im Moskauer Butyrki-Gefängnis.

Wieniawa-Długoszowski blieb nicht nur die Führung der Exilregierung verwehrt, sondern auch die Rückkehr nach Polen. Sikorski fürchtete den unabhängigen Freigeist genauso wie Sosnkowski und unternahm alles, um ihn auf Abstand zu halten. Im Frühjahr 1942 trug man Wieniawa-Długoszowski dann die diplomatische Vertretung Polens in Havanna an – ein drittklassiger Posten für einen Mann seines Formats. Die Verbitterung über diese Zurücksetzung und die Verzweiflung über das Schicksal Polens trieben ihn im Juli 1942 in New York in den Selbstmord.

Eine ähnliche Entscheidung wie Wieniawa-Długoszowski traf Walery Sławek bereits einige Monate vor Kriegsausbruch. Nach seiner Überzeugung gab es schon lange keine Hoffnung mehr für Polen, er sah die kommende Tragödie förmlich voraus. Politisch isoliert und persönlich vereinsamt, setzte er seinem Leben ein Ende. Er wählte dazu im Mai 1939 die Todesstunde des geliebten Kommandanten und den Revolver, den er seit den Zeiten von Bezdan aufbewahrte. Im Juni 1939 wählte auch Teresa Perl den Freitod, gleichfalls mit ihrem alten Browning aus der Zeit der PPS-Kämpfe.

Noch im Oktober 1939 gründeten Kazimierz Pużak und Tomasz Arciszewski als langjährige Führer der Sozialisten die illegale Nachfolgeorganisation der Sozialistischen Partei »Freiheit – Gleichheit – Unabhängigkeit« (WRN). Sie traten für die Überwindung des Besatzungsregimes und eine Dritte Polnische Republik als parlamentarische Republik ein, arbeiteten mit der Auslandsvertretung der PPS, der Exilregierung und anderen politischen Strömungen der polnischen Untergrundbewegung zusammen. Arciszewski wurde im Juli 1944 auf dem Luftweg nach London gebracht, um dort einen Platz an der Spitze der Exilregierung einzunehmen. Pużak weigerte sich dagegen standhaft, das Land zu verlassen, und kämpfte trotz seines fortgeschrittenen Alters in der Illegalität weiter. Er wurde im März 1945 mit weiteren Führern des polnischen Untergrunds in eine Falle gelockt und in Moskau vor Gericht gestellt. Stalin war immer noch daran gelegen, den Anschein einer demokratischen Entwicklung in Polen aufrechtzuerhalten. Darum fielen die Urteile in den Schauprozessen relativ »milde« aus.

Im Mai und Juni 1940 wurde Frankreich von der deutschen Wehrmacht förmlich überrannt. Bereits aufgestellte polnische Militäreinheiten waren in die Kämpfe verwickelt und wurden später in England eingesetzt. Die polnische Exilregierung musste nach London umziehen.

Hitlers Überfall auf die Sowjetunion im Juni 1941 ließ Stalin zum wichtigen Verbündeten der Westalliierten werden, mit tragischen Folgen für Polen. Im Verlauf der Kampfhandlungen signalisierte Stalin immer unverhohlener seinen künftigen Besitzanspruch auf Polen. Im Frühjahr 1943 ließ er dann eine eigene polnische Armee aufbauen und die spätere Machtübernahme der polnischen Kommunisten vorbereiten.

Am 4. Juli 1943 kamen Sikorski und seine Begleitung auf einem Inspektionsflug zu polnischen Truppen ums Leben. Die Maschine stürzte mit ihren Insassen unmittelbar nach dem Start vom britischen Militärflughafen Gibraltar ins Meer. Spekulationen, dass es sich bei dem Flugzeugabsturz um einen gezielten Mordanschlag auf Befehl Stalins handelte, hielten sich jahrzehntelang.

Im Januar 1944 überschritten sowjetische Truppen, unter ihnen prokommunistische polnische Einheiten, die polnisch-sowjetische Vorkriegsgrenze. Die polnischen Kommunisten, die mit ihnen ins Land gelangten, bildeten ab Juli 1944 in Lublin eine Marionettenregierung.

Der Versuch einer Selbstbefreiung der polnischen Hauptstadt durch den Warschauer Aufstand gegen die deutschen Besatzer, der vom 1. August bis zum 2. Oktober 1944 andauerte, scheiterte tragisch. Stalin wusste, dass ein erfolgreicher Aufstand auch für ihn gefährlich werden konnte. Sowjetische Truppen standen zu dem Zeitpunkt schon in Saska Kępa, einem auf der östlichen Seite der Weichsel gelegenen Stadtteil von Warschau. Sie hätten den Aufständischen zu Hilfe kommen können.

Nach der Kapitulation der Aufständischen in Warschau schuf Stalin erneut vollendete Tatsachen. Er sprach davon, ein starkes, unabhängiges und demokratisches Polen zu wollen, und für seine vage Zusicherung freier Wahlen stimmten die Westmächte im Gegenzug seinen Vorschlägen zur polnischen Ost- und Westgrenze zu.

Das Kriegsende und die Beschlüsse der Potsdamer Konferenz sollten die Position Stalins und der polnischen Kommunisten noch weiter stärken. Letztere hatten den Westalliierten eine Regierung der nationalen Einheit auf breiter demokratischer Grundlage versprochen. Damit sie Schattenparteien bilden und Scheinwahlen abhalten konnten, brauchten sie die Unterstützung der linken Sozialisten und des linken Bauernführers Stanisław Mikołajczyk. Der war als Hoffnungsträger eines demokratischen Neubeginns nach Polen zurückgekehrt und sah noch

Ende 1945 Chancen für eine starke unabhängige Bauernpartei (PSL) und eine Koalition mit der im Land erneut legalisierten linkssozialistischen PPS. Die Stärke der PSL und die Aussicht auf eine solche Koalition stellten für die Kommunisten die wohl größte Gefahr dar. Die Mitglieder der Bauernpartei in ihren lokalen und regionalen Gliederungen wurden deshalb durch Repressionen, ja offenem und verdecktem Terror eingeschüchtert. Von Verhaftung und Todesstrafe bedroht, flüchtete Mikołajczyk im Oktober 1947 erneut aus Polen, kehrte zunächst ins Londoner Exil zurück, um schließlich in die USA zu emigrieren.

Was die PPS betraf, so führten die von Moskau befohlenen Inhaftierungen zahlreicher Mitglieder und politische Säuberungskampagnen dazu, dass die Strömung um Cyrankiewicz in der Partei den Ton angab. Im November 1948 kam es zu einem Schauprozess gegen den erneut verhafteten Kazimierz Pużak und weitere prominente Sozialisten. Sie wurden der Spionage, des Terrorismus und der Feindpropaganda angeklagt. Pużak erklärte vor Gericht, er sei römischer Katholik polnischer Nationalität. Mehr habe er nicht zu sagen, denn er stünde nicht vor einem Gericht der legitimen polnischen Republik. Er wurde zu zehn Jahren Zuchthaus verurteilt, lehnte ein Gnadengesuch ab und starb 1950 im Gefängnis.

Im Dezember 1948 schlossen sich die noch in der PPS verbliebenen Mitglieder der Kommunistischen Arbeiterpartei an, die sich als Polnische Vereinigte Arbeiterpartei (PZPR) neu konstituierte. Zusammen mit der von unabhängigen Mitgliedern gesäuberten Bauernpartei, anderen Blockparteien und Massenorganisationen strebte die Führung der PZPR unter Bolesław Bierut und Józef Cyrankiewicz danach, ihre politische Macht dauerhaft zu sichern.

Rechte und konservative Gruppierungen in Polen wählten angesichts der neuen Situation verschiedene Wege. Einige von ihnen führten den bewaffneten Untergrundkampf fort, in der Hoffnung auf einen Kurswechsel der Westmächte, ja sogar auf einen möglichen Dritten Weltkrieg, der die Herrschaft der Kommunisten beenden würde. Für sie stand der Erhalt des wahren, traditionellen katholischen Polens im Vordergrund. Einzelne ihrer bewaffneten Verbände waren in den Nachkriegswirren an Überfällen und Mordaktionen gegen die ukrainische, belarusische, litauische und jüdische Zivilbevölkerung beteiligt.

Andere Vertreter des rechten Lagers glaubten, sie könnten sich mit der volkspolnischen Ordnung arrangieren. Politiker wie Bolesław Piasecki, der eine führende Rolle in der rechtsradikalen ONR-Falanga gespielt hatte, verbündeten sich mit dem nationalistischen Flügel der polnischen Kommunisten unter Mieczysław Moczar. Gemeinsam beförderten sie Nationalismus und Antisemitismus unter kommunistischem Vorzeichen.

Die starke Position der katholischen Kirche und der massenhafte Widerstand der Bauern gegen ihre Kollektivierung zwangen die polnischen Kommunisten zu Zugeständnissen. Sie mussten ihre gesellschaftliche Basis verbreitern und weitere Verbündete gewinnen. Wenn sie dabei in ihrer Propaganda die Zeit der Zweiten Republik in den schwärzesten Farben schilderten und von Piłsudski-Faschismus sprachen, schadeten sie sich jedoch selbst. Die Erinnerungen an zwanzig Jahre eines souveränen polnischen Staates ließen sich nicht so einfach auslöschen. Wer diese Zeit mitgestaltet und den Krieg überlebt hatte, im Land geblieben war und sich jetzt der Aufgabe stellte, Polen aus den Ruinen wieder aufzubauen, hatte zumeist ein anderes Bild der Vergangenheit vor Augen. Und so ließ sich auch die Gestalt des Staatsgründers nicht beliebig verzerren. In vielen Wohnzimmern hing selbst in den dunkelsten Jahren des Stalinismus das Bild des Marschalls an der Wand, wurden in den Familien die Lieder der Legionen gesummt.

Kazimiera Iłłakowiczówna hatte der Krieg auf einer Vortragsreise in Rumänien überrascht, wo sie mit Józef Beck noch vor dessen Tod zusammengetroffen war. Nach Kriegsende kehrte sie nach Polen zurück und wurde zwar nicht zu einer Stimme des Widerstands, hielt aber Abstand zu den neuen Machthabern. Ihre Erinnerungen an die Zeiten der Zweiten Republik, an ihre Vertrautheit mit Piłsudski gab sie an spätere Generationen weiter.

Ihre Freundin Maria Dąbrowska machte sich nach 1945 eine Weile Illusionen über die Möglichkeiten eines demokratischen Neubeginns und wurde als führende Intellektuelle von den Kommunisten heftig umworben. Sie widerstand jedoch der Aussicht auf Privilegien, mit denen man sie zu gewinnen suchte, und unterstützte bis zu ihrem Tod im Jahre 1965 die Vertreter der demokratischen Opposition.

Die Mitglieder der Londoner Exilregierung hielten auch in der Nachkriegszeit an ihrem Anspruch fest, die untergegangene polnische Republik zu repräsentieren. Die Frage war allerdings: Selbst wenn dieser Staat eines Tages wiederauferstehen sollte, an welchen der einstigen Traditionen und Werte würde man dann noch festhalten können?

London blieb nicht die einzige Stimme eines freien Polen. In der Pariser Emigration sammelte sich kurz nach Kriegsende eine Gruppe Intellektueller um den Publizisten und Redakteur Jerzy Giedroyc. Der hatte als Abkömmling eines litauischen Adelsgeschlechts die Jahre der Zweiten Republik als Schüler und dann als Student an der Warschauer Universität erlebt. Er sah sich als kritischen Anhänger Piłsudskis und hatte diesen als junger Beamter des Ministeriums für Wirtschaft und Handel noch persönlich kennengelernt. In den Augen vieler konservativer und nationalistischer Vertreter des Exils beging die Gruppe um Giedroyc, die mit *Kultura* eine eigene Zeitschrift gründete, einen absoluten Tabubruch. Sie teilten den von polnischen Sozialisten und von Piłsudski selbst vertretenen Anspruch, die ukrainischen, litauischen und belarusischen Nachbarn als gleichberechtigte Partner zu sehen. Wer von polnischer Seite die Forderung nach freien und souveränen östlichen Nachbarn ernst nehme, müsse konsequenterweise die durch den Krieg geschaffenen territorialen Realitäten anerkennen und zum Verzicht auf Lemberg und Wilna bereit sein.

Diese Position sorgte in weiten Teilen der polnischen Emigration für einen Aufschrei der Empörung. Man warf der »kosmopolitischen Bande« um die *Kultura* Kollaboration mit den Kommunisten und Vaterlandsverrat vor. Zum internationalen Mitarbeiterstamm der Zeitschrift zählten Polen, Ukrainer, Russen und Belarusen, die als Autoren,

Korrespondenten und Unterstützer ein Netzwerk schufen, das sich über Europa und sogar bis in die USA spannte. Sie waren mit der Opposition und dem Widerstand in ihren jeweiligen Ländern verbunden, verstanden sich als ehemalige Kommunisten, liberale Demokraten, Sozialisten, Konservative. Mit Ausnahme parteikommunistischer und rechtsnationalistischer Stimmen bot die *Kultura* Raum für die unterschiedlichsten Positionen. Hier fand auch der spätere Nobelpreisträger Czesław Miłosz als Autor einen Platz. Von 1945 bis 1951 war Czesław Miłosz als volkspolnischer Diplomat zuletzt in New York, ehe er den polnischen Diplomatischen Dienst verließ.

Giedroyc und nahezu alle Anhänger der *Kultura* machten sich keine Illusionen über das Wesen des Kommunismus, und ebenso wenig glaubten sie an eine Liberalisierung und Reformierbarkeit des volkspolnischen Systems. Sie wussten aber auch, dass sich die Zukunft Polens nicht in Paris oder London entschied. Folgerichtig sahen sie die Jahre der Entstalinisierung und die Tauwetterperiode ab 1956 als Chance für innere Veränderungen, für ein Erstarken der Opposition, die sie mit allen Kräften unterstützten.

Die *Kultura* war es auch, die in den 1970er-Jahren einen Wettbewerb ausschrieb, in dem sich Autoren über die Leistungen, aber auch die Probleme der Zweiten Republik äußern sollten. Der 1946 geborene Student der Geschichte Adam Michnik, durch die polnische Studentenrevolte von 1968 zum Oppositionellen geworden, reichte dafür unter Pseudonym einen Aufsatz mit dem Titel »Schatten vergessener Ahnen« ein. Bei aller Kritik an den autoritären Zügen, die das Polen der Zwischenkriegszeit trug, würdigte er darin die Person und die Leistungen des polnischen Staatsgründers. Ebenfalls in den 1970er-Jahren trat ein kommunistischer Parteisekretär aus Schlesien, Edward Gierek, mit einem großen Reformversprechen an, und polnische Pioniere mit roten Halstüchern legten auf dem Wawel Blumen am Grab Piłsudskis nieder. Dessen Popularität war offenkundig ungebrochen.

Die Reformkonzepte Giereks erwiesen sich als untauglich, Preiserhöhungen und Versorgungsengpässe lösten im Sommer 1976 Streiks aus, die von Regierungsseite mit harten Repressionen beantwortet wurden. Der liberale Gierek zeigte nun sein anderes Gesicht. Es kam zur Gründung des »Komitees zur Verteidigung der Arbeiter« (KOR), in dem sich Oppositionelle verschiedener Generationen und Positionen zusammenschlossen. Zu den Initiatoren zählte der hochbetagte Ökonom Edward Lipinski, der einst Mitglied der PPS-Lewica gewesen war.

Im August 1980 läutete die Gründung der »Solidarność« das letzte Jahrzehnt der volkspolnischen Ordnung ein. In der unabhängigen Gewerkschaft, die binnen weniger Monate zu einer landesweiten gesellschaftlichen Protestbewegung wurde, sammelten sich Millionen von Arbeitern, Angestellten und Intellektuellen, unter ihnen Ex-Kommunisten, Liberale, konservative wie liberale Katholiken, aber auch rechtsnationalistische Verteidiger des »wahren« katholischen Polen.

Dem linken Flügel der Solidarność gehörten zahlreiche Anhänger der Sozialisten an. Nach über einem Jahr legaler Existenz der unabhängigen Gewerkschaft bangten die polnischen Kommunisten um ihren Machterhalt und verhängten durch General Wojciech Jaruzelski, zu dem Zeitpunkt Ministerpräsident, am 13. Dezember 1981 das Kriegsrecht. Die Solidarność agierte in den folgenden Jahren im Untergrund weiter, wobei ihre Mitglieder an alte Widerstandstraditionen anknüpften. Dazu gehörten beispielsweise illegale Druckereien. Eine der bekanntesten Untergrundpublikationen trug den Namen *Robotnik*. Ihrem berühmtesten Redakteur Piłsudski war eine eigene illegal herausgegebene Briefmarkenserie gewidmet.

Ziel der Solidarność war es, die Herrschaft der Kommunisten zu überwinden. Die Frage war nur, ob beziehungsweise wie das auf friedlichem Wege möglich war. Mochten hinter den polnischen Kommunisten auch die sowjetrussischen Usurpatoren stehen, so waren sie nun einmal Teil der Gesellschaft und der Geschichte Polens. Ein notwendiger Kompromiss mit ihnen schloss eine harte Abrechnung aus. Wie sollten die wirtschaftlichen und sozialen Verhältnisse ausgestaltet sein? Oppositionelle, die der sozialistischen Tradition nahestanden, hatten hier deutlich andere Vorstellungen als Liberale und Konservative. Jede der auseinanderstrebenden Positionen konnte sich auf Traditionen, Akteure und politische Strömungen der Zweiten Republik berufen. In einem Punkt herrschte gleichwohl Einigkeit: Wenngleich die vierzig Jahre volkspolnischer Ordnung keine bloße Fußnote der Geschichte darstellten, konnte das kommunistische Regime keine wirkliche und schon gar keine dauerhafte Legitimität für sich beanspruchen. Im Februar 1989 stimmte die Regierung schließlich einem runden Tisch zu, was eine politische Umwälzung auslöste, die damit endete, dass der Arbeiterführer Lech Wałęsa im Dezember 1990 die Präsidentschaftswahlen gewann. Am 22. Dezember nahm er die Insignien der Staatsmacht aus den Händen des letzten polnischen Exilpräsidenten Ryszard Kaczorowski entgegen.

## Hoffnungszeichen

Jerzy Giedroyc begleitete den friedlichen Sieg der Solidarność und das erste Jahrzehnt der neuen Ordnung noch im hohen Alter mit seinen Texten in der *Kultura.* Er hatte die Probleme, aber auch die Leistungen der Akteure der Zweiten Republik deutlich vor Augen, wenn er die neuen, auf ihre Aufgabe schlecht vorbereiteten Eliten der Dritten Republik vor jeglichem Hochmut warnte. Immer wieder forderte er den intensiven Austausch und Ausgleich mit den ukrainischen, litauischen, belarusischen und deutschen Nachbarn. Seine größte Hoffnung setzte er auf ein künftiges demokratisches Russland, vor dem sich keiner seiner Nachbarn mehr fürchten müsse, weil es deren Unabhängigkeit und je eigenen Weg akzeptiere und respektiere. Als er gefragt wurde, worin er für Polen die größte innere Gefahr sehe, lautete seine knappe Antwort: »Nationalismus und Klerikalismus.« Giedroyc musste dennoch miterleben, wie nationalistische und klerikale Strömungen immer mehr an Einfluss gewannen und wie die internen Konflikte zwischen ehemaligen Oppositionellen und Akteuren der Solidarność jeden Versuch einer nationalen Verständigung zum Scheitern verurteilten.

Die Zwillingsbrüder Lech und Jarosław Kaczyński markierten das Epizentrum dieser Konflikte. Beide hatten schon 1989 als Berater den runden Tisch begleitet, sich in den folgenden Jahren und Jahrzehnten aber zu unversöhnlichen Gegnern des dort gefundenen Kompromisses entwickelt. Stattdessen näherten sie sich zunehmend den einstigen nationalistisch geprägten Positionen Roman Dmowskis und seiner Anhänger an.

Lech Kaczyński nahm in seiner Zeit als Staatspräsident seit 2005 dennoch den Ausgleich mit den östlichen Nachbarn ernst – hier war er Piłsudski näher als Dmowski – und hatte seine besten Momente, als es im Jahr 2008 um die Verteidigung der georgischen Hauptstadt vor den heranrückenden russischen Truppen ging. Sein tragischer Tod in der Flugzeugkatastrophe von Smolensk im April 2010 trug vermutlich dazu bei, dass sein Zwillingsbruder Jarosław immer radikaler wurde. Er verbündete sich mit dem fundamentalistischen Teil des katholischen Klerus und Teilen der radikalen Rechten. Er und seine Anhänger erklärten ehemalige Gefährten und Mitgestalter der Dritten Polnischen Republik wie den Historiker, Politiker und überzeugten Europäer Bronisław Geremek, den liberalen Katholiken Tadeusz Mazowiecki und den linksdemokratischen Publizisten Adam Michnik zu Verrätern und Erfüllungsgehilfen fremder Mächte. Lech Wałęsa wurde von ihnen als Agent des sowjetischen Geheimdienstes bezeichnet. Dessen wahres Problem aus seiner Zeit als Staatspräsident bestand freilich darin, dass er damals aus überzogenem Machtstreben den Zwist der Oppositionellen befördert hatte. Er hatte sich wohl für eine Art Reinkarnation Piłsudskis gehalten.

Auch Jarosław Kaczyński beruft sich auf das Erbe der Zweiten Republik, obwohl deren Gründer seiner Vorstellung eines »wahren Polen« nicht wirklich entspricht. Mit ihm verderben will er es sich aber auch nicht. Das Diffamieren Piłsudskis überlässt er deshalb lieber den Vertretern der äußersten Rechten, denen selbst Dmowski zu gemäßigt war.

Trotz aller innenpolitischen Konflikte und bedenklicher machtpolitischer Manöver gibt es auch Zeichen der Hoffnung. Dazu zählt vor allem eine starke Zivilgesellschaft, die ihren eigenen Weg in die Zukunft sucht und die einen anderen Blick auf die eigene Tradition und Geschichte besitzt. Darin hat auch der Kommandant einen Platz.

Die Auseinandersetzung um den Kommandanten, um seine Bedeutung und Größe für die Nation, seinen Platz in der Geschichte, spielt sich in vielfältiger Form ab. Sie wirkt in die aktuellen Nachbarschaftsbeziehungen und -konflikte hinein. Sie durchzieht den polnischen Alltag, und sie findet sich in eigenen Formen der Würdigung wieder.

Auch über dreißig Jahre nach 1989 ist es noch nicht gelungen, die litauisch-polnische Nachbarschaft wirklich zu entspannen. Das Erbe der polnischen Sozialisten und die Botschaft von Giedroyc bleiben aber lebendig. Litauische und polnische Historiker verweigern sich zunehmend dem unversöhnlichen Blick ihrer jeweils eigenen Nationalisten. Als 2019 in der Nähe der Wilnaer Burg menschliche Gebeine gefunden wurden und Untersuchungen ergaben, dass es sich um die sterblichen Überreste belarusischer, litauischer und polnischer Anführer des Aufstands von 1863 handelte, kam es zu einer ungewöhnlichen Begegnung der polnischen und litauischen Staatsspitzen: Im Wilnaer Dom nahmen sie an einer Gedenkfeier zur Erinnerung an die gemeinsame Aufstandstradition teil. Ein Akt der Versöhnung.

Über die Größe des Kommandanten, den besten Platz für ihn, kann man sich überall in Polen unterhalten. Im April 2019 fand im Warschauer Präsidentenpalast eine internationale Konferenz zur europäischen Bedeutung der Solidarność-Bewegung statt. Die Teilnehmenden waren im Viktoria-Hotel am Unabhängigkeitsplatz untergebracht. Nach dem Ende der Konferenz wartete einer der Gäste vor dem Hotel auf eine Taxe, die ihn zum Bahnhof bringen sollte. Warschauer Taxifahrer sind ja einiges gewohnt, doch dieser Gast gab schon Rätsel auf. Er sprach Polnisch, schien aber Ausländer zu sein. Das Taxi umrundete den Platz und fuhr als Erstes am Piłsudski-Denkmal vorbei, das wegen seiner bescheidenen Größe im Volksmund »der Briefträger« genannt wird. Dicht daneben steht ein gleich großes, neu errichtetes Denkmal Lech Kaczyńskis. Plötzlich murmelte der Fahrgast den bekannten polnischen Spruch: »Größe, wie ist dein Name«. Jetzt war der geschichtsbewusste Fahrer doch verblüfft und setzte zu einer Erklärung an. Der Sockel des Denkmals von Lech sei höher gelegt worden, weil der tatsächlich kleiner gewesen sei als der Marschall, man das aber nicht sehen solle. Dabei sei Lech ja noch ganz in Ordnung, aber mit Jarosław stünde das schon anders. In diesem Moment zog der Fahrgast ein Buch aus seiner Umhängetasche, was der Fahrer im Rückspiegel sah. Es war der Ignacy Daszyński gewidmete Band aus der Reihe der polnischen Gründungsväter. Fahrgast und Fahrer mussten herzlich lachen. Der Umgang mit Größe konnte in Polen sehr verschieden aussehen.

In Sulejówek, auf dem Gelände des Landsitzes, der Piłsudski als Rückzugsort für sich und seine Familie diente, kann man heute einen ungewöhnlichen Gedenk- und Erinnerungsort besuchen. Er ist eigentlich ein Vermächtnis der Kinder und Enkel an ihren Vater und Großvater. Aleksandra Piłsudska musste mit ihren Kindern im September 1939 vor den deutschen Truppen fliehen, konnte aber eine Reihe von Erinnerungsstücken retten. Sie lebte anschließend mit den mittlerweile erwachsenen Töchtern Wanda und Jadwiga im Londoner Exil. Die ältere Tochter Wanda studierte Medizin und wurde Psychiaterin. Die jüngere Jadwiga wollte den Widerstandskampf als Pilotin der Royal Air Force unterstützen und überwand mannigfache Hindernisse auf dem Weg dahin.

Alle Familienmitglieder sahen England als ihre zweite Heimat an, blieben aber der polnischen Emigration verbunden. Jadwiga, Wanda und weitere Familienmitglieder entschlossen sich 1989 zur Rückkehr nach Polen. Jadwigas Sohn Krzysztof Jaraczewski gab seine Karriere als Architekt in London auf, weil er spürte, dass sein Großvater nicht nur ihm gehörte. Die Familie erhielt in den frühen 1990er-Jahren das Eigentumsrecht an der Villa Milusin und einem Nachbargrundstück in Sulejówek zurück. Ungeachtet aller politischen Konjunkturen und Konflikte der Dritten Republik gelang es ihr, an ihrem Konzept einer offenen, modernen Erinnerungsstätte dort festzuhalten und dafür nationale wie internationale Unterstützung zu gewinnen. Einer demokratischen, liberalen Familientradition verpflichtet, schützten sie den Aufbau und die Gestaltung des Erinnerungskomplexes vor mannigfachen politischen Begehrlichkeiten. Krzysztof Jaraczewski und ein Team von Planern kümmerten sich um die äußere Gestaltung. Einige der besten polnischen Historiker zeichneten für die Beschaffung und Präsentation zahlreicher Exponate aus dem Familienbesitz sowie für die inhaltliche Gestaltung verantwortlich. Das Ergebnis ist für den nüchternen Betrachter sicher nicht ohne Pathos, vermittelt aber gleichwohl den Zauber dieses besonderen Ortes und das Echo eines besonderen Lebens.

Wer die Villa an einem sonnigen Nachmittag besucht und abseits des Gebäudes durch den weitläufigen Garten streift, kann sich mit etwas Fantasie vorstellen, wie der Kommandant sich hier einst mit den Pflanzen unterhielt oder einfach den Vögeln lauschte. Ob er seinen Frieden mit Polen gemacht hat?

# ANHANG

## Abbildungsnachweis

Narodowe Archiwum Cyfrowe: 23, 25, 30, 40, 109, 125, 171, 174, 194, 197, 215, 231, 250, 265, 281, 324, 337, 370, 375, 380, 388, 394, 399, 400, 407, 411

POLONA/Biblioteka Narodowa: 84

Wikimedia Commons: 93

Library of Congress Prints and Photographs Division: 107, 267

Archiwa Państwowe – Archiwum Akt Nowych: 139

Ostsee
N
S
Memel
Königsberg
Ost-
preußen
Danzig
Suwalki
Bromberg
Bialystok
Weichsel
Posen
Warthe
Warschau
Brest
PREUSSEN
Lodz
Random
Lublin
Breslau
Oder
Kielce
Lemberg
Krakau
Galizien
Brünn
ÖSTERREICH
Wien
UNGARN

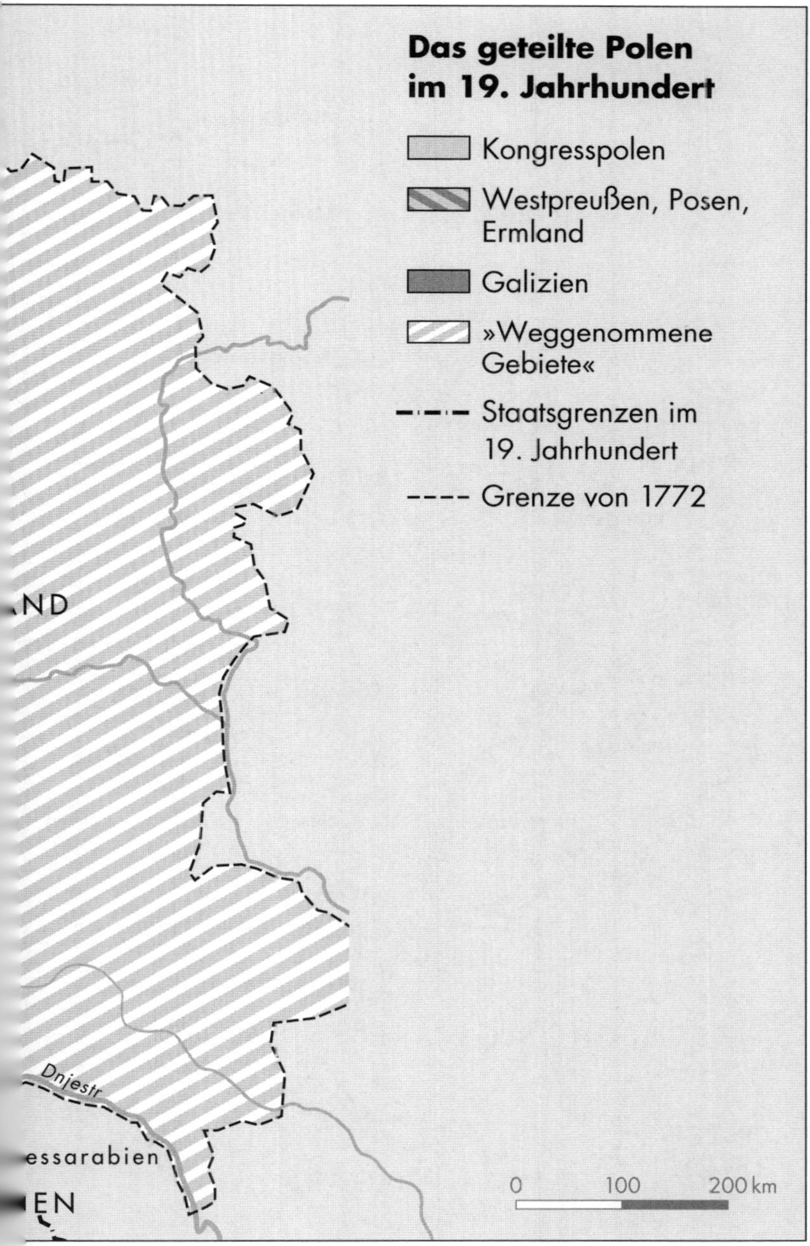
Das geteilte Polen
im 19. Jahrhundert
Kongresspolen
Westpreußen, Posen, Ermland
Galizien
»Weggenommene Gebiete«
Staatsgrenzen im 19. Jahrhundert
Grenze von 1772
ND
Dnjestr
essarabien
EN
0
100
200 km

SCHWEDEN
Ostsee
Liepāja
(Libau)
Jelgava
(Mitau)
Memel
LITAUEN
Freie Stadt
Danzig
Königsberg
Ostpreußen
Köslin
DEUTSCHES
REICH
Allenstein
Bydgoszcz
(Bromberg)
Schneidemühl
Toruń
(Thorn)
Łomża
Oder
Frankfurt
Poznań
(Posen)
Weichsel
Warszawa
(Warschau)
Glogau
Schlesien
Łódź
POLEN
Breslau
Radom
Lublin
Oder
Częstochowa
(Tschenstochau)
Oppeln
Kraków (Krakau)
(Teschen)
Cieszyn/Český Těšín
Przemysl
Galizien
TSCHECHOSLOWAKEI
Košice
(Kaschau)
ÖSTER-
REICH
UNGARN

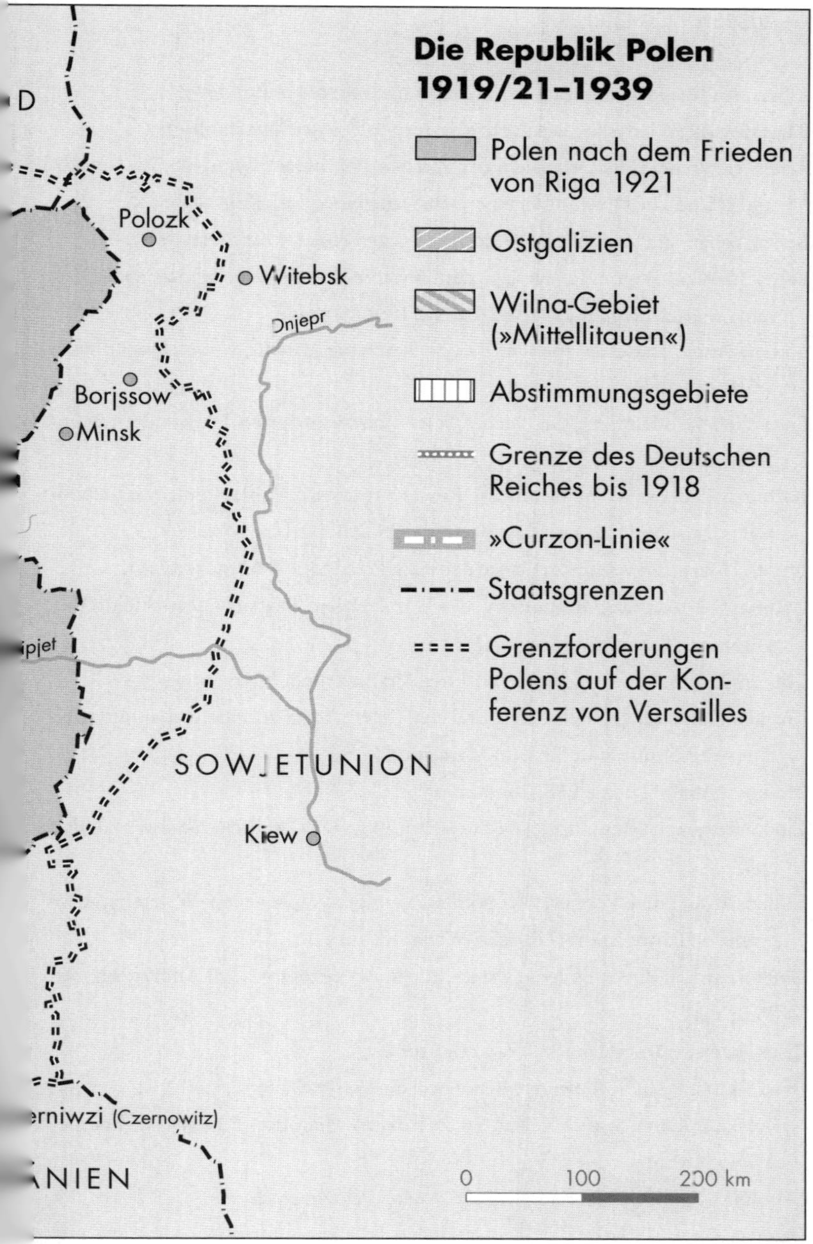
Die Republik Polen
1919/21–1939
Polen nach dem Frieden von Riga 1921
Ostgalizien
Wilna-Gebiet (»Mittellitauen«)
Abstimmungsgebiete
Grenze des Deutschen Reiches bis 1918
»Curzon-Linie«
Staatsgrenzen
Grenzforderungen Polens auf der Konferenz von Versailles
D
Polozk
Witebsk
Dnjepr
Borissow
Minsk
SOWJETUNION
Kiew
(Czernowitz)
0
100
200 km

## Ausgewählte Literatur


Albert, Andrzej: Najnowsza historia Polski 1918–1980. London 1989.

Bartoszewski, Władysław: Na drodze do niepodległości. Warszawa 1987.

Benecke, Werner: Die Ostgebiete der Zweiten Polnischen Republik. Staatsmacht und öffentliche Ordnung in einer Minderheitenregion. Köln 1999.

Benz, Wolfgang: Der deutsche Widerstand gegen Hitler. München 2014.

Berdychowska, Bogumiła (Hrsg.): Zamiłowanie do spraw beznadziejnych. Ukraina w »Kulturze« 1947–2000. Paris u. Kraków 2016.

Bikont, Anna / Szczęsna, Joanna: Lawina kamienie. Pisarze wobec komunizmu. Warszawa 2006.

Borodziej, Włodzimierz: Geschichte Polens im zwanzigsten Jahrhundert. München 2010.

Boruta, Mirosław: Wolni z wolnymi. Równi z równymi. Polska i Polacy o niepodległości wschodnich sąsiadów Rzeczypospolitej. Kraków 2002.

Broszat, Martin: Zweihundert Jahre deutsche Polenpolitik. München 1963.

Chojnowski, Andrzej: Piłsudczicy u władzy. Dzieje Bezpartyjnego Bloku Współpracy z Rządem.Wrocław 1986.

Churchill, Winston: Der Zweite Weltkrieg. Frankfurt am Main 2003.

Chwałba, Andrzej (Hrsg.): Polen und der Osten. Texte zu einem spannungsreichen Verhältnis. Frankfurt am Main 2005.

Ciołkosz, Adam: Ludzie PPS. London 1967.

Ciołkosz, Adam: Niepodległość i Socjalizm 1835–1945. Audicje radiowe. London 1982.

Ciołkoszowa, Lidia: Publicystyka polska na emigracji 1940–1960. Wstęp i opracowanie naukowe Andrzej Friszke. Warszawa 2013.

Ciołkoszowa, Lidia: Spojrzenie wstęcz. Rozmowy przeprowadził Andrzej Friszke. Paris 1995.

Cisek, Janusz: Józef Piłsudski. Warszawa 2008.

Cywiński, Bohdan: Rodowody Niepokornych. Warszawa 1971.

Cywiński, Bohdan: Szańce Kultur. Szkice z dziejów narodów Europej Wschodniej. Warszawa 2013.

Czubiński, Antoni: Historia Polski XX Wieku. Poznań 2012.

Dalos, György: Der letzte Zar. Der Untergang des Hauses Romanow. München 2017.

Davies, Norman: Orzeł biały – Czerwona gwiazda. Wojna 1919–1920. Warszawa 2011.

Enzensberger, Hans Magnus: Hammerstein oder der Eigensinn. Eine deutsche Geschichte. Frankfurt am Main 2008.

Feldman, Józef: Bismarck a Polska. Warszawa 1980.

Feldman, Wilhelm: Dzieje polskiej myśli politycznej 1864–1914. Warszawa 1937.

Friszke, Andrzej: Adam Ciołkosz. Portret polskiego socjalista. Warszawa 2011.

Friszke, Andrzej: Państwo czy rewolucja. Polscy komuniści a odbudowanie państwa polskiego 1892–1920. Warszawa 2020.

Frołow, Sylwia: Dzierżyński. Biografia Intymna. Kraków 2014.

Gabłanowski, Maciej: Piłsudski. Portret Przewrotny. Biografia. Kraków 2020.

Gałecki, Łukasz / Kerski, Basil (Hrsg.): Die polnische Emigration und Europa 1945–1990. Eine Bilanz des politischen Denkens und der Literatur Polens im Exil. Osnabrück 2000.

Geiss, Immanuel: Der lange Weg in die Katastrophe. Die Vorgeschichte des Ersten Weltkrieges 1815–1914. München 1990.

Giedroyc, Jerzy: Autobiografia na cztery ręce. Opracował Krzysztof Pomian. Warszawa 1996.

Golczewski, Frank: Deutsche und Ukrainer 1914–1939. Paderborn 2010.

Grochowska, Magdalena: Jerzy Giedroyc. Do Polski ze snu. Warszawa 2009.

Grochowska, Magdalena: Cwiczenia z niemożliwego. Warszawa 2012.

Grochowska, Magdalena: Strzelecki. Sladem nadziei. Warszawa 2014.

Habielski, Rafał: Polsky Londyn. Wrocław 2000.

Hahn, Hans-Henning: Außenpolitik in der Emigration. Die Exildiplomatie Adam Jerzy Czartoryskis 1830–1840. Oldenburg 1978.

Heer, Friedrich: Der Glaube des Adolf Hitler. München 1968.

Hirszowicz, Maria: Pułapki zaangażowania.Intellektualiśći w służbie komunizmu. Warszawa 2001.

Hoppe, Bert: In Stalins Gefolgschaft. Moskau und die KPD 1928–1933. Oldenburg 2007.

Jodko-Kula, Elżbieta: Maria Piłsudska. Zapomniana żona. Warszawa 1918.

Karski, Jan: Mein Bericht an die Welt. Geschichte eines Staates im Untergrund. München 2012.

Kennan, George F.: Memoiren eines Diplomaten. München 1971.

Kersten, Krystyna: Jałta w polskiej perspektywie. Warszawa 1989.
Kersten, Krystyna: Narodziny systemu władzy. Polska 1943–1948. Lublin 1989.
Kornat, Marek: Polen zwischen Hitler und Stalin. Studien zur polnischen Außenpolitik in der Zwischenkriegszeit. Berlin 2012.
Kornat, Marek: Polityka zagraniczna Polski 1938–1939. Cztery decyzje Józefa Becka. Gdańsk 2012.
Kornat, Marek / Wołos, Mariusz: Józef Beck. Biografia. Kraków 2020.
Krzemiński, Adam: Polen im 20. Jahrhundert. Ein politischer Essay. Berlin 1998.
Krzywiec, Grzegorz: Szowinizm po polsku. Przypadek Romana Dmowskiego (1886–1905). Warszawa 2009.
Kuciel-Frydryszak, Johanna: Opowieść o Kazimierze Iłłakowiczównie. Warszawa 2017.
Lakeberg, Beata Dorota: Die deutsche Minderheitenpresse in Polen 1918–1939 und ihr Polen- und Judenbild. Frankfurt am Main 2010.
Lipski, Jan Józef: Idea Katolickiego Państwa Narodu Polskiego. Zarys ideologii ONR »Falanga«. Warszawa 2015.
Lipski, Jan Józef: Dwie ojczyzny – dwa patriotyzmy. Uwagi o megalomanii narodowej i xenophobii Polaków. Warzawa 1981.
Łatynski, Marek: Nie paść na kolana. Szkice o polskiej polityce lat powojennych. Wrocław 2002.
Łubieński, Tomasz: 1939. Noch war Polen nicht verloren. Berlin 2010.
MacMillan, Margaret: Die Friedensmacher. Wie der Versailler Vertrag die Welt veränderte. Berlin 2015.
Malte, Rolf: Imperiale Herrschaft im Weichselland. Das Königreich Polen im Russischen Imperium 1864–1915. Berlin 2015.
Michnik, Adam: Polskie pytania. Warszawa 1993.
Michnik, Adam: Diabeł naszego czasu. Publicystyka z lat 1985–1994. Warszawa 1995.
Michnik, Adam / Tischner, Józef / Zakowski, Jacek: Między Panem a Plebanem. Kraków 1995.
Miłosz, Czesław: Wyprawa w Dwudziestolecie. Kraków 2000.
Mink, Georg: Polska w sercu Europy. Warszawa 2017.
Moczulski, Leszek: Przerwane Powstanie Polskie 1914. Warszawa 2010.
Moczulski, Leszek: Wojna prevencyjna. Czy Piłsudski planował najazd na Niemcy? Warszawa 2017.

Nowak, Andrzej: Polska i trzy Rosje. Studium polityki wschodniej Józefa Piłsudskiego (do kwietnia 1920 rok). Kraków 2001.
Nowak, Andrzej: Jak rozbić Rosyjskie Imperium. Idee polskiej polityki wschodniej (1733–1921). Kraków 1999.
Nowik, Grzegorz: Odrodzenie Rrzeczypospolitej w myśli politycznej Józefa Piłsudskiego 1918–1922. Część I. Sprawy wewnętrzne. Warszawa 2019.
Nowik, Grzegorz: Odrodzenie Rrzeczypospolitej w myśli politycznej Józefa Piłsudskiego 1918–1922. Część II. Sprawy zagraniczne. Warszawa 2020.
Osadczuk, Bohdan: Niepodległa Ukraina. Wybór szkiców, artykułów i rozmów (1991–2006). Sejny 2008.
Paczkowski, Andrzej: Stanisław Mikołajczyk czyli klęska realisty (zarys biografii politycznej). Warszawa 1991.
Pisuliński, Jan: Nie tylko Petlura. Kwestia ukrainska w polskiej polityce zagranicznej w latach 1918–1923. Torun 2013.
Piłsudska, Aleksandra: Wspomnienie. Warszawa 1995.
Piłsudski, Józef: Pisma zbiorowe. Reprint T. 1–10. Warszawa 1989.
Piłsudski, Józef: Myśli i wypsknięcia. Warszawa 2010.
Pobóg-Malinowski, Władysław: Najnowsza historia politiczna polski. T. 1.–3. London 1952–1963.
Pobóg-Malinowski, Władysław: Józef Piłsudski 1867–1914. Łomianki 2015.
Pruszyński, Mieczysław: Dramat Piłsudskiego.Wojna 1920. Warszawa 1994.
Pruszyński, Mieczysław: Tajemnicy Pilsudskiego. Warszawa 1997.
Rak, Krzysztof: Polska Niespełniony sojusznik Hitlera. Warszawa 2019.
Romanowski, Wiesław: Bandera-terrorista z Galicji. Warszawa 2012.
Roos, Hans: Geschichte der Polnischen Nation von der Staatsgründung im ersten Weltkrieg bis zur Gegenwart. Stuttgart 1986.
Roszkowski, Wojciech: Historia Polski 1914–1991. Warszawa 1992.
Roszkowski, Wojciech: Mistrzowska Gra Józefa Piłsudskiego. Kraków 2018.
Schimitzek, Stanisław: Droga i bezdroży minionej epoki. Wspomnienia z lat pracy w MSZ 1920–1939. Warszawa 1976.
Schubert, Christiane/Templin, Wolfgang: Dreizack und Roter Stern. Geschichtspolitik und historisches Gedächtnis in der Ukraine. Berlin 2015.

Schulze-Wessel, Martin: Rußlands Blick auf Preußen. Die polnische Frage in der Diplomatie und der politischen Öffentlichkeit des Zarenreiches und des Sowjetstaates 1697–1947. Stuttgart 1995.

Snyder, Timothy: Sketches from a secret war. A polish artist's mission to liberate Soviet Ukraine. New Haven 2003.

Somary, Felix: Erinnerungen aus meinem Leben. Zürich 1957.

Stypułkowski, Zbigniew: Zaproszenie do Moskwy. Warszawa 1991.

Switalski, Kazimierz: Diariusz 1919–1935. Warszawa 1992.

Symon Petlura. Naczely Ataman. Wrocław 2013.

Templin, Wolfgang: Der Kampf um Polen. Die abenteuerliche Geschichte der zweiten polnischen Republik. Paderborn 2018.

Torańska, Teresa: Oni. Warszawa 2004.

Ulam, Adam B.: Die Bolschewiki. Vorgeschichte und Verlauf der kommunistischen Revolution in Russland. Köln u. Berlin 1967.

Urbankowski, Bohdan: Józef Piłsudski. Marzyciel i Strateg. Warzawa 2014.

Volkmann, Erich: Die Polenpolitik des Kaiserreichs. Prolog zum Zeitalter der Weltkriege. Paderborn 2017.

Watt, Richard: Gorzka chwała. Polska i jej los 1918–1939. Warszawa 2005.

Werschler, Iwo: Z dziejów obozu belverskiego. Tadeusz Hołówko. Zycie i działalność. Warszawa 1984.

Winkler, Heinrich August: Der lange Weg nach Westen. Bd. 1: Deutsche Geschichte vom Untergang des Alten Reiches bis zum Ende der Weimarer Republik; Bd. 2: Deutsche Geschichte vom »Dritten Reich« bis zur Wiedervereinigung. München 2000.

Zaremba, Marcin: Komunizm, legitymizacja, nacjonalizm. Nacjonalistyczna legitymizacja władzy komunistycznej w Polsce. Warszawa 2001.

Zaremba, Marcin: Die große Angst. Polen 1944–1947. Leben im Ausnahmezustand. Paderborn 2016.

Zernack, Klaus: Polen und Rußland. Zwei Wege in der europäischen Geschichte. Berlin 1994.

# Personenregister

Józef Piłsudski wurde wegen zu häufiger Nennung nicht aufgenommen. Namensnennungen in Bildunterschriften sind kursiv.